Entrepreneurial Management und Standortentwicklung

Perspektiven für Unternehmen und Destinationen

Reihe herausgegeben von

Edgar Kreilkamp, Lüneburg, Deutschland

Christian Laesser, St. Gallen, Schweiz

Harald Pechlaner, Eichstätt-Ingolstadt, Deutschland

Mike Peters, Innsbruck, Österreich

Karl Wöber, Wien, Österreich

Die Publikationen der Reihe behandeln die unternehmerische Orientierung des Managements von Unternehmen und Standorten. Regionen, Destinationen und Standorte stellen hierbei sowohl Wettbewerbseinheiten als auch den räumlichen Kontext für die Gestaltung der Wettbewerbsfähigkeit der Unternehmungen dar.

The publications in this series are committed to the entrepreneurial management orientation of business ventures and sites. In this context, regions, destinations, and places are on the one hand considered as competitive units, on the other hand they constitute the spatial context to allow for modelling the business ventures' competitive capacities.

Reihe herausgegeben von

Prof. Dr. Edgar Kreilkamp
Leuphana Universität Lüneburg

Prof. Dr. Christian Laesser
Universität St. Gallen

Prof. Dr. Harald Pechlaner
Katholische Universität
Eichstätt-Ingolstadt

Prof. Dr. Mike Peters
Universität Innsbruck

Prof. Dr. Karl Wöber
MODUL University Vienna

Weitere Bände in der Reihe http://www.springer.com/series/12245

Christoph Schneider

Kundenerlebnisse in Ferienwelten

Das Spannungsfeld von Destinations- und Resortmarken

Mit einem Geleitwort von Prof. Dr. Harald Pechlaner

Christoph Schneider
Eichstätt, Deutschland

Dissertation Katholische Universität Eichstätt – Ingolstadt. 2019

ISSN 2626-2266 ISSN 2626-2274 (electronic)
Entrepreneurial Management und Standortentwicklung
ISBN 978-3-658-31542-9 ISBN 978-3-658-31543-6 (eBook)
https://doi.org/10.1007/978-3-658-31543-6

Die Deutsche Nationalbibliothek verzeichnet diese Publikation in der Deutschen National-
bibliografie; detaillierte bibliografische Daten sind im Internet über http://dnb.d-nb.de abrufbar.

© Der/die Herausgeber bzw. der/die Autor(en), exklusiv lizenziert durch Springer Fachmedien
Wiesbaden GmbH, ein Teil von Springer Nature 2021
Das Werk einschließlich aller seiner Teile ist urheberrechtlich geschützt. Jede Verwertung, die
nicht ausdrücklich vom Urheberrechtsgesetz zugelassen ist, bedarf der vorherigen Zustimmung
des Verlags. Das gilt insbesondere für Vervielfältigungen, Bearbeitungen, Übersetzungen,
Mikroverfilmungen und die Einspeicherung und Verarbeitung in elektronischen Systemen.
Die Wiedergabe von allgemein beschreibenden Bezeichnungen, Marken, Unternehmensnamen
etc. in diesem Werk bedeutet nicht, dass diese frei durch jedermann benutzt werden dürfen. Die
Berechtigung zur Benutzung unterliegt, auch ohne gesonderten Hinweis hierzu, den Regeln des
Markenrechts. Die Rechte des jeweiligen Zeicheninhabers sind zu beachten.
Der Verlag, die Autoren und die Herausgeber gehen davon aus, dass die Angaben und Informationen in diesem Werk zum Zeitpunkt der Veröffentlichung vollständig und korrekt sind.
Weder der Verlag, noch die Autoren oder die Herausgeber übernehmen, ausdrücklich oder
implizit, Gewähr für den Inhalt des Werkes, etwaige Fehler oder Äußerungen. Der Verlag bleibt
im Hinblick auf geografische Zuordnungen und Gebietsbezeichnungen in veröffentlichten Karten
und Institutionsadressen neutral.

Springer Gabler ist ein Imprint der eingetragenen Gesellschaft Springer Fachmedien Wiesbaden
GmbH und ist ein Teil von Springer Nature.
Die Anschrift der Gesellschaft ist: Abraham-Lincoln-Str. 46, 65189 Wiesbaden, Germany

Geleitwort

Christoph Schneider betrachtet den Tourismus konsequent aus der Kundenperspektive. Diese Fokussierung auf Ereignisse, die der Reisende wahrnimmt und zu Erlebnissen wachsen lässt, ermöglicht eine neuartige Analyse von wertstiftenden Elementen im Ferientourismus.

Grundlage der vorliegenden Arbeit sind Eindrücke, die Reisende während ihres Urlaubes sammeln und zu Erlebnissen formen. Die Analyse dieser Erlebnisse sowie die darauf folgende Einordnung von Erlebniskategorien in unterschiedliche Archetypen von Destination und Resort ermöglichen es dem Leser, sich sowohl einen gesamthaften Überblick über die vom Kunden wahrgenommenen Erlebnisse zu verschaffen, als auch die Wirkmechanismen einzelner spezifischer Erlebnisse detailliert betrachten zu können.

Die Arbeit ist gleichermaßen Wissenschaftlern als auch Entscheidungsträgern aus der Praxis zu empfehlen. Durch das im Rahmen dieser Forschung entstandene und in diesem Werk vorgestellte „Integrative Modell der Erlebniskreation in Ferienwelten" schafft es Christoph Schneider, einen Bezugsrahmen zu entwickeln, auf dem die Forschung im Bereich Customer Experience im Tourismus aufbauen kann. Die Archetypisierung des Verhältnisses von Resort und Destination, die Entwicklung von Personas sowie die Darstellung der unterschiedlichen Ursprünge von Reizen im Resorttourismus bieten Anknüpfungspunkte für die weitere Forschung.

Durch die praxisnahe Anwendbarkeit anhand von managementspezifischen Implikationen fungiert diese Arbeit zusätzlich als Ordnungsmoment für Praktiker und Manager, deren Aufgabe es ist, Destinationen sowie Resorts ganzheitlich dem Kunden zu präsentieren und somit den aus Kundensicht größtmöglichen Mehrwert zu schaffen.

Prof. Dr. Harald Pechlaner
Lehrstuhl Tourismus und Zentrum für Entrepreneurship
Katholische Universität Eichstätt-Ingolstadt

Vorwort

"Die Zukunft hat viele Namen:
Für die Schwachen ist sie das Unerreichbare.
Für die Furchtsamen ist sie das Unbekannte.
Für die Tapferen ist sie die Chance."
– Victor Hugo

Danke!
Danke an all jene Menschen, die mich auf dem Weg dieses Dissertationsvorhabens begleitet haben. Eine solche Reise – angefangen beim Entschluss, ein Dissertationsprojekt zu beginnen – wäre nicht möglich ohne Reisebegleiter, auf die man sich verlassen kann.

Der wichtigste Reisebegleiter ist Professor Harald Pechlaner, mein Doktorvater, der mir während der ganzen Zeit ein treuer Begleiter war und wusste, wann eine enge Betreuung nötig und sinnvoll ist, und wann das „freie Laufen lassen" größeren Mehrwert bietet. Zusammen mit dem Zweitgutachter, Professor Mike Peters, sowie der Gemeinschaft der Doktoranden am Lehrstuhl für Tourismus der Katholischen Universität Eichstätt-Ingolstadt sowie des Forschungszentrums Tourismus und Freizeit der Universität Innsbruck hat er mir einen exzellenten Rahmen geboten, um mein Forschungsprojekt umzusetzen. Ebenso danke ich der Konrad-Adenauer-Stiftung für ihre Unterstützung.

Neben der akademischen Betreuung war es mein Praxispartner, auf den ich mich verlassen konnte. Durch die Unterstützung der Robinson Club GmbH war es möglich, Primärdaten von Reisenden während ihres Urlaubs zu erheben. Einen ganz herzlichen Dank vor allem an Tobias, Myriam, Kerstin, Peggy, Ody, Mathias und Andy. Ihr habt es verstanden, einen wie mich in euer Tagesgeschäft mit einzubinden

Trotz dieses guten Rahmens wäre ein solches Forschungsvorhaben ungleich schwieriger geworden, wenn nicht die Voraussetzungen optimal gewesen wären. Der Dank hierfür geht an meine Familie und insbesondere an meine Eltern. Meinen Wunsch, die Welt zu verstehen und verschiedenste Perspektiven zu beleuchten, um eine Situation beschreiben und bewerten zu können, habt ihr schon früh wahrgenommen und versucht zu erfüllen.

Hamburg, Juni 2019   Christoph Schneider

Inhaltsverzeichnis

1. Einführung 1

   1.1 Urlaub in Ferienwelten: praktisches Phänomen und Problemstellung des Vorhabens 2

   1.2 Theoretischer Kontext 4

   1.3 Forschungsziele und Forschungsfragen 9

   1.4 Gang der Untersuchung 10

2. Theoretische Verortung und Bezugsrahmen 13

   2.1. Resort und Destination: Bezugsrahmen von Reisenden 13

      2.1.1. Definititorische Einführung und Abgrenzung 13

         2.1.1.1. Definition des Resortbegriffs 13

         2.1.1.2. Definition des Destinationsbegriffs 15

      2.1.2. Raumverständnisse und ihre Auswirkungen auf Betrachtungen vom Urlaub im Ferienresort 18

      2.1.3. Das Resort als Ferienwelt: Authentizität und Konsum in „Behavior Settings" 20

         2.1.3.1. Inszenierte Ferienwelten und ihre Einbettung in die Destination 20

         2.1.3.2. Behavior Settings: die Steuerung des Verhaltens im Raum-Zeit-Gefüge 22

   2.2. Das Kundenerlebnis im Tourismus 26

      2.2.1. Definitorische Einführung und Abgrenzung 27

      2.2.2. Evolution des Verständnisses von Erlebnissen 30

      2.2.3. Verarbeitung von Eindrücken zu Erlebnissen 36

      2.2.4. Vier Arten von Erlebnissen 39

      2.2.5. Fünf Komponenten von Erlebnissen: das Orchestermodell 41

      2.2.6. Customer Journeys: Medium zum Orchestrieren von Erlebnissen 44

Inhaltsverzeichnis

2.2.7. Touchpoints: Berührungspunkte des Kunden mit einer Marke 48

2.2.8. Authentizität von Erlebnissen: touristische Kulturalisierung als Vehikel für Erlebnisse 51

2.3. Marken und Markenbildung von Produkten und Dienstleistungen **54**

2.3.1. Definitorische Einführung und Abgrenzung 54

2.3.2. Evolution des Verständnisses von Marken 55

2.3.3. Funktionen von Marken 57

2.3.4. Nachfragerperspektive 58

    2.3.4.1. Anbieterperspektive 61

2.3.5. Besonderheiten von Marken im Dienstleistungssektor 62

2.3.6. Identitätsbasierte Markenführung 65

    2.3.6.1. Interne Perspektive: Markenidentität als Führungskonzept 67

    2.3.6.2. Externe Perspektive: Markenimage als Marktwirkungskonzept 69

2.3.7. Authentizität von Marken 70

    2.3.7.1. Vertrauen als Zielgröße von .... Markenaktivitäten 70

    2.3.7.2. Markenauthentizität als Vehikel für .... Vertrauen 72

    2.3.7.3. Gestaltungsdimensionen der .... Markenarchitektur 73

    2.3.7.4. Vertikale Dimension 77

    2.3.7.4.1. Branded House 78

    2.3.7.4.2. House of Brands 80

    2.3.7.4.3. Endorsed Brands 82

    2.3.7.4.4. Subbrands 83

    2.3.7.5. Horizontale Dimension 84

    2.3.7.6. Laterale Dimension 84

2.3.8. Co-Branding als Win-Win für zwei Individualmarken 85

Inhaltsverzeichnis

2.4. Entscheidungen und Verhalten im Kaufprozess **87**

2.4.1. Definitorische Einführung und Abgrenzung 88

2.4.2. Komponenten und Determinanten einer Entscheidung 92

    2.4.2.1. Involviertheit 94

    2.4.2.2. Emotion 98

    2.4.2.3. Motiv 98

    2.4.2.4. Einstellung 100

    2.4.2.5. Werte 100

    2.4.2.6. Persönlichkeit 101

2.4.3. Totalmodelle als Annäherung an Entscheidungsprozesse 101

3. Empirischer Beitrag **103**

3.1. Vorgehensweise und Methodik **103**

3.1.1. Ziel und Zweck 103

    3.1.1.1. Ziel und Zweck eines Mixed-Design-Ansatzes 104

    3.1.1.2. Ziel und Zweck qualitativer Forschung 106

3.1.2. Datenerhebungsverfahren und Stichprobenkonstruktion 108

    3.1.2.1. Leitfadengestütztes Interview als Befragungstechnik 108

    3.1.2.2. Konzipierung des Gesprächsleitfadens 109

    3.1.2.3. Anforderungen an die Stichprobenkonstruktion 111

    3.1.2.4. Durchführung der Gespräche 111

3.1.3. Analyse und Darstellung der empirischen Befunde 113

    3.1.3.1. Quantitative Analyse: Latent Dirichilet Allocation 113

    3.1.3.2. Qualitative Analyse: GABEK 117

3.1.4. Gewähltes Forschungsdesign der vorliegenden Arbeit 119

3.2. Ergebnisse der quantitativen Analyse (Latent Dirichilet Allocation) **124**

3.2.1. Statistische Angaben und terminologische Assoziationen...... 124

3.2.2. Darstellung der Ergebnisse der quantitativen Datenanalyse... 125

3.2.3. Wesentliche Erkenntnisse und Reflexion der Durchführung einer Latent Dirichiliet Allocation 126

3.3. Ergebnisse der qualitativen Analyse (GABEK)......................... 127

3.3.1. Statistische Angaben und terminologische Assoziationen...... 127

3.3.2. Darstellung der Ergebnisse der qualitativen Datenanalyse..... 131

3.3.2.1. Resorterlebnis... 131

3.3.2.1.1. Resorterlebnis in unterschiedlichen Destinationssettings 132

3.3.2.1.1.1. Resort auf Fuerteventura, Kanarische Inseln, Spanien... 132

3.3.2.1.1.2. Resort in Arosa, Graubünden, Schweiz.............. 134

3.3.2.1.1.3. Resort auf Mallorca, Balearische Inseln, Spanien 137

3.3.2.1.1.4. Resort gesamt... 139

3.3.2.1.2. Einflussgrößen auf das Resorterlebnis.................... 142

3.3.2.1.2.1. Resort und Publikum.. 145

3.3.2.1.2.2. Resort und Atmosphäre....................................... 148

3.3.2.1.2.3. Resort und Einrichtungen.................................... 151

3.3.2.1.2.4. Resort und Sicherheit.. 154

3.3.2.1.2.5. Resort und Qualität 154

3.3.2.2. Destinationserlebnis 156

3.3.2.2.1. Destinationserlebnis in unterschiedlichen Destinationssettings 157

3.3.2.2.1.1. Resort auf Fuerteventura, Kanarische Inseln, Spanien... 157

3.3.2.2.1.2. Resort in Arosa, Graubünden, Schweiz.............. 160

3.3.2.2.1.3. Resort auf Mallorca, Balearische Inseln, Spanien 163

3.3.2.2.1.4. Destination gesamt.. 165

3.3.2.2.2. Einflussgrößen auf das .... Destinationserlebnis... 168

Inhaltsverzeichnis

3.3.2.2.2.1. Destination und Natur 171

3.3.2.2.2.2. Destination und Sport 173

3.3.2.2.2.3. Destination und Vertrautheit /
Entscheidungsprozess 174

3.3.2.2.2.4. Destination und Fazilitäten 174

3.3.2.2.3. Der bewusste Nicht-Kontakt mit der Destination ... 175

4. Zentrale Erkenntnisse und Diskussion der Ergebnisse 179

**4.1. Der Reiz als Anfang eines Erlebnisses im Mittelpunkt:
Einflussfaktoren auf das Erlebnis in Ferienwelten 179**

4.1.1. Die Destination als ein Aktivitätenangebot unter vielen 181

4.1.2. Das Vorwissen über die Destination / die Anreise vom
Flughafen zur Ferienanlage 184

4.1.3. Sicherheit und Qualität 185

4.1.3.1. Absicherung gegen politische Risiken 185

4.1.3.2. Absicherung gegen persönliche Risiken 186

4.1.3.3. Absicherung gegen Enttäuschungen beim
Urlaubserlebnis 187

4.1.4. Reisedauer 189

4.1.5. Der Sinnhorizont im Resort: Publikum und Atmosphäre 189

4.1.6. Einrichtungen 190

4.2. Der Reisende im Mittelpunkt: Personas 191

4.2.1. Erstellung von Personas 191

4.2.2. Überblick: Zentrale Dimensionen zur Charakterisierung der
Resorturlauber-Personas 192

4.2.3. Entstehungsprozess: Hypothesengenerierung und Faktoren. 194

4.2.4. Darstellung der Personas 196

4.2.4.1. Katja – die Clubveteranin 196

4.2.4.2. Markus – das Tennisass 199

4.2.4.3. Sandra – die Pragmatische 201

4.2.4.4.	Kai – der Genügsame	203

4.3. Das Zusammenspiel von Destination und Resort im Mittelpunkt: Destination-Resort-Archetypen **206**

4.3.1. Archteyp 1: Cocoon – das Resort als   Destination 206

4.3.2. Archetyp 2: Selektiv-singuläre Aktivität als gemeinsames Merkmal von Resort und Destination 207

4.3.3. Archetyp 3: Nucleus – Das Resort als Rückzugsort innerhalb einer Destination 207

4.4. Integratives Modell der Erlebniskreation in Ferienwelten **208**

5.   Zusammenfassung, Reflexion und Ausblick **211**

5.1. Zusammenfassung der zentralen Erkenntnisse der Arbeit **211**

5.1.1. Arten von Reizen 212

5.1.2. Personas in Ferienwelten 213

5.1.3. Archetypisierung des Verhältnisses von Destination und Resort 215

5.2. Limitationen dieser Arbeit und Anknüpfungspunkte für weitere Forschung **215**

5.2.1. Orte der Befragung 216

5.2.2. Zeitpunkt und Teilnehmer der Befragung 217

5.2.3. Kategorisierung und Auswertung des Datenmaterials 217

5.2.4. Messgrößen zur Quantifizierung von Erlebnissen 218

5.2.5. Übertragung der Erlebnisse auf andere Bereiche im Tourismus 218

5.2.6. Betrachtung von Erlebniskreisläufen aus Sichtweise anderer Forschungsdisziplinen 219

5.2.7. Einbezug weiterer Variablen innerhalb der Destination 219

5.3. Mögliche Antworten auf praktische Herausforderungen im Tourismus **220**

5.3.1. Das Erlebnis als Marke 220

5.3.2. Die Orchestrierung mehrerer Reize 221

5.3.3. Erlebnistourismus als eine Antwort auf *Overtourism* 222

Inhaltsverzeichnis

5.3.4. Die Symbiose von Destination und Resort als
gemeinschaftliche Anstrengung und Interessenausgleich 223

Literaturverzeichnis **225**

Anhang **243**

Abbildungsverzeichnis

Abbildung 1: Entwicklung der Anzahl an Resorts von 2000 – 2017, eigene Darstellung 3

Abbildung 2: Theoretische Verortung; eigene Darstellung 5

Abbildung 3: Gang der Untersuchung; eigene Darstellung 10

Abbildung 4: Destinationsdefinition in Abhängigkeit der Reisedistanz; eigene Darstellung, in Anlehnung an Bieger (1996)................................. 17

Abbildung 5: (Vor-) touristische Räume in Abhängigkeit vom Grad der Simulation; eigene Dastellung, in Anlehnung an Romeiss-Stracke (2000) 21

Abbildung 6: Charakteristische Raum-Zeit-Pfade im Tourismus; eigene Darstellung, in Anlehnung an Steinbach (2003) 24

Abbildung 7: Historische Einordnung: Beiträge zum Themenkomplex Kundenerlebnisse; eigene Darstellung, in Anlehnung an Lemon & Verhoef (2016)... 30

Abbildung 8: Die vier Arten von Erlebnissen; eigene Darstellung, in Anlehnung an Pine & Gilmore (2011) 40

Abbildung 9: Das Orchestermodell einer Reiseerfahrung; eigene Darstellung, in Anlehnung an Pearce (2011) 44

Abbildung 10: Prozessmodell für Kundenreisen und Kundenerlebnisse; eigene Darstellung; in Anlehnung an Lemon & Verhoef (2016)........... 47

Abbildung 11: Die vier Arten von Customer Touchpoints/Kundenberührpunkten; eigene Darstellung, in Anlehnung an Lemon & Verhoef (2016).................................... 49

Abbildung 12: Informationsökonomische Unterscheidung von Leistungen; eigene Darstellung, in Anlehnung an Meffert et. al. (2008) 60

XVIII
Abbildungsverzeichnis

Abbildung 13: Identitätsbasierte Markenführung; eigene Darstellung, in Anlehnung an Burmann et. al. (2015)... 66

Abbildung 14: Gestaltungsdimensionen der Markenarchitektur, eigene Darstellung, in Anlehnung an Burmann et. al. (2015)................ 74

Abbildung 15: Brand Relationship Spectrum; eigene Darstellung, in Anlehnung an Aaker und Joachimsthaler (2000)...................... 78

Abbildung 16: Nutzenmaximierung des economic man; eigene Darstellung..... 89

Abbildung 17: Mehrstufiges, sequentielles Entscheidungsmodell; eigene Darstellung, in Anlehnung an Kardes et. al. (1993) 91

Abbildung 18: Determinanten des Entscheidungsverhaltens; eigene Darstellung, in Anlehnung an Trommsdorff (2008).................. 93

Abbildung 19: Konzeptualisierung von Involvement; eigene Darstellung, in Anlehnung an Zaichkowsky (1986).. 95

Abbildung 20: Hedonic Tourism Motivation Model, eigene Darstellung, in Anlehnung an Goossens 97

Abbildung 21: Kombinationen von quantitativ-qualitativer Forschung; eigene Darstellung, in Anlehnung an Srnka und Koeszegi (2007) 106

Abbildung 22: Graphische Darstellung der Findung von Topics im Rahmen einer Latent Dirichilet Allocation ; eigene Darstellng, in Anlehnung an Lettier, 2018 116

Abbildung 23: strukturierter Gesprächsleitfaden; eigene Darstellung 123

Abbildung 24: Ergebnisse der Latent Dirichilet Allocation auf Grundlage der im Rahmen dieser Arbeit geführten Gespräche; eigene Darstellung 125

Abbildung 25: Ausdrucksliste, gegliedert nach Anzahl der Nennungen pro Destination sowie gesamthaft; eigene Darstellung............. 129

Abbildungsverzeichnis   XIX

Abbildung 26: Netzwerkgraphik mit dem Ausdruck
„ROBINSON_Robinson_ist_Robinson" als Knotenpunkt,
Grundlage der Daten sind Gespräche in der Destination
Fuerteventura, n=3; eigene Darstellung 132

Abbildung 27: Netzwerkgraphik mit dem Ausdruck
„ROBINSON_Robinson_ist_Robinson" als Knotenpunkt,
Grundlage der Daten sind Gespräche in der Destination Arosa;
eigene Darstellung 135

Abbildung 28: Netzwerkgraphik mit dem Ausdruck
„ROBINSON_Robinson_ist_Robinson" als Knotenpunkt,
Grundlage der Daten sind Gespräche in der Destination
Mallorca; eigene Darstellung 137

Abbildung 29: Netzwerkgraphik mit dem Ausdruck
„ROBINSON_Robinson_ist_Robinson" als Knotenpunkt,
n=2, Grundlage der Daten sind Gespräche über alle
Destinationen (Fuerteventura, Arosa und Mallorca) hinweg;
eigene Darstellung 140

Abbildung 30: Netzwerkgraphik mit dem Ausdruck
„ROBINSON_Robinson_ist_Robinson" als Knotenpunkt,
n=5 Grundlage der Daten sind Gespräche über alle
Destinationen (Fuerteventura, Arosa und Mallorca) hinweg;
eigene Darstellung 141

Abbildung 31: Kausalgraphik mit dem Ausdruck
„ROBINSON_Robinson_ist_Robinson" als Knotenpunkt,
n=2 Grundlage der Daten sind Gespräche über alle
Destinationen (Fuerteventura, Arosa und Mallorca) hinweg;
eigene Darstellung 143

Abbildung 32: Kausalgraphik Publikum - Preisklasse, n=1; Grundlage der
Daten sind Gespräche über alle Destinationen (Fuerteventura,
Arosa und Mallorca) hinweg; eigene Darstellung 146

XX   Abbildungsverzeichnis

Abbildung 33: Kausalgraphik mit dem Ausdruck „Atmosphäre_familiär"
als Knotenpunkt, n=1 Grundlage der Daten sind Gespräche
über alle Destinationen (Fuerteventura, Arosa und Mallorca)
hinweg; eigene Darstellung 148

Abbildung 34: Kausalgraphik mit Fokus auf Fazilitäten und dem Ausdruck
„ROBINSON_Robinson_ist Robinson" als Knotenpunkt,
n=1, Grundlage der Daten sind Gespräche über alle
Destinationen (Fuerteventura, Arosa und Mallorca) hinweg;
eigene Darstellung 152

Abbildung 35: Kausalgraphik mit Fokus auf den Ausdruck „runde_Tische";
n=1 Grundlage der Daten sind Gespräche über alle
Destinationen (Fuerteventura, Arosa und Mallorca) hinweg;
Darstellung 153

Abbildung 36: Kausalgraphik mit Fokus auf Fazilitäten und dem
Ausdruck „ROBINSON_Robinson_ist Robinson" als
Knotenpunkt, n=1, Grundlage der Daten sind Gespräche über
alle Destinationen (Fuerteventura, Arosa und Mallorca)
hinweg; eigene Darstellung 155

Abbildung 37: Netzwerkgraphik mit dem Ausdruck „Fuerteventura" als
Knotenpunkt, n=2; eigene Darstellung 158

Abbildung 38: Netzwerkgraphik mit dem Ausdruck „Arosa" als
Knotenpunkt, n=2; eigene Darstellung 160

Abbildung 39: Erweiterte Netzwerkgraphik mit den Ausdrücken „Arosa" und
„Skigebiet" als Knotenpunkt, n=2; eigene Darstellung 161

Abbildung 40: Netzwerkgraphik mit dem Ausdruck „Mallorca" als
Knotenpunkt, n=2; eigene Darstellung 163

Abbildung 41: Netzwerkgraphik mit dem Ausdruck „Destination" als
Knotenpunkt, n=2; eigene Darstellung 166

Abbildung 42: Netzwerkgraphik mit dem Ausdruck „Destination" als
Knotenpunkt, n=5; eigene Darstellung 167

Abbildungsverzeichnis   XXI

Abbildung 43: Kausalgraphik mit dem Ausdruck „Destination" als
Knotenpunkt, n=1, ... 169

Abbildung 44: Netzwerkgraphik mit dem Ausdruck
„bewusst_kein_Kontakt_zur_Destination" als Knotenpunkt,
n=3; eigene Darstellung 176

Abbildung 45: Kausalnetzwerkgraphik mit dem Ausdruck
„bewusst_kein_Kontakt_zur_Destination" als Knotenpunkt,
n= 1; eigene Darstellung 178

Abbildung 46: Assoziationen mit und Einflussgrößen auf das Resort-
und Destinationserlebnis; eigene Darstellung 181

Abbildung 47: Aufteilung der vier Personas anhand von zwei
unterschiedlichen Dimensionen; eigene Darstellung 194

Abbildung 48: Integratives Modell der Erlebniskreation in Ferienwelten;
eigene Darstellung 209

Abstract

Die vorliegende Arbeit untersucht Erlebnisse von Resorturlaubern. Hierzu wird analysiert, wie einzelne Eindrücke, Geschehnisse und Verhaltensweisen das Urlaubserlebnis beeinflussen. Basierend auf der Forschungsfrage „Welche Faktoren beeinflussen Erlebnisse im Resorturlaub und wie lässt sich die Wirkung dieser Faktoren anhand von (a) Personas und (b) eines Gefüges von Destination und Resort unterteilen?" ist es das Ziel, zu verstehen, wie und in welchen Situationen – aus Sicht des Reisenden – Eindrücke aufgenommen werden, Erlebnisse entstehen und diese mit Merkmalen der jeweiligen Destinations- bzw. Resortmarke in Verbindung gebracht werden.

Hierzu werden Primärdaten von Reisenden in drei verschiedenen Regionen erhoben und unter Anwendung eines Mixed-Design-Ansatzes ausgewertet. Nach Durchführung einer Latent Dirichilet Allocation werden die hieraus definierten Topics als Grundlage für eine weitere Analyse nach dem Verfahren GABEK herangezogen. Hierbei werden Assoziations- und Kausalnetzwerke entwickelt und ausgewertet.

Als Ergebnis dieser Arbeit steht das *Modell der Erlebniskreation in Ferienwelten,* welches die drei Dimensionen (1) Art des Reizes, (2) Individuum und (3) Kontext definiert und jede Dimension in einzelne Faktoren untergliedert. Für die Dimension *Art des Reizes* werden einzelne Reize systematisch kategorisiert, für die Dimension *Individuum* werden Personas definiert und beschrieben, und für die Dimension *Kontext* werden Archetypen des Verhältnisses von Resort und Destination definiert.

1. Einführung

Die vorliegende Arbeit untersucht Erlebnisse von Resorturlaubern. Hierzu wird analysiert, wie einzelne Eindrücke, Geschehnisse und Verhaltensweisen das Urlaubserlebnis beeinflussen. Ziel ist es zu verstehen, wie und in welchen Situationen – aus Sicht des Reisenden – Eindrücke aufgenommen werden, Erlebnisse entstehen und diese mit Merkmalen der jeweiligen Destinations- bzw. Resortmarke in Verbindung gebracht werden.

Erlebnisse sind eigenständige, multidimensionale Konstrukte, welche aus den kognitiven, emotionalen, verhaltensrelevanten, sensorischen und sozialen Antworten eines Individuums auf die von ihm empfangenen Reize bestehen (Lemon & Verhoef, 2016). Ein Reisender nimmt also Reize wahr und formt diese in ein Erlebnis um, er ist zentraler Akteur bei der Kreation seiner eigenen Erlebnisse.

Betreiber von für Touristen gebaute Ferienwelten setzen diese Reize gezielt, um für den Reisenden einzigartige und, bezogen auf die Verknüpfung mit der touristischen Marke, möglichst nachhaltige Erlebnisse zu schaffen. Daher ist es für Resortbetreiber wichtig zu verstehen, wie ihre Gäste Eindrücke wahrnehmen und Erlebnisse kreieren. Eine besondere Stellung kommt Erlebnissen in Resorts bzw. Ferienclubs zu. Resorts sind zwar zum Teil künstliche Ferienwelten, jedoch sind sie eingebettet in eine natürliche, also unabhängig vom Resort existierende Destination. Der während des Urlaubs genutzte Strand oder das Skigebiet sind Teil der Destination mit ihren je typischen Charakteristika. Anders als bei Anlagen, die fast vollständig von der Außenwelt abgeschottet sind, wie zum Beispiel Disneyland Paris, ist ein Kernmerkmal von Ferienclubs ihre Lage am Meer oder in den Bergen. Reisende nehmen also Reize wahr, die sowohl von der Destination als auch von dem Resort ausgehen.

Diese Arbeit leistet einen Beitrag dazu, die Erlebniskreation im Resorttourismus systematisch zu rekonstruieren und mögliche verallgemeinerungsfähige Systematiken zu identifizieren. Sie liefert damit eine wissenschaftliche Grundlage für die gezielte Reizsetzung als Ausgangspunkt für Erlebnisse im Rahmen von Urlauben in Ferienwelten.

Das folgende Kapitel 1 gibt eine Übersicht über die vorliegende Arbeit. Kapitel 1.1 umreißt das praktische Phänomen *Resorturlaub*. Kapitel 1.2 referiert die Erlebnisforschung im derzeitigen wissenschaftlichen Diskurs. Kapitel 1.3 formuliert das Forschungsziel und die Forschungsfrage dieser Arbeit. Es fokussiert die Vielschichtigkeit der Thematik Reiseerlebnisse in Ferienwelten auf ein übergreifendes Ziel und bricht dieses auf die Forschungsfrage der vorliegenden Arbeit her

---

© Der/die Herausgeber bzw. der/die Autor(en), exklusiv lizenziert durch
Springer Fachmedien Wiesbaden GmbH, ein Teil von Springer Nature 2021
C. Schneider, *Kundenerlebnisse in Ferienwelten*, Entrepreneurial Management
und Standortentwicklung, https://doi.org/10.1007/978-3-658-31543-6_1

2   1 Einführung

unter. Davon abgeleitet wird jeweils ein deskriptives, analytisches und normatives Ziel definiert. Der Weg, um diese Ziele zu erreichen, wird im Kapitel 1.4 vorgestellt.

1.1 Urlaub in Ferienwelten: praktisches Phänomen und Problemstellung des Vorhabens

„Urlaub im Club – Alles auf einmal". Der Artikel mit dieser Überschrift, erschienen am 11. Oktober 2005 auf Spiegel online, fasst zusammen, was Cluburlaub für die meisten Urlauber bedeutet: die Möglichkeit, viele verschiedene Aktivitäten zu jeder Tages- und Nachtzeit nutzen zu können, je nach Lust und Laune zwischen körperlicher Betätigung und Erholung hin und her zu wechseln. Das Ganze soll, wenn möglich, mal in der Gruppe, mal alleine stattfinden, und die Resortanlage höchsten Ansprüchen genügen, aber dennoch eingebettet sein in die lokale Natur und in einer perfekten Lage zu Strand, Skigebiet oder ähnlichen landestypischen Gegebenheiten. In einem anderen Artikel spricht das Magazin Spiegel von „Gemeinsam auf dem Egotrip" (18. März 2002). In der im ersten Titel deutlich werdenden Vielfältigkeit werden auch die in dem zweiten Artikel angesprochenen Herausforderungen eines Cluburlaubes, also eines Aufenthaltes in einer Ferienwelt, deutlich: Reisende suchen nach einem Gruppenerlebnis, möchten aber dennoch auch mal alleine sein. Sie möchten sich sportlich betätigen, aber dennoch auch entspannen. Und sie sind in eine bestimmte Destination gefahren, weil sie zum Beispiel die Wärme, das Meer oder die Gastfreundschaft der Einheimischen schätzen. Dennoch verbringen sie die meiste Zeit innerhalb der Ferienanlage und möchten auf den gewohnten Standard von zu Hause nicht verzichten.

Die Frage, wie man einem Reisenden bestimmte Urlaubserlebnisse, die zum Teil auch im Widerspruch zueinander stehen können, auf Abruf bereitstellen zu kann, beantworten die großen deutschen Reiseveranstalter mit der Schaffung von Resortmarken. Dank der Urlaubsanlagen dieser Resortmarken sollen Erlebnisse, in weiten Teilen unabhängig von der Destination, für den einzelnen Reisenden reproduzierbar werden. Während im Jahr 2000 die deutschsprachigen Reiseveranstalter 284 Resorts anboten, waren es 2017 schon 614. In weniger als 20 Jahren hat sich das Angebot an Resorts im deutschen Markt also mehr als verdoppelt. Die modernen Resortanlagen greifen den gesellschaftlichen Trend des *social cocooning* auf, also der Schaffung eines *Wir-Gefühls* in einem von der jeweiligen Person selbst gesteckten Rahmen. Vergleichbar mit einem Filter in sozialen Medien werden verschiedene gesellschaftliche Gruppen mehr und mehr voneinander getrennt und erhalten nur diejenigen Botschaften, die genau auf sie zugeschnitten sind.

1.1 Urlaub in Ferienwelten: prakt. Phänomen u. Problemstellung d. Vorhabens

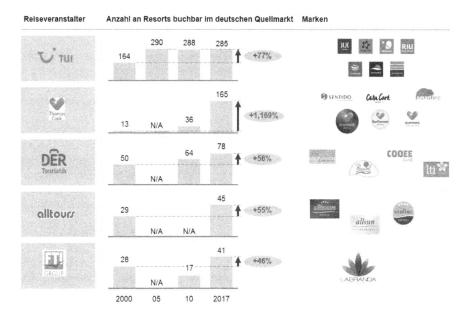

Abbildung 1: Entwicklung der Anzahl an Resorts von 2000 – 2017, eigene Darstellung

Bei jeder Neueröffnung einer Anlage einer bestimmten Resortmarke stehen die Verantwortlichen vor der Herausforderung, die spezifischen Gegebenheiten in der Destination optimal mit den Merkmalen und Standards des Resorts zu verbinden. Sie sehen sich einem Paradoxon gegenüber: Reisenden, die – bewusst oder unbewusst – einen Urlaub in einem Resort suchen und sich zum Teil von der Umgebung abschotten möchten, aber dennoch Teile der Destination erleben möchten.

Premiumanbieter, also Resortbetreiber wie die Robinson Club GmbH oder die Aldiana GmbH stehen hierbei vor einer besonderen Herausforderung. Die anspruchsvollen Gäste erwarten eine gelungene Einbettung der Anlage in die jeweilige Gastregion, möchten gleichzeitig aber auf keinerlei Annehmlichkeiten oder das Gemeinschaftsgefühl eines Cluburlaubes verzichten. Hieraus ergeben sich Widersprüchlichkeiten, die es aufzulösen gilt: Inwieweit passt man das Essen den lokalen Gegebenheiten an? Müssen alle Mitarbeiter deutsch sprechen? Bis zu welchem Grad darf bzw. muss die Destination mit ihren spezifischen Gegebenheiten für den Gast sichtbar werden. – Dies sind nur einige Beispiele für viele Fragestellungen, die Resortbetreiber beantworten müssen. Auch Destinationen stehen vor der Herausforderung, ihre spezifischen Gegebenheiten dem Gast möglichst adressatengerecht zugänglich zu machen.

Eine fein orchestrierte Kombination aus Elementen des Resorts und Bestandteilen der Destination stellt eine große Herausforderung dar, bietet jedoch die Chance, für den Gast ein herausragendes Erlebnis zu schaffen. Dies geschieht genau dann, wenn die vom Reisenden gewonnenen Eindrücke des Resorts und der Destination ineinandergreifen und für den Gast ein in sich stimmiges, authentisch anmutendes Gesamtbild entsteht.

Die vorliegende Arbeit wird diese für den Kunden hergestellte Authentizität näher untersuchen. Beide Akteure – sowohl die Verantwortlichen der Destination als auch die des Resorts – verfolgen also das gleiche Ziel: sie möchten ein für den Gast optimales Erlebnis schaffen. Dies ist erreicht bei einem gelungenen Zusammenspiel von Destination (zum Beispiel direkte Strandlage) und Resort (zum Beispiel Frühstücksterrasse am Strand). Nur wenn beide Faktoren zusammenkommen, kann für den Gast ein optimales Erlebnis entstehen.

Die Reize, die ein Gast wahrnimmt, und die damit verbundenen Erlebnisse, die er kreiert, erforscht diese Arbeit. Verantwortliche von Destinationen und Resorts gleichermaßen können die Ergebnisse der vorliegenden Arbeit zur Hand nehmen und damit ihr Angebot an Resorturlauber überprüfen und gegebenenfalls neu ausrichten.

1.2 Theoretischer Kontext

Um zu verstehen, wie Reiseerlebnisse im Resorttourismus geschaffen werden und sich Wechselwirkungen mit Resort- und Destinationsmarken ergeben, verbindet die vorliegende Arbeit vier Forschungsstränge: die Erlebnisforschung, die Tourismusforschung, die Markenforschung und die Forschung im Bereich des Entscheidungs- und Kaufverhaltens. Diese sind in Abbildung 2 dargestellt.

1.2 Theoretischer Kontext

Abbildung 2: Theoretische Verortung; eigene Darstellung

Basierend auf der Erlebnisforschung wird ein praktisches Phänomen aus dem Tourismus, der Resorturlaub, als Forschungsobjekt gewählt und analysiert.

Die Erlebnisforschung bildet damit den ersten Forschungsstrang dieser Arbeit. Die Hypothese innerhalb der Erlebnisökonomie ist, dass durch das gezielte Setzen von Erlebnissen ein ökonomischer Mehrwert entsteht und sich damit höhere ökonomische Renditen erzielen lassen (Pine & Gilmore, 2011). Nach Pine und Gilmore (2011) ist dieses gezielte Setzen von Reizen der zentrale Fokus bzw. der „Kriegsschauplatz" (*battleground*) für Unternehmen.

Ein Erlebnis entsteht dann, wenn ein Unternehmen bewusst Dienstleistungen und/oder Produkte als Mittel zum Zweck einsetzt, um für Individuen ein erinnerungswürdiges Erlebnis zu schaffen „An experience occurs, when a company intentionally uses services as a stage, and goods as props, to engage individual customers in a way that creates a memorable event" (Pine & Gilmore, 2011, S. 98). Die gesetzten Reize werden aber erst durch den Kunden in ein Erlebnis transferiert. Da Individuen unterschiedlich konstituiert sind, kann dies gelingen, muss jedoch nicht zwangsläufig entstehen. (Ritchie, Wing Sun Tung & Ritchie, 2011; Kim, Ritchie & Tung, 2010; Lemon & Verhoef, 2016; Meyer & Schwager, 2007; Ritchie & Hudson, 2009). Das Erlebnis wird also vom Individuum selbst kreiert. Um mit dieser Unsicherheit besser umgehen zu können, ist es für Unternehmen wichtig zu verstehen, auf welche Reize einzelne Individuen reagieren, und wie sie diese zu Erlebnissen umformen.

Um diesen Vorgang nachvollziehen zu können, müssen Reize aus Sicht der Kunden untersucht werden. Nicht jedes Individuum reagiert auf einen gesetzten Reiz in der gleichen Weise. Eine Betrachtung der Reizwahrnehmung der Reisenden scheint deshalb ein vielversprechender Ansatz zu sein, mit dem man zukünftig Erlebniskreation effektiver gestalten kann. Hierzu eignet sich die Analyse anhand von *customer journeys*, also des gesamten Kundenerlebnisses als eine prozessuale Aneinanderreihung einzelner Abschnitte bzw. einzelner Erlebnisse, die der Kunde durchläuft (Lemon & Verhoef, 2016; Rawson, Duncan & Jones, 2013). Neue Erkenntnisse sind im Besonderen in einem touristischen Kontext zu erwarten, denn innerhalb der Tourismusforschung stand bislang die Perspektive des Reisenden selten im Mittelpunkt (Inbakaran & Jackson, 2005).

Innerhalb dieser *customer journey* gilt es „touch points", also Berührpunkte, an denen ein Reiz auf das Individuum trifft, zu identifizieren, zu analysieren und zu klassifizieren (Lemon & Verhoef, 2016). Von Markenberührpunkten, bzw. „Brand Touch-Points" (Burmann, Halaszovich, Schade & Hemmann, 2015, S. 28) spricht man bei Berührpunkten, an denen ein Individuum Reize mit einer Marke verbindet. Lässt sich ein Kontaktpunkt direkt mit dem mit der Marke verbundenen Unternehmen beeinflussen, wie zum Beispiel der Check-In im Hotel, spricht man von „brand-owned touch points" (Lemon & Verhoef, 2016, S. 76). Lässt sich der Kontaktpunkt jedoch nur indirekt beeinflussen, spricht man von „socially-owned touch points" (Lemon & Verhoef, 2016, S. 78). Die Atmosphäre in einem Resort beim Abendessen ist ein solcher socially-owned touch point. Ein verantwortlicher Resortleiter kann diese zwar über die Anordnung der Tische, über Musik, und ähnliches steuern, aber weder er noch die Marke treten direkt in

1.2 Theoretischer Kontext 7

Kontakt mit dem Individuum. Während erstere deutlich einfacher für die Verantwortlichen zu steuern sind, haben letztere einen größeren Einfluss auf das Gesamterlebnis (Lemon & Verhoef, 2016).

Lemon und Verhoef schlagen daher (2016) folgende Fragen als Teil einer Research Agenda vor: „How can brands exert more control over non-owned touch points? Can such touch points be turned into brand-owned touch points? At which stages of the journey? What is the role of the brand in the CX [customer experience] and customer journey? How do customer choices for touch points in the customer journey relate to each other?" (Lemon & Verhoef, 2016, S. 87). Die vorliegende Arbeit leistet einen Beitrag, diese Fragen im Rahmen der Tourismuswissenschaft zu beantworten. Einzelne Reize im Resorturlaub werden analysiert und klassifiziert und darauf aufbauend auf ihre Verbindung mit einer Marke hin untersucht.

Die Tourismuswissenschaft bildet den zweiten Forschungsstrang dieser Arbeit. Das Forschungsfeld des Resorttourismus eignet sich aus zwei Gründen in besonderem Maße für die weitergehende Analyse von Erlebnissen. Zum einen ist die in der Praxis gefundene Antwort von Reiseveranstaltern auf den Wunsch nach Erlebnissen die Schaffung von Resorts. Zum anderen ist ein Resorturlaub aus Sicht vieler Reisenden ein mit Emotionen behaftetes Produkt (Bigne, Sanchez & Sanchez, 2001; Gretzel, Fesenmaier, Formica & O'Leary, 2006; Hosany & Gilbert, 2010). Jeodch wurde die Erlebniskomponente bisher recht wenig erforscht wurde (Hosany & Gilbert, 2010).

Das Resort an sich ist ein vom Menschen erschaffenes Konstrukt, welches sich in einer bestimmten Urlaubsdestination befindet. Der Begriff *Resort* wird für eine Vielzahl von Konstrukten verwendet, (Brey, Morrison & Mills, 2007; Brey, 2011; King, 2002; King & Whitelaw, 2003; Schwanke, 1997; Volgger, Herntrei, Pechlaner & Pichler, 2018; Wen, Lehto, Sydnor & Tang, 2014). Die vorliegende Arbeit orientiert sich an der Definition von Volgger et. al. (2018, S. 1) im Sinne eines Hotelresorts, welches verstanden werden kann als „self-contained, full-service tourist operations", mit dem Ziel, alle Bedürfnisse des Touristen innerhalb der Anlage zu befriedigen (Naidoo & Pearce, 2018). Anders als ein Themenpark wie zum Beispiel Disneyland, ist ein Resort jedoch nicht vollständig isoliert von seiner Umgebung (Romeiss-Stracke, 2000, S. 61), der Destination, also dem „Reiseziel aus Sicht des Reisenden" (Haedrich, 1998, S. 6). Reize, die auf das Individuum wirken, befinden sich also im Spannungsfeld von Resort und Destination. Aus Sicht von Verantwortlichen des Resorts und der Destination stellt sich folglich die Frage, wie Reize optimal gesetzt werden können.

Die Markenforschung bildet den dritten Forschungsstrang dieser Arbeit, denn Marken können bei der Erlebniskreation eine herausragende Rolle spielen, weil sie als Vereinfacher von Komplexität fungieren, indem sie spezifische Leistungen in einem Leistungsbündel zusammenfassen und diese im Markt platzieren (K. Keller, 1993). Die Marke als Kristallisationspunkt verspricht also, durch die unter ihr angebotenen Leistungen gewisse Erwartungen beim Konsumenten zu erfüllen. Wenn, wie im vorliegenden Fall des Resorttourismus das Schaffen von Erlebnissen eine vom Kunden erwartete Leistung ist, kristallisiert sich diese also in der Marke bzw. im sogenannten Markennutzenversprechen (Aaker & Joachimsthaler, 2012). Ziel dieser Arbeit ist es herauszufinden, wie Erlebnisse entstehen bzw. wie diese zu einem Markenerlebnis für den Reisenden werden. Als eine erste Hypothese wird vermutet, dass vor allem Resort- und Destinationsmarken auf das Individuum wirken. Daher stehen diese im Zentrum der Betrachtung.

Die Forschung im Bereich des Entscheidungs- und Kaufverhaltens bildet den vierten Forschungsstrang dieser Arbeit. Zum einen ist zu berücksichtigen, ob und inwieweit der Prozess der Entscheidungsfindung Teil des individuellen Referenzrahmens ist, innerhalb dessen die Erlebniskreation schlussendlich stattfindet. Zum anderen lassen sich Konzepte aus der Kaufverhaltensforschung für eine Analyse der Erlebniskreation heranziehen. Eine Entscheidung an sich lässt sich nach Katona (1975) in die zwei Extrema habituelles Verhalten und, wie Katona es nennt, eine *echte* Entscheidung unterteilen. Die Involviertheit des Kunden (*Involvement*) ist die Hauptdeterminante zur Klassifizierung von Entscheidungen (Trommsdorff, 2008). Sie beschreibt den „Aktivierungsgrad bzw. die Motivstärke zur objektgerichteten Informationssuche, -aufnahme, -verarbeitung und -speicherung" (Trommsdorff, 2008, S. 49). Dieses Level an Aufmerksamkeit bzw. innerer Erregung ist für jedes Individuum unterschiedlich und situationsabhängig (Werner Kroeber-Riel, Weinberg & Gröppel-Klein, 2009). Basierend auf dem Level des Involvement werden alle weiteren Faktoren (Emotion, Motiv, Einstellung, Werte, Persönlichkeit) und ihre Wirkweise über den Kaufentscheidungsprozess hinweg bestimmt.

Ferner hat der Grad der Involviertheit Auswirkungen darauf, auf welche Art und Weise Individuen Informationen über ein Produkt oder eine Dienstleistung wahrnehmen und diese verarbeiten. Die ökonomisch-rationale, kognitiv getroffene Entscheidung ist eben gerade nicht der Normalfall, sondern eher die Ausnahme (Trommsdorff, 2008). Diese Situationsabhängigkeit und Individualität lassen Parallelen zum Prozess der Erlebniskreation vermuten. Daher werden sie in der vorliegenden Arbeit mit betrachtet, wenn versucht wird, Erlebnisse und ihre Entstehung zu beschreiben und zu analysieren.

1.3 Forschungsziele und Forschungsfragen

Das **Ziel** der vorliegenden Arbeit ist es, die Erlebniskreation im Resorttourismus systematisch zu rekonstruieren und mögliche verallgemeinerungsfähige Systematiken zu identifizieren, um eine wissenschaftliche Grundlage für die Reizsetzung als Ausgangspunkt eines Erlebnisses bei unterschiedlichen Typen von Reisenden im Rahmen von Urlauben in Ferienwelten zu liefern.

Die **Forschungsfrage** lautet somit:
   „Welche Faktoren beeinflussen Erlebnisse im Resorturlaub und wie lässt sich die Wirkung dieser Faktoren anhand von (a) Personas und (b) eines Gefüges von Destination und Resort unterteilen?"
   Das Ziel dieser Arbeit lässt sich in **deskriptive, analytische und normative Ziele** unterteilen.
   Deskriptives Ziel der vorliegenden Arbeit ist es, Reize sowie deren Wirkungen als Ausgangspunkt eines Erlebnisses zu beschreiben sowie mögliche Verbindungen zur Wirkung von Resort- und Destinationsmarken aufzuzeigen. Zur Erreichung dieses Ziels werden drei der oben beschriebenen Forschungsstränge herangezogen, die dann wiederum im touristischen Kontext verortet werden: erstens die Erlebnisforschung, zweitens die Tourismus- und Destinationsforschung und drittens die Markenforschung.
   Daran anschließend ist das analytische Ziel dieser Arbeit, die zuvor beschriebenen Reize und Erlebnisse zu kategorisieren sowie ihre Verbindung mit Resort- und Destinationsmarken zu analysieren. Hierbei sollen unterschiedliche Arten des Zusammenspiels dieser Faktoren herausgearbeitet werden, welche schlussendlich die Bildung von Resortreisenden-Personas ermöglichen und eine Diskussion zur Archetypisierung des Resort-Destinations-Gefüges anstoßen können.
   Das **normative Erkenntnisziel** ist zweigeteilt: Erstens soll der Forschungsgemeinschaft ein Vorschlag zur Kategorisierung von Resorturlaubern gegeben werden. Diese Kategorisierung kann bei zukünftigen Forschungsprojekten als Ansatzpunkt dienen, um einzelne Aspekte der Ursache-Wirkungs-Beziehungen von Reizen und Erlebnissen sowie den Einfluss von touristischen Marken im Rahmen des Resorttourimusgeschäftes konkret messbar zu machen. Zweitens sollen Handlungsempfehlungen an touristische Akteure, vornehmlich Resortbetreiber bzw. Reiseveranstalter und Destination-Management-Organisationen, abgeleitet werden. Mit Hilfe dieser Handlungsempfehlungen ist es den Akteuren möglich, das

Alleinstellungsmerkmal ihrer jeweiligen Marke zu schärfen und eine optimale Symbiose im Sinne sich verstärkender Kräfte von Destination und Resort herzustellen.

1.4 Gang der Untersuchung

Die vorliegende Arbeit unterteilt sich in fünf Kapitel.

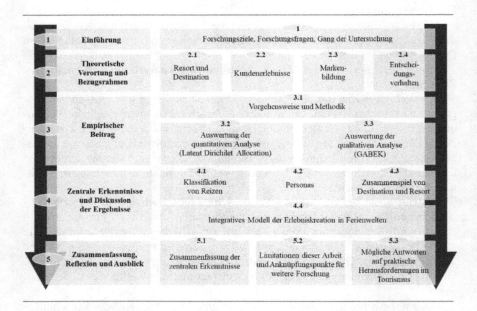

Abbildung 3: Gang der Untersuchung; eigene Darstellung

Im Anschluss an die Einführung (Kapitel 1) legt Kapitel 2 die theoretischen Grundlagen. Kapitel 2.1 definiert den Ansatzpunkt für die vorliegende Arbeit. Hier werden das zuvor beschriebene praktische Phänomen, der Urlaub in Ferienwelten, sowie die sich daraus möglicherweise ergebenden Widersprüche in einen tourismuswissenschaftlichen Kontext eingeordnet und zentrale tourismuswissenschaftliche Begriffe definiert. Im zweiten Teil dieses Kapitels 2.1 werden anhand von Raumverständnissen, Behavioral Settings und inszenierten Erlebniswelten erste Möglichkeiten der Annäherung an den touristischen Raum, also das Umfeld des Resortgastes, erarbeitet.

Kapitel 2.2 nimmt diese Grundlagen auf und ordnet sie in die Erlebnisforschung ein. Nach einer Definition zentraler Begriffe der Erlebnisforschung wird

1.4 Gang der Untersuchung 11

erklärt, wie Individuen Eindrücke zu Erlebnissen verarbeiten und welche Faktoren in diesem Prozess von Bedeutung sind. Darauffolgend werden unterschiedliche Arten von Erlebnissen eingeführt. Anschließend wird die *customer journey* als ein Analysetool vorgestellt, das eine Betrachtung von Reizen aus Sicht des Reisenden ermöglicht.

Kapitel 2.3 legt die markentheoretischen Grundlagen, welche nötig sind, um später den Einfluss der Marke auf Reisende beschreiben zu können. Nach einer Definition zentraler Begriffe und Vorstellung der Funktionen von Marken wird das Konzept der identitätsbasierten Markenführung als Kommunikation zwischen Marke und Kunde vorgestellt und vertieft. Darauf aufbauend wird Vertrauen als Kernbestandteil einer Marke analysiert und es werden verschiedene Möglichkeiten der Gestaltung der Markenarchitektur vorgestellt. Der Gestaltungsmöglichkeit des Co-Brandings, also der Verbindung von zwei einzelnen Marken, wird besonderer Raum gegeben.

Kapitel 2.4 widmet sich dem Entscheidungsverhalten von Individuen. Einzelne Determinanten einer Entscheidung werden vorgestellt und miteinander verglichen, bevor sie in ein gesamtes Entscheidungsgerüst und einen Entscheidungsablauf eingeordnet werden.

Kapitel 3 ist der empirische Beitrag dieser Arbeit.

Kapitel 3.1 führt in den Mixed-Design-Ansatz ein und stellt zuerst Ziel und Zweck des Ansatzes sowie Limitationen und Kritik vor. Anschließend werden die einzelnen Datenerhebungsverfahren und -instrumente dargestellt, die Stichprobe konzipiert und die Umsetzung des Vorhabens dargelegt.

Kapitel 3.2 führt eine Latent Dirichilet Allocation (LDA) durch. LDA ist ein Verfahren des computergestützten unüberwachten maschinellen Lernens (in englischer Sprache als feststehender Begriff: unsupervised machine learning process), welches es ermöglicht, große Mengen an Rohtext in sogenannte Cluster zu unterteilen und dabei die statistischen Beziehungen der Begriffe untereinander beizubehalten (Blei, Ng & Jordan, 2003).

Die daraus resultierende Struktur dient als Grundlage für die darauffolgende qualitative Analyse, die in Kapitel 3.3 durchgeführt wird. Mit einem Fokus auf jeweils das Resort- und das Destinationserlebnis – aber immer aus Perspektive des Gastes – werden verschiedene Schwerpunkte des Gästeerlebnisses zum Teil isoliert, zum Teil verknüpft miteinander betrachtet.

Die gewonnenen Erkenntnisse aus Kapitel 3.2 und 3.3 werden in Kapitel 4 anhand von drei unterschiedlichen Dimensionen diskutiert. Kapitel 4.1 nimmt die Darstellungen von Kapitel 3 auf und klassifiziert einzelne Reize anhand ihrer Wirkung. Es werden hierzu Hypothesen generiert. Kapitel 4.2 wird dazu genutzt, Personas, also Typen von Resorturlaubern, zu entwickeln, welche für sich betrachtet das aus Sicht des jeweiligen Gastes wahrgenommene Gesamterlebnis eines Resorturlaubs darstellen. In Kapitel 4.3 wird eine die Umgebung des Reisenden betreffende Analyse in Bezug auf das Zusammenspiel von Destination und Resort durchgeführt. Es wird argumentiert, dass ein Erlebnis bei ein und derselben Person in unterschiedlichen Kontexten anders wahrgenommen wird Hierzu werden drei Archetypen eines Gefüges von Destination und Resort erarbeitet und vorgestellt. Schlussendlich werden diese drei Dimensionen im *Integrativen Modell der Erlebniskreation in Ferienwelten* miteinander verbunden Dieses wird in Kapitel 4.4 vorgestellt.

Schließlich bildet Kapitel 5 den Abschluss dieser Arbeit. In diesem werden die zentralen Erkenntnisse der Arbeit zusammengefasst, Limitationen des Gesamtprojektes herausgestellt und weitere Ansätze zur Forschung gegeben sowie mögliche Antworten auf praktische Herausforderungen im Tourismus diskutiert.

2. Theoretische Verortung und Bezugsrahmen

Die vorliegende Arbeit untersucht und klassifiziert Erlebnisse von Resorturlaubern[1]. Ausgangspunkt dieser Arbeit ist die Annahme, dass Erlebnisse im Resorturlaub bestimmter Reize bedürfen, die Resort- und Destinationsverantwortliche gezielt setzen können. Zur Untersuchung werden Theorien aus der Tourismusforschung, der Erlebnisforschung, der Markenforschung und der Entscheidungs- und Kaufverhaltensforschung herangezogen. Die folgenden Unterkapitel 2.1 bis 2.4 geben jeweils einen Überblick über eines dieser Forschungsfelder und stellen einen Bezug der dieser Arbeit zugrunde liegenden Fragestellung her.

2.1. Resort und Destination: Bezugsrahmen von Reisenden

In Kapitel 2.1.1. werden die Begriffe *Resort* und *Destination* definiert. Ebenso wird der Ferienclub als eine Unterkategorie des Resorts definiert und kontrastiert. In Kapitel 2.1.2 werden grundlegende Raumverständnisse vorgestellt. Diese werden als Grundlage genommen, um in in Kapitel 2.1.3 das Resort als Ferienwelt und Forschungsgegenstand dieser Arbeit genauer zu betrachten.

2.1.1. Definititorische Einführung und Abgrenzung

2.1.1.1. Definition des Resortbegriffs

Der Begriff *Resort* wird in der Literatur nicht durchgängig eindeutig definiert. Unterschiedliche Autoren nutzen den Begriff für eine Vielzahl von Konstrukten (Brey et al., 2007; Brey, 2011; King, 2002; King & Whitelaw, 2003; Schwanke, 1997; Volgger et al., 2018; Wen et al., 2014). Unterschiede in der Definition beziehen sich vor allem auf die geographische Ausdehnung vom einzelnen Beherbergungsbetrieb bis hin zu ganzen Regionen (Canosa, Bassan & Brown, 2001; Clegg & Essex, 2000; d'Hauteserre, 2001; Knowles & Curtis, 1999; Mundet & Ribera, 2001; Worthington, 2003), aber auch auf die notwendige Wertschöpfungstiefe (Ayala, 1996; Inbakaran & Jackson, 2005), die Anzahl und Art der Akteure (Prideaux, 2000), das Qualitäts- und Serviceversprechen (Thomas, 2002), und die kundenseitige Erwartungshaltung an Resorts und deren Angebote (Mill, 2008; Prideaux, 2000).

---

[1] Im Interesse einer besseren Lesbarkeit wird nicht ausdrücklich zwischen geschlechtsspezifischen Personenbezeichnungen differenziert. Sowohl die gewählte männliche Form als auch die gewählte weibliche Form schließen das jeweils andere Geschlecht mit ein.

© Der/die Herausgeber bzw. der/die Autor(en), exklusiv lizenziert durch
Springer Fachmedien Wiesbaden GmbH, ein Teil von Springer Nature 2021
C. Schneider, *Kundenerlebnisse in Ferienwelten*, Entrepreneurial Management
und Standortentwicklung, https://doi.org/10.1007/978-3-658-31543-6_2

14 2 Theoretische Verortung und Bezugsrahmen

> Grundlage dieser Arbeit ist die Definition eines *Resorts* nach Volgger et. al. (2018, S. 1). Hiernach sind Resorts: „[…]self-contained, full-service tourist operations, which due to their deliberate isolation from the surrounding context are sometimes characterized as enclaves". Naidoo & Pearce (2018) fügen hinzu dass es das Ziel von Resorts sei: „alle Bedürfnisse des Touristen innerhalb der Anlage zu befriedigen" (Naidoo & Pearce, 2018).

Die Definition eines Resorts, so wie sie dieser Arbeit zugrunde liegt, weist also im Grundsatz vier Charakteristika auf. Erstens ist die abgelegene geographische Lage herauszustellen. Diese wird oftmals für den Gast, aber auch für den Forscher als erstes durch einen Blick auf die Landkarte oder den Ortsplan deutlich. Das Resort an sich liegt meist nicht mitten in einem Dorf oder einer touristischen Agglomeration, sondern eher in Randlage. Wichtig erscheint es hierbei, nicht die absolute, sondern die relative Lage, also ihre Distanz zur nächsten Siedlung und ihre Position innerhalb einer Region zu betrachten. Eine abgelegene Lage in Ägypten ist sicherlich anders zu bewerten als die Randlage eines Resorts in einem alpinen Skidorf. Vergleicht man jedoch die Lage mit anderen Hotels in der Region, so liegt das Resort immer etwas abgelegener.

Zweitens wird in einem Resort meist ein Großteil der Wertschöpfungskette von einem Anbieter internalisiert. Die Gründe hierzu sind sowohl auf der Kosten- als auch auf der Einnahmenseite des Resorts zu finden, denn zum einen möchte man Kosten durch die Integration von externen Dienstleistern einsparen, zum anderen möchte man durch Umsätze innerhalb der Anlage Extraeinnahmen erzielen. Im Unterschied zu anderen Definitionen des Begriffs *Resort*, die sich oftmals auf eine geographische Ausdehnung beziehen und ganze Ortschaften umfassen können, wird im Rahmen dieser Arbeit das *Resort* in seiner Wertschöpfungstiefe eher einem einzelnen Beherbergungsbetrieb im Sinne eines Hotels gleichgestellt.

Die abgelegene Lage zusammen mit der Internalisierung der Wertschöpfungskette führt zum dritten Merkmal, dem Angebot eines Gesamterlebnisses verbunden mit einem sog. Full-Service Offering und damit einhergehend Möglichkeit der Befriedigung aller Bedürfnisse des Gastes innerhalb des Resorts. Typischerweise fallen hierunter alle Mahlzeiten, aber auch Sportmöglichkeiten, Bars und ein Unterhaltungsprogramm. Das Gesamterlebnis der Reise findet zum Großteil im Resort statt. Dies schließt nicht aus, dass Gäste das Resort verlassen. Zur Befriedigung der Kernbedürfnisse, wie zum Beispiel Essen, Trinken, Schlafen, Sport, Unterhaltung und Erholung ist dies jedoch nicht zwingend nötig.

In der Literatur werden die Begriffe *(Ferien-) Resort* und *(Ferien-) Club* synonym verwendet (Bieger & Hartmann, 2001; Issa & Jayawardena, 2003; Morrison, 1996). Im deutschsprachigen Raum werden viele Ferienanlagen, die die oben dargestellten Merkmale eines Resorts erfüllen, als (Ferien-) Club beworben und tragen dies auch in ihrem Namen (zum Beispiel *Aldiana Club Andalusien*). Einige

2.1 Resort und Destination: Bezugsrahmen von Reisenden 15

andere Anlagen, die die Merkmale in ähnlicher Form aufweisen, verzichten ganz auf den Zusatz von *Hotel*, *Resort* oder *Club* (zum Beispiel *TUI BLUE Sarigerme Park*). Eine Betrachtung des Angebots am Markt macht deutlich, dass bei den als (Ferien-) Club beworbenen Anlagen ein größerer Fokus auf das Merkmal eines Gesamterlebnisses gelegt wird als dies bei den nicht als Club beworbenen Anlagen der Fall ist. Um ein solches Gesamterlebnis zu schaffen, existieren im Cluballtag Rituale wie zum Beispiel der Clubtanz, die gemeinsamen Essenszeiten oder Gruppenfitness-Angebote. Die Bewegungsradien und Abläufe einzelner Urlauber ähneln sich im Club besonders stark. Diese gesamthafte Befriedigung der Gästebedürfnisse innerhalb der Anlage, im Zusammenspiel mit der Orchestrierung verschiedener Angebote in der Anlage, führt zu einem Gemeinschaftserlebnis, welches zu einer Art *Schicksalsgemeinschaft* der Reisenden führt. Dieses Gemeinschaftserlebnis ist in einem *Club* als Teilkategorie eines Resorts besonders stark ausgeprägt.

Um eine eindeutige Nomenklatur in der vorliegenden Arbeit zu gewährleisten und sich dem in der Literatur vorherrschenden Sprachgebrauch anzuschließen, werden die Begriffe *Club*, *Resort* und *Ferienanlage* synonym verwendet. Da jedoch die Datenerhebung in Ferienanlagen stattgefunden hat, die in besonderer Art und Weise das Merkmal eines Gesamterlebnisses herausstellen, ist in dieser Arbeit immer der *(Ferien-) Club* als Unterkategorie des *(Ferien-) Resorts* zu verstehen.

2.1.1.2. Definition des Destinationsbegriffs

Ein Ferienresort bzw. Ferienclub ist eingebettet in ein geographisches Gebiet. Dieses kann die Ausmaße eines Ortes, einer Region oder eines Landes annehmen. Die *Destination* wiederum unterscheidet sich von einem geographischen Gebiet dadurch, dass sie aus Sicht des Gastes definiert wird.

> Grundlage dieser Arbeit ist die Definition von Destinationen als „Reiseziele, und zwar aus Sicht des Reisenden" (Haedrich, 1998, S. 6).

In dieser Definition wird ein für die vorliegende Arbeit bedeutsames Merkmal herausgestellt: Destinationen werden zum großen Teil durch den Reisenden definiert. Seine Sichtweise gibt vor, ob eine touristische Region eine Destination ist. Der Gast schafft sich also durch die Destination eine Art Bezugsrahmen. Der Destinationsbegriff löst sich also von konkreten, allgemeingültigen Raumzusammenhängen und wird aus Sicht des Gastes definiert.

Unabhängig von der Sichtweise des Gastes weisen Destinationen drei Merkmale auf (Pechlaner, 2013): erstens sind sie touristische Wettbewerbseinheiten, die prozessorientiert sind. Der gesamte Leistungserstellungsprozess wird innerhalb der Destination vollzogen. Zweitens sind sie strategische Marketingeinheiten. Sie werden genutzt, um eine touristische Region zu bewerben. Hierzu zählen unter anderem auch die Alleinstellungsmerkmale, die eine Destination von anderen Destinationen unterscheiden. Drittens sind Destinationen strategische Wettbewerbseinheiten. In ihnen treffen die angebotenen Produkte aus dem Leistungserstellungsprozess auf eine Nachfrage am Markt. Es liegen also Bündel von Produkt-/Marktkombinationen vor. Hier wiederum schließt sich der Kreis zur Sichtweise des Gastes. Für ihn müssen die angebotenen Produkte relevant sein. Somit integrieren diese drei genannten Merkmale die Sichtweise des Gastes.

Bieger stellt fest, dass die geographische Größe einer Destination abhängig von der Reisedistanz, also der Entfernung zum Heimatland ist. Diese Distanz kann sowohl faktisch als auch gefühlt sein. Hierzu sind jedoch weitere empirische Untersuchungen nötig (Pechlaner, 2013).

2.1 Resort und Destination: Bezugsrahmen von Reisenden

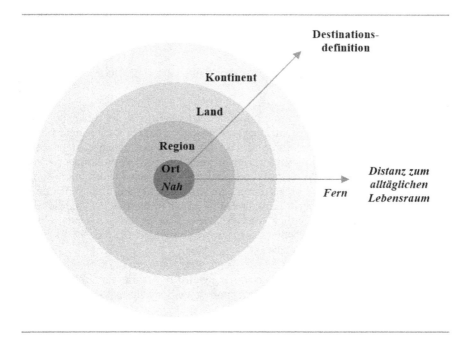

Abbildung 4: Destinationsdefinition in Abhängigkeit der Reisedistanz; eigene Darstellung, in Anlehnung an Bieger (1996)

Der Destination aus Sicht des Kunden kommt also eine Symbolfunktion zu (Wöhler, 2001). Die geographischen Gegebenheiten sind hier ein Kriterium, aber eben nur eines unter vielen.

Ferienresorts, Clubs, Freizeitparks und Kreuzfahrtschiffen kommt eine besondere Rolle zu (Pechlaner, 2013). Im Sinn einer eng gefassten Definition des Destinations-Begriffes können sie teilweise als Destination eingestuft werden. Dies ist genau dann der Fall, wenn der Reisende sie als Destination, also als Reiseziel, auffasst, und wenn die gesamte Wertschöpfung innerhalb des Resorts stattfindet. Diese Definition einer Destination wird für diese Arbeit im Generellen jedoch nicht verwendet, da es das Ziel dieser Arbeit ist, die Beziehungen zwischen Resort und Destination im Hinblick auf die Entstehung von Erlebnissen zu untersuchen

18 2 Theoretische Verortung und Bezugsrahmen

und eine Gleichsetzung der Begriffe Destination und Resort in diesem Fall nicht zielführend ist. Wird Destination mit Resort gleichgesetzt, so wird dies in dieser Arbeit in besonderer Weise kenntlich gemacht.

2.1.2. Raumverständnisse und ihre Auswirkungen auf Betrachtungen vom Urlaub im Ferienresort

Die vorliegende Arbeit analysiert und klassifiziert Eindrücke, die Reisende während eines Resorturlaubs sammeln. Dies geschieht innerhalb eines Bewegungsrahmens des Reisenden. Zur Definition dieses Rahmens schafft das nächste Kapitel eine Sprachregelung. Diese orientiert sich an verschiedenen Raumkonzepten und hilft, den Raum bzw. die Räume mit ihren einzelnen Facetten, Determinanten und Bezugspunkten voneinander abzugrenzen. Es wird bewusst auf eine umfassende Diskussion der Evolution der Raumkonzepte verzichtet, da dies für das Ziel der vorliegenden Arbeit nicht dienlich wäre. Stattdessen ist es das Ziel, einen Überblick über verschiedene Betrachtungsweisen zu geben und für die Arbeit einen klaren Definitionsrahmen zu setzen.

Wardegna (2002) unterscheidet vier Arten von Räumen: (1) Containerraum, (2) Räume als ein System von Lagebeziehungen, (3) Räume als Kategorie der Sinneswahrnehmung und (4) konstruierte, vom jeweiligen Betrachter geschaffene Räume.

Bei der Betrachtung des (1) Raumes als Container stehen physisch-materielle Gegebenheiten im Vordergrund. So lässt sich der Raum durch seine Oberfläche und Böden sowie Gesteinsformationen, Tierwelt, Küstenlinien und Flussläufe charakterisieren. In ähnlicher Weise definiert Niegsch (1999) den Raum im Rahmen des landschaftsgeographischen Ansatzes. Basierend auf diesem Konzept ist der Raum ein „materielles Objekt" (Niegsch, 1999, S. 41). Er fügt jedoch hinzu, dass sich dieser Raum auch durch seine Bewohner charakterisieren und sich nicht rein auf physisch-materielle Gegebenheiten reduzieren lässt. Beide Betrachtungen haben gemeinsam, dass der Raum an sich real ist, er lässt sich also anhand von klaren, für jeden erkennbaren und nachvollziehbaren Faktoren beschreiben und erklären.

Auf dem Konzept des Containerraums aufbauend fußt das Konzept des (2) Raumes als System von Lagebeziehungen. Hier steht nach wie vor der real zu beschreibende Raum im Vordergrund, allerdings rücken nun die Verbindungen zwischen einzelnen Elementen, also im touristischen Kontext zum Beispiel die Strandbar in Relation zum angrenzenden Pinienwald, in den Fokus. Die Bedeutung der Lage-Relationen und Distanzen (Wardegna, 2002) wird stärker betrachtet und ist das entscheidende Element zur Charakterisierung des Raumes. Basierend auf den Grundlagen der Raumstrukturforschung (Arnreiter & Weichhart, 1998) rückt nun das Verhältnis eines einzelnen Elements zum Raum und sein Einfluss

2.1 Resort und Destination: Bezugsrahmen von Reisenden 19

auf die Wahrnehmung in den Vordergrund. Dieser Einfluss ist klar definiert. Daher lassen sich basierend auf den einzelnen Elementen Aussagen zu einer optimalen Gestaltung und Verteilung treffen (Wirth, 1979).

Bei der Betrachtung von (3) Räumen als Kategorie der Sinneswahrnehmung wird die Wahrnehmung und Bewertung des Raumes durch Individuen bedeutsam (Wardegna, 2002). Es findet eine Mehrdeutigkeit statt, der Raumbegriff an sich vervielfältigt sich. Es lässt sich somit nicht mehr nur der eine, universell gültige Raum definieren. Da einzelne Personen den Raum aus ihrer eigenen Perspektive jeweils unterschiedlich definieren, muss er kontext- und individuenbezogen interpretiert werden.

Das vierte Raumverständnis geht noch einen Schritt weiter: durch (4) vom Individuum geschaffene Räume wird nun vollends eine konstruktivistische Sichtweise eingenommen. Räume an sich sind Artefakte, sie können durch gesellschaftliche und individuelle Prozesse konstruiert werden. Werlen (1997) stellt die These auf, dass das Individuum zwei Funktionen wahrnimmt. Zum einen bezieht es den Raum auf sich und interpretiert ihn aus seiner Perspektive. Zum anderen ist es aber auch Akteur im Raum und gestaltet ihn mit. Der Raum ist also das Ergebnis sozialer Interaktion, obwohl eine Rückkopplung zum Individuum immer vorhanden ist.

Basierend auf dem vierten vorgestellten Raumverständnis lässt sich untersuchen, wie Individuen den Raum wahrnehmen und welche Bedeutung sie ihm zuweisen. Hierbei entspricht das vierte Raumkonzept dem des Raumes als Kategorie der Sinneswahrnehmung. Hinzu kommt jedoch die Betrachtung, wie das Individuum selbst den Raum mit konstruiert. Es wird also angenommen, dass ein Individuum Einfluss auf die Wahrnehmung des Raumes anderer Individuen nehmen kann.

In der vorliegenden Arbeit rücken vor allem das dritte und vierte Verständnis des Raumes in den Vordergrund. Der Raum wird vom Reisenden interpretiert und ihm werden Merkmale der Destination und des Resorts zugeschrieben. Ziel ist es, die Sinneswahrnehmung des Raumes durch Individuen zu analysieren und in Bezug auf ein Verhältnis von Resort und Destination zu konzeptualisieren. Eine konstruktivistische Sichtweise ist also schon in der Aufgabenstellung impliziert. Ebenso rückt das Verständnis der Schaffung von Räumen durch Individuen vor allem den Gast und sein jeweiliges Urlaubserlebnis in den Mittelpunkt. Genau dies ist das Ziel der vorliegenden Arbeit.

20   2 Theoretische Verortung und Bezugsrahmen

2.1.3. Das Resort als Ferienwelt: Authentizität und Konsum in „Behavior Settings"

Die Definition eines Resorts als eines zum großen Teil sich geschlossenen Systems, welches geographisch meist isoliert von anderen Systemen liegt und dessen Anlage mit genau diesem Ziel gebaut wurde, legt nahe, das Resort als eine inszenierte Ferienwelt zu beschreiben. So spricht Küblböck (2005) von Resorts als „entauthentifizierte Räume" (Küblböck, 2005, S. 129). Ferienclubs sind laut seiner Definition Räume, denen ein universell einsetzbares Konzept zugrunde liegt, welches in jeder Anlage reproduziert werden kann, unabhängig von der geographischen Lage. Daher seien die Anlagen weder Originale, noch seien sie eine Kopie des Originals.

2.1.3.1. Inszenierte Ferienwelten und ihre Einbettung in die Destination

Der Nomenklatur der entauthentifizierten Räume folgend, stellt sich die Frage, inwieweit ein Ferienresort in eine Umgebung eingebettet ist bzw. eingebettet werden kann. Durch eine Erlebnisorientierung rückt die Authentizität im Sinne einer Echtheit als historisch gewachsenes Element in den Hintergrund[1]. Stattdessen kommt der Inszenierung und Darstellung von einzelnen Themen und Inhalten besondere Bedeutung zu, solange diese dem Erlebnis dienlich sind (Volgger et al., 2018; Weiermair & Pechlaner, 2001). Das authentisch-historische, also das über Zeit gewachsene, nicht gezielt auf das Erlebnis ausgerichtete Gefüge wird also zugunsten des Erlebnisses verändert. Die Attraktivität eines Raumes – in diesem Fall der des Ferienresorts – wird für den Gast hergestellt. Romeiss-Stracke spricht in diesem Zusammenhang von einer „Hyperrealität" (Romeiss-Stracke, 2000, S. 60), welche mit Echtheit im Sinne eines authentischen Kulturdenkmals wenig gemeinsam hat.

Das Kontinuum eines Raumes von *echt* bis *simuliert* wird unterteilt in fünf Typen, wie in Abbildung 5 dargestellt. Während die „vortouristische Location" (Romeiss-Stracke, 2000, S. 61) in ihrer Echtheit definiert ist durch ihr Vorhandensein auch ohne Touristen, so ist der „Cyberspace" (Romeiss-Stracke, 2000, S. 61) gezielt für den Touristen kreiert und losgelöst von jeglicher Verortung in Raum und Zeit. Den Cyberspace würde es ohne Touristen nicht geben, er ist abgekoppelt vom vorgegebenen Raum-Zeit-Gefüge.

---

[1]   Vgl. Dazu Kapitel 2.2.8.

2.1 Resort und Destination: Bezugsrahmen von Reisenden

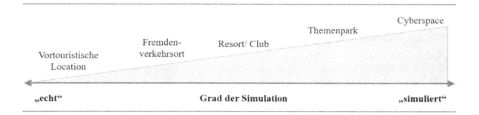

Abbildung 5: (Vor-) touristische Räume in Abhängigkeit vom Grad der Simulation; eigene Dastellung, in Anlehnung an Romeiss-Stracke (2000)

Entlang der Achse von *echt* hin zu *simuliert* steht die „gezielte Aufbereitung für das Erleben durch den Touristen" (Romeiss-Stracke, 2000, S. 61) als Hauptaktivität. Diese Aufbereitung hat die besonderen Bedürfnisse von Touristen als Ausgangspunkt und besteht aus drei Kernaktivitäten: erstens werden die Räume architektonisch an den Bedürfnissen der Gäste ausgerichtet. Diese Aktivität wird mit dem Schlagwort Imagineering umschrieben. Zweitens werden Themen und Inhalte gezielt an die Bedürfnisse der Touristen angepasst, platziert und inszeniert. Drittens findet eine professionelle Orchestrierung des Raum-Zeit Gefüges mit seiner räumlichen Gestaltung und den platzierten Inhalten statt.

Ein typisches Beispiel für Themenparks sind die Disneyland-Resorts in Anaheim, Orlando, Paris oder Tokyo. Der geographische Ort spielt nur sehr untergeordnet eine Rolle, meist lediglich in Bezug auf das Klima. Abgesehen hiervon wird in jedem Disneyland-Resort ein identisches Programm geboten. Aufgrund der durchgehenden Inszenierung merkt der Tourist nicht, auf welchem Kontinent oder in welchem Land sich das jeweilige Disneyland-Resort befindet.

Diese Art simulierter Räume nennt Schulze in seinem gleichnamigen Artikel „Kulissen des Glücks" (Schulze, 1999). Mit den für den Touristen geschaffenen Räumen und Kulissen verfolgen die Verantwortlichen das Ziel, dass jeder Tourist innerhalb dieser Kulisse sein eigenes, persönliches Glück finden kann, welches seiner individuellen Vorstellung entspricht. Die Attraktion in seiner Originalität selbst rückt in den Hintergrund, sie ist lediglich Vehikel zur persönlichen Glückserfüllung.

Diese Verzerrung der Originalität bzw. einer Echtheit eines Ortes ist keineswegs neu: wie Romeiss-Stracke (2000) herausstellt, wurden schon im 18. Jahrhundert sogenannte *Claude-Gläser* verwendet. Dies sind kleine getönte Scheiben, mit denen man die Landschaft beim Hindurchsehen in ein anderes Licht tauchte. Man nutze sie, um Landschaften ästhetisch wahrzunehmen. Die Wahrnehmung wurde also verzerrt und wich von Original ab.

22   2 Theoretische Verortung und Bezugsrahmen

Der Prozess der Erlebnisinszenierung ist jedoch kein beliebiger, wie schon anhand der Aktivitäten für die Simulation deutlich gemacht wurde. Er ist fein orchestriert. Aufgrund der teilweisen Künstlichkeit dieser Optionen muss jedoch jede einzelne Wahl der Option klar gekennzeichnet sein und Orientierung bieten. Die Erlebnisinszenierung in Themenparks ist zum Beispiel bis ins kleinste Detail orchestriert. Der Gestaltung des Raumes kommt dabei eine besondere Bedeutung zu, denn der Tourist soll zu keiner Zeit das Gefühl der Orientierungslosigkeit oder Uneindeutigkeit verspüren. Der Raum wird mit seinen Unberechenbarkeiten in einzelne Teile zerlegt. Daraufhin werden lediglich diejenigen Teile, die für den Konsum des Touristen relevant sind, beibehalten und mit neuen, künstlichen Teilen verbunden (Romeiss-Stracke, 2000; Wöhler, 2011). So beschreibt Wöhler touristisierte Räume als „...entleerte Räume, die durch einen Systemraum der reproduzierbaren Symbole wieder aufgefüllt werden" (Wöhler, 1998, S. 111).

Es lässt sich in diesen Ferienwelten eine Trennung zwischen dem, was der Reisende erlebt, also einem „Frontstage-Bereich", und einem dahinterliegenden „Backstage-Bereich" (Romeiss-Stracke, 2000, S. 68) erkennen. Der Backstage-Bereich folgt anderen Gesetzmäßigkeiten als der Frontstage-Bereich. Während letzterer auf die Inszenierung und schlussendlich auf die Wirkung auf den Touristen hin optimiert ist, ist der Backstage-Bereich bei einem wirtschaftlich geführten Unternehmen nicht auf diese Wirkung, sondern auf ein optimales Kosten-Nutzen-Verhältnis hin konzipiert[1].

Das Ferienresort, welches im Mittelpunkt dieser Arbeit steht, befindet sich zwischen einer *echten* vortouristischen Location und einem *simulierten* Cyberspace.

Um beantworten zu können, wie Eindrücke wahrgenommen werden und Erlebnisse entstehen, ist eine Verortung des Resorturlaubs – aus Sicht des jeweiligen Gastes – auf dem Kontinuum von „echt" bis „simuliert" sinnvoll. Hypothese ist, dass die Sichtweise des Gastes auf den Grad der Künstlichkeit des Resorts die Art und Weise der Urlaubserlebnisse mit bestimmt.

2.1.3.2. Behavior Settings: die Steuerung des Verhaltens im Raum-Zeit-Gefüge

Während Romeiss-Stracke (2000) die jeweiligen touristischen Räume typisiert, widmet sich Steinbach (2003) mit dem Prinzip des „Behavior Settings" (Steinbach, 2003, S. 23) dem Inneren dieser Räume als dessen, was in ihnen geschieht. Behavior settings sind durch eine Raumstruktur vorgegebene Einheiten, in denen sich die Individuen auf vorher festgelegten Pfaden bewegen. Da ein Resort ein

---

[1]   Die Aufteilung dieser zwei „Welten" und die Auswirkungen einer für den Touristen geschaffenen Ferienwelt auf die in der Region beheimateten Personen ist nicht Kernbestandteil dieser Arbeit und wird lediglich peripher und aus Sichtweise des Reisenden betrachtet.

2.1 Resort und Destination: Bezugsrahmen von Reisenden 23

solches Behavior Setting ist, werden im Folgenden seine Charakteristika vorgestellt und auf ein Resort angewendet. Dies dient als Grundlage, um während der Datenauswertung dieser Arbeit Muster von Abläufen bei den Reisenden zu erkennen und Rückschlüsse auf etwaige Verbindungen zur Raumstruktur zu ziehen.

Ersten sind alle Handlungen innerhalb des Resorts durch die materiellen Strukturen der Anlage sowie die jeweilige Uhrzeit vorgegeben. Der physische Raum und die Zeit legen also den Handlungsraum der Akteure, in diesem Fall den der Reisenden, fest und machen ihn vorhersehbar.

Zweitens finden die Aktivitäten in einem Raum als „Elemente des Sachsystems" (Steinbach, 2003, S. 23) statt, die einer bestimmten Funktion gewidmet sind. Die Elemente dieses Raumes stiften nur zu einer bestimmten Zeit in einem bestimmten Rahmen Nutzen. Ansonsten liegen sie brach. So wird bspw. das Theater in einer Resortanlage nur genutzt, wenn eine Aufführung stattfindet, aber der Raum sowie die Utensilien und Requisiten sind auch vorhanden, wenn gerade keine Aufführung stattfindet. Dies ist in der realen Welt ähnlich, allerdings ist in einem Behavior Setting die Abstimmung der einzelnen Elemente deutlich ausgeprägter als in der realen Welt. Dies ist auf die Anzahl der Akteure bzw. Betreiber zurückzuführen. Während in einem Behavior Setting ein Betreiber den Raum orchestriert und koordiniert, findet außerhalb dieses Settings eine solche Koordination nicht oder nur in geringerem Umfang statt.

Drittens lässt sich eine Angepasstheit im Sinne einer „Essential Fittingness" (Steinbach, 2003, S. 24) zwischen den Handlungsmustern und den Elementen des Sachsystems erkennen. Sie bedingen sich gegenseitig. So wird das Theater nur dann in seiner Gänze genutzt, wenn das Handlungsmuster der Reisenden einen solchen Raum benötigt. Gleichzeitig kann das Handlungsmuster nur vollumfänglich ausgefüllt werden, wenn ein Theater als Raum existiert. Er wurde ausschließlich für den Zweck von Aufführungen geschaffen. Das Theater als Raum und der Theaterbesuch der Individuen bedingen sich also gegenseitig. Nur wenn es beides gibt, ist eine Verbindung möglich.

Viertens ist das Behavior Setting örtlich und zeitlich gebunden. Durch die zeitlich vorgegebene Dauer und den feststehenden geographischen Ort sind die Aktivitäten in bestimmten Intervallen wiederholbar. So gibt es in Resortanlagen oftmals eine Abfolge an Aktivitäten in der Sommersaison, die sich von denen in der Wintersaison unterscheidet. Beide Abfolgen können jedoch im Jahresrythmus wiederholt werden.

Fünftens werden den einzelnen Individuen im Behavioral Setting klare Rollen zugeordnet, die sie einnehmen. Diese Rollen wählen die Individuen entweder selbst oder die Gemeinschaft schreibt sie ihnen zu. Die Rollen sind nicht an das

Individuum gebunden, sondern werden ihm aufgrund des Aktionsrahmens zugeordnet bzw. das Individuum kann sich aus verschiedenen Rollen eine für sich stimmige aussuchen. Die Reisenden nehmen eine Rolle ein, sie wählen also einen möglichen Pfad aus, und agieren innerhalb dieser Rolle im Raum. Eine Erweiterung der Rollen durch das Individuum ist jedoch nicht vorgesehen. Da zum einen die Handlungsmuster durch die Rollen und nicht durch die Reisenden an sich beschrieben werden, und zum anderen der vorgegebene Raum unverändert durch äußere Einflüsse bleibt, werden die Handlungsmuster in der Resortanlage vorhersehbar, auch wenn die Individuen wechseln. Diese Rollen sind eine Aneinanderreihung von Einzelaktivitäten und Verhaltensweisen, die Steinbach im Einzelnen als „Tätigkeitenmuster" bzw. „Schlüsselaktivitäten" bezeichnet (2003, S. 13). Sie definieren schlussendlich den Urlaubsstil. Durch Beobachtung lassen sich charakteristische Raum-Zeit-Pfade aufzeichnen, wie in Abbildung 6 dargestellt. Hierbei wird deutlich, dass einige Orte – im vorliegenden Beispiel das Zimmer und der Strand – zeitlich besonders lange aufgesucht werden, während andere – wie der Fitnessraum und das Theater – zeitlich nur kurze Anwesenheitszeiten aufweisen. Durch die endliche Anzahl an Rollen wird das Verhalten vorhersehbar und damit planbar. Einem Resortbetreiber muss es also gelingen, die einzelnen Rollenprofile vorherzusehen und sein Behavior Setting danach auszurichten.

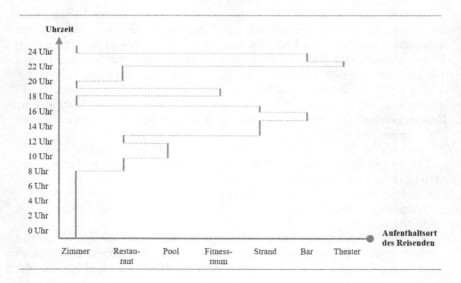

Abbildung 6: Charakteristische Raum-Zeit-Pfade im Tourismus; eigene Darstellung, in Anlehnung an Steinbach (2003)

2.1 Resort und Destination: Bezugsrahmen von Reisenden 25

Zusammenfassend wird deutlich, dass durch das Raum-Zeit-Gefüge in Resorts eine gewisse Vorhersagbarkeit von Verhaltensweisen gegeben ist. Da die Verhaltensweisen wiederum das Gesamterlebnis der Reisen beeinflussen, lässt sich also durch das Raum-Zeit-Gefüge mittelbar auch das Gesamterlebnis beeinflussen. Bei der Wahl des Settings im Resort kann der Betreiber also versuchen zu antizipieren, welches Erlebnis Reisende haben sollen, und darauf aufbauend dann das Raum-Zeit-Gefüge bewusst so wählen, damit für den jeweiligen Reisenden ein Erlebnis entstehen kann.

Das Resort ist jedoch kein Cyberspace und somit nicht losgelöst von den Gegebenheiten außerhalb der Resortanlage. Dies zeigt sich schon daran, dass verschiedene Akteure innerhalb einer Destination, in die das Resort eingebettet ist, miteinander im Austausch stehen (Nordin, Volgger, Gill und Pechlaner, 2019). So ist zum Beispiel der Betreiber der Resortanalage, die sich auf einer Mittelmeerinsel befindet, maßgeblich abhängig von einem funktionierenden Betrieb des Flughafens. Daher wird das Gesamterlebnis – zumindest zum Teil – durch die äußeren Gegebenheiten, also die Destination, mit beeinflusst. Die Art und Weise der Einbettung des Raumes *Resortanlage* innerhalb des Raumes *Destination* kann den Ablauf und das Raum-Zeit-Gefüge eines Resorturlaubers beeinflussen. So kann ein Besuch im örtlichen Shopping Center außerhalb des Resorts das Gesamterlebnis innerhalb des Resorts beeinflussen und umgekehrt, denn die im Shopping Center verbrachte Zeit wird eben nicht im Resort verbracht sondern außerhalb. Auch die im Shopping-Center gewonnenen Eindrücke und Erlebnisse bringt der Reisende mit in das Resort. So lässt sich vermuten, dass ein Reisender weniger Zeit in der resorteigenen Boutique verbringt, wenn er schon das nahegelegene Shopping Center aufgesucht hat. Ein anderes Beispiel ist ein Resort, das sich neben einem weltweit bekannten Tauchrevier befindet, in dem eine bekannte Tauchschule ansässig ist. Die Nutzung der resorteigenen Tauchschule ist wahrscheinlich abhängig von den Angeboten der Tauchschule neben dem Resort.

Zusammenfassend lassen sich für diese Arbeit zwei Erkenntnisse festhalten. Zum einen befinden sich die Orte *Resort* und *Destination* in einem Abhängigkeitsverhältnis zueinander. Anders als ein Cyberspace ist das Resort in das Raum-Zeit-Gefüge der Destination eingebunden. Die Destination, also ein vom Reisenden definierter Raum, würde ohne Resort nicht existieren, denn der Resorturlauber schafft diesen Raum erst durch seine Anwesenheit für sich selbst. Zum anderen scheint genau diese Abhängigkeit durch den jeweiligen Betrachter definiert zu werden. In der vorliegenden Arbeit wird diese Abhängigkeit aus Sicht des Reisenden betrachtet. Daher wird im folgenden Kapitel vorgestellt, wie Reisende Eindrücke wahrnehmen und wie Erlebnisse entstehen.

2.2. Das Kundenerlebnis im Tourismus

Basierend auf dem Gedanken einer durch das Individuum konstruierten Realität ist es eines der Kernherausforderungen von touristischen Akteuren zu verstehen, wie jeder einzelne Reisende, und damit die Gesamtheit der Reisenden, ein Erlebnis wahrnehmen, da auf diese Art und Weise die touristischen Akteure das Ergebnis ihrer Handlungen vorhersagen können. Diesem Prozess der Erlebnisentstehung widmet sich das folgende Kapitel.

Kagelmann (2001) stellt heraus, dass, obwohl Wissenschaftler und Praktiker gleichermaßen die Bedeutung des Erlebnisses für Reisende aufgreifen und als Herausforderung definieren, es eine „auffallend bescheidene fachliche Aufarbeitung" (Kagelmann, 2001, S. 90) hierzu gibt.

Ein Eindruck wird von jedem einzelnen Reisenden unterschiedlich verarbeitet und ist allein schon deshalb individuell. Tracking-Studien und aktionsräumliche Studien versuchen den Fluss von Reisenden zu analysieren, setzten sich jedoch nicht oder nur geringfügig mit der Wahrnehmung durch den einzelnen Reisenden auseinander. So schlussfolgert Hartman (1984) in seinen Ausführungen zum Städtetourismus in Europa am Beispiel der Stadt München, dass US-amerikanische Touristen zwar einem ähnlichen Weg durch die Stadt folgen, die Erlebnisse jedoch höchst unterschiedlich sind. Um einen Überblick über die Gesamtheit der Erlebnisse des Reisenden zu bekommen und verstehen zu können, ist eine Betrachtung „von außen" sicherlich ein geeigneter Ansatz. Allerdings fehlt bisher eine Analyse der individuellen Erlebnisse und ihrer Bewertungen. Daher ist eine Betrachtung der Erlebnisse aus Sicht des Gastes – also „von innen" - unabdingbar. Dem kommt diese Arbeit nach.

Das folgende Kapitel 2.2 gibt einen Überblick über die Themen der Erlebnisforschung. Kapitel 2.2.1 stellt den wissenschaftlichen Diskurs im Forschungsfeld „Customer Experience" mit seinem verwandten Thema der „Brand Experience" vor, umreißt verschiedene Definitionen und Analysemöglichkeiten und legt die für diese Arbeit gewählte Definition fest. Kapitel 2.2.2 zeigt die historische Entwicklung der Kundenerlebnisforschung mit ihren unterschiedlichen Schwerpunkten und Sichtweisen über die letzten Jahrzehnte und ordnet die heutige Sichtweise ein. Kapitel 2.2.3, 2.2.4 und 2.2.5 rücken jeweils zentrale Themen der Erlebnisforschung in den Mittelpunkt. Kapitel 2.2.6 und 2.2.7 nehmen eine prozessuale Sichtweise ein. Indem in Kapitel 2.2.6 Customer Journeys eingeführt werden, die Erlebnisse entlang des Reiseprozesses ordnen, werden diese dann in Kapitel 2.2.7 mit einer touristischen Marke verbunden. Abschließend stellt Kapitel 2.2.8 die touristische Kulturalisierung als einen Ansatz vor, der verdeutlicht, welche Rolle Erlebnisse für die Entwicklung von touristischen Konzepten haben.

2.2 Das Kundenerlebnis im Tourismus 27

2.2.1. Definitorische Einführung und Abgrenzung

Als Grundlage für diese Arbeit dient die Definition von Kundenerlebnis (Customer Experience) von Meyer und Schwager (2007, S. 117). Sie definieren Kundenerlebnis als "[…] internal and subjective response customers have to any direct or indirect contact with a company."

In dieser Definition werden drei Grundsätze von Customer Experience deutlich, die auch für die vorliegende Arbeit von Bedeutung sind:

- Erstens werden im Rahmen der Customer Experience die innerlichen und subjektiven Reaktionen des Kunden auf einen Impuls von außen betrachtet. Um diese verstehen zu können, müssen subjektive Prozesse durch die Erforschung von Einzelfällen sichtbar gemacht und diese hinsichtlich verallgemeinerungsfähiger Aspekte analysiert werden.
- Zweitens führt sowohl der direkte als auch der indirekte Kontakt zu einem Erlebnis. Es geht also nicht darum, lediglich diejenigen Kontaktpunkte zu analysieren, die direkt zwischen Unternehmen und Kunden stattfinden, sondern auch die vom Kunden wahrgenommenen, indirekten Kontaktpunkte zu betrachten.
- Drittens hat dieser Fokus auf die Wahrnehmung wiederum zur Folge, dass sowohl die aktive als auch die passive Wahrnehmung des Individuums eine Emotion auslösen kann, dem Erlebenden also nicht unbedingt bewusst sein muss, dass er gerade auf einen Stimulus reagiert.

Dabei lässt sich das *Kundenerlebnis* als eigenständiges, multidimensionales Konstrukt verstehen, welches aus den kognitiven, emotionalen, verhaltensrelevanten, sensorischen und sozialen Antworten eines Individuums auf die von ihm empfangenen Reize besteht (Lemon & Verhoef, 2016) sowie aus Sicht des Individuums erinnerungswürdig ist. (Ritchie et al., 2011; Kim et al., 2010; Ritchie & Hudson, 2009; Tung & Ritchie, 2011). Gerade im touristischen Kontext ist das Erlebnis von großer Bedeutung, da der Erfolg eines touristischen Produktes oftmals stark abhängig ist von der gesamthaften Wirkung, die die Interaktion einzelner Akteure im touristischen System untereinander auf den Reisenden haben kann (Larsen, 2007; Neuhofer, Buhalis & Ladkin, 2014). So kann bei der Abreise ein schlecht organisierter Transfer vom Hotel zum Flughafen, durchgeführt durch eine örtliche Agentur, das Gesamterlebnis des Urlaubs beeinflussen, obwohl der Resortbetreiber auf diesen Teil der Reise kaum einen Einfluss hat.

Kernkonzept zur Analyse des Kundenerlebnisses ist die *Customer Journey*, also der Prozess, den der jeweilige Kunde vor, während und nach Kauf des Produktes oder Inanspruchnahme der Dienstleistung durchläuft (Lemon & Verhoef, 2016; Rawson et al., 2013). Dies stellen auch Tung & Ritchie (2011) in der von ihnen gewählten Definition heraus, indem sie den Prozess entlang der Reise in den Vordergrund stellen und das Gesamterlebnis als zusammengesetztes Element von Aktivitäten und Eindrücken vor, während, und nach der Reise beschreiben. Während dieses Prozesses hat der Kunde immer wieder Berührungspunkte mit einer

Marke oder mit Bestandteilen von mehreren Marken (Baxendale, Macdonald & Wilson, 2015). Diese Touch Points bestimmen das Verhältnis zwischen Kunde und Marke.

Die empirische Forschung auf dem Feld der Customer Experience, also des Kundenerlebnisses, ist sehr rudimentär (Lemon & Verhoef, 2016; Schmitt, 1999, 2016; Verhoef et al., 2009; Washburn, Till & Priluck, 2000) und fokussiert sich oftmals auf praxisnahe Ratschläge für Manager und Führungskräfte (Meyer & Schwager, 2007; Richardson, 2010). Des Weiteren beschäftigt sich die empirische Forschung zum einen oftmals mit dem reinen Kaufprozess und nicht mit dem Erlebnis nach dem Kauf, und konzentriert sich zum anderen auf den Konsumgüterbereich anstelle des Dienstleistungssektors (Puccinelli et al., 2009). Aus betriebswirtschaftlicher Sicht lässt sich die Frage aufwerfen, für was der Kunde eigentlich Geld ausgibt. Schon in den 1950er Jahren stellten Abbott (1955) und Alderson (1957) heraus, dass der Kunde nicht für ein Produkt zahle, sondern für ein Erlebnis oder eine Erfahrung.

Im touristischen Kontext spricht Neuhofer davon, dass das Erlebnis des Touristen eher als ein umfassender theoretischer Rahmen zu verstehen sei anstelle einer Theorie, da verschiedene wissenschaftliche Disziplinen gemeinsam zu einem umfassenden Verständnis des Konstruktes beigetragen haben. So kommen dann auch Chehetri et. al. (2004) und Volo (2013) zu dem Schluss, dass es keine allgemeingültige Theorie zu Erlebnissen im Tourismus gibt.

Dieser Aussage schließen sich auch Lemon und Verhoef (2016) an, indem sie Customer Experience entlang des gesamten Lebenszyklus des Kunden definieren, nicht nur während des Kaufes an sich. Lemon und Verhoef sprechen hierbei von einem Austausch zwischen Kunde und Unternehmen „beyond purchase" (Lemon & Verhoef, 2016, S. 73), also über den eigentlichen Einkaufsprozess und auch über das eigentliche Produkt bzw. die eigentliche Dienstleistung hinaus. Es steht vielmehr der gesamte Kontakt von Kunde und Unternehmen im Mittelpunkt. Dieser Zweig, der sich ab ca. 2010 entwickelt hat, hat zur Grundannahme, dass man die Einstellungen und das Verhalten des Kunden über den eigentlichen Kaufprozess hinaus betrachten muss, um Rückschlüsse auf den Kauf und das Erlebnis zu ziehen.

Customer Engagement ist ein ähnliches Konstrukt. Vivek, Beatty und Morgan beschreiben Customer Engagement als „the intensity of an individual's participation in and in connection with an organization's offering or the organizational activities, which either the customer or the organization initiates" (Vivek, Beatty & Morgan, 2012, S. 133). Die Intensität (*customer intensity*) ist ähnlich zu sehen wie die Involviertheit (*customer involvement*) nach Trommsdorf. Brodie et. al. (2013) stellen jedoch heraus, dass Customer Engagement im Vergleich zu Customer Involvement eine weitere Facette beinhaltet: die Interaktivität des Prozesses, also das ständige sich im Austausch befinden von Kunden und Unternehmen. Diese

2.2 Das Kundenerlebnis im Tourismus 29

Interaktivität ist zum einen auf den Austausch zwischen Kunde und Unternehmen bezogen, aber auch auf den Meinungs- und Erfahrungsaustausch der Kunden untereinander. Brodie et. al. (2013) zeigen, dass durch den Kundenaustausch untereinander die Loyalität und Zufriedenheit mit der Marke aus individueller Konsumentensicht steigt. Dies geschieht, da Kunden ihre Zufriedenheit und ihr Erlebnis öffentlich mit anderen Nutzern, zum Beispiel auf Social-Media-Plattformen, teilen und somit gegenüber anderen eine Nähe zur Marke demonstrieren. Diese Nähe wiederum fördert die wahrgenommene Verbindung des Kunden zur Marke. Bei Produkten bezieht sich dieses Verhalten nicht auf einen einzelnen Kauf, sondern entsteht über mehrere Käufe hinweg. Bei Dienstleistungen kommt dem Customer Engagement eine noch zentralere Rolle zu, da Kunden während der Erbringung der Dienstleitung oftmals mit anderen Kunden in Kontakt stehen.

Ähnlich zu den Ausführungen von Trommsdorf (2008), Brodie et. al. (2013) und Vivek (2012) verhält sich das von van Doorn et. al. (2010) entwickelte Konzept der „Customer Engagement Behavior". Hierbei wird ein direkter Zusammenhang zwischen der Motivation des Kunden als Treiber und dem Verhalten gegenüber der Marke als Resultat hergestellt. Dieses Verhalten ist dadurch geprägt, dass es – wie im Modell von Trommsdorf und Vivek et al. – über den eigentlichen Kauf hinaus existiert. Der Kauf an sich ist also nur Teil der Beziehung zwischen Kunde und Marke. Van Doorn et. al. nehmen aber explizit eine Markenperspektive, nicht eine Unternehmensperspektive ein. Aus Sicht des Kunden baue dieser mit der jeweiligen Marke, nicht mit dem Unternehmen eine Beziehung auf. Der Fokus verschiebt sich also stärker auf die Marke, weg von dem Unternehmen an sich. Dies ist vor allem bei der Betrachtung der Markenarchitektur eines Unternehmens mit unterschiedlichen Marken relevant, da hier die einzelnen Marken individuell und somit gegebenenfalls unterschiedlich gesteuert und unterschiedliche Zielgruppen bedient werden müssen. Typische Beispiele sind Multimarkenkonzerne im Konsumgütersektor wie Procter & Gamble oder Unilever.

Die Interaktion von Kunde und Marke wird durch die Nutzung von sozialen Medien und digitalen Kommunikationsmöglichkeiten immer umfassender. Zum einen kann der Kunde direkt mit der Marke in Kontakt treten, z. B. via E-Mail, aber auch über Instagram, Facebook und Twitter. Zusätzlich, ganz im Sinne der Analysen von Brodie et. al. (2013) und Vivek et. al. (2012), tauschen sich die Kunden über die Marke aus, ohne dass die Marke bzw. das dahinterstehende Unternehmen darauf Einfluss ausübt bzw. ausüben kann.

Eine Unterkategorie der Kundenerfahrung ist die Markenerfahrung *(Brand Experience)*. Sie analysiert aus Kundensicht das Erlebnis, das der Kunde hat, bezogen auf eine bestimmte Marke. Daher lässt sich Brand Experience definieren als „…subjective, internal consumer responses (sensations, feelings, and cognitions)

30   2 Theoretische Verortung und Bezugsrahmen

and behavioral responses evoked by brand-related stimuli that are part of a brand's design and identity, packaging, communications, and environments" (Brakus, Schmitt & Zarantonello, 2009, S. 53).

In dieser Arbeit wird vor allem mit dem Begriff des Erlebnisses als Antwort eines Individuums auf von außen einströmende Reize gearbeitet.

2.2.2. Evolution des Verständnisses von Erlebnissen

Seit den Anfängen der Forschung im Bereich des Konsumentenverhaltens in den 1960er Jahren (Uriely, 2005) lassen sich nach Lemon und Verhoef (2016) sechs Phasen der Forschung in diesem Bereich festmachen, die zum Großteil aufeinander aufbauen. Diese sind in Abbildung 7 dargestellt.

Zeithorizont	Themengebiet	Beitrag zum Themenkomplex Kundenerlebnisse	Relevante Artikel
1960er	• Kaufverhaltensforschung • Prozessmodelle	• Prozessuale Sichtweise als Grundlage der Analyse • Erste Unterscheidung zwischen B2B und B2C Kaufprozessen	• Lavidge & Steiner (1961) • Howard & Sheth (1969)
1970er	• Kundenzufriedenheit • Kundenbindung	• Entwicklung von linearen und non-linearen Messmethoden • Studien belegen Einfluss von positiven Kundenerlebnissen auf Wirtschaftlichkeit von Unternehmen	• Oliver (1980) • Westbrook & Oliver (1991) • Anderson & Mittal (2000)
1980er	• Servicequalität • Dienstleistungserlebnisse • Einfluss der Beschaffenheit des Produktes	• Erarbeitung von Kundenreisen (Customer Journeys) • Fokus auf individuellen, spezifischen Kontext des jeweiligen Kundenerlebnisses • Einfluss von Atmosphäre auf das Erlebnis	• Parasuraman et. al. (1988) • Kunz & Hogreve (2011) • Bitner (1990) • Rust & Chung (2006)
1990er	• Beziehungsmarketing • Wachheit / Erregtheit des Kunden	• Fokus auf Emotionen des Kunden im Erlebnisprozess, sowohl im B2C als auch im B2B Kontext	• Morgan & Hunt (1994) • Kroeber-Riel & Weinberg (1999) • Lemon & Verhoef (2016)
2000er	• Individuelle Kundenbeziehung durch Auswertung von Big Data	• Analyse des gesamten Kundenlebenszyklus • Erstellung von Personas • Einbezug aller organisationalen Einheiten eines Unternehmens, nicht nur Marketing / Sales	• Sheth et. al. (2000) • Herskovitz & Crystal (2010) • Adlin et. al. (2006) • Gulati & Oldroyd (2005)
2010er	• Gesamte Betrachtung des Kunden-Lebenszyklus • Rolle des Kunden während des Erlebnisses	• Fokus auf Emotionen, Einstellungen und Befindlichkeiten • Analyse des Wertes von Interaktionen mit dem Kunden, die nicht unmittelbar mit dem Kauf eines Produktes / einer Dienstleistung zusammenhängen	• Calder et. al. (2015) • Brodie et. al. (2013) • Brakus et. al. (2009) • Libai et. al. (2010)

Abbildung 7: Historische Einordnung: Beiträge zum Themenkomplex Kundenerlebnisse; eigene Darstellung, in Anlehnung an Lemon & Verhoef (2016)

Die Kundenerlebnisforschung hat ihre Ursprünge in der Kaufverhaltensforschung, welche sich vom Grundsatz her mit dem Entscheidungsverhalten befasst. Hierbei stellt das von Howard und Sheth (1969)[1] vorgestellte Phasenmodell den Grund-

---

[1]   Vgl.hierzu auch das Kapitel 2.4.3 zum Verhalten von Individuen in Kaufentscheidungsprozessen.

2.2 Das Kundenerlebnis im Tourismus 31

satz einer mehrmaligen Abwägung verschiedener Kriterien durch den Konsumenten auf, bevor dieser schlussendlich eine Kaufentscheidung trifft. Die prozessuale Sichtweise der Verarbeitung von Impulsen und Eindrücken (Lavidge & Steiner, 1961) stellt auch heute noch die Grundlage in der auf der Kaufentscheidungsforschung basierenden Kundenerlebnisforschung dar. Ebenso wurde Ende der 1960er und Anfang der 1970er Jahre die Unterscheidung zwischen einem Kaufprozess des Endkonsumenten, Business-to-Consumer (B2C), sowie einem gewerblichen Kaufprozess, Business-to-Business (B2B), unterschieden und die Rolle eines professionellen Käufers im B2B-Bereich vom einem privaten Käufer im B2C-Bereich abgegrenzt (Webster Jr & Wind, 1972). Webster und Wind (1972) entwickelten hierfür ein B2B-Modell, das neben den Komponenten *Ziele und Aufgaben* sowie *Akteure* auch die *Organisationstechnologie* sowie die *Organisationsstruktur* als Determinanten für das Kaufverhalten von Organisationen herausstellt. Der industrielle bzw. organisationsangehörige Einkäufer unterscheidet sich vom individuellen Einkäufer besonders durch seine Einbindung in Strukturen, die sein Kaufverhalten lenken. Beide bedürfen daher einer gesonderten Betrachtung. Da sich das vorliegende Forschungsvorhaben auf die Erlebnisse von Endkunden konzentriert, wird für gewerbliche Kundenerlebnisse auf die angegebene Literatur von Webster und Wind (1972) verwiesen.

In den 1970er Jahren gewann die Kundenerlebnisforschung deutlich an Aufmerksamkeit, da Studien einen Einfluss des Kundenerlebnisses auf die Wirtschaftlichkeit von Unternehmen belegen konnten (Lemon & Verhoef, 2016). Sowohl lineare (Bolton, 1998; Oliver, 1980; Westbrook & Oliver, 1991) als auch nonlineare (Anderson & Mittal, 2000; Oliver, Rust & Varki, 1997; Rust & Oliver, 2000) Messmethoden wurden entwickelt und getestet (Lemon & Verhoef, 2016). Im Forschungsfeld des Dienstleistungsmarketings wird nunmehr ebenfalls der Einfluss des Ambientes und der Atmosphäre auf das Entscheidungsverhalten erforscht (Bitner, 1992). Durch den vermuteten Einfluss des Grades der Kundenzufriedenheit auf das betriebswirtschaftliche Unternehmensergebnis nahm die Kundenerlebnis- und Kundenzufriedenheitsforschung zunehmend eine zentrale Rolle in der Marketingforschung ein und wurde auch relevant für andere Forschungszweige der Betriebswirtschaft.

In den 1980er Jahren rückten in der Marketingforschung mehr und mehr die unterschiedliche Beschaffenheit der Produkte, Dienstleistungen und Erlebnisse und damit auch ihre unterschiedlichen Auswirkungen auf Kunden in den Mittelpunkt. Unternehmen erkannten, dass für die Kundenerfahrung beim Einkauf von Dienstleistungen teilweise andere Gesetzmäßigkeiten gelten als beim Einkauf von Produkten (Rathmell, 1966; Rust & Chung, 2006; Zeithaml, Bitner & Gremler,

2006). Daher bildete sich eine separate Disziplin zum Thema Dienstleistungsmarketing heraus, und mit ihr entstanden auch Forschungsstränge im Bereich des Kundenerlebnisses für Dienstleistungen. Verschiedene Modelle zur Messung der Qualität von Dienstleistungen wurden entwickelt und getestet (Kunz & Hogreve, 2011), bei denen sich vor allem SERVQUAL (zusammengesetztes Wort aus Service und Qualität) (Parasuraman, Zeithaml & Berry, 1988) als ein in der Praxis oft verwendetes Modell durchgesetzt hat (Roberts, Kayande & Stremersch, 2014). SERVQUAL ist eine multiattributive Methode, welche auf fünf Eigenschaften aufbaut: (a) reliability, (b) assurance, (c) tangibles, (d) empathy und (e) responsiveness. Es wird also gemessen, (a) wie verlässlich die Dienstleistung ausgeführt wird, (b) wie kompetent und versiert der Dienstleister bei der Erbringung der Leistung auftritt, (c) wie das grundsätzliche Erscheinungsbild und die Form der Dienstleistungserbringung ausfällt, (d) zu welchem Grad es die Mitarbeiter, die an der Erfüllung der Dienstleistung beteiligt sind, schaffen, sich auf den Kunden einzustellen und (e) inwieweit die Dienstleister in der Lage sind, adäquat auf etwaige besondere Situationen in der Dienstleistungerbringung gegenüber dem Kunden zu reagieren. Zusammenfassend lässt sich feststellen, dass die Literatur im Bereich des Dienstleistungsmarketings zum einen den Gesamtzusammenhang von Erlebnissen des Kunden beleuchtet und zum anderen Aspekte der Customer Journey aufzeigt und zum Teil messbar macht.

Fast zeitgleich zu den Anfängen der Forschung im Dienstleistungsmarketing, die vornehmlich im B2C-Bereich angesiedelt waren, setzte sich im B2B-Bereich ein Schwerpunkt auf Forschung im Beziehungsmanagement von Kunden und Unternehmen durch (Lemon & Verhoef, 2016; Morgan & Hunt, 1994). Zuvor waren gerade die Beziehungen von Unternehmen mit Geschäftskunden meist aus rein transaktionaler Sicht analysiert worden. Ab Mitte der 1990er Jahre findet die Forschung im Bereich Kundenbeziehungen auch ihren Weg in den B2C-Zusammenhang, vor allem in Bezug auf emotionale Gegebenheiten und Besonderheiten während und nach dem Kauf von Produkten und Dienstleistungen. Vor allem Emotionen und die Wahrnehmung aus Kundensicht werden im Beziehungsmanagement in den Mittelpunkt gerückt (Lemon & Verhoef, 2016). Es wurden Methoden zum Messen von Vertrautheit und Leidenschaft des Kunden während des Kaufprozesses entwickelt (Bügel, Verhoef & Buunk, 2011; Yim, Tse & Chan, 2008) und auch das Modell des Involvement, also des Erregungszustandes bzw. der Wachheit des Kunden im Entscheidungsprozess ist hier zu verorten (W. Kroeber-Riel & Weinberg, 1999; Trommsdorff, 2008). Involvement ist ein Kernmerkmal und verbindendes Element vieler Modelle der Kaufverhaltensforschung und Erlebnisforschung, da es zum Teil erklärt, warum Individuen eine Situation unterschiedlich wahrnehmen bzw. diese in der Rückschau unterschiedlich bewerten. Daher wird Involvement in Kapitel 2.4.2.1 detaillierter vorgestellt und diskutiert.

2.2 Das Kundenerlebnis im Tourismus 33

In den Anfängen der 2000er Jahre erweiterte sich die Forschung von dem rein singulären Erlebnis hin zu einer Aneinanderreihung von Erlebnissen im Sinne des gesamten Lebenszyklus einer Kundenbeziehung („customer life-cycle") und der dadurch potenziell möglichen Gesamtorchestrierung der Erlebnisse aus Kundenperspektive. Die Erkenntnisse und Modelle der 1990er Jahre, die den Kunden und seine Emotionen in den Mittelpunkt gerückt hatten, wurden als Grundlage genommen und weiterentwickelt, um die Profitabilität einzelner Kundengruppen intensiver zu betrachten. So stellen Payne und Frow (2005) fest, dass es für Unternehmen das Ziel sein müsse, eine angemessene Kundenbeziehung zu erlangen, nicht jedoch um jeden Preis eine besonders enge und lange Zeit andauernde Kundenbeziehung erreicht werden müsse. Die Beziehung zum Kunden gilt es also in Bezug auf die Wirtschaftlichkeit zu prüfen (Lemon & Verhoef, 2016), um abwägen zu können, in welche Beziehungen und Erlebnisse investiert werden sollte.

Durch die Möglichkeit, eine Vielzahl von Daten auch auf Kunden-Individualebene erheben und nutzen zu können, setzte sich zu Beginn der 2000er Jahre ein immer stärkerer Fokus auf den einzelnen Kunden oder zumindest klar abgrenzbare, kleinteilige Kundensegmente durch („customer-centric marketing") (Sheth, Sisodia & Sharma, 2000). Obwohl schon zuvor in der Kundenerlebnisforschung immer wieder postuliert wurde, der Fokus müsse auf einzelnen Kunden und Kundensegmenten liegen, wurde es erst zu Beginn des 21. Jahrhunderts möglich, geschäftsrelevante Daten im großen Stil zu sammeln und zu verarbeiten. (Lemon & Verhoef, 2016).

Unterstützend wird seit kurzem die Erstellung von sogenannten *Personas* in der Kundenerlebnisforschung immer stärker eingesetzt. Personas sind fiktive Kunden, die in ihren demographischen Ausprägungen sowie in ihrem Verhalten und in ihren Neigungen und Wünschen einer realen Person nachempfunden werden (Herskovitz & Crystal, 2010). Durch diese können Kundenerlebnisreisen visualisiert und in ihrem Kernelement – dem Erlebnis an sich – für den Forscher, aber auch für Verantwortliche von Resorts und Destinationen schärfer analysiert und Prozesse sowie Räume auf die jeweiligen Personas ausgerichtet werden. Unternehmen und Wissenschaftler verwenden diese Markenpersonas, um ein Narrativ für eine Marke oder eine Art von Erlebnis zu entwickeln, in dem sich dann wiederum real existierende Kunden wiederfinden können. Durch dieses Andocken an die Persona wird für die realen Käufer eine emotionale Verbindung aufgebaut. Unternehmen und Forschern hilft es, ein Kundensegment aus ihrer Perspektive greifbar und erlebbar zu machen, um daraufhin die Marketingaktivitäten auf dieses Segment auszurichten. Diese Darstellung von Kundentypen ist auch für die Beantwortung der dieser Arbeit zugrunde liegenden Forschugsfrage hilfreich, denn

34 2 Theoretische Verortung und Bezugsrahmen

unterschiedliche Kunden nehmen ein Erlebnis im Resorturlaub unterschiedlich war. Durch die Erstellung von Personas kann ein strukturierter Überblick über die unterschiedlichen Kunden geschaffen werden.

Unter dem Schlagwort Customer Centricity, also Kundenzentriertheit, rückte die Ausrichtung von Organisationen auf den jeweiligen Kunden in den Fokus der Forschungsaktivitäten. (Gulati & Oldroyd, 2005) postulieren hierzu vier Phasen, um eine Organisation in ihrer Gesamtheit, vor allem in Bezug auf die Organisationskultur auf Kunden auszurichten: (1) die Zusammentragung von Kundeninformationen an einem Ort, (2) die Verarbeitung von Verhaltensweisen der Kunden aus früheren Einkäufen, (3) die Entwicklung von Szenarien, wie sich unterschiedliche Kunden in der Zukunft verhalten werden, und (4) der Aufbau eines Systems, das auf mögliche Kundenwünsche in Echtzeit eine Reaktion von Unternehmensseite nach sich zieht. Der Ansatz der identitätsbasierten Markenführung nach Burman et. al. (2015) verbindet diese Kundenfokussierung aus organisationaler Perspektive und aus kundenindividueller Perspektive: es werden sowohl die Kultur als auch die Strukturen und Prozesse des Unternehmens auf seine Kunden ausgerichtet, um eine möglichst große Überlappung der vom Unternehmen in Richtung Kunde gesendeten und vom Kunden empfangenen Signale zu erreichen[1].

Der jüngste Diskurs in der wissenschaftlichen Diskussion beschäftigt sich vornehmlich mit der Involviertheit und dem Engagement des Kunden während des gesamten Prozesses, nicht nur während des Kaufes an sich. Diese Involviertheit zeigt sich in zwei akademischen Forschungsrichtungen: zum einen sprechen Lemon und Verhoef von einem Austausch zwischen Kunde und Unternehmen „beyond purchase" (Lemon & Verhoef, 2016, S. 73), also über den eigentlichen Einkaufsprozess und auch über das eigentliche Produkt bzw. die Dienstleistung hinaus. Sie stellen vielmehr den gesamten Kontakt des Kunden mit dem Unternehmen in den Mittelpunkt. Die zweite Forschungsrichtung löst sich von dem Unternehmen an sich und untersucht, welche Relevanz der Kontakt der Kunden untereinander (C2C) hat und welche Determinanten diesen beeinflussen (Libai et al., 2010). Beide Stränge fußen auf der Grundannahme, dass man die Einstellungen und das Verhalten des Kunden über den eigentlichen Kaufprozess hinaus betrachten muss, um Rückschlüsse auf den Kauf und das Erlebnis zu ziehen. Trommsdorf (2008) spricht von Involvement als einer Art Aktiviertheit, die auf ein Ziel ausgerichtet ist. Diese Aktiviertheit wiederum kann je nach Gesamtsituation des Kunden variieren – mal ist er sehr beschäftigt und tätigt einen Kauf nebenbei, mal ist er sehr fokussiert beim Kauf. Entscheidend ist, dass sich zwar Arten von Käufen einteilen lassen, aber auch ein und derselbe Kaufprozess vom gleichen Kunden durch eine unterschiedliche Gesamtsituation ein anderes Level an Involvement nach sich ziehen kann.

---

[1] Vergleiche zum Ansatz der identitätsbasierten Markenführung auch Kapitel 2.3.5.

2.2 Das Kundenerlebnis im Tourismus 35

Wie schon zu Beginn der 2000er Jahre in Bezug auf das Dienstleistungsmanagement und Beziehungsmarketing wurde um 2010 auch im Bereich des Customer Engagements der Fokus auf die Messung dieses Engagements gelegt (Brodie et al., 2013; Calder, Isaac & Malthouse, 2015; Hollebeek, Glynn & Brodie, 2014). So stellt das Marketing Science Institute als einen der Forschungsschwerpunkte für 2014 bis 2016 das weitere Erforschen von Kundenerlebnissen und darauf zugeschnittene folgende Fragestellung heraus: „How should engagement be conceptualized, defined, and measured?" (K. Keller, 2014). Zum einen wurden „fixed-scale items" mit dem Ziel entwickelt (Brakus et al., 2009), diese über verschiedene Customer Engagement-Kontexte hinweg einsetzen zu können und so eine Generalisierbarkeit deutlich zu machen. Zum anderen wurden Skalen und Messmethoden entwickelt, bei denen die Parameter kontext-spezifisch angepasst werden (Calder et al., 2015).

Zusammenfassend stellen Lemon und Verhoef (2016) eine Dreiteilung des Forschungsfelds fest: ein erster Themenkomplex analysiert Prozesse, Verhalten und Mehrwert von und für Kunden. Er stellt die Basis der Kundenreisen bzw. Customer Journeys dar und ist Anknüpfungspunkt für die Erforschung von Berührungspunkten bzw. Touchpoints von Kunden und Marken. Innerhalb des zweiten Themenkomplexes sind Forschungsansätze zum Ausgang und zur Messung des Kundenverhaltens anzusiedeln. Es wurden Konstrukte wie die Servicequalität entwickelt, um den Nutzen einer Optimierung der Customer Journey messbar zu machen. Der dritte Forschungsstrang analysiert die Notwendigkeit und Möglichkeiten für ein Unternehmen, seine Strukturen und Prozesse kundenzentriert auszurichten. Im Rahmen eines customer-based view wird erforscht, wie Unternehmen Informationen über das Verhalten ihrer Kunden auswerten können, um so Rückschlüsse auf deren Erfahrungen zu ziehen und darauf aufbauend interne Strukturen und Prozesse zu verändern.

Die vorliegende Arbeit fällt in den ersten Forschungsstrang, denn er rückt vor allem den Prozess der Erlebnisentstehung aus Kundensicht, inklusive der Customer Journeys und Brand Touchpoints in den Vordergrund. Die Möglichkeiten einer Ausrichtung von Abläufen auf den Kunden, was Teil des dritten Forschungsstranges ist, werden durch die Analyse des Zusammenspiels von Destination und Resort ebenfalls in dieser Arbeit behandelt. Forschungsstrang zwei, die Messbarkeit von einzelnen Aktivitäten, ist dagegen nicht Gegenstand dieser Forschungsarbeit, da er zur Beantwortung der Fragestellung keinen Beitrag leistet.

36 2 Theoretische Verortung und Bezugsrahmen

2.2.3. Verarbeitung von Eindrücken zu Erlebnissen

Die Theorie der Erlebnisgesellschaft von Schulze (1992, 2005) fußt auf dem Gedanken eines Gesellschaftswandels weg von einem Denken in Klassen und Schichten hin zu einer Individualisierung (Beck, 1986). Kern der These von Schulze ist es, dass die Individuen der Gesellschaft seit Beginn der 1990er Jahre „innenorientierte Lebensauffassungen" (Schulze, 2005, S. 35) vertreten, also sich selbst als Subjekt in das Zentrum ihres Handelns stellen. Nach Schulze verfolgt jeder Mensch sein eigenes „Projekt des schönen Lebens" (Schulze, 2005, S. 35). Durch ständige Reflexion des eigenen Ichs und dem Abgleichen mit anderen Individuen erkennt jeder Mensch Umstände in seinem Leben, die er so manipuliert, dass er sie als für sich selbst schätzenswert empfindet. Hierbei orientiert er sich weniger an ökonomischen Gesichtspunkten, sondern stellt psychophysische Attribute, also das emotional Erlebbare als Verbindung zwischen Körper und Bewusstsein, in den Vordergrund.

Eine Kernthese in Schulzes Werk (2005) ist es, dass Erlebnisse vom Subjekt nicht passiv empfangen, sondern aktiv erstellt, also konstruiert werden. Das menschliche Individuum ist also dafür selbst verantwortlich, das Erlebnis zu kreieren. Nur durch seine Verarbeitung bekommen die von der Außenwelt auf das Individuum einwirkenden Reize eine Bedeutung. Diese Bedeutung ist aufgrund der Individualität des Wahrnehmenden für jedes Individuum unterschiedlich.

Um die Reize verarbeiten zu können, ist eine kognitive Selbstprogrammierung notwendig, also der Wunsch und die Fähigkeit, diese Reize zu verarbeiten. Hierbei unterscheidet sich das Erlebnis vom reinen Eindruck, bei dem der Empfänger etwas passiv wahrnimmt[1].

Das Erlebnis an sich hingegen ist dabei ein besonderer Teil in der Verarbeitung von Eindrücken, der aus dem Erleben, welches den gesamten Prozess der Verarbeitung von Eindrücken abbildet, herausgehoben ist (Gadamer, 2010).

Dieser Prozess des Erlebens hat drei Merkmale: (1) Subjektbestimmtheit, (2) Reflexion und (3) Unwillkürlichkeit. Unter Subjektbestimmtheit versteht man, dass das einzelne Geschehen jeweils von einem Subjekt, also einem menschlichen Individuum, verarbeitet werden muss. Schulze spricht von „einem singulären inneren Universum" (Schulze, 2005, S. 44). Die Reflexion ist nötig, um aus den einzelnen Reizen ein Erlebnis zu schaffen. Sie werden anhand des Sinnhorizontes des

---

[1] Weiterhin stellt Schulze heraus, dass umgangssprachlich die Begriffe „Eindruck", also das passive Betrachten, und „Erlebnis", also das aktive Verarbeiten des Eindrucks, nebeneinander verwendet werden. Dies ist für den empirischen Teil dieser Arbeit von Bedeutung, da Interviewpartner umgangssprachlich die beiden Begriffe synonym verwenden. Während der Analyse der erhobenen Daten wird dies jedoch entflochten, indem die Daten entsprechend codiert werden.

2.2 Das Kundenerlebnis im Tourismus

Individuums verarbeitet. Die Unwillkürlichkeit verdeutlicht, dass eben nicht eine randomisierte Reflexion stattfindet, sondern sich diese an genau vorher festgelegten, individuellen Schemata orientiert.

Das Erlebnis an sich wird in eine Situation eingeordnet. Die Situation ist wiederum der vom Individuum konstruierte Ausschnitt einer „objektiven Wirklichkeit" (Schulze, 2005, S. 49). Dieser Ausschnitt wird vom Einzelnen als gegeben und real wahrgenommen, bildet die Wirklichkeit jedoch niemals vollständig ab. Menschen erleben die Situation, gestalten sie aber auch aktiv mit (Schulze, 2005) . Genau diese Konstruktion durch das Individuum ist es, in der sich die Theorie des Raums als Kategorie der Sinneswahrnehmung und des vom Individuum geschaffenen Raums (Wardegna, 2002) widerspiegelt. Die Erlebnisgesellschaft beschreibt ein „Grundmuster der Beziehung von Subjekt und Situation" (Schulze, 1992, S. 54), ähnlich wie das die in Kapitel 2.1.2 vorgestellten Raumverständnisse tun.

Um eine solche Einordnung vornehmen zu können, muss das Individuum wiederum Komplexität reduzieren. Nur durch diese Reduktion und Fokussierung wird der Alltag berechenbar und ist zu bewältigen. Schulz nennt drei Gründe für diese Komplexitätsreduktion: „Identitätsaufbau, soziale Berechenbarkeit und alltagssoziologisches Kausalitätsbedürfnis (Schulze, 2005, S. 226). Diese Reduktion wird nach Schulze durch „Wirklichkeitsmodelle" (Schulze, 2005, S. 226) vorgenommen. Durch diese Betrachtung werden zwei Sachverhalte deutlich: zum einen betrachtet jedes Individuum Sachverhalte aus seinem eigenen Blickwinkel. Jeder verarbeitet einzelne Eindrücke unterschiedlich. Dies erklärt, warum zwei Individuen bei Schilderung objektiv identischer Eindrücke dennoch ein unterschiedliches Erlebnis haben können. Zweitens – und für die vorliegende Arbeit ebenfalls bedeutsam – ist die Feststellung, dass die Suche nach einer rein objektiven Betrachtung weder sinnvoll noch zielführend ist. Stattdessen muss nach einem System gesucht werden, welches hilft, die individuellen Erlebnisse systematisch zu kategorisieren, um zu verstehen, welche Faktoren zur Umwandlung von Eindrücken zu einem speziellen Erlebnis geführt haben. So formuliert dann auch Schulze sein Vorgehen beim Entwickeln von Wirklichkeitsmodellen: „Der Begriff der Wirklichkeitsmodelle ist ein Versuch, sich analytisch an die subjektive Repräsentation der Realität anzunähern. [...] Wirklichkeitsmodelle seien definiert als ganzheitlich zusammenhängende Komplexe von Vorstellungen über die Welt und die eigene Beziehung zur Welt" (Schulze, 2005, S. 226).

Wirklichkeitsmodelle haben drei Komponenten (Schulze, 2005, 226f.). Erstens sind sie über einen längeren Zeitraum hinweg relativ stabil. Zweitens sind Wirklichkeitsmodelle zumindest in Grundzügen verbunden und korrespondieren mit der objektiven Wirklichkeit und den tatsächlichen Gegebenheiten. Menschen versuchen ja gerade durch ihre Modelle, die Welt für sich selbst besser zu verstehen und einordnen zu können. Hierbei müssen sie sich an objektiven Gegebenheiten orientieren, um darauf aufbauend und basierend auf ihren eigenen Vorstellungen eine Vereinfachung vornehmen zu können. Die individuellen Modelle stehen also in Bezug zueinander. Passt sich ein Modell an, so ist auch eine Anpassung in einem sich darauf beziehenden Modell möglich. Drittens enthalten die Modelle neben den empirischen Komponenten auch normative Aspekte. Schulze fasst dies mit dem Ausruf „Was normal ist, gilt als richtig" (Schulze, 2005, S. 227) zusammen und verweist auf die Tendenz von Menschen, das, was sie als normal empfinden, auch als normativ richtig anzusehen. Dies ist ebenfalls ein Teil der Komplexitätsreduktion.

Vor allem bei Negativerfahrungen wird das Wirklichkeitsmodell für den äußeren Betrachter – aber auch für das Individuum selbst – sichtbar. Der nun offene Konflikt muss entweder akzeptiert werden, oder aber das Wirklichkeitsmodell muss dahingehend angepasst werden, dass es im Einklang mit der objektiven Betrachtung steht.

Im Grundsatz gibt es nun zwei Möglichkeiten einer Konstanten: zum einen das innere Ich, zum anderen die Außenwelt. Schulze nennt dies den „Ich-Welt-Bezug" (Schulze, 2005, S. 234). Dieser wird wiederum konkretisiert durch eine „primäre Perspektive" (Schulze, 2005, S. 236), die dem Individuum einen Blickwinkel auf alles Neue vorgibt. Es lassen sich (1) Hierarchie, (2) soziale Erwartungen, (3) Bedrohung, (4) Innerer Kern und (5) Bedürfnisse als primäre Perspektive festhalten (Schulze, 2005). Die Möglichkeiten 1–3 sind in einem weltverankerten Ich-Welt-Bezug zu finden, während die Möglichkeiten 4 und 5 in einem ichverankerten Ich-Welt-Bezug zu verorten sind (Schulze, 2005).

Schulz argumentiert im Vorwort zu der im Jahr 2005 erschienen Auflage seines Werkes, dass die Thesen der Erlebnisgesellschaft weiterhin gelten. Er nennt jedoch eine Spezifizierung: die Angst vor sozialem Abstieg, der nun auch gut ausgebildete Individuen treffen kann. Seiner Ansicht nach sei noch in den 1990er Jahren das subjektive Sicherheitsgefühl bezüglich eines solchen Abstiegs deutlich geringer gewesen. Vor allem in der hier vorliegenden Betrachtung ist diese Spezifizierung von großer Bedeutung. Wie im späteren Verlauf der Arbeit herausgestellt wird, ist es Aufgabe von Marken, einen sozialen Status des Individuums zu signalisieren. Der Zweck hierfür kann die Abgrenzung von sozial schwächeren Individuen sein. Die von Schulze attestierte Tendenz hierzu wird im empirischen Teil dieser Arbeit aufgegriffen.

2.2 Das Kundenerlebnis im Tourismus

2.2.4. Vier Arten von Erlebnissen

Es lassen sich nach Pine und Gilmore (Pine & Gilmore, 2011) Kundenerlebnisse entlang von zwei Dimensionen definieren, die somit eine 4-Felder-Matrix aufspannen: Beteiligung des Kunden am Erlebten und Beziehung des Kunden zum Impuls. Die Dimensionen des Modells sind durch Pine und Gilmore nur rudimentär beschrieben und nicht wissenschaftlich belegt. Ihre Schlussfolgerungen und ihre praktische Plausibilität sind jedoch als Gedankenkonstrukt für die vorliegende Arbeit hilfreich und unterstützend, daher wird das Modell hier eingeführt.

Die Beteiligung des Kunden am Erlebten lässt sich in vornehmlich passive und aktive Teilnahme unterteilen. Diese Beurteilung ist eher als Kontinuum denn als entweder-oder-Dimension zu verstehen, da ein Individuum immer zu einem gewissen Teil aktiver Gestalter des Erlebnisses ist und nie vollständig passiv sein kann. Auch beim Ansehen eines Theaterstücks trägt er als Teil des Publikums zur Gesamtatmosphäre bei. Die aktive Beteiligung ähnelt dem Konstrukt der Erlebnisgesellschaft nach Schulze und auch dem konstruierten Raumverständnis. Beide gehen davon aus, dass die Individuen aktive Gestalter der Räume sind. Somit ist ein Kunde bzw. Reisender niemals vollständig passiv.

Als zweite Dimension nennen Pine und Gilmore (2011) die Verbindung bzw. natürliche Beziehung, die ein Individuum zum Impuls hat. Hier stellen *Aufnehmen*, also das Wahrnehmen der Reize von außen, und *Eintauchen*, also das völlige Eingeschlossen sein in den Impuls, die beiden Extreme dar. Diese sind in Analogie zu dem von Heifetz und Linsky (2017) verwendeten Sinnbild eines Opernballs zu verstehen: die Autoren unterscheiden hier zwischen einer beobachtenden Position auf dem Balkon der Oper, und einer Teilhabe beim Tanzen auf der Tanzfläche. Die Perspektive auf dem Balkon hilft, einen Überblick über das Geschehen zu bekommen und die Situation, quasi aus der Vogelperspektive, in den jeweiligen Kontext einordnen zu können. Um aber am Geschehen unmittelbar beteiligt zu sein, muss man vom Balkon auf die Tanzfläche zurückkehren und dort das Geschehen aus unmittelbarer Nähe wahrnehmen.

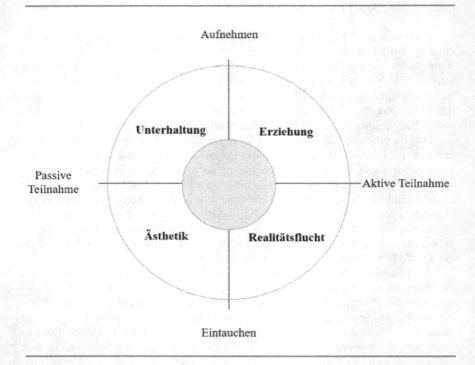

Abbildung 8: Die vier Arten von Erlebnissen; eigene Darstellung, in Anlehnung an Pine & Gilmore (2011)

Nach Aufspannen der zwei Dimensionen ergeben sich vier Arten von Erlebnissen. Bei dem Erlebnis *Entertainment* bzw. *Unterhaltung* nimmt das Individuum das Geschehen von außen als passiver Beobachter auf. Als typisch ist hier das Theaterstück zu nennen, das auf einer Bühne inszeniert wird. Ein *Escapist*-Erlebnis hingegen ist das Gegenstück zu einem Entertainment-Erlebnis. Dieses wird von Siller als *Realitätsflucht* (2010, S. 140) übersetzt. Hier ist das Individuum Teil des Impulses, nimmt aktiv am Geschehen teil und kann dieses beeinflussen. Im resorttouristischen Kontext zählen zu dieser Art von Erlebnis die Teilnahme an einer Aktion wie zum Beispiel einem Boccia-Turnier, oder auch das Mittanzen eines Clubtanzes. Nach der Definition von Schulze sind dies die Erlebnisse in ihrer Reinform, da das Individuum selbst immer Teil des Impulses und des Erlebnisses ist und immer aktiv daran teilnimmt. Wird das Individuum allerdings eher passiver Teilnehmer, sprechen Pine und Gilmore (2011) von einem *Esthetic*-Erlebnis, also

2.2 Das Kundenerlebnis im Tourismus

41

einem ästhetischen Erleben. Hierbei ist das Individuum zwar Teil eines Gesamterlebnisses, hat aber wenig Einfluss auf dieses. Als Beispiel ist eine moderne Show-Inszenierung im Poolbereich zu nennen, bei dem die Schauspieler die Bühne verlassen und einige Szenen im Zuschauerbereich spielen. Damit verschwimmt die Grenze zwischen Zuschauerbereich und Bühne, die Zuschauer werden Teil der Aufführung. Dennoch haben sie keinen Einfluss auf das Geschehen, sie sind passive Beobachter. Das Gegenstück hierzu ist die vierte Art eines Erlebnisses, das Educational-Erlebnis, also ein Erlebnis mit Erziehungscharakter. Hierbei ist das Individuum zwar aktiv involviert, nimmt aber die Informationen aus einer distanzierten Perspektive auf und verarbeitet diese bewusst. Ein Töpferkurs lässt sich hierfür als Beispiel anführen.

Pine und Gilmore (2011) stellen heraus, dass bereichernde Erfahrungen Komponenten aus allen vier Quadranten enthalten, und vor allem auf den Typus des Kunden zugeschnitten sein müssen. Ähnlich muss sich ein Anbieter von Reisen fragen, welche Art von Impulsen er setzen möchte, sodass sein Gast ein Erlebnis als bereichernd empfindet. Ziel eines resorttouristischen Akteurs sollte das Zusammenstellens eines Gesamtangebots sein, welches alle vier Felder abdeckt (Pine & Gilmore, 2011), wenngleich im Tourismus vor allem die Realitätsflucht bzw. das Escapist-Erlebnis größte Bedeutung (Weiermair & Peters, 2000) hat. Die vier Diemsionen dienen als Grundlage für die vorliegende Arbeit, um weitere Klassifizierungen von Erlebnissen im Resorturlaub zu ermöglichen

2.2.5. Fünf Komponenten von Erlebnissen: das Orchestermodell

Nachdem bisher vor allem die Sicht des Reisenden und der individuelle Prozess der Umwandlung eines Eindrucks in ein Erlebnis im Vordergrund standen, stellt sich für einen Akteur im Tourismus die Frage, welche Faktoren er wie berücksichtigen muss, um den Rahmen für ein möglichst optimales Erlebnis – aus Sicht des Reisenden – zu gestalten.

Siller (2010) sowie Meyer und Schwager (2007) stellen heraus, dass in diesem Zusammenhang einem Erlebnis ein Impuls vorangestellt ist, welcher gezielt ausgelöst werden kann. Dieser Impuls wird dann vom Reisenden verarbeitet und zu einem Erlebnis. Hierzu argumentieren Bruder-Sperdin und Peters (2009, S. 173): „in this respect, entrepreneurs will have to stage their service products in order to create experiences and emotions that influence the perception of quality in a positive way and thus create customer satisfaction". Pearce und Zare (2017) sprechen in diesem Zusammenhang von *Erlebnisdesign* (experience design) und grenzen dieses vom Begriff *Servicedesign* ab. Während Servicedesign als ein von touristischen Anbietern planbarer Wegbereiter gesehen werden kann, welches das Kundenerlebnis beeinflusst, so ist das Kundenerlebnis an sich immer vom Reisenden abhängig. Das Servicedesign ist das Angebot eines Erlebnisses, welches ein touristischer Akteur an den Reisenden macht. Dieser wiederum kann das Angebot annehmen und das Erlebnis mithilfe der angebotenen Services des Akteurs individuell für sich selbst schaffen (Nina Katrine Prebensen & Foss, 2011; Nina Katrine Prebensen, Woo & Uysal, 2014; Nina K. Prebensen, Chen & Uysal, 2018). Der Akteur kann nur ein Angebot machen. Das Erlebnis an sich ist also nur ein Neben- bzw. Teilprodukt des Services. Dennoch ist es das Ziel, durch den Service ein Erlebnis kreieren zu können. Diese Kreation eines Erlebnisses beschreiben Pearce und Zare (2017) mit dem Orchestermodell für Erlebnisdesign im Tourismus, welches sich nicht nur auf den eigentlichen Reisezeitraum von Abreise bis Ankunft, sondern auch über diesen hinaus in die Buchungs- und Rückkehrphase hinein erstreckt.

Sensorische, affektive, kognitive, verhaltensgesteuerte und beziehungsgesteuerte Komponenten lösen bei dem Reisenden Mikroimpulse aus, setzen sich zu einem Eindruck zusammen, und werden schlussendlich zu einem Gesamterlebnis verarbeitet. Pearce und Zare konstatieren, dass die einzelnen Komponenten nicht voneinander isoliert betrachtet und gesteuert werden dürfen, da ihre Wirkmächtigkeit immer vom Zusammenhang mit den anderen Komponenten abhängig ist: „[…] the orchestra model employs the ideas in conjunction, thus adding power through integration and alignment rather than the concepts functioning as stand-alone points for understanding experience" (Pearce & Zare, 2017, S. 58).

Pierce und Zare indentifizieren vier Grundprinzipien zum Design eines Erlebnisses: erstens stehen im gesamten Prozess das reisende Individuum und sein Eindruck im Mittelpunkt. Dem Designer des Erlebnisangebots muss es also gelingen, sich in den Reisenden hineinzuversetzen und mitfühlend sein Erlebnis im Voraus zu planen. Pearce und Zare sprechen hierbei von einem „other-centric approach" (Pearce & Zare, 2017, S. 59) bzw. einer „design ethnography" und einem „emic or insider approach" (Pearce & Zare, 2017, S. 59).

Als zweites Prinzip nennen sie das der Machbarkeit im Sinne einer Gegenüberstellung von Aufwand und Ertrag. Aufgrund von begrenzten Ressourcen muss diejenige Erlebniskreation gewählt werden, die in der Kosten-Nutzen-Abwägung am ertragreichsten erscheint.

Drittens heben sie hervor, dass, obwohl ein „insider approach" vorgenommen wird, die Service-Designer am besten auf Gruppen- und nicht auf Individuenlevel an Erlebnisangeboten arbeiten sollten. Hierzu müssen Individuen zu kohärenten Clustern mit ähnlichen Merkmalsmustern zusammengefasst werden. Dies knüpft

2.2 Das Kundenerlebnis im Tourismus 43

an die Gegenüberstellung von Aufwand und Ertrag an und fußt auf der Annahme, dass sich das Verhalten von unterschiedlichen Individuen in einem geschaffenen Raum ähnelt[1].

Als viertes Prinzip nennen sie, dass der Designer erkennen muss, dass touristische Erlebnisse „social episodes with temporal, symbolic and spatial boundaries" (Pearce & Zare, 2017, S. 60) sind, dem Angebot des Erlebnisses selbst also schon ein fester Rahmen gesetzt ist. Hierzu schlagen sie eine Analyse des Raum-Zeit-Gefüges entlang von Touchpoints mit dem Reisenden vor. Dies wird in den beiden folgenden Kapiteln näher analysiert. Kapitel 2.2.6 beschreibt eine Customer Journey, während sich Kapitel 2.2.7 mit den Kontaktpunkten des Reisenden auseinandersetzt.

Um Service und Design Settings zu erforschen, schlagen Pearce und Zare (2017) verschiedene Tools vor. Dazu zählen unter anderem kontextuelle Tiefeninterviews, in denen die Blickwinkel von Individuen vor Ort im Erlebnisraum in den Mittelpunkt gestellt werden, systematische Beobachtungen, bei denen der Forscher im Feld mit den Akteuren eine beobachtende Rolle einnimmt und somit das Erlebnis aus Sicht der Individuen genauer verstehen kann sowie Narrative, in denen der Forscher verschiedene Personas definiert, die den Erlebnisraum auf unterschiedliche Art und Weise wahrnehmen und nutzen. Die Forschungsmethodik und das Research Design dieser Arbeit berücksichtigen diese Tools im Zusammenhang mit Erlebnissen im Resorturlaub.

---

[1] Vgl. hierzu eine tiefergehende Betrachtung von „Behavior Setting" in Kapitel 2.1.3.2

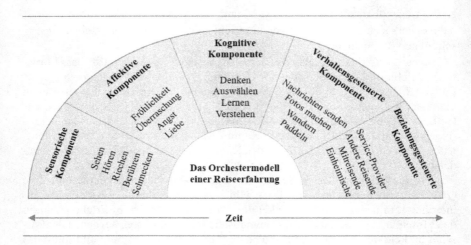

Abbildung 9: Das Orchestermodell einer Reiseerfahrung; eigene Darstellung, in Anlehnung an Pearce (2011)

Zur Beantwortung der dieser Arbeit zu Grunde liegenden Forschungsfrage bietet Pearce somit ein Modell, mithilfe dessen ein Erlebnis im Resorturlaub in seine Einzelteile zerlegt und weiter analysiert werden kann.

2.2.6. Customer Journeys: Medium zum Orchestrieren von Erlebnissen

Um Kundenerlebnisse analysieren und verstehen zu können, hat sich in der Wissenschaft die Analyse eben dieser anhand von Customer Journeys durchgesetzt. Customer Journeys, also Kundenreisen, zeichnen den Prozess des gesamten Kundenerlebnisses mit ihren jeweiligen Einzelerlebnissen aus Sicht des Kunden auf (Lemon & Verhoef, 2016). Das Erlebnis an sich beginnt hier schon bei der Erwägung, ein bestimmtes Produkt oder eine Dienstleistung zu beziehen, und endet erst weit nach dem Konsum.

Customer Journeys eignen sich also dazu, Einzelerlebnisse nachzuvollziehen. Ein Ziel kann sein, diese im Anschluss zu orchestrieren und zu einem Gesamterlebnis verschmelzen zu lassen. Monika Popp (2012) argumentiert, dass die Erlebnisforschung in der Vergangenheit maßgeblich Einzelerlebnisse analysiert und dies zu einer Überbetonung von bestimmten Ursache-Wirkungs-Mechanismen geführt hat. Ähnlich wie Pine und Gilmore (2011) sowie Beck (1986) stellt sie heraus, dass ein Impuls-Erlebnis-Zusammenhang zwar Grundlage für die Erlebnisse von Reisenden ist, aber erst die Interaktion der einzelnen Erlebnisse untereinander

2.2 Das Kundenerlebnis im Tourismus   45

einen Gesamtzusammenhang erkennbar macht, der für das Gesamterlebnis prägend ist. Erleben sei immer etwas Ganzheitliches, und müsse daher auch in einem Gesamtzusammenhang betrachtet werden. Popp (2012) sieht den Raum an sich als das Kernmerkmal einer Reise an, da der große Unterschied zwischen virtueller Realität und einer tatsächlichen Reise eine Veränderung des Raumes ist, in dem sich die Eindrücke abspielen und vom Individuum zum Erlebnis (um-)gedeutet werden. Daher fordert sie eine stärkere „räumliche Kontextualisierung in der Erlebnisforschung" (Popp, 2012, S. 86). Diese müsse neben der Betrachtung von Einzelerlebnissen immer mit einbezogen werden. Ähnlich, allerdings aus einer praktischen Perspektive, argumentieren auch Rawson et. al. (2013): aus ihrer Sicht werden in der Praxis von vielen Unternehmen zwar die einzelnen Kontaktpunkte des Kunden mit der Marke identifiziert und optimiert, allerdings merken sie an, dass die Optimierung eines einzelnen Kontaktpunktes oftmals isoliert geschieht und somit das eigentliche Ziel, nämlich die gesamte Kundenreise aus Sicht des Kunden zu optimieren, in den Hintergrund rückt und zu wenig Beachtung findet.

Die Komplexität von Customer Journey hat in der Vergangenheit deutlich zugenommen (Edelman & Singer, 2015; Rawson, Duncan & Jones, 2013). Hierfür sind drei Hauptgründe zu nennen: erstens ist die Verflechtung im Dienstleistungserstellungsprozess gewachsen. Unternehmen kooperieren mehr und mehr miteinander, um dem Kunden ein einzigartiges Erlebnis zu bieten (Siller, 2010). Zweitens haben Kunden durch soziale Medien auch während der Kundenreise an sich die Möglichkeit, viel stärker von einem vordefinierten Weg abzuweichen (Edelman & Singer, 2015; Rawson et al., 2013). Durch das Vergleichen von Preisen oder das Lesen von Bewertungen während des Entscheidungsprozesses oder während des Konsums von Produkten bzw. der Inanspruchnahme von Dienstleistungen wird es für Unternehmen immer komplexer, ein qualitativ gleichbleibendes Kundenerlebnis über den Zeitverlauf hinweg zu bieten. Während in den 1990er Jahren Reisende im Resorttourismus einen Ausflug innerhalb der Destination allein schon aus logistischer und informationstechnischer Einfachheit direkt in der Anlage beim dortigen Reiseleiter gebucht haben, recherchieren viele Reisende heutzutage vor Ort über das Internet und buchen direkt bei einem Drittanbieter, der sie dann zu Beginn des Ausflugs an der Anlage abholt und dort auch wieder hinbringt. Drittens wird der Kunde an sich immer widersprüchlicher in seinen Ansprüchen und Handeln. So bucht er heutzutage durchaus zwar ein 5-Sterne Boutique-Hotel auf Mallorca für einen vierstelligen Eurobetrag pro Nacht, reist aber gleichwohl mit einem Ryanair-Flug für unter 100 Euro an.

Wie auch bei dem Themenkomplex *Kundenerlebnis* hat die Forschung im Bereich Customer Journey meist Konsumgüter zum Gegenstand (Howard & Sheth, 1969; Konuş, Verhoef & Neslin, 2008; Shah, Kumar & Kim, 2014). Es werden

46 2 Theoretische Verortung und Bezugsrahmen

meist drei grobe Phasen unterschieden: die Phase vor dem eigentlichen Kauf (*pre-purchase*), die Phase des Kaufes an sich (*purchase*) und die Phase nach dem Kauf (*post-purchase*) (Howard & Sheth, 1969; Lemon & Verhoef, 2016; Neslin et al., 2006; Puccinelli et al., 2009).

Die Phase vor dem eigentlichen Erlebnis bzw. Kauf wird unterschieden in das Auftreten eines Bedürfnisses beim Kunden (*need recognition*), der Suche nach einem zur Bedürfnisbefriedigung passenden Produkt (*search*) und der Abwägung von Produktalternativen (*consideration*)[1] (Lemon & Verhoef, 2016). Theoretisch ist in dieser Phase die gesamte Erfahrung des Kunden, die dieser mit einer Marke hat, zu verorten. In der wissenschaftlichen Literatur hat sich jedoch eine Betrachtung ab dem Zeitpunkt des Auftretens eines Bedürfnisses etabliert (Hoyer, 1984; Lemon & Verhoef, 2016; Pieters, Baumgartner & Allen, 1995).

Der Kauf an sich stellt die zweite Phase des Prozesses dar. Hierunter sind alle Interaktionen mit der Marke zu verstehen, die während des eigentlichen Kaufens des Produktes bzw. der Dienstleistung existieren. Auswahl des Produktes, Bestellung und Bezahlung sind die Kernmerkmale dieses Prozesses (Lemon & Verhoef, 2016). In Bezug auf die vorliegende Arbeit ist hier die abschließende Beratung im Reisebüro, in dem die Reise gebucht und der Vertrag unterzeichnet wird, ebenso zu nennen wie die das Buchen einer Reise in einer Online-Buchungsmaske durch den Kunden von zu Hause aus. Lemon und Verhoef (2016) stellen heraus, dass diese Phase, obwohl sie zeitlich gesehen die kürzeste der drei Phasen darstellt, in der Marketingliteratur bisher am meisten Beachtung gefunden hat.

Die dritte Phase (*post-purchase*) beinhaltet das Kundenerlebnis nach Abschluss des Kaufes. Hierunter sind vornehmlich die eigentliche Nutzung des Produktes bzw. die Inanspruchnahme der Dienstleistung zu verstehen, aber auch der Umgang mit Beschwerden bzw. Serviceanliegen (Lemon & Verhoef, 2016). Das Produkt bzw. die Dienstleistung an sich dominiert diese Phase, da es bzw. sie natürlicherweise die meisten Anknüpfungspunkte des Kunden zum Unternehmen bzw. zur Marke bietet. Neben dem Prozess der Inanspruchnahme der Dienstleistung hat in den letzten Jahren der darauffolgende Prozess als Forschungsgegenstand an Bedeutung gewonnen. Der „loyalty loop" (Lemon & Verhoef, 2016, S. 76), also das Begleiten des Kunden bis zum erneuten Kauf der Dienstleistung bzw. des Produktes wird mehr und mehr Teil des Kundenerlebnisses. Dies ist vor allem den hohen Kosten geschuldet, die anfallen, um Neukunden zu gewinnen. Je höher diese sind, desto eher hat ein Unternehmen finanzielle Anreize, schon bestehende Kunden zum Wiederkauf zu bewegen.

---

[1] An dieser Stelle sei auf Kapitel 2.4 verwiesen, in dem der Entscheidungsprozess eines Individuums tiefergehend beleuchtet wird. Daher wird an dieser Stelle darauf verzichtet. Sinn und Zweck ist es, ein gesamthaftes Bild über den Prozess der Kundenreise hinweg aufzuspannen.

2.2 Das Kundenerlebnis im Tourismus

Es lässt sich feststellen, dass der eigentliche Konsum des Produktes in die Phase nach dem Kauf des Produktes, also in die Post-Purchase-Phase fällt. Dies lässt sich auch auf Dienstleistungen, also in dem Fall der vorliegenden Arbeit einer Urlaubsreise, übertragen: der Urlaub an sich ist Teil des Erlebnisses nach dem Kauf der Reise. Wie Lemon und Verhoef (2016) herausgestellt haben, ist jedoch die direkte Zuordnung innerhalb der Phasen eher konzeptioneller Natur.

Das folgende Kapitel zeigt auf, wie anhand von Markenberührpunkten (Brand-Touchpoints) eine Marken-Kunden-Beziehung aufgebaut wird. Die Markenberührpunkte haben Bedeutung über die einzelnen Phasen hinweg. Daher ist es für die Betrachtung irrelevant, ob einzelne Schritte des Kundenerlebnisses nun der ersten, zweiten oder dritten Phase zugerechnet werden. Die Reihenfolge sowie die Gesamtorchestrierung der Touchpoints hingegen ist entscheidend (Rawson et al., 2013). Ferner gilt es zu hinterfragen, was die verborgenen Motivationen und inneren Monologe der Kunden in jedem Prozessschritt der Kundenreise sind, um als Unternehmen gezielt auf diese eingehen zu können (Richardson, 2010).

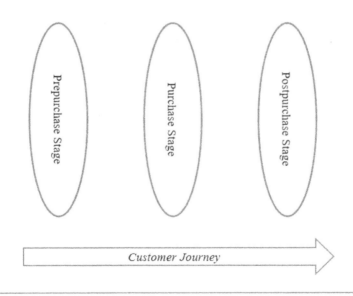

Abbildung 10: Prozessmodell für Kundenreisen und Kundenerlebnisse; eigene Darstellung; in Anlehnung an Lemon & Verhoef (2016)

48 2 Theoretische Verortung und Bezugsrahmen

2.2.7. Touchpoints: Berührungspunkte des Kunden mit einer Marke

Nachdem eine Customer Journey gezeichnet wurde, stellt sich die Frage, wie diese beeinflusst werden kann. Letztlich entscheidet das Aufeinandertreffen von unternehmensinterner Markenwahrnehmung und der Markenwahrnehmung durch den Kunden über dessen Markenerlebnis (Burmann et al., 2015).[1] Diese Situationen, „an denen ein Nachfrager Kontakt zu einer Marke hat" (Burmann et al., 2015, S. 60) werden Brand-Touchpoints (Markenberührungspunkte) genannt. Die Brand-Touchpoints sind also die Schnittstellen, an denen das vom Unternehmen aufgestellte Kundennutzenversprechen vom Nachfrager auf seine Markenauthentizität (Schallehn, 2012) hin geprüft wird. Diese Schnittstellen gilt es vom Unternehmen zu identifizieren und zu besetzen, indem gezielt Reize an den Nachfrager gesendet werden (Baxendale et al., 2015).

Brand-Touchpoints lassen sich anhand von zwei Kriterien analysieren.

Als erstes Kriterium ist das Auftreten entlang der Customer Journey zu nennen. Entlang dieser lassen sich verschiedenste Berührpunkte des Kunden mit der Marke identifizieren (Baxendale et al., 2015; Haan, Wiesel & Pauwels, 2016; Lemon & Verhoef, 2016). Im Tourismus beginnt ein erstes Aufeinandertreffen oftmals bei der Online-Recherche eines Urlaubswunsches oder im Reisebüro bei der Beratung. Im eigentlichen Reiseverlauf trifft der Reisende auf die Check-in-Mitarbeiter, Flugbegleiter, Rezeptionisten, aber auch auf andere Reisende. Nach der Reise schwelgt der Gast in Erinnerungen. Diese sind ebenfalls als Berührpunkt des Kunden mit einer Marke zu verstehen.

Als zweites Kriterium lässt sich die Art des Touchpoints in Bezug auf den Grad der Beinflussbarkeit durch ein die Marke vertretendes Unternehmen nennen. Unter diesem Kriterium lassen sich wiederum vier Arten von Touchpoints definieren:

---

[1] Vergleiche hierzu auch die Ausführungen zu identitätsbasierter Markenführung in Kapitel 2.3.5.

2.2 Das Kundenerlebnis im Tourismus

Abbildung 11: Die vier Arten von Customer Touchpoints/Kundenberührpunkten; eigene Darstellung, in Anlehnung an Lemon & Verhoef (2016)

- Erste Art von Touchpoints sind *brand-owned touchpoints*, also Berührungspunkte, die der Marke eigen sind und von ihr kontrolliert werden (Lemon & Verhoef, 2016). Typischerweise sind dies im Tourismus die Zimmer eines Hotels, die Mitarbeiter oder auch die Präsentation des Essens. Auf all diese Faktoren kann das Unternehmen direkt Einfluss nehmen und sie mitgestalten.
- Zweitens sind *customer-owned touchpoints* zu nennen (Lemon & Verhoef, 2016). Diese werden vom Kunden selbst kontrolliert und die Marke an sich hat nur wenig Einfluss auf die Art und den Moment des Kontaktes. Dies sind zum Beispiel die Erinnerungen, die ein Reisender an seinen Urlaub hat, die er dann mit einer konkreten Marke verbindet. Diese Erinnerung kann von der Marke nicht direkt beeinflusst werden, dennoch ist es ein Berührungspunkt des Kunden mit der Marke.
- Als dritte Art sind *partner-owned touchpoints* zu nennen. Diese werden zumindest in Teilen von einem Partner des Unternehmens mitverantwortet und mitgestaltet. Im Tourismus typisch sind Partnerunternehmen, die den Transfer vom Flughafen zum Hotel organisieren und durchführen,

50 2 Theoretische Verortung und Bezugsrahmen

oder Fremdunternehmen, die im Hotel oder Resort z.B. Mountainbike-Touren anbieten oder Tauchausflüge verkaufen. Gerade an diesen Touchpoints ist eine trennscharfe Zuordnung zur jeweiligen Marke des Haupt- bzw. Subunternehmers kaum möglich (Lemon & Wangenheim, 2009; Lemon & Verhoef, 2016).

- Die vierte Art der Touchpoints sind *socially-owned touchpoints*. Bei diesen beeinflussen Mittelmänner das Markenerlebnis bewusst oder unbewusst. Anders als bei „partner-owned touchpoints" sind diese Berührungspunkte nicht vom Unternehmen orchestriert, sondern ergeben sich eher zufällig. So ist zum Beispiel das Gespräch mit Freunden über den vergangenen Urlaub, aber auch die gemeinsame Aktivität wie zum Beispiel Skifahren oder Tennis im Urlaub unter Umständen ein Berührungspunkt mit der Marke, nämlich genau dann, wenn der Reisende aus seiner subjektiven Sicht einen Kontakt mit einem Mitreisenden mit einer Marke assoziiert. Diese Assoziation kann von der Kernmarke gewollt oder ungewollt entstehen (Lemon & Verhoef, 2016). Lin und Liang (2011) stellen fest, dass auch das soziale Umfeld an sich das Kundenerlebnis beeinflusst. Hierbei haben die sozialen und externen Berührungspunkte einen gleich großen oder größeren Einfluss auf die Nachfrager als *brand-owned touchpoints* (Baxendale et al., 2015). Daher sind diese für Unternehmen von großer Bedeutung. Obwohl kein direkter Einfluss genommen werden kann, kann ein Unternehmen bis zu einem gewissen Anteil indirekt Einfluss auf diese *socially-owned touchpoints* nehmen, vor allem wenn der Reisende diese noch während seiner Reise erfährt. So kann ein Clubhotel sich zum Beispiel speziell auf Singles ausrichten und mit einem Adult-Only-Konzept Buchungen mit minderjährigen Kindern nicht zulassen. Ebenso lässt sich zum Beispiel im Buffetrestaurant eine Abgrenzung schaffen, indem bewusst Areale mit Zweier- oder Vierertischen und andere Areale mit Achter- oder Zehnertischen geschaffen werden. Je nach Kommunikationsbereitschaft des einzelnen Reisenden kann dann entweder ein Tisch nur für die Familie oder aber zusammen mit Mitreisenden organisiert werden. Die dann an diesem Tisch geführten Gespräche und die dort wahrgenommene Atmosphäre können sich im besten Fall auf die Marke übertragen und werden als Markenzeichen wahrgenommen. Obwohl in diesem Fall natürlich der Einfluss des Unternehmens gering ist, kann ein positiver Rahmen geschaffen werden.

Lemon und Verhoef (2016) nennen in ihrer Übersicht „Research Agenda for Customer Experience (CX)" (Lemon & Verhoef, 2016, S. 87) zwei Fragestellungen, die auch als Fragestellungen für diese Forschungsarbeit gelten. Zum einen wird mit der Frage „What is the role of the brand in the CX [customer experience]

2.2 Das Kundenerlebnis im Tourismus 51

and customer journey?" der Einfluss der Marke auf das Kundenerlebnis sowie deren Stellung in den Mittelpunkt gerückt. Zum anderen wird durch den Fragenkanon „How can brands exert more control over non-owned touch points? Can such touchpoints be turned into brand-owned touch points? At which stages in the journey?" das Verhältnis der unterschiedlichen Touchpoints zueinander angesprochen und der Einfluss eines Unternehmens auf eben diese hinterfragt. Der Einfluss und die Wechselwirkungen von Marken auf Erlebnisse werden in der vorliegenden Arbeit untersucht. Ebenso werden die Touchpoints als Reizsetzung zu Beginn einer möglichen Erlebniskreation untersucht und bezüglich ihres Einflusses auf Erlebnisse klassifiziert. Insofern leistet die vorliegende Arbeit einen Beitrag zur Beantwortung der von Lemon und Verhoef (2016) aufgeworfenen Fragen.

2.2.8. Authentizität von Erlebnissen: touristische Kulturalisierung als Vehikel für Erlebnisse

Der Prozess der Verarbeitung vom Eindruck zum Erlebnis ist einer der Kernpfeiler dieser Arbeit. Wenn man basierend auf der Theorie der Erlebnisgesellschaft nach Schulze (2005) davon ausgeht, dass zwei Reisende Eindrücke identisch wahrnehmen können, aber das Erlebnis dennoch unterschiedlich ist, stellt sich die Frage nach den Möglichkeiten einer Strukturierung zur Harmonisierung oder zumindest Zielgerichtetheit dieses Prozesses. Zur Beantwortung dieser Frage bietet Karlheinz Wöhler einen Ansatz, der auf der touristischen Kulturalisierung beruht, aber Anknüpfungspunkte für Betrachtungen verwandter Bereiche von Kultur bietet. Unter Kulturtourismus versteht er, „dass touristische Systeme Angebote, Programme und Infrastrukturen bereitstellen, mittels derer Kultur dem Touristen nahe gebracht und erfahrbar gemacht wird" (Wöhler, 2001). Nach Wöhlers These ist Tourismus im Kern immer das Erleben von etwas Nicht-Alltäglichem. Weiterhin entsteht eine Kultur aus etwas Alltäglichem, etwas Singulärem. Dies macht sie authentisch. Kulturtourismus im klassischen Sinne versteht sich also als Reiseform, die die Authentizität eines Raumes im *Hier* einem Reisenden, für den dieses *Hier* nicht alltäglich ist, näherbringt (Dreyer, 1996).

Dreyer (1996) vertritt die Meinung, dass eine so verstandene Kultur eben nicht erst durch den Touristen aufgebaut wird, sondern schon zuvor existieren muss. Wöhler hingegen nennt die ebenfalls existierende Möglichkeit einer Umkehr genau dieser Reihenfolge: Seiner Argumentation zufolge besteht eine Relation zwischen einer Kultur, die sich als solche weiterentwickelt, sowie der Erlebnisgesellschaft. Die sich dann entwickelnde Kultur ist jedoch eine touristische Kultur. Die Erlebnisgesellschaft kann dazu beitragen, dass eine touristische Kultur erst entstehen kann. Somit rückt nun die Wirkung auf die jeweiligen Reisenden, also das

52 2 Theoretische Verortung und Bezugsrahmen

Erlebnis, in das Zentrum der Betrachtung. Die reine Wahrnehmung, und noch viel-mehr die Authentizität im Sinne der historischen Echtheit, ist hintangestellt. Dies führt dazu, dass kulturelle Räume sich in einem durch die Erlebnisgesellschaft an-getriebenen Prozess zum Teil nach dem Tourismus ausrichten bzw. durch diesen mit beeinflusst und geprägt werden. Ein klassisches Beispiel aus dem Resorttou-rismus ist der landestypische Abend, an dem neben regionalen Gerichten auch Brauchtümer wie traditionelle Gewänder oder Tänze zur Schau gestellt werden. Dieser findet in der Saison meist einmal pro Woche statt. Zum einen macht schon der wöchentliche Rhythmus sowie die Saisonalität des Angebots dieses Abends deutlich, dass es sich eben nicht um einen kulturellen Brauch zu einem bestimmten Datum handelt, sondern um die Inszenierung eines kulturellen Ereignisses mit dem Ziel, das Bedürfnis von Touristen zu befriedigen. Ohne die Touristen gäbe es einen solchen Abend in dieser Form nicht. Zum anderen ist fraglich, ob die Ein-heimischen einen solchen Abend – auch an einem anderen Datum – genau auf diese Art und Weise durchführen würden. Die gesamte Veranstaltung wird also dahingehend ausgerichtet, dass der Tourist sie als authentisch empfindet. Ziel ist nicht, dass die Einheimischen ihn als authentisch empfinden. Das Erlebnis der Empfänger, also der Reisenden, steht im Mittelpunkt. Hier kommt wiederum der Homogenität einer Gruppe von Reisenden eine besondere Bedeutung zu: da Indi-viduen Eindrücke unterschiedlich verarbeiten, müssen Impulse so gesetzt werden, dass diese vom Großteil der Reisenden ähnlich verarbeitet werden, um für sie ein gleichförmiges Erlebnis zu kreieren. Anders als beim individuellen Reisen muss der touristische Akteur einer Vielzahl von Gästen gerecht werden. Dies wiederum ist am effektivsten, wenn das Publikum die Eindrücke auf ähnliche Art und Weise verarbeitet, es also die gleiche Art von Reflexion vornimmt und den gleichen Sinn-horizont hat.

Wöhler (Wöhler, 2001) stellt ebenfalls heraus, dass Kultur – auch wenn sie konstruiert ist – sich nicht beliebig ändern lässt. Aus seiner Sicht wurde ein Kon-strukt geschaffen, das die Reisenden wahrnehmen. Ob dieses Konzept strukturell ist (wie z. B. die Verortung einer Plaza in jedem spanischen Dorf), oder immate-riell (wie z. B. die von vielen Touristen wahrgenommene Lebensfreude der Spa-nier), ist irrelevant. Hier muss die Frage aufgeworfen werden, ob sich genau diese konstruierte Kultur nicht auch auf das Resort an sich übertragen lässt. Gibt es eine für eine bestimmte Resortmarke vorherrschende Kultur, also nach oben vorgestell-ter Definition Programme und Infrastrukturen, die dem Gast die Marke (in diesem Fall die Resortmarke) näherbringen? Wenn also die Kultur einer Marke im Mit-telpunkt steht, dann kann dies zum Beispiel eine Länder- oder Regionalmarke sein. Mit der Marke *Viva España* setzt Spanien klar auf bestimmte Merkmale der Ur-laubsregionen in Spanien. Andererseits kann aber auch – wie oftmals der Fall bei Tourismuskonzernen – eine Resort-, Hotel-, oder Kreuzfahrtmarke in den Mittel-

2.2 Das Kundenerlebnis im Tourismus 53

punkt rücken. Diese Marke manifestiert sich ebenfalls in Strukturen und immateriellen Werten. Als Beispiel für eine strukturelle Perspektive lässt sich zum Beispiel die sternförmige Hauptbar auf allen AIDA-Kreuzfahrschiffen nennen. Gäste sollen hier untereinander ins Gespräch kommen. In Robinson Clubs nennt man die zentrale Tanzfläche im Club *Schachbrett*, da hier zu Anfängen der Marke in den 1970er Jahren immer ein überdimensionales Schachbrett aufgebaut war, auf dem nachmittags Schach gespielt wurde. In den neueren Clubanlagen haben die Tanzflächen das für ein Schachbrett typische schwarz-weiße Muster nicht mehr und werden auch nicht zum Schachspielen genutzt. Dennoch weiß heutzutage nahezu jeder Gast, der schon einmal in irgendeinem Robinson Club war, welcher Ort gemeint ist, wenn man vom Schachbrett spricht.

Nach einem ähnlichen Schema unterteilen auch Swarbrooke und Page (2012) Attraktionen für Touristen in vier Kategorien. Erstens nennen sie die natürlich gegebenen Attraktionen wie Wasserfälle, Gesteinsformationen, Strände, etc. Zweitens nennen sie vom Menschen geschaffene Strukturen, die aber nicht extra für touristische Zwecke erstellt wurden. Dies sind oftmals in der lokalen Kultur verankerte Bräuche und Traditionen, an denen Touristen in der heutigen Zeit mehr und mehr teilnehmen. Ein Beispiel ist die jährlich stattfindende *Tomatina* im spanischen Ort Buñol. Die ehemals zum Ende der Tomatenernte stattfindende Reinigung der Stadt mit der Säure der Tomaten wurde in den letzten Jahren zum touristischen Spektakel, ohne jedoch ihre Ursprungsidee zu verlieren. Drittens nennen Swarbrooke und Pagee Strukturen, die bewusst für touristische Zwecke erschaffen wurden. Diese sind oftmals langfristig angelegt und stehen dem Begriff *touristische Infrastruktur* am nächsten. Als viertes nennen sie spezielle Events und Veranstaltungen, die rein touristischen Charakter haben, wie zum Beispiel das Musikfestival *Zermatt unplugged*, welches gegen Ende der Wintersaison im schweizerischen Wintersportort Zermatt stattfindet und gemessen an den Besucherzahlen sehr erfolgreich ist, jedoch keinen kulturellen oder historischen Bezug zur Region hat.

Nachdem in Kapitel 2.1 der Forschungsgegenstand dieser Arbeit, der Resorturlaub, und seine Verbindung zur Destination, vorgestellt wurde, stand in diesem Kapitel 2.2 der Reisende und seine Verarbeitung von Erlebnissen im Mittelpunkt. Als Analysemöglichkeit wurden innerhalb dieser Arbeit die von Lemon und Verhoef (2016) entwickelten Berührpunkte verwendet, die für den Reisenden am Beginn des Prozesses der Erlebniskreation stehen. Sie setzen den Reiz, den der Reisende aufnimmt. Dem zweiten Teil, die Verbindung des Erlebnisses mit einer Marke, widmet sich das folgende Kapitel 2.3.

54 2 Theoretische Verortung und Bezugsrahmen

2.3. Marken und Markenbildung von Produkten und Dienstleistungen

2.3.1. Definitorische Einführung und Abgrenzung

> Als Grundlage dieser Arbeit dient die Definition des Begriffs *Marke* von Keller (1993). Er definiert *Marke* als „Nutzenbündel mit spezifischen Merkmalen [...], die dafür sorgen, dass sich dieses Nutzenbündel gegenüber anderen Nutzenbündeln, welche dieselben Basisanforderungen erfüllen, aus Sicht relevanter Zielgruppen nachhaltig differenziert" (K. Keller, 1993, S. 2).

Im Zentrum der Definition stehen also identische Nutzenbündel, mit dem einzigen Unterschied, dass eines der Bündel markiert ist und das andere nicht. Allein durch diese Markierung präferiert der Kunde eines der Nutzenbündel. Grundlage für die Präferierung sind die durch die Markierung ausgelösten Emotionen, die schlussendlich zur Handlung eines Individuums führen. Marken an sich können also auch Reize sein, die eine Emotion auslösen. Aufgrund dieser Gemeinsamkeit mit Erlebnissen werden Konzepte der Markenforschung in dieser Arbeit aufgenommen. Sie helfen zu verstehen, wie Erlebnisse entstehen.

Grundsätzlich werden im Markenmanagement zwei Arten von Marken unterscheiden. Zum einen die gewerbeschutzrechtlichen Marken, die die rechtliche Absicherung und gewerbliche Verwendung regeln. Die rechtliche Absicherung von Verwendungsrechten ist vor allem Teil der Forschung im Innovationsmanagement sowie der Rechtsforschung und wird daher in diesem Dissertationsvorhaben nicht weiter beleuchtet. Zum anderen wird Marke als ein „markiertes Produkt" (Burmann, Heribert Meffert & Kirchgeorg, 2008, S. 6) definiert, welches Leistungseigenschaften zusammenfasst und auf das sich die oben genannte Definition von Keller bezieht. Hierbei können Leistungseigenschaften sowohl Dienstleistungen als auch Produkte sein (Brockhoff, 1999, 12ff). Grundlage dieser Arbeit stellt diese zweite Art von Marken dar.

Esch stellt heraus, dass der Kern der Marke in der Psyche des Konsumenten verankert ist und aufgrund dessen immer immaterieller Natur sei (Esch, 1999, 542ff.). Burmann et. al. führen aus, dass Marketing ein Austauschprozess zwischen Produzent und Konsument sei. Ziel des Marketings sei es, diesen Austauschprozess möglichst effizient und bedürfnisgerecht auszugestalten (H. Meffert, Burmann & Kirchgeorg, 2008, S. 3). Der Austausch als Prozess steht also im Mittelpunkt des Marketings.

Diesem Austausch unterliegen zwei Prinzipien, die auch als theoretische Leitideen der Marketingwissenschaft angesehen werden können (Raffée, 1995; Silberer, 1979): das Gratifikationsprinzip und das Kapazitätsprinzip. Unter Gratifikationsprinzip versteht man den Wunsch beider Vertragspartner (Anbieter und Nachfrager), einen Vorteil aus dem jeweiligen Austauschprozess zu ziehen. Dieses

2.3 Marken und Markenbildung von Produkten und Dienstleistungen 55

Prinzip basiert auf dem *market-based view*, welches besagt, dass Erfolg im Markt durch die Struktur von Märkten sowie durch das Verhalten des Einzelnen bzw. des Unternehmens bestimmt ist. Nur wenn der Tausch für beide Parteien innerhalb des gegebenen Marktumfeldes vorteilhaft erscheint, wird er letztendlich durchgeführt (H. Meffert et al., 2008, S. 5). Das Kapazitätsprinzip rückt – basierend auf dem *ressource-based-view* – die Ressourcenknappheit in den Mittelpunkt. Jeder der Tauschpartner hat nur eine limitierte Anzahl an Ressourcen, die er möglichst gewinnbringend einsetzen will. Insofern stehen auch verschiedene Tauschgeschäfte im Wettbewerb zueinander, nämlich genau dann, wenn jedes der Tauschgeschäfte einen zu erwartenden Nutzen für die beiden Parteien hat. In diesem Fall priorisiert jede Partei die potenziellen Tauschgeschäfte anhand des zu erwartenden Nutzens und entscheidet sich für das verfügbare Tauschgeschäft mit dem höchsten zu erwarteten Nutzen.

Im heutigen Tourismussektor in Europa steht dem Reisenden eine große Angebotspalette zur Verfügung, aus der er auswählen kann. Reiseveranstalter, Destination-Management-Organisationen und private Anbieter offerieren eine unendlich erscheinende Menge an Angeboten zu unterschiedlichen Zeiten mit unterschiedlichen Produktspezifika, aus denen der Reisende wählen kann. Abgeleitet aus dem Konsumgütersektor spricht man daher häufig von einem „Käufermarkt" (H. Meffert et al., 2008, S. 6). Bis auf wenige Ausnahmen (z. B. in der Hochsaison und bei Engpässen in der Flugkapazität) bilden im Tourismussektor nicht die Produktionskapazität, sondern die Absatzmöglichkeiten den Engpassfaktor. Dies wird deutlich an der Auslastungsquote von Hotels und Flugzeugen, die nur an Feiertagen oder zur Hochsaison hundert Prozent erreicht.

2.3.2. Evolution des Verständnisses von Marken

Das Verständnis, die Kernhypothesen und die Deutung im Marketing haben sich über die letzten Jahrzehnte immer wieder verändert.

Grundlage dieser Arbeit ist ein modernes und erweitertes Marketingverständnis, wie es auch von der American Marketing Organization (AMA) als eine der führenden Fachorganisationen auf diesem Gebiet definiert wird:

„Marketing is the activity, set of institutions, and processes for creating, communicating, delivering, and exchanging offerings that have value for customers, clients, partners, and society at large." (Klein, 2013).

---

56   2 Theoretische Verortung und Bezugsrahmen

Deutlich wird hier, dass Marketing eine Doppelrolle einnimmt: zum einen die organisationale Rolle als Einheit innerhalb eines Unternehmens (H. Meffert et al., 2008), zum anderen die eines Kanons an Prozessen, Abläufen und Aktivitäten. Die vorliegende Arbeit beschäftigt sich mit letzterem.

Die Evolution des Marketings lässt sich grob in 6 Zeiträume unterteilen:

- Ab 1850 lässt sich durch die zunehmende Industrialisierung eine Entkopplung der persönlichen Beziehungen zwischen Produzent und Verbraucher feststellen (Leitherer, 1994). Durch diese Entkopplung und die daraus entstehende Distanz zwischen Produzent und Verbraucher schwindet das Vertrauen in Personen, der Markt an sich wird anonymer. Das Marketing des 19. Jahrhunderts versucht als Antwort auf diese Anonymität nun Produkte sprichwörtlich zu markieren. Es handelt sich beim Marketing in diesem Fall also um einen Herkunftsnachweis. Dieser soll vor allem eine gleichbleibende Qualität sicherstellen.

- In der ersten Hälfte des 20. Jahrhunderts werden Märkte mehr und mehr überregional. Neben einer reinen Kennzeichnung des Produktes und gleichbleibender Qualität etablierte sich eine gleichbleibende Verpackung. Das von Domitzlaf (1939) geprägte klassische Markenartikelkonzept lässt sich als eine Art Toolbox verstehen, mit der physische Konsumgüter vermarktet werden können. Durch Einhalten von Regeln soll der gewünschte Absatz generiert werden. Die Werbung im klassischen Sinne setzt ein im Radio und auf Plakaten, indem Vorteile von Produkten plakativ aufgelistet wurden. Schon weit vor Beginn der Einführung des Begriffs *Marketing* beschrieb Erich Gutenberg (1955) die Grundsätze der Absatzwirtschaft mit dem zuvor vorgestellten Gratifikationsprinzip und dem Kapazitätsprinzip, ohne diese konkret zu nennen. Meffert (2008) stellt heraus, dass Gutenberg nicht nur den Verkaufsprozess, sondern auch den Beschaffungsprozess der für die Produkte notwendigen Rohmaterialien mit einbezog.

- Das Marketing der 1960er Jahre ist geprägt durch erste Sättigungstendenzen im Markt und eine beginnende Rezession. Große Teile des Marktes wandeln sich vom Verkäufer- zum Käufermarkt, der Absatzbereich rückt in den Kern des Marketings, was dazu führt, dass Markenartikel mehr und mehr als Form der Vermarktung und nicht als Leistungsbündel an sich verstanden werden (Alewell, 1974). Das Verständnis vom Marketing als Handwerkskoffer aus den Jahrzehnten zuvor verfestigt sich und wird optimiert.

- Die 1970er und 1980er Jahre sind vor allem durch ein Informationsüberangebot gegenüber den Konsumenten charakterisiert (Werner Kroeber-Riel, 1988). Dementsprechend fokussiert sich das Marketing darauf, bestimmte Kundensegmente passgenauer und zielgerichteter anzusprechen.

2.3 Marken und Markenbildung von Produkten und Dienstleistungen 57

Daneben gewinnt das Category Management als Zusammenfassung einzelner Warengruppen im Handel große Bedeutung, welches im Umkehrschluss die Position der Händler stärkt, da diese nun aufgrund begrenzter Regalfläche nicht mehr alle Markenartikel anbieten. Burman et. al. sprechen von einem „imageorientierten Ansatz" (Burmann et al., 2015, S. 26), welcher in einem nachfragebezogenen, subjektiven Begriffsverständnis von Marketing seinen Niederschlag findet.

- Das Überangebot nimmt in den 90er Jahren des 20. Jahrhunderts weiter zu, zusätzlich rücken der Aspekt der Nachhaltigkeit und die Einhaltung ökologischer Rahmenbedingungen immer stärker in den Fokus (Kirchgeorg, 1995; H. Meffert et al., 2008, S. 9).
- Seit den 2000er Jahren haben Kunden durch neue Technologien sowohl auf dem Computer als auch auf mobilen Endgeräten die Möglichkeit, Produkte über Grenzen hinweg untereinander zu vergleichen (Burmann et al., 2015). Unternehmensmarken werden geschaffen, um Kunden nicht nur an einzelne Marken, sondern an ganze Markenfamilien zu binden. Hinzu kommt ein Fokus auf Marken für Dienstleistungen und Investitionsgüter. Sozialpsychologische Aspekte rücken mehr und mehr in den Vordergrund und lösen gänzlich den Ansatz von Marketing als reinem Toolkit ab. Bis heute basiert das Verständnis der Marketingforschung auf der Definition von Keller, der eine Marke als „Nutzenbündel spezifischer Leistungen" definiert. In diese Zeit fällt auch die Entwicklung des Begriffes vom „Identitätsbasierten Ansatz des Markenmanagements" (Burmann et al., 2015, S. 27). Dieser versucht, die Marke als sich veränderndes Konstrukt zu erklären, das sowohl eine interne Unternehmensperspektive als auch eine externe Kunden-/Absatzmarktperspektive miteinander vereint und auf der Überzeugung fußt, dass Markenführung nur dann erfolgreich sein kann, wenn sie beide Perspektiven miteinander verbindet (Burmann et al., 2015).
-

2.3.3. Funktionen von Marken

Wie gerade ausgeführt, ist es laut Keller (1993) die Hauptfunktion der Marke, spezifische Leistungen zu einem Nutzenbündel zusammenzufassen und dieses Nutzenbündel im Markt zu platzieren. Generell dient die Markierung einer Leistung also der Komplexitätsreduktion – sowohl Anbieter als auch Konsument wissen (im besten Fall), was sie vom gegebenen Nutzenbündel zu erwarten haben. Der Anbieter muss nicht alle Einzelleistungen aufzählen.

58 2 Theoretische Verortung und Bezugsrahmen

Meffert et. al. stellen weitere Funktionen heraus, die zusammen die Komplexitätsreduktion darstellen. Hierbei unterscheiden sie zwischen Nachfrager- und Anbieterperspektive.

2.3.4. Nachfragerperspektive

Aus Nachfragersicht liegt die Hauptfunktion der Marke vor allem in der **Orientierungshilfe** für die Kaufentscheidung. Durch ein markiertes Produkt müssen Nachfrager in wiederkehrenden Entscheidungsprozessen nicht ständig aufs Neue einzelne Leistungen verschiedener Produkte vergleichen. Es ist ausreichend, sofern die Marken bekannt sind, sich an diesen sprichwörtlich zu orientieren.

Eng verbunden mit der Orientierungsfunktion ist die **Entlastungsfunktion**. Durch eine Komplexitätsreduktion im Kaufprozess werden die Märkte effizienter (Burmann et al., 2008), Kroeber-Riel und Weinberg sprechen bei dieser Funktion von der Marke auch als „information chunk" (W. Kroeber-Riel & Weinberg, 1999, S. 265). Der Ansatz eines *chunks*, also eines Brockens oder Bündels, ist eng angelehnt an Kellers Definition eines Leistungsbündels. Kroeber-Riel und Weinberg (1999) stellen mit ihrem Terminus allerdings noch stärker die kommunikationsbezogenen Aspekte der Marke in den Vordergrund, während Keller (1993) stärker die produktionsbezogenen Aspekte herausstellt.

Wenn Kunden bei einer markierten Leistung weniger detailliert die Einzelleistungen abwägen, meist weil ihnen diese schon bekannt sind, **vertrauen** sie der Marke (Läseke, 2004). Dies ist oftmals historisch bedingt, da der einzelne Konsument schon Erfahrungen mit der jeweiligen Marke gesammelt hat. Basierend auf der Informationsökonomie wird unterstellt, dass in einem Tauschgeschäft Informationsasymmetrien zwischen Anbieter und Nachfrager auftreten (Burmann et al., 2008; H. Meffert et al., 2008).

Leistungsmerkmale werden dabei weiter in Such-, Erfahrungs- und Vertrauenseigenschaften unterteilt (Kaas, 1990; Kaas & Busch, 1996). Sucheigenschaften sind jene Merkmale eines Produktes, die der Kunde bei genauem Studium erkennt. Erfahrungseigenschaften sind Produktmerkmale, die dem Kunden aus einem in der Vergangenheit liegenden Kontakt mit dem Produkt bekannt sind. Unter Vertrauenseigenschaften als dritte Dimension fallen alle diejenigen Produkte, bei denen das Endergebnis nicht objektiv überprüfbar ist. Um dem Kunden ein möglichst attraktives Produkt zu präsentieren, sollten alle drei Dimensionen abgedeckt sein. Je nach Leistung sind allerdings einzelne Dimensionen vorrangig (H. Meffert et al., 2008, S. 39). Sucheigenschaften sollten vor allem jene Produkte aufweisen, die durch den Kunden vor dem Kauf individuell inspiziert und erkannt werden können (H. Meffert et al., 2008, S. 40). Fernseher zählen zum Beispiel zu dieser Kategorie. Ein Friseurbesuch hingegen basiert vor allem auf Erfahrungseigen-

2.3 Marken und Markenbildung von Produkten und Dienstleistungen 59

schaften. Das Ergebnis ist für den Kunden erst nach dem Kauf erfahr- und beurteilbar. Die Informationsasymmetrie ist bei Leistungen mit Erfahrungseigenschaften höher als bei jenen mit Sucheigenschaften. Eine dritte Kategorie bilden die Leistungen, welche vor allem auf Vertrauenseigenschaften basieren, wie zum Beispiel ein Arztbesuch. Hierbei ist eine Überprüfung der Eigenschaften durch den Kunden weder vor noch nach dem Kauf direkt möglich (H. Meffert et al., 2008, S. 41). Stattdessen werden vor allem Erfahrungswerte, Berichte von Personen, denen der Käufer vertraut (Freunde, Verwandte, etc.) und auch Siegel und Zertifikate als Substitute eines Qualitätsmerkmals herangezogen. Vor allem bei Leistungen, die ein hohes Maß an Erfahrungs- und Vertrauenseigenschaften benötigen, dient die Marke der **Risikoreduktion**. Diese Risikoreduktion wird durch Qualitätsstandards erreicht, wodurch man auch von einer **Qualitätssicherungsfunktion** der Marke sprechen kann (H. Meffert et al., 2008).

Ein Resorturlaub weist einen großen Anteil an Vertrauens- und Erfahrungseigenschaften auf. Kunden können das Produkt vorab nicht unter vertretbarem Kostenaufwand testen, sondern müssen dem Anbieter vertrauen, dass die erbrachte Leistung der beworbenen Leistung entspricht. Reisende, die schon einmal in dem spezifischen Resort Urlaub gemacht haben, können dagegen die Leistung aus der Vergangenheit heraus beurteilen, denn sie haben schon Erfahrungen mit dieser sammeln können.

Das vom Resortbetreiber versprochene Erlebnis muss also vor allem auf Vertrauen an den Reisenden ausgerichtet sein. Es kann kaum messbar gemacht werden. Selbst wenn Forscher eine Messtechnik entwickelten, wäre diese nur schwer im Marketing zu kommunizieren. Mit dem Vorhandensein von Vertrauenseigenschaften haben die Reisenden allerdings auch Erwartungen an die Erlebnisse im Resorturlaub. Ein Anbieter muss es also schaffen, die möglichen Erlebnisse zu bewerben, ohne zu hohe Erwartungen zu wecken.

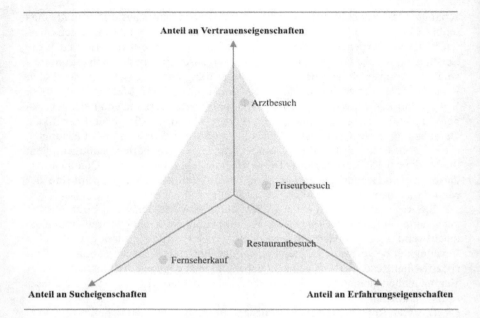

Abbildung 12: Informationsökonomische Unterscheidung von Leistungen; eigene Darstellung, in Anlehnung an Meffert et. al. (2008)

Die noch ausstehenden zwei Funktionen aus Nachfragersicht fokussieren sich weniger auf den Kaufentscheidungsprozess als vielmehr auf die Auswirkungen der Kaufentscheidung.

Hier ist zunächst die **Identifikationsfunktion** der Marke zu nennen (H. Meffert et al., 2008). Beim Kauf übertragen Käufer Attribute, die der Marke zugeschrieben werden, auf sich selbst und nehmen sie somit in ihre eigene Lebenswirklichkeit auf. Typische Beispiele sind Bekleidungsmarken. So werben sowohl die Marken Ralph Lauren als auch Tommy Hilfiger mit dem typischen Lebensstil der US-Ostküstenelite. Träger dieser Bekleidung versuchen ein ähnliches Image zu verkörpern. Die emotionale Komponente des Produkts, also das damit verbundene Lebensgefühl, spielt eine große Rolle. Ebenfalls ist die Marke Dallmayr Prodomo mit ihrem Kaffee zu nennen. Die Identifikation mit einem Familienprodukt, das am Wochenende zur Entschleunigung beiträgt und aus einem klassischen Kaffeehaus stammt, überzeugt viele Konsumenten, sodass sie genau deshalb zu diesem Produkt greifen. Auch Resortmarken lösen eine große Identitätsfunktion aus. Dies ist vor allem auf die Verbindung der Identifikationsfunktion mit den Erfahrungs- und Vertrauenseigenschaften der Qualitätssicherungsfunktion im Resorttourismus

2.3 Marken und Markenbildung von Produkten und Dienstleistungen 61

zurückzuführen. Die Fazilitäten innerhalb der Anlage lassen sich zwar im Vorhinein durch Katalog oder Internetrecherche herausfinden und bewerten, aber das spezielle Gefühl, welches verschiedene Resortmarken auf besonders emotionale Art und Weise vermitteln, ist beispielhaft für die Identifikationsfunktion, welche sich auf das Individuum des Käufers bezieht.

Stärker als die Identifikations- und Qualitätssicherungsfunktion ist die **Prestigefunktion** auf das Umfeld des Käufers gerichtet (H. Meffert et al., 2008). Durch Erzählungen und Erwähnungen des Kaufes assoziiert sich der Käufer in seinem persönlichen Umfeld mit den mit der Marke verbundenen Eigenschaften und positioniert sich relativ zu den Menschen in seiner Umgebung.

Gerade bei Leistungen mit hohem Anteil von Vertrauens- und Sucheigenschaften – also bei Leistungen, bei denen das Umfeld nicht auf Anhieb die Qualität der Leistung inspizieren kann – ist diese Funktion von allergrößter Bedeutung (H. Meffert et al., 2008). Durch die Schwierigkeit der direkten Messbarkeit der drei letztgenannten Funktionen (Qualitätssicherungs-, Identifikations- und Prestigefunktion) sowie ihren Wechselwirkungen untereinander steht ein Unternehmen zum einen vor der Herausforderung, eine Marke zu steuern. Zum anderen steht die Forschergemeinschaft vor der Herausforderung, Zusammenhänge einzelner Parameter isoliert betrachten zu können, da die Einflüsse einzelner Parameter vielfältig sind.

2.3.4.1. Anbieterperspektive

Neben den nachfrageorientierten Funktionen lassen sich auch auf Anbieterseite einige Funktionen von Marken definieren.

Als übergeordnetes Element ist die **Unternehmenswertsteigerung** zu nennen. Letztlich versucht der Anbieter, den Wert der eigenen Unternehmung zu maximieren. Hierauf haben alle Aktivitäten des Unternehmens einzuzahlen, somit auch die Aktivitäten im Bereich des Marketings.

Zu dieser Unternehmenswertsteigerung lassen sich mehrere Funktionen von Marken hinzuzählen, die vor allem auf Anbieterseite Komplexität reduzieren. Zum einen ist die **Plattform für neue Produkte** zu nennen. Bei einer Produkteinführung müssen Anbieter nicht eine neue Marke erschaffen und dadurch das Vertrauen des Kunden gewinnen, sondern können an eine schon vorhandene Marke und das damit verbundene markierte Leistungsbündel anknüpfen. Gerade bei Marken mit hohen Anteilen an Vertrauens- und Erfahrungseigenschaften ist dies von großem Vorteil. Reisende, die das Resort einer bestimmten Marke schon besucht haben, kennen die Markenstandards und sind somit eher geneigt, die gleiche Marke in einem ihnen unbekannten Land auszuwählen.

Weiterhin gibt eine Marke dem Anbieter die Möglichkeit, den **Markt segmentspezifisch zu bearbeiten**. Durch zielgruppenspezifische Markierung von Produkten, also dem Bedienen von bestimmten Bedürfnissen eines zuvor definierten Kundenkreises, lassen sich passgenauere Angebote erstellen, für die im Umkehrschluss Nachfrager bereit sein könnten, einen höheren Preis zu zahlen, oder aber die Leistungen sind aus Sicht der relevanten Zielgruppe höherwertig im Vergleich zu anderen Leistungsbündeln.

Diese Funktion ist eng verknüpft mit einer **Erweiterung des preispolitischen Spielraumes**. Durch maßgenaue Zuschneidung auf eine Kundengruppe lässt sich im Idealfall ein Preispremium erzielen und eine **Differenzierung gegenüber der Konkurrenz** ist möglich. Im Idealfall bilden Kunden eine Präferenz gegenüber der Marke aus und binden sich an sie. Dadurch reduziert sich die meist überproportional teure Neukundengewinnung, bzw. wird die Kundenbindung an sich einfacher, da die Kommunikation über die schon vorhandene Marke als identitätsstiftendes Element genutzt werden kann. So hat AIDA zum Beispiel ein Kundenbindungssystem im Rahmen eines Gästeclubs namens *AIDA Club* eingeführt (AIDA Cruises). Hier gibt es verschiedene Stufen, die den Loyalitätsstatus ausweisen – je nach Anzahl der verbrachten Nächte an Bord. Die vier Clubstufen haben jeweils unterschiedliche Farben, die sich an denen der Buchstaben A – I – D – A orientieren, die auch deutlich auf den AIDA-Schiffen sichtbar sind. Je nach Clubstufe erhalten die Gäste finanzielle Rabatte auf ihren Getränkekonsum, besondere Aufmerksamkeiten wie zum Beispiel Schlüsselanhänger auf ihrem Zimmer, oder einen Empfang beim Kapitän. AIDA Cruises nutzt also die Markierung ihres Produktes, den Schriftzug AIDA, ebenfalls für ihr Kundenbindungsprogramm.

2.3.5. Besonderheiten von Marken im Dienstleistungssektor

Wie in Kapitel 2.3.2 dargestellt, hat die sich die Marketingforschung in ihrem Entstehen vor allem Produkten und den damit verbundenen Marketingaktivitäten und -merkmalen gewidmet. In den 1980er Jahren hat sich jedoch mehr und mehr die Erkenntnis durchgesetzt, dass auch und im Besonderen Dienstleistungen als Nutzenbündel für Markierungen geeignet sind. Es ergab sich folglich ein auf Dienstleistungen fokussierter Forschungsstrang im Marketing, der vor allem die Unterschiede von Dienstleistungen im Vergleich zu industriellen Produkten als Forschungsgegenstand hat. Zwar haben Pine und Gilmore (2011) herausgestellt, dass Erlebniskreation nicht mit der Erbringung einer Dienstleistung gleichgesetzt werden kann. Dennoch ist die Dienstleistungserbringung die Basis hierfür und muss daher mit einbezogen werden, wenn eine Betrachtung des gesamten Prozesses der Erlebniskreation stattfindet.

2.3 Marken und Markenbildung von Produkten und Dienstleistungen   63

Pepels (2017) definiert neun Kennzeichen des Dienstleistungsmarketings: Grundlage von Dienstleistungen ist ihre **(1) Immaterialität**. Dieser entscheidende Unterschied zu Sachgütern hat eine Vielzahl von Folgen für Marketingaktivitäten und Marken von Dienstleistungen im Vergleich zu Sachgütern. Zwar sind bei einer Hotelübernachtung durch Angabe der Zimmergröße, dem Vorhandensein eines Wellnessbereichs und einer Auflistung der Verzehrmöglichkeiten beim Frühstück einige Ansätze von Sucheigenschaften gegeben. Diese sind aber bei weitem nicht so konkret wie bspw.- die Angabe "Zimmer mit 55-Zoll-Fernseher".

Pepels beschreibt diese Besonderheit als **(2) komplexe Qualitätsdimension**. Die Qualität ist in ihrer Gesamtheit eben nicht eindeutig messbar, sondern oftmals subjektiv. Dienstleistungen sind also traditionell Leistungen, die viel stärker auf Vertrauen und Erfahrung basieren und somit deren Marke auch Vertrauens- und Erfahrungseigenschaften als Funktion haben muss. Dies hat zur Folge, dass im Vergleich zu Sachgütern ein deutlich stärkerer Fokus auf die Kundenbindung anstelle der Kundenneugewinnung gelegt wird.

Neben der Immaterialität ist die **(3) Nichttransportfähigkeit und Nichtlagerfähigkeit** von Dienstleistungen zu nennen (Kaas & Busch, 1996; H. Meffert et al., 2008). Hieraus ergibt sich, dass interne Produktionsfaktoren (die Anbieter) und externe Leistungsabnehmer (die Kunden) gleichzeitig zusammentreffen müssen. Pepels spricht von einer **(4) Kundenpräsenzgebundenheit**. Knoblich und Oppermann (1996) fügen hinzu, dass neben dem Kunden oftmals auch ein dritter, externer Faktor notwendig ist, um die Dienstleistung zu erbringen. So ist es z. B. nicht Aufgabe einer Autovermietung die Fahrzeuge selbst herzustellen, sondern lediglich, diese zu vermieten. Dennoch kann dies nur durch Hinzuziehung eines externen Faktors (dem Automobil an sich) geschehen. Ein Skiverleih im Winter-Resorturlaub und ein Surfverleih bei einem Resorturlaub am Strand befinden sich in einer ähnlichen Situation wie der Autovermieter.

Auf diesem Grundsatz fußt auch das **(5) Uno-Actu-Prinzip**, also die zeitsynchrone Produktion und Konsumption der Dienstleistung. Eine Massage im Ferienort lässt sich weder transportieren, noch kann die Leistung heute erbracht und morgen konsumiert werden. Das Massageöl hingegen ist als Sachgut ein dritter, externer Faktor. Dieses kann in einem anderen Land hergestellt, dann transportiert und zu einem späteren Zeitpunkt an einem anderen Ort verwendet werden. Ebenso muss ein Flug in eine Destination genau dann konsumiert werden, wenn die Leistung erbracht wird. Dies hat zur Folge, dass bei schwankender Nachfrage hohe finanzielle und personelle Aufwände, denen kein direkter Ertrag gegenüber steht, entstehen können. Deshalb kann eine Tendenz bestehen, noch verfügbare Kontingente kurz vor Erbringung der Leistung besonders günstig zu vergeben, da in diesem Fall der Umsatz zu großen Teilen dem Gewinn gleichzusetzen ist. Als Beispiel ist hier eine Kreuzfahrt mit freien Kabinen anzuführen. Für eine Reederei ist dann ein Preis akzeptabel, der variable Kosten wie Essen und Trinken deckt. Alles darüber Hinausgehende ist Gewinn. Dieses Vorgehen wird Yield-Management (Heribert Meffert & Bruhn, 2006) genannt und bedeutet, den jeweiligen Grenzertrag optimal auszuschöpfen. Bei diesem Vorgehen sind jedoch die Auswirkungen auf das Lernen und das spätere Verhalten der Kunden zu berücksichtigen. Wissen diese, dass es sich lohnt, bis kurz vor Leistungserbringung mit dem Kauf zu warten, hat das Yield-Management seinen Zweck meist nicht erfüllt.

Generell ist der ganze Prozess abhängig vom Kunden, sodass sich die Investition von Arbeitskraft und Zeit im Vorfeld der Leistungserbringung oft nicht genau bestimmen lässt. Damit wird bei einer Dienstleistung der **(6) Arbeitsanfall fremdbestimmt**. Zwar werden Massagen zu bestimmten Zeiten angeboten, aber die Masseurin erbringt genau dann ihre Dienstleistung, wenn der Kunde zum Empfang eben dieser bereit ist. Der Flugmarkt funktioniert ähnlich, ist allerdings weniger kurzfristig geprägt: sicherlich muss sich ein Fluggast, wenn er einen Flug bucht, nach bestimmten Flugzeiten richten. Langfristig aber muss sich der Anbieter nach dem Kunden richten: werden nur Flüge in der Nacht angeboten und diese vom Kunden nicht nachgefragt, kann die Fluggesellschaft zwar weiterhin in der Nacht fliegen, aber sie erbringt eben keine Transportleistung für den Passagier, der gerne am Tag fliegen möchte. Diese Leistung kann vom Dienstleister nur am Tag produziert werden, und nicht auf Vorrat in der Nacht. Hier ist ein gewisser **(7) Informationsmangel auf beiden Seiten** vorhanden, und es ist eine Koordination zwischen Anbieter und Nachfrager notwendig. Je besser der Anbieter diese vorhersehen kann, desto effizienter und effektiver kann er seine Leistung anbieten (Haller, 2005).

Eng verbunden mit der zuvor genannten Besonderheit ist die **(8) Problematik der konstanten Produktqualität bzw. der konstanten Qualitätssicherung**. Da die Leistung nur schwer anhand von Suchkriterien auf ihre Qualität und Beschaffenheit hin überprüft werden kann (sowohl vom Leistungserbringer als auch vom Leistungsempfänger), nimmt sowohl die tatsächliche als auch die vom Kunden wahrgenommene **(9) Mitarbeitermotivation und -qualifikation** einen besonders hohen Stellenwert ein. Kunden nutzen diese als Näherungswert für die Qualität der Leistung. So wird generell beim Friseur der Haarschnitt vom Meister als tendenziell qualitativ hochwertiger angesehen als jener vom Auszubildenden.

Der in den 1980er Jahren begonnene Forschungsstrang des Dienstleistungsmarketing versucht genau diese Besonderheiten im Marketing aufzugreifen. Generell lässt sich ein marktgerichteter und ein unternehmensgerichteter Forschungsstrang feststellen (H. Meffert et al., 2008): während die marktgerichtete Dimension untersucht, ob und wie die Dienstleistung an einen Zwischenhändler oder ei-

2.3 Marken und Markenbildung von Produkten und Dienstleistungen 65

nen Endverbraucher vertrieben wird, definiert die unternehmensgerichtete Dimension, ob und inwieweit es sich um eine Kern- oder Zusatzleistung des anbietenden Unternehmens handelt, was im heutigen Wirtschaftsverkehr oft nicht mehr einfach zu unterscheiden ist .

Zusammenfassend lässt sich feststellen, dass die Funktionen von Marken im Dienstleistungsbereich denen im Konsumgüterbereich ähneln, die Schwerpunkte jedoch anders gesetzt sind. Diese Schwerpunkte gilt es bei der Analyse von Marken im Dienstleistungssektor zu berücksichtigen, um sie dann schlussendlich im Erlebnissektor anwenden zu können.

2.3.6. Identitätsbasierte Markenführung

Das von Burmann et. al. (2015) entwickelte Konzept der *identitätsbasierten Markenführung* geht auf die Grundannahme zurück, dass für erfolgreiches Marketing eine Integration von unternehmensinterner und marktexterner Perspektive gegeben sein muss (Burmann et al., 2015, 28ff.; C. Keller, 2015, 34ff.). Das Aufeinandertreffen der internen und externen Perspektive findet an Brand-Touchpoints (Markenberührungspunkten) statt, also dann, wenn ein Marktteilnehmer – also meist ein Kunde – in Berührung mit einem die Marke beschreibenden Element kommt. Diese Berührung definiert die Marken-Kunden-Beziehung. Eine Marke gilt dann als erfolgreich, wenn die tatsächliche Wahrnehmung durch die relevanten Kundengruppen mit der intern definierten Wahrnehmung, dem „Soll-Nutzenbündel" (Burmann et al., 2015, S. 28) übereinstimmt. Burman et. al sprechen in diesem Fall von einer hohen Markenauthentizität. Diese ist das Ziel der identitätsbasierten Markenführung (Burmann et al., 2015, S. 31).

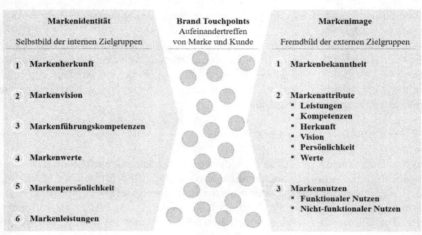

Abbildung 13: Identitätsbasierte Markenführung; eigene Darstellung, in Anlehnung an Burmann et. al. (2015)

Die Markenidentität fasst das Selbstbild interner Zielgruppen zusammen. Es beinhaltet alle Merkmale, die Mitarbeiter der Marke zuschreiben und die aus ihrer Sicht das Wesen der Marke auszeichnen (H. Meffert et al., 2008, 359ff.). Ziel ist die „Formulierung eines kaufverhaltensrelevanten Nachfragernutzens" (H. Meffert et al., 2008, S. 360).

Das Markenimage hingegen steht als Fremdbild der externen Zielgruppen der Markenidentität gegenüber. Meffert spricht vom Markenimage als externem „Marktwirkungskonzept" (H. Meffert et al., 2008, 360ff.). Es ist das in der Psyche der relevanten externen Zielgruppen verfestigte Vorstellungsbild einer Marke. Dieses entsteht meist zeitverzögert zum internen Selbstbild und bleibt über einen längeren Zeitraum konstant, da zum einen Veränderungen vom Kunden erst über den Zeitverlauf hinweg wahrgenommen werden, und - sollte die Marke nicht komplett neu entwickelt worden sein - zum anderen schon ein Vorwissen und ein Vorstellungsbild zu der Marke vorhanden sind, welche sich nur langsam ändern lassen.

Der Unterscheidung zwischen interner Perspektive (Markenidentität) und externer Perspektive (Markenimage) folgt auch die Gliederung dieses Unterkapitels. Im Folgenden wird zuerst die interne Perspektive mit ihren Bestandteilen vorge-

2.3 Marken und Markenbildung von Produkten und Dienstleistungen 67

stellt, bevor die externe Perspektive genauer beleuchtet wird. Das Aufeinander-treffen von Markenidentität und Marktwirkungskonzept wiederum findet an Brand Touchpoints statt, also an Punkten, bei denen der Kunde mit der Marke in Berührung kommt.

2.3.6.1. Interne Perspektive: Markenidentität als Führungskonzept

Markenidentität beschreibt die inside-out Perspektive von Marken, sie nimmt also den unternehmensinternen Blickwinkel ein (Burmann et al., 2008; H. Meffert et al., 2008).

Sechs Komponenten stützen die Markenidentität.

Zunächst gibt die **(1) Markenherkunft** den Mitarbeitern des Unternehmens Antwort auf die Frage „Woher kommen wir?" (H. Meffert et al., 2008, S. 362). Sie hebt einzelne Kernereignisse der Vergangenheit hervor (Blinda, 2007) und deutet diese für die Gegenwart. Burmann führt weiter aus, dass dies nicht gleich-zusetzen sei mit der Markenhistorie. Markenhistorie beinhaltet alle Ereignisse, die mit der Marke in der Vergangenheit verbunden wurden. Markenherkunft hingegen hat die Möglichkeit, einzelne Ereignisse der Markenhistorie besonders hervorzu-heben und zu interpretieren (Burmann et al., 2015).

Die **(2) Markenvision** beschreibt die Entwicklungsrichtung der Marke auf lange Frist und gibt Antwort auf die Frage „Wohin wollen wir?" (H. Meffert et al., 2008, S. 362). Sie setzt den Sinnhorizont fest. Burmann et. al. räumen der Mar-kenvision eine „Koordinationsfunktion" (Burmann et al., 2015, S. 48) ein, die die Leitplanken für zukünftiges Handeln setzt.

(3) Markenführungskompetenzen beschreiben die organisationalen Fähig-keiten der Unternehmung, zielgruppenrelevante Leistungen im Markt zu erbrin-gen. Damit beantworten sie die Frage „Was können wir?" (H. Meffert et al., 2008, S. 362). Blinda (Blinda, 2007) stellt heraus, dass es sich hierbei um die Wettbe-werbsfähigkeit und den zielgruppenspezifischen Wettbewerbsvorteil handelt, also warum genau der Kunde diese Marke einer anderen vorzieht.

Die **(4) Markenwerte** stellen tief verwurzelte Überzeugungen des Manage-ments und der Mitarbeiter dar und geben Antwort auf die Frage „Woran glauben wir?" (H. Meffert et al., 2008, S. 362). Hierbei geht es, anders als bei den Marken-führungskompetenzen, vor allem darum, den nicht-funktionalen Nutzen der Marke zu kommunizieren (Burmann et al., 2015, S. 50). Hiermit ist weniger eine generische Markenbotschaft mit Werten gemeint (z. B. „Wir verpflichten uns, Nachhaltigkeit im Unternehmensalltag zu leben."), als vielmehr spezifische, nicht-austauschbare Werte, die direkt und einzigartig mit der Marke verbunden werden

68 2 Theoretische Verortung und Bezugsrahmen

(Burmann et al., 2015, 51ff.) und als authentisch wahrgenommen werden. Authentizität ist von entscheidender Bedeutung für den finanziellen Unternehmenswert (Schallehn, Burmann & Riley, 2014). Ein gutes Beispiel ist hier AIDA Cruises. Das Unternehmen hat intern klare Werte mit der Kampagne „Wir sind AIDA" definiert und setzt diese in allen Bereichen um (AIDA Cruises). So wird die Kategorie „Ich bin leidenschaftlich" schon im Leitbild mit konkreten Beispielen untermauert („…weil ich Initiative ergreife", „…weil ich mit meiner Begeisterung und Energie zu einer guten Atmosphäre beitrage", etc.) und sowohl an Bord als auch an Land dem Kunden gegenüber gelebt (AIDA Cruises). Der Wert Leidenschaftlichkeit und das sprichwörtliche über Bord werfen von klassischen traditionellen Bräuchen der Kreuzfahrtindustrie, wie z. B. ein Kapitänsdinner, wird vom Kunden als authentisch wahrgenommen. So stellt auch Schallehn (2012) heraus, dass Authentizität von entscheidender Bedeutung für Unternehmenswerte ist.

Basierend auf der *Theorie des Animismus* von Gilmore (1919) neigen Menschen dazu, Sachgegenständen und Artefakten menschenähnliche Attribute zuzuschreiben. Somit können also Marken eine eigene **(5) Markenpersönlichkeit** (Aaker & Joachimsthaler, 2012; Aaker, 2012; Batra, Lehmann & Singh, 1993; Herbst & Merz, 2011; Herrmann, Huber & Braunstein, 2005; Schade, 2011) im Sinne derer einer natürlichen Person besitzen. Ein Beispiel ist der Energy-Drink Red Bull, den viele Menschen mit Individualität und exzessiver Feierlaune verbinden.

Als sechste Säule der Markenidentität beantworten die **(6) Markenleistungen** die Frage „Was tun wir?" (H. Meffert et al., 2008, S. 362). Markenleistungen sind direkt ableitbar aus den Markenführungskompetenzen. Hierbei wird der im Markt sichtbar werdende funktionale Nutzen der mit der Marke verbundenen Leistungen festgelegt (Burmann et al., 2015). So hat ein Wintermantel von bekannten Designermarken zwar den funktionalen Nutzen, seinen Träger warmzuhalten. Der gesamte Nutzen besteht aber aus wesentlich mehr, nämlich unter anderem auch aus dem Prestige und der Aufmerksamkeit, den ein Träger des Mantels auf sich zieht.

Es steht weniger die Produktpolitik – also die Frage des *Wie?* - im Vordergrund, sondern vielmehr die Frage, welche Leistungen konkret angeboten werden – also die Frage des *Was?*. So ist die Frage, ob der Reiseveranstalter nun die Dienstleistung Reise im klassischen Sinne anbietet, oder ob zum Beispiel eine Virtual-Reality-Brille verkauft wird, die dem Kunden (in der Theorie) ein ähnliches Erlebnis verspricht, nachgelagert. Zuallererst muss der Anbieter für sich entscheiden, was seine Markenleistung ist. Wenn er zu dem Entschluss kommt, dass seine Markenleistung das Erfüllen von Freizeitwünschen und die Erholung seiner Kunden ist, dann sind beide Produkte denkbar. Im späteren Verlauf wird dann die genaue Produktpolitik festgelegt. Häufig wird bei Business-Redesign-Prozessen dieser Schritt rückwärts vollzogen und überlegt, was die Unternehmung – basierend auf ihren Markenführungskompetenzen – für Markenleistungen erbringen kann. Basierend auf diesen lassen sich oftmals neue Produktgruppen erschließen.

2.3 Marken und Markenbildung von Produkten und Dienstleistungen 69

2.3.6.2. Externe Perspektive: Markenimage als Marktwirkungskonzept

Markenimage definiert Meffert als „mehrdimensionales Einstellungskonstrukt" (Meffert, 2008, S. 364). Es ist ein „in der Psyche relevanter Zielgruppen fest verankertes, verdichtetes, wertendes Vorstellungsbild von einer Marke" (Burmann et. al, 2003, S. 6). Dieses Konstrukt besteht im Wesentlichen aus drei Komponenten: Es fußt auf einer **(1) Markenbekanntheit**, also der Fähigkeit von Käufern, sich an die Marke zu erinnern. Aaker und Joachimsthaler unterscheiden hier zwischen ungestützter und gestützter Markenbekanntheit (Aaker & Joachimsthaler, 2012). Während ungestützte Markenbekanntheit bedeutet, dass Kundengruppen aus dem Gedächtnis heraus eine Marke mit einer bestimmten Leistung oder einem Produkt in Verbindung bringen, so fragt man bei gestützter Markenbekanntheit, ob das Logo/der Name einer Marke bekannt ist.

Neben dem Markenimage kommen zwei weitere Komponenten hinzu (Aaker & Joachimsthaler, 2012): Markenattribute und Markennutzen.

Die **(2) Markenattribute** sind Merkmale, die die Marke aus Sicht des Kunden beschreiben. Sie sind also das, was der Kunde über die Marke weiß, was er mit ihr verbindet und wie er sie wahrnimmt. Das Wissen über diese Merkmale ist Grundlage für die vom Individuum empfundene Befriedigung, die er durch Konsum bzw. Inanspruchnahme der mit der Marke verbundenen Produkte bzw. Dienstleistungen erhält.

Der **(3) Markennutzen** wiederum lässt sich in einen funktionalen und einen nicht-funktionalen, oder symbolischen Nutzen unterscheiden. Ersterer ist größtenteils bestimmt durch das explizite Wissen der Kunden über die jeweilige Marke, letzterer wird durch Vision, Werte und Markenpersönlichkeit, also eher symbolisch geprägte Eigenschaften bestimmt. Der Aufbau eines Markenimages ausschließlich über funktionalen Nutzen ist nur schwer möglich (Aaker & Joachimsthaler, 2012). Hierbei müsste sich eine Marke in ihrer Funktion so stark von anderen Marken unterscheiden, dass Nachfrager wegen des funktionalen Nutzens diese Marke wählen. Ein Beispiel ist die Einführung der Concorde als Ultraschallflugzeug. Obwohl dieses natürlich auch stark mit symbolischem Nutzen, in diesem Fall der hohe soziale Status eines Concorde-Reisenden, aufgeladen wurde, war der funktionale Nutzen – eine besonders kurze Flugzeit – in ihrer Ausprägung einzigartig. Konsequenterweise wurde im Marketing der Concorde das Thema Flugzeit ins Zentrum gestellt.

Der nicht-funktionale Nutzen ist jener, der losgelöst von dem rein funktionalen Nutzen dem jeweiligen Nachfrager einen zusätzlichen Nutzen stiftet. Burman et. al (2015) untergliedern diesen Nutzen weiter in einen sozialen und einen

70 2 Theoretische Verortung und Bezugsrahmen

persönlichen Nutzen. Der soziale Nutzen ergibt sich zum Beispiel durch Signalisierung der Zugehörigkeit zu einem bestimmten Personenkreis, den sowohl relevante als auch nicht-relevante Zielgruppen kennen. Es handelt sich hierbei also um Selbstdarstellung im sozialen Kontext (Stolle, 2013, S. 262). Der persönliche Nutzen beschreibt die Befriedigung der Selbstverwirklichung. Burman zählt auch Risikoreduktion zu einem übergeordneten Nutzen einer Marke und stellt heraus, dass bei großem subjektiv empfundenen Risiko das Markenvertrauen ebenfalls besonders wichtig ist (Burmann et al., 2015). Der Urlaub in einem besonders prestigeträchtigen Zielgebiet wie zum Beispiel den Malediven bringt den funktionalen Nutzen von Möglichkeiten zum Tauchen. Sozialen Nutzen können die Reisenden potentiell daraus ziehen, ein Foto vom Landeanflug in sozialen Netzwerken zu veröffentlichen. Sie zeigen hiermit gegenüber ihren Freunden und Bekannten die Zugehörigkeit zu einer Gruppe von Menschen, die sich einen Urlaub auf den Malediven leisten können.

Dieser nicht-funktionale Nutzen wird dem Nachfrager durch Markensymbole übermittelt. Nach Müller sind Markensymbole vom Nachfrager sinnlich verarbeitbare Zeichen, die auf eine Marke hinweisen und somit das Nutzenversprechen übermitteln (Müller, 2012, S. 26). Freud (2006) hat in einer empirischen Untersuchung belegen können, dass symbolische Nutzenassoziationen für das Kaufverhalten eine herausragende Rolle spielen. Das abstrakte Nutzenversprechen der Marke wird hierfür in Sekundärsymbole übersetzt. Diese sind für den Nachfrager greifbar und verständlich, weil sie sich an seiner Lebenswirklichkeit orientieren. Ziel des Marketings einer Organisation muss es also sein, für den Nachfrager relevante Sekundärsymbole zu entwickeln und diese in einer Verbindung mit der primären Marke zu verankern. Mickey Mouse als Figur ist ein solches Markensymbol für das Unternehmen Disney. Individuen verbinden mit der Figur eindeutig das Unternehmen. Das ewige Lächeln und die Lebensfreude der Fantasiefigur stehen stellvertretend für die Marke Disney.

2.3.7. Authentizität von Marken

2.3.7.1. Vertrauen als Zielgröße von Markenaktivitäten

Das Markenimage hat direkte Auswirkungen auf das Markenvertrauen. Burmann et. al. (2015) definieren Markenvertrauen als „Bereitschaft eines Nachfragers, sich gegenüber der Marke verletzbar zu machen" (Burmann et al., 2015, S. 72). Die Käufer erwarten also einen Nutzen, dessen Eintritt nicht zu hundert Prozent garantiert ist. Sie gehen ein Risiko ein. Das Markenvertrauen wiederum steuert sehr stark das Kaufverhalten (Hegner, 2012, S. 248). Kunden gelangen bei hohem Markenvertrauen zu der Überzeugung, dass die Marke willens und bereit ist, den von ihr versprochenen Nutzen zu erfüllen (Hegner, 2012, S. 59). Je größer das

2.3 Marken und Markenbildung von Produkten und Dienstleistungen   71

Risiko für den Kunden, dass die Marke das Nutzenversprechen nicht erfüllen kann, desto größer auch sein Wunsch, einer Marke zu vertrauen und auch seine Bereitschaft, eher vertraute Marken zu kaufen.

Hegner (2012, 111ff.) unterteilt Markenvertrauen in vier Dimensionen: Berechenbarkeit und Kompetenz sowie Wohlwollen und Integrität. Die ersten beiden bezeichnet er als kognitive Dimensionen, die letzten beiden als affektive Dimensionen.

Die Elemente von **Berechenbarkeit** sind Kontinuität, Prinzipientreue und Sicherheit (Hegner, 2012, S. 235). Kontinuität steht hier für die Erbringung der im Markennutzenversprechen festgelegten Leistung zum mit dem Käufer vereinbarten Zeitpunkt und im vereinbarten Zeitraum. Prinzipientreue beschreibt das Befolgen der Glaubenssätze, Grundwerte und des Sinnhorizontes der Marke, während die Leistung erbracht wird. Ein Teil hiervon ist die Sicherheit der zusammen mit der Marke kommunizierten Qualitätsstandards. Ein Beispiel für diese Kommunikation bieten Hapag-Lloyd Kreuzfahrten mit der MS Europa und der MS Europa II. Die von der MS Europa eingeführten Standards beim Service (,,Bester 5-Sterne-Plus-Service" (Hapag Lloyd Cruises)) werden konsistent auf allen Routen im gleichen Format angeboten. Die MS Europa II führt dies in identischem Standard, allerdings auf jüngeres Publikum zugeschnitten, fort. Es wird ganz klar an die Traditionen und das Servicelevel der MS Europa angeknüpft, sodass mit der Marke MS Europa erfahrene Gäste den Serviceanspruch auf der neueren MS Europa II vorhersagen können. Nicht zuletzt deshalb wurde der gleiche Name, nicht ein neuer Name, für das zweite Schiff gewählt.

Die zweite kognitive Dimension ist die Beurteilung der **Markenkompetenz** durch den Käufer mit den Elementen Marktwissen, Produktkompetenz und Leistungsgüte. Unter Marktwissen versteht man, inwieweit die relevante Zielgruppe der Ansicht ist, dass das Unternehmen über Informationen des Marktes verfügt, sich also in ihrem Markt auskennt. Produktkompetenz beschreibt das Vertrauen der Kunden in die Marke, das Markennutzenversprechen auch umsetzen zu können. Es ist ähnlich zur Subdimension Kontinuität, stellt aber in diesem Fall ein zeitlich und räumlich ungebundenes Konstrukt dar. Produktkompetenz umfasst das konkrete Zutrauen der Kunden in die Marke und das damit verbundene Produkt bzw. die Dienstleistung, nicht in das Marktwissen des Unternehmens allgemein. Leistungsgüte drückt das Vertrauen der Kunden in den Qualitätsstandard der Marke aus. Somit bilden die drei Subdimensionen die drei Faktoren Produkt, Markt und Qualität ab.

Die zwei affektiven, also vom Gefühl bestimmten Dimensionen **Wohlwollen** und **Integrität** lassen sich durch je drei Subdimensionen beschreiben. Wohlwollen wird definiert als Glaubenssatz des Nachfragers, dass die Marke das Wohlergehen

72   2 Theoretische Verortung und Bezugsrahmen

des Kunden im Sinn hat und dieses auch bei der Erbringung der Leistung berücksichtigt (Li, Kashyap, Zhou & Yang, 2008). Kundeninteresse, Kundenorientierung und Problemorientierung operationalisieren die Dimension Wohlwollen (Hegner, 2012, S. 236). Kundeninteresse beschreibt das generelle Interesse der Marke am Kunden, wahrgenommen aus Sicht des Kunden: Handelt die Marke aufrichtig und interessiert sich für die Belange des Kunden, oder wird lediglich eine Leistung in den Markt gedrückt? Die Kundenorientierung beschreibt, inwieweit die angebotene Leistung auf den Kunden und seine Bedürfnisse zugeschnitten ist. Die Problemorientierung, von einer anderen Perspektive her kommend, beurteilt den Grad der Lösungskompetenz einer Marke, sollte es beim Käufer zu Problemen kommen. **Integrität** stellt die vierte Dimension dar. Sie wird operationalisiert durch Fairness, Offenheit, und Ehrlichkeit (Hegner, 2012, S. 237). Fairness beschreibt die gleiche Behandlung aller Nachfrager der Marke. Dies bedeutet nicht, dass durch unterschiedliche Service-Level und Submarken keine Unterschiede gemacht werden. Vielmehr geht es hierbei um Vertrauen und die Vorhersagbarkeit der Dienstleistung auch bei unterschiedlichen Nachfragern. Offenheit bedeutet, dass das die Marke vertretende Unternehmen bereit ist, alle für den Nachfrager relevanten Informationen mit ihm auszutauschen und dieses Teilen auch aktiv anbietet. Ehrlichkeit bezieht sich auf den Inhalt des Austauschs. Dieser hat korrekt und aus Käufersicht stimmig zu sein.

2.3.7.2. Markenauthentizität als Vehikel für Vertrauen

Nach Ansicht von Schallehn et. al. (2012; 2014) hat sich Authentizität in den letzten Jahren als einer der größten Treiber bei der Differenzierung von Marken entwickelt. Auch Brown et. al. (2003) stellen fest, dass Käufer einen immer stärker werdenden Wunsch nach Authentizität von Marken haben. Authentizität ähnelt in diesem Fall sehr stark der Authentizität von Erlebnissen. Es wird als eine dem Vertrauen vorgeschaltete Größe angesehen, die das „Ausmaß ihrer identitätsbezogenen Handlungsverursachung" (Burmann et al., 2015, S. 79) beschreibt. Die vom Nachfrager wahrgenommene Authentizität führt also zu Vertrauen. Vertrauen wiederum führt zur Differenzierung von Marken, womit sich der Kreis schließt. Gleiches gilt auch für Erlebnisse und ihre Differenzierung.

Schallehn et. al. (2014) unterteilen Markenauthentizität in drei Dimensionen: Kontinuität, Konsistenz und Individualität. Diese Dreiteilung erscheint auch für die Analyse von Erlebnissen und ihrer Entstehung als sinnvoll. So mag das Themenbuffet „Griechenland" im Urlaub auf Gran Canaria für Stammgäste jedes Jahr ein Erlebnis sein, besonders authentisch ist es aber nicht. Dies liegt daran, dass das Erlebnis zwar Kontinuität und Individualität als Merkmale hat, jedoch selten konsistent ist. Spanische Kellner als Griechen zu verkleiden macht noch keinen griechischen Kellner.

2.3 Marken und Markenbildung von Produkten und Dienstleistungen 73

Individualität beschreibt die vom Nachfrager wahrgenommene Einzigartigkeit, mit der die Marke ihr Nutzenversprechen erfüllt. Wie stark hebt sie sich also von mit ihr konkurrierenden Marken ab? Konsistenz beschreibt, inwieweit die Marke in der Gegenwart das Markennutzenversprechen umsetzt. Hiermit ist zum Beispiel eine Pauschalreise gemeint, bei der der Reisende die Umsetzung des Markenversprechens beim Check-In, aber auch beim Abendessen im Resort bewertet. Sind diese beiden Erlebnisse konsistent in Bezug auf die Umsetzung des Markennutzenversprechens, spricht man von einer hohen Konsistenz (Schallehn et al., 2014). Die Kontinuität ist die Umsetzung des Markennutzenversprechens im Zeitablauf, also der Vergleich des Käufers von vergangener Umsetzung und gegenwärtiger Umsetzung. Erfüllt das Abendessen beim Urlaub in diesem Jahr im gleichen Resort das Markennutzenversprechen gleichwertig wie im letzten Jahr?

2.3.7.3. Gestaltungsdimensionen der Markenarchitektur

Unter Markenportfolio versteht man die Gesamtheit aller dem Unternehmen zur Verfügung stehenden Marken, zu dessen Nutzung das Unternehmen berechtigt ist (Burmann et al., 2015). Der Begriff Markenarchitektur impliziert, dass diese dem Unternehmen zur Verfügung stehenden Marken in einem Verhältnis zueinander stehen. Dieses Verhältnis und die sich daraus ergebenden Gestaltungsdimensionen sollen im folgenden Kapitel weiter untersucht werden.

Wie Burmann et. al (2015) und Strebinger (2010b) ausführen, werden die Begriffe „Markenstruktur" (Homburg & Schäfer, 2001), „Markenarchitektur" (H. Meffert et al., 2008) „Markenstrategie" (Baumgarth, 2013) sowie „Markensystem/Markenverbundsystem" (Arber, 1999) synonym benutzt. Im Englischen spricht man oft von „brand architecture" (Aaker & Joachimsthaler, 2012), „brand system" (Aaker, 1996) oder „branding strategy" (Kapferer, 2008). All diese Begriffe beschreiben ein ähnliches Konstrukt, lediglich die Schwerpunkte werden leicht unterschiedlich gesetzt.

Es werden also verschiedene einer Organisation zur Verfügung stehende Marken in ein Verhältnis zueinander gesetzt, um den Käufer bestmöglich bedienen zu können. Dieses Verhältnis der einzelnen Marken kann auch für das spätere Erlebnis relevant sein. Daher wird es in dieser Arbeit mit betrachtet.

Nach Strebinger (2010b) haben alle diese hinter den oben genannten Schlagwörtern stehenden Konstrukte drei Gemeinsamkeiten: Es handelt sich immer um eine organisierte Struktur, welche vom Unternehmen festgelegt wird und sich auf (1) Produkte und Dienstleistungen, (2) Marktsegmente und (3) geographische Märkte bezieht. Ferner sind die unterschiedlichen Produkt- und Organisationsebenen eines Konzerns zu betrachten. So können andere Konstrukte und Strategien zwischen Konzern- und Geschäftsfeldmarke gewählt werden als zum Beispiel zwischen Produktgruppenmarke und Produktmarke. Oder es wird eine einheitliche Strategie auf und zwischen allen Ebenen gewählt (Burmann et al., 2015).

Eine Dreiteilung der Gestaltungsdimensionen hat sich in der Fachliteratur zur Markenhierarchie durchgesetzt, allerdings mit unterschiedlichen Schwerpunkten: Becker (2001) legt einen Fokus auf die Kompetenzen, die eine Marke besitzt bzw. die sie von Kunden zugeschrieben bekommt. Er unterteilt in (1) Kompetenzbreite, (2) Kompetenzhöhe und (2) Kompetenztiefe. Kompetenzbreite beschreibt die Anzahl der Produkte, die mit jeweils derselben Marke angeboten werden. Kompetenzhöhe definiert die generelle Positionierung der jeweiligen Marke im Vergleich zu Wettbewerbern. Mit der Kompetenztiefe wird die geographische und geopolitische Reichweite, also die Ausdehnung von Marken, festgelegt.

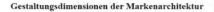
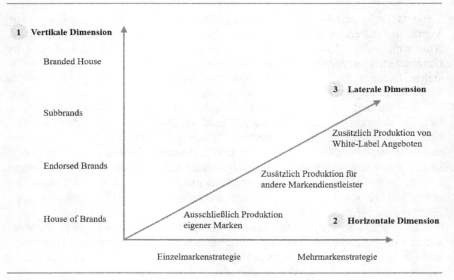

Abbildung 14: Gestaltungsdimensionen der Markenarchitektur, eigene Darstellung, in Anlehnung an Burmann et. al. (2015)

Eine ähnliche Struktur verwenden auch Burmann et. al. (2015). Sie legen den Fokus jedoch auf das Zusammenspiel einzelner Dimensionen. Hierzu teilen sie die Gestaltungsmöglichkeiten der Markenarchitektur in drei Dimensionen ein: sie unterscheiden vertikale, horizontale und laterale Gestaltungsdimensionen. Kompetenzbreite ist hierbei am ehesten die horizontale Dimension (Burmann et al.,

2.3 Marken und Markenbildung von Produkten und Dienstleistungen 75

2015). Kompetenzhöhe ist am ehesten mit der lateralen Dimension gleichzusetzten, wobei Burmann et. al. (2015) den Fokus stärker auf die Markenproduktion von eigenen oder anderen Produkten (Handelsmarken bzw. White Labels) und Dienstleistungen legen, hingegen Becker (2001) zwischen Luxusmarke, klassischem Markenartikel und Handelsmarke unterscheidet. Die Kompetenztiefe bezieht Becker (2001) rein auf die geographische Ausdehnung der Marke in Absatzmärkten und unterscheidet zwischen nationaler Marke, internationaler Marke und Weltmarke. Diese Dimension nutzen Burmann et. al. (2015) gar nicht, stattdessen bezieht sich die von ihnen verwendete vertikale Gestaltungsdimension auf das Zusammenspiel verschiedener Markenhierarchien, also zum Beispiel zwischen Dachmarke und Produktmarke. Die Ausdehnung bzw. Kompetenztiefe von Marken verorten sie nicht in der Markenhierarchie an sich, sondern im Positionierungsprozess (Burmann et al., 2015).

Der Ansatz von Burmann et. al. (2015) fokussiert stärker auf die Marke an sich und das Zusammenspiel von einzelnen Markierungen für ein Produkt/eine Dienstleistung. Dieser Fokus entspricht dem der vorliegenden Arbeit. Es wird analysiert, wie jeweils eine Resort- und Destinationsmarke auf den Reisenden wirkt und welchen Einfluss diese auf seine Erlebniskreation hat. Daher wird im Folgenden die Systematisierung von Burmann mit vertikaler, horizontaler und lateraler Gestaltungsdimension als Grundlage genommen (Burmann et al., 2015).

Es gilt nicht nur die reine Verortung der Marken mit den oben genannten drei Gemeinsamkeiten zu analysieren, sondern ebenfalls die Beziehungen zwischen den einzelnen Teilen dieser Gemeinsamkeiten. Mit diesen Beziehungen sind vor allem mögliche Transfers von Bekanntheit, Image oder Einstellungen von Marke zu Marke gemeint sowie das „relative Gewicht, mit dem zwei oder mehr auf einem Produkt angebrachte Marken auf das Kundenurteil einwirken" (Strebinger, 2010, S. 14). Die Markenarchitektur signalisiert dem Nachfrager also auch, inwieweit einzelne Produkte eines Unternehmens einen ähnlichen Kundennutzen versprechen: bei gleicher Markierung von zwei unterschiedlichen Produkten erwartet der Kunde einen engeren Zusammenhang des Kundennutzens als bei zwei völlig voneinander losgelösten Marken, auch wenn sie vom gleichen (Mutter-)unternehmen vermarktet werden (Strebinger, 2010, S. 78). Strebinger weist darauf hin, dass auch vom Kunden kritisch hinterfragt wird, wenn es verschiedene Marken eines Unternehmens gibt, die allerdings alle einen ähnlichen Nutzen erfüllen und eine ähnliche Produktbeschaffenheit haben (Strebinger, 2010, S. 78). Ein Beispiel für Produkte mit ähnlichem Kundennutzen, aber unterschiedlichen Marken ist der Volkswagen-Konzern mit seinen Marken Skoda und Seat, oder im Tourismus der Hotelkonzern Starwood mit seinen Marken Sheraton und Westin, deren Hotels in einzelnen Städten wie zum Beispiel München direkt nebeneinander liegen und sich in Ausstattung, Service und Preis kaum unterscheiden. Kunden hinterfragen hier oftmals den Sinn und Zweck von beiden Marken, da sich die Markennutzenversprechen bzw. der vom Kunden wahrgenommene Nutzen sehr ähneln. Somit kann nicht verallgemeinert werden, ob aus Kundensicht eine gemeinsame Marke oder zwei Marken für zwei Produkte bevorzugt wird.

Einen anderen Ansatzpunkt bietet die Analyse der Markengestaltung je nach Blickwinkel der Akteure. Die Forschung hierzu unterteilt sich in einen Strang aus Perspektive des Unternehmens (Berry, Carbone & Haeckel, 2002; Stuart & Tax, 2004), einen Strang aus Sicht des Kunden (Schmitt, 2015) sowie einen Strang aus dem Aufeinandertreffen von Unternehmens- und Kundensicht mit einem Fokus auf einem Co-Creation-Ansatz (Chandler & Lusch, 2015; Keyser, Lemon, Klaus & Keiningham, 2015).

Esch und Bräutigam (1999) stellen heraus, dass es von zentraler Bedeutung ist, ob in einer Diskussion und Analyse jeweils die Ist-Situation, also der vom Kunden wahrgenommene, oder die Soll-Situation, also der vom Unternehmen intendierte Zustand betrachtet wird (Esch und Bräutigam, 2001b, S. 29). Burmann et. al. (2015) greifen diese Unterscheidung in ihrem Modell zum identitätsbasierten Management auf, indem sie zwischen der unternehmensinternen Perspektive (Markenidentität) und der unternehmensexternen/kundenzentrierten Perspektive (Markenimage) unterscheiden und hierbei sowohl die Soll- als auch die Ist-Situation der Markenstrategie berücksichtigen.

Da die vorliegende Arbeit vor allem die vom Kunden wahrgenommene Ist-Situation, also die externe Perspektive untersucht, ist unter Markenhierarchie synonym mit dem von Strebinger (2010a) und Esch (2007, S. 422ff.) verwendeten Begriff die Markenarchitektur zu verstehen. Diese ist wirkungsbezogen und verknüpft aus Kundensicht die „Produkte bzw. Dienstleitungen, Marktsegmente, und geographischen Märkte" mit den „zwischen diesen Elementen tatsächlich ausgelösten psychischen Transferwirkungen" (2010a, S. 17). Wie Strebinger (2010a) deutlich macht, ist diese Abgrenzung insofern nötig und wichtig, da sich die Analyse der Markenhierarchie eben genau nur mit diesem oben genannten Sachverhalt auseinandersetzt und die Kundenwahrnehmung zum Fokus hat. Die derzeit existierende Markenstruktur wird also in ihren Abhängigkeiten als gegeben angenommen und die Auswirkungen eben dieser auf den Nachfrager analysiert.

Im Folgenden wird, basierend auf dem Ansatz von Burmann et. al. (2015), die Systematisierung einer Markenhierarchie anhand von vertikaler, horizontaler und lateraler Gestaltungsdimension als Grundlage genommen, vorgestellt und diskutiert.

2.3 Marken und Markenbildung von Produkten und Dienstleistungen 77

2.3.7.4. Vertikale Dimension

Die vertikale Gestaltungsdimension legt das Verhältnis von verschiedenen Markierungen für ein Produkt bzw. eine Dienstleistung fest, also den „optimalen Grad einer Positionierungsdifferenzierung zwischen den Angeboten des Unternehmens" (Strebinger, 2010, S. 74). Beispiele aus dem Tourismus sind die Kreuzfahrtschiffe der Marke AIDA, die neben den vier Kernbuchstaben A-I-D-A jeweils einen weiteren Namensteil pro Schiff haben. So heißt das älteste Schiff der Marke AIDAcara, während das derzeit neueste Schiff AIDAnova heißt (AIDA Cruises). Noch stärker auf einen Namensteil fokussiert sind die Schiffe von TUI Cruises: Diese heißen alle *Mein Schiff* und dazu gibt es lediglich einen Zusatz in Form einer Zahl, also z. B. *Mein Schiff 4*. Bei Hotels und Resorts werden ebenfalls Kombinationen verwendet, so bezeichnet die Marke Robinson ihre Resorts immer mit einer Kombination der Markierungen *Robinson* und einer lokalen destinationsgetriebenen Komponente, z. B. *Cala Serena* für die jeweilige Bucht in Mallorca, Spanien, oder *Arosa* für den gleichnamigen Ort in der Schweiz.

Aaker und Joachimsthaler (2000) beschreiben mit dem *Brand Relationship Spectrum*" diese vertikale Dimension und die hiermit verbundenen Gestaltungsoptionen. Sie unterteilen vier Typen von vertikalen Strukturoptionen: *House of Brands* und *Branded House* als Extremformen, sowie *Endorsed Brands* sowie *Subbrands* als Zwischenformen. Alle diese vier Typen haben jeweils Unteroptionen.

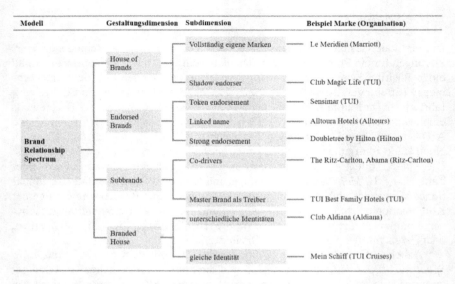

Abbildung 15: Brand Relationship Spectrum; eigene Darstellung, in Anlehnung an Aaker und Joachimsthaler (2000)

2.3.7.4.1. *Branded House*

Wird eine Master Brand verwendet, die über alle Produkte und Produktgruppen hinweg genutzt wird und die Kernmarkierung eines Produktes ist, spricht man vom „Branded House" (Aaker & Joachimsthaler, 2000, S. 10). Die von TUI Cruises verwendete Markenstrategie stellt einen solchen Typ dar. Die Bezifferung des Schiffes hat lediglich deskriptiven Charakter und dient der Auseinanderhaltung der Schiffe, obwohl das Produkt auf *Mein Schiff 1* sich deutlich von dem auf *Mein Schiff 6* unterscheidet (*Mein Schiff 6* ist ein Neubau, der andere Restaurants und Bars bietet, sowie andere Showkonzepte, Kabinen und Wellnessanlagen hat). Die Kernmarke *Mein Schiff* ist das im Markt kommunizierte, differenzierende Element.

Das Risiko einer solchen Dachmarke besteht darin, verschiedene Produktangebote in gleicher Qualität anzubieten. Kunden erwarten aufgrund von Kenntnissen aus der Vergangenheit mit der Marke ein bestimmtes Erlebnis und Produkt über alle Produktlinien hinweg. Dies kann vor allem die Erweiterung in neue Produktlinien erschweren, da Kunden zum einen die neue Produktlinie nicht mit den Werten der schon existierenden Produktlinie in Verbindung bringen, oder aber zum anderen, weil die Qualitätsstandards nicht gleich angesetzt sind. Ein Beispiel für ersteres war der Versuch von *Tempo* im Jahr 2013, neben Taschentüchern

2.3 Marken und Markenbildung von Produkten und Dienstleistungen 79

ebenfalls Toilettenpapier unter der Marke *Tempo* anzubieten (Alby et al., 2011). Kunden kennen jedoch Tempo als Taschentuch und konnten den Transfer zu einem Toilettenpapier nicht nachvollziehen. Daher wurden die Produktion und der Vertrieb des Toilettenpapiers von Tempo schon im Jahr 2014 wieder eingestellt. Eine gut umgesetzte Branded-House-Strategie hingegen hat zwei große Vorteile: Klarheit und Kosten. Der Kunde weiß, welches Markennutzenversprechen er mit der Dachmarke verbindet und was er von der Marke erwartet. Diese Erwartungshaltung muss bei unterschiedlichen Angeboten nicht erneut kommuniziert oder etabliert werden, sie wird vom Kunden automatisch transferiert. Dies führt zu deutlich geringeren Kosten für Unternehmen, die eine solche Strategie anwenden, da nicht die Nutzenwertversprechen jeder einzelnen Marke neu im Markt etabliert werden müssen, sondern Synergien genutzt werden können.

Aaker und Joachimsthaler (2000) formulieren vier Kategorien, mit denen die Sinnhaftigkeit eines Branded House analysiert werden kann. So ist erstens die Kernfrage, ob und inwieweit die Kernmarke die Attraktivität des Angebots erhöht. Werden vorteilhafte Merkmale übertragen und erhält die Marke ihr Image nur durch die Kernmarke, ist ein Branded House sinnvoll. Zweitens ist fraglich, ob und inwieweit eine Verbindung hilft, die Glaubwürdigkeit zu erhöhen. Hier muss gefragt werden, ob diese Glaubwürdigkeit beim gegebenen Produkt nötig und wertstiftend ist und danach mit den Konsequenzen einer anders gearteten Markierung des neuen Angebotes abgewogen werden. Drittens ist eine Abwägung bzgl. Visibilität durchzuführen. Sind die Kosten, um die Verbindung zwischen Kernmarke und organisationaler Marke zu erklären, niedriger als eine neue Marke im Markt einzuführen? Die Visibilität schlägt sich auch direkt in den generellen Kosten für die Kommunikation der Marke nieder. Können die Verbindungen der Kernmarke zur organisationalen Marke effizient genutzt werden oder müssen dennoch neue Strukturen geschaffen werden?

Als Unterkategorien des Branded House lassen sich Marken mit und ohne eigene Identität unterscheiden (Aaker & Joachimsthaler, 2000). Wenn sich eine Marke immer auf dieselbe Herkunft und dasselbe Wertesystem bezieht, spricht man von der gleichen Identität. Typisches Beispiel ist ein Ein-Marken-Automobilhersteller wie BMW. Haben einzelne Produktlinien jedoch eine gewisse Eigenständigkeit und ist das dazugehörige Wertegerüst aus Sicht des Nachfragers anders, spricht man von einem Branded House mit jeweils eigenen Identitäten der Marken. Beispiel hierfür ist die Marke Charles Vögele. Während in der Schweiz die Marke mit qualitativ hochwertiger Mode, die in bevorzugten Innenstadtlagen vertrieben wird, in Verbindung gebracht wird, beschreiben deutsche Kunden die Marke eher als kostengünstige Bekleidungsware, die in Randregionen von Städten und Einkaufszentren angeboten wird.

80   2 Theoretische Verortung und Bezugsrahmen

2.3.7.4.2. *House of Brands*

Das andere Extrem stellt das House of Brands dar: hiermit ist eine unabhängige Zusammenstellung von Marken gemeint, die Dachmarke wird nicht zur Markierung genutzt. Typischerweise sind schnelllebige Konsumgüter in dieser Form organisiert, Procter and Gamble (P&G) ist ein Beispiel. Die mehr als 80 Marken (Aaker & Joachimsthaler, 2000) werden im Markt eigenständig platziert, lediglich ein kleines Logo auf den Produkten weist auf P&G hin. Ein weiteres Beispiel ist der Hotelkonzern Starwood, zu dem zwölf Hotelmarken, unter anderem die Marken Sheraton, Westin, Le Meridien, St. Regis, W Hotels gehören. Die Konzernmarke Starwood tritt jedoch für den Kunden nicht sichtbar auf.

Ein großer Vorteil der House-of-Brands-Strategie ist die *spitzere*, also eine für den Kunden deutlichere Positionierung der jeweiligen Marke und des damit verbundenen Markennutzenversprechens (Aaker & Joachimsthaler, 2000; Baumgarth, 2013; Schweiger & Schrattenecker, 2016). Durch diese spitzere Positionierung wird dem Nachfrager der Nutzen des Produktes verdeutlicht und seine Zahlungsbereitschaft steigt. Unternehmen können somit die höchst mögliche Rendite abschöpfen (Strebinger, 2010b). Dies wird oftmals schon an dem klareren Markennamen deutlich, der den Nutzen des Produkts kommuniziert. Da pro Produktlinie bzw. Segment eine eigene Marke verwendet wird, können die einzelnen Marken die jeweiligen Vorzüge des Produkts herausstellen. Es findet keine Verwässerung statt, da nicht auf andere Produkte oder Kundensegmente und die Positionierung hierin Rücksicht genommen werden muss. So richtet sich die Hotelmarke Westin aus dem Starwood-Konzern eindeutig an Geschäftsreisende und stellt die Vorzüge für genau diese Zielgruppe deutlich heraus. Der Slogan „For a better you" und die einzelnen Produktmerkmale (unter anderem Schreibtisch im Zimmer, Kaffeemaschine im Zimmer, 24 Stunden geöffneter Fitnessraum) sind genau auf die Bedürfnisse von Geschäftsreisenden zugeschnitten. Die Marke St. Regis hingegen, obschon auch Teil des Starwood-Konzerns, fokussiert sich auf Luxury-/High-End-Urlauber und stellt dies auch in ihrem Slogan („More than you expect, everything you deserve") heraus. Statt Kaffeemaschine auf dem Zimmer wird ein 24 Stunden verfügbarer persönlicher Butlerservice geboten und die Schreibtische sind weniger funktional, sondern eher in Form eines verschnörkelten Sekretärs gestaltet. Reisende sehen in den beiden Marken keine Verbindung, obwohl beide zum gleichen Konzern gehören und eine Übernachtungsleistung anbieten.

Ferner bietet sich ein House of Brands innerhalb eines Konzern mit gänzlich unterschiedlichen Produkten an. Der Unterschied zwischen den Produkten kann im Kern auch aus anderen Elementen wie dem vom Kunden wahrgenommenen Markennutzenversprechen bestehen. Ein Beispiel hierfür ist die Marke Lancome von L'Oreal (Aaker & Joachimsthaler, 2000), bei dessen Positionierung vor allem

2.3 Marken und Markenbildung von Produkten und Dienstleistungen   81

die gewünschte Vertriebsstruktur und die daran beteiligten Händler eine übergeordnete Rolle spielen: Lancome wurde speziell lanciert, um Parfümerien und Kosmetikstudios zu bedienen, da diese ein Produkt, das auch im Massenmarkt über Drogerieketten bezogen werden kann, nicht angenommen hätten (Aaker & Joachimsthaler, 2000).

Aaker und Joachimsthaler (2000) stellen zudem fest, dass in der Praxis oftmals ein Druck besteht, für ein neues Produkt eine eigenständige Marke zu entwickeln. Dies ergibt jedoch aus ökonomischer Sicht nur Sinn, wenn der Nutzen der neuen Marke – die potenziellen positiven und negativen Rückwirkungen auf die anderen Marken des Unternehmens mit einbezogen – größer ist als die Entwicklungskosten hierfür. Es sind drei Gründe zu nennen, aus denen eine eigenständige neue Marke in Betracht gezogen werden sollte (Aaker & Joachimsthaler, 2000). Erster Grund kann das wirklich neuartige Nutzenversprechen des markierten Produktes sein. Nur wenn dies mit keiner der schon existierenden Marken vereinbar ist, sollte eine neue Marke in Erwägung gezogen werden. Zweitens kann argumentiert werden, dass eine Verbindung einer neuen Marke mit einer schon existierenden Marke sich negativ auf die schon existierende Marke auswirkt, weil es sie zum Beispiel verwässert (Aaker & Joachimsthaler, 2000). Drittens sind Zukäufe von schon etablierten Marken zu nennen. Eine Repositionierung einer zugekauften Marke würde gegebenenfalls die Beziehung zwischen Marke und Kunde beschädigen.

Neben völlig eigenständigen Marken zählt auch die Strategie des Shadow Endorsers zur Kategorie der House of Brands. Hierbei steht die Marke eigenständig im Auftritt und in der Präsentation, wird aber im Wissen des Konsumenten mit einer weiteren, oftmals übergeordneten Marke in Verbindung gebracht, um Glaubwürdigkeit zu signalisieren (Aaker & Joachimsthaler, 2000). Die übergeordnete Marke steht unerkennbar im Schatten der eigentlichen Marke, dennoch wissen Kunden, dass sie existiert und beide Marken miteinander verbunden sind. Dies erzeugt Vertrauen beim Kunden. Ein typisches Beispiel hierfür ist die Marke *Club Magic Life* mit dem Endorsement durch die Marke *TUI*. Die Mehrheit der Nachfrager weiß, dass hinter Magic Life der TUI-Konzern steht und sieht dies hin und wieder an einzelnen Touchpoints wie zum Beispiel dem Transfer vom Flughafen zum Resort. Allerdings wird der Club nie zusammen mit der Konzernmarke beworben. Dennoch unterstützt die Konzernmarke die Clubmarke, indem sie Kunden ein Gefühl von Sicherheit gibt, ihren Urlaub bei einem großen, etablierten Tourismuskonzern gebucht zu haben.

2.3.7.4.3. *Endorsed Brands*

Zwischen den Extremformen House of Brands und Branded House gibt es die Zwischenformen Endorsed Brands und Subbrands.

Endorsed Brands unterscheiden sich vom House of Brands durch ihren Grad der Unabhängigkeit zu anderen Marken (Aaker & Joachimsthaler, 2000). Während Marken innerhalb eines House of Brands vollständig unabhängig sind, sind Endorsed Brands immer mit einem Zusatz einer übergeordneten Marke versehen. Anders als bei der Strategie des Shadow Endorsers, bei denen die übergeordnete Marke zwar vom Nachfrager mit der jeweiligen Marke assoziiert wird, aber die beiden Marken nicht zusammen in Erscheinung treten, treten bei den Endorsed Brands die übergeordneten, oftmals organisational getriebenen Marken in der Kommunikation zwar klar zusammen mit den jeweiligen Marken auf, bleiben jedoch eher im Hintergrund. Grund für diese Kombination ist ebenfalls Glaubwürdigkeit. Die organisationale Marke unterstreicht dem Nachfrager gegenüber, dass die jeweilige Marke ihr Kundennutzenversprechen erfüllen wird. Dieses Kundennutzenversprechen an sich kann jedoch ein anderes sein als die rein organisationale, übergeordnete Marke zum Ausdruck bringt. Auch sind Rückkopplungen für die organisationale Marke möglich. Wird zum Beispiel ein besonders modernes, trendbehaftetes Produkt eingeführt und als Endorsed Brand markiert und hierdurch die organisationale Marke unterstrichen, transferiert sich der moderne Charakter der neuen Endorsed Brand oftmals auch auf die übergeordnete, organisationale Marke.

Ein Beispiel für eine Endorsed Brand sind die Marken Double Tree by Hilton oder Courtyard by Mariott. Beides sind kostengünstigere Marken von großen Hotelketten. So ist Double Tree die kostengünstige Mid-Tier-Marke von Hilton Hotels & Resorts, die vor allem den preisbewussten Reisenden ansprechen soll, der nur eine kurze Zeit vor Ort ist. Das Kundennutzenversprechen wird von Hilton quasi hinterlegt, aber das Kundennutzenversprechen und auch das Leistungsversprechen eines Hotels der Marke Hilton ist an sich ein anderes als das der Marke Double Tree by Hilton.

Neben dem *Strong Endorsement*, für das *Courtyard by Mariott* und *Double Tree by Hilton* Beispiele sind, wird weiterhin unterschieden zwischen den zwei Subkategorien der T*oken Endorsement* und des *Linked Name*. Token Endorsement beschreibt die Markierung eines Produkts lediglich mit dem organisationalen Logo. Beispiele hierfür sind einige der Hotelkonzepte von TUI. So findet sich auf dem neuen Logo der Hotelmarke *Sensimar* nun auch ein Logo von TUI, der sogenannte *TUI-Smile*. An keiner anderen Stelle wird eine Verbindung der Marken prominent kommuniziert, aber durch Abbildung des Logos wird die Verbindung noch stärker in das Gedächtnis des Kunden gerufen als dies bei den Shadow Endorsern der Fall ist. An den Beispielen von *Sensimar* (*Token Endorsment*) und

2.3 Marken und Markenbildung von Produkten und Dienstleistungen 83

Magic Life (*Shadow Endorser*) wird deutlich, warum man sich bei Sensimar für ein Token Endorsement entschieden hat: anders als Magic Life gibt es das Hotelkonzept und damit auch die Marke *Sensimar* erst seit einigen Jahren auf dem Markt. Nachfrager müssen also erst an die Verbindung zwischen *Sensimar* und *TUI* herangeführt werden.

Der Linked Name als Subkategorie der Endorsed Brands ist die Verbindung einer organisationalen Brand mit der Subbrand durch Teile des Namens (Aaker & Joachimsthaler, 2000). Ein touristisches Beispiel ist der Alltours-Konzern. Seine Resorts heißen Alltoura Resorts und schaffen dadurch eine klare Verbindung der Resortmarke zur organisationalen Marke. Vorteil hier ist eine Eigenständigkeit der Marke, ohne jedoch eine völlig neue Markenidentität aufbauen zu müssen (Aaker & Joachimsthaler, 2000).

2.3.7.4.4. *Subbrands*

Bei der Subbrands-Strategie ist das Verhältnis von Kernmarke und organisationaler Marke genau umgekehrt im Vergleich zu den Endorsed Brands: die Kernmarke tritt im Vergleich zur organisationalen, übergeordneten Marke in den Hintergrund. Sie wird lediglich genutzt, um ein besonderes Merkmal einer Produktlinie oder einer Untergruppe herauszustellen (Aaker & Joachimsthaler, 2000). Kernmarke und organisationale Marke sind in diesem Fall sehr eng miteinander verwandt, die Kernmarke ist eher eine Unterkategorie der organisationalen Marke. Der Imagetransfer von Kernmarke auf organisationale Marke ist anders als bei Endorsed Brands sehr groß, da die Kunden das Produkt an sich direkt mit der Kernmarke verbinden. Als Beispiel ist die Kategorie der TUI Best Family Hotels zu nennen. Reisende sprechen hier von einem *TUI-Hotel*, was auf Familien zugeschnitten ist. Erfahrungen werden stärker mit der Marke TUI als mit der Marke Best Family in Verbindung gebracht. Letztere ist lediglich eine Kennzeichnung der Produktart und wird auch nicht alleinstehend kommuniziert. In diesem Fall ist die organisationale Marke Haupttreiber des Markenimages.

Es ist allerdings auch möglich, dass die Kernmarke und die organisationale Marke gleichberechtigt im Markt agieren. Dies ist der Fall bei schon etablierten Subbrands. Hier bedingen sich Kernmarke und organisationale Marke gegenseitig. Ein Imagetransfer zwischen beiden ist sehr groß. Im Idealfall verstärken sie sich gegenseitig vorteilhaft. Sollte aber die Kernmarke das Markennutzenversprechen nicht einhalten, überträgt sich dieser negative Eindruck beim Kunden genauso stark auf die organisationale Marke, wie im vorteilhaften Fall einer Erfüllung des Markennutzenversprechens. So ist zum Beispiel das *Hilton Hawaiian Village* auf

84 2 Theoretische Verortung und Bezugsrahmen

Hawaii ein Hotel der Marke Hilton innerhalb des Resorts Hawaiian Village in Honolulu, Oahu. Sollte das Hawaiian Village das an die Reisenden ausgesprochene Nutzenversprechen nicht einhalten, transferiert sich dieser Eindruck auch direkt auf die Marke Hilton. Anders wäre es, wenn man von *Hawaiian Village – a Hilton Resort* gesprochen hätte. Hier, in einer Endorsed-Brand-Strategie, wäre die Verbindung weniger deutlich. Ein weiteres Beispiel ist die phasenweise Einbindung einzelner Hotelanlagen in eine schon existierende Marke. Hier nutzen Unternehmen oftmals erst eine eigenständige Marke für die Anlage, dann eine Endorsed Brand, und schlussendlich die Subbrand, in der die organisationale Brand die bedeutendste Stellung einnimmt. Als Beispiel ist hier das *Ritz-Carlton Abama* auf Teneriffa anzuführen. Nach Übernahme des Resorts durch die Ritz-Carlton-Hotelgruppe im Jahr 2007 wurde das Hotel zuerst bis 2014 als *Abama Golf & Spa Resort* geführt. In der Kommunikation wurde über die Jahre hinweg immer stärker der Schriftzug *Abama Golf & Spa Resort – a Ritz-Carlton Resort* eingeführt (Susie Harwood, 2014). 2014 wurde die Anlage dann komplett umbenannt in *The Ritz-Carlton Abama*. Serviceabläufe und Qualitätsstandards wurden im Hotel bis zu diesem Zeitpunkt angepasst, um sicherzustellen, dass kein negativer Markentransfer von der Kernmarke *Abama Resort* auf die organisationale Marke *The Ritz-Carlton* übertragen wird. Ab 2014 war dieser Transfer dann explizit gewollt, da man sich eine gegenseitig vorteilhaftere Vermarktung versprach.

2.3.7.5. Horizontale Dimension

Je Kundensegment können eine oder mehrere Marken angeboten werden. Dies wird anhand der horizontalen Gestaltungsdimension festgelegt (Burmann et al., 2015). Wird eine Einzelmarkenstrategie gewählt, so wird das jeweilige Marktsegment mit nur einer Marke bespielt. Bei einer Mehrmarkenstrategie werden zwei oder mehr Marken eingesetzt, die gegebenenfalls in Konkurrenz zueinander stehen können.

Wie bei der horizontalen Gestaltungsdimension sollten bei der Wahl einer Mehrmarkenstrategie gute Gründe vorliegen, warum nicht eine einzelne Marke ausreicht. Meist basieren die Gründe hierfür auf einem sehr groß umrissenen Marktsegment mit teilweise heterogener Zielgruppe (Burmann et al., 2015). Die Chance von einer Mehrmarkenstrategie ist die Passgenauigkeit der Marken pro Kundensegment und das damit verbundene Abschöpfen einer maximalen Rendite.

2.3.7.6. Laterale Dimension

Die dritte Dimension determiniert, ob ein Unternehmen Produkte herstellt, die es unter ihrer eigenen Marke vertreibt, oder ob die Produkte hergestellt werden, damit sie von anderen unter deren Marke vertrieben werden (Burmann et al., 2015).

2.3 Marken und Markenbildung von Produkten und Dienstleistungen   85

Die Produktion für Dritte findet oftmals für sogenannte Handelsmarken statt. Es werden hierbei Produkte, zum Beispiel Kekse, produziert, die dann unter einer Handelsmarke, zum Beispiel der Marke Gut & Günstig vom Handelskonzern EDEKA, vertrieben werden. Der Produzent tritt in diesem Fall mit keiner eigenen Marke auf. Oftmals haben große Markenartikler eine gemischte Strategie, in der sie die Produkte sowohl für sich selbst produzieren und dann mit ihrer eigenen Marke vertreiben, als auch eine (teilweise qualitativ leicht minderwertige) weitere Produktion anbieten, die sie dann ohne Markierung an Handelsunternehmen weiterverkaufen.

Im Dienstleistungssektor ist die Erstellung solcher Produkte dem Begriff „White Label" zugeordnet (Ailawadi & K. Keller, 2004; Hoch, 1996). Hier wird ebenfalls eine Dienstleistung produziert, die Vermarktung findet jedoch anderweitig statt. So bietet zum Beispiel der Internetreiseanbieter *booking.com* den Einkauf von Hotelkontingenten an. Fluggesellschaften können diese Kontingente dann direkt über ihre Website anbieten und selbst entscheiden, ob die Käufer sehen, dass es sich um ein von *booking.com* prokuriertes Hotel handelt, oder ob nur die Marke der jeweiligen Fluggesellschaft sichtbar ist. Die Chancen einer solchen Strategie sind inkrementelle Einnahmen durch den Verkauf von zusätzlichen Produkten und Dienstleistungen sowie Economies of Scale. Im Produktionsbetrieb zeichnen sich diese vor allem durch die Menge der produzierten Güter aus, während im Dienstleistungsbereich bei dem genannten Beispiel von *booking.com* auch der Ausbau einer Marktmacht aufgrund des Einkaufsvolumens pro Hotel im Vordergrund steht.

Generell muss das der Marke zugehörige Unternehmen abwägen, ob der zusätzliche Absatz zum einen den Aufwand wert ist, und ob zum anderen Kannibalisierungen mit der eigenen Marke eintreten (Anselmsson & Johansson, 2014; Fornari, Grandi & Fornari, 2011). Während sich ersteres durch eine einfache Kosten-/Nutzenrechnung determinieren lässt, ist letzteres nicht trivial bestimmbar, da man die Effekte, die auf die Kundenentscheidung einwirken, nicht isoliert und oftmals nur zeitverzögert beobachten kann. Da eine Ausdehnung auf White-Label-Lösungen nicht im Fokus dieser Arbeit steht, wird auf die angegebene Literatur verwiesen (Ailawadi & K. Keller, 2004; Anselmsson & Johansson, 2014; Burmann et al., 2008; Fornari et al., 2011; Hoch, 1996).

2.3.8. Co-Branding als Win-Win für zwei Individualmarken

Eine besondere Form von Markierungen stellt das Co-Branding dar, welches synonym mit dem Begriff *Composite Branding Alliance* verwendet wird. Dies bezeichnet eine neue Marke, die sich aus zwei Individualmarken – sogenannten

86   2 Theoretische Verortung und Bezugsrahmen

Composite Brands – zusammensetzt (Helmig, Huber & Leeflang, 2008; Park, Jun & Shocker, 1996; Washburn et al., 2000).

Diese Erkenntnisse sind für die vorliegende Arbeit besonders relevant, da sowohl Resort als auch Destination als Marke gesehen und vom Kunden wahrgenommen werden. Ein Resort in einer Destination ist in dem oben dargestellten Sinne ein Co-Branded-Produkt, da Reisende in ihrem Erlebnis vor Ort Eigenschaften der Destination und des Resorts wahrnehmen. Oftmals manifestiert sich dies sogar im Namen des Resorts, wie zum Beispiel *Robinson Club Arosa* in Arosa, Schweiz, oder *Iberostar Alcudia Park* in Alcudia, Spanien.

Trotz der praktischen Relevanz und einer Vielzahl von Marktakteuren, die vor allem im Produktbereich Co-Branded Angebote im Markt platzieren, gibt es verhältnismäßig wenig empirische Studien zu dem Themenkomplex (Washburn et al., 2000). Der wissenschaftliche Diskurs handelt meist von der Übertragbarkeit von Markenattributen der einen Individualmarke auf die andere. So haben Park et. al. (1996) gezeigt, dass ein positiver Transfer von Eigenschaften auf beide Ursprungsmarken möglich ist. Ferner wurde gezeigt, dass eine Komplementarität der Ursprungsmarken ein stärkerer Treiber der positiven Markenbewertung durch Kunden ist als die positive Einzelbewertung der Individualmarken (Park et al., 1996). Co-Brands, welche aus Individualmarken bestehen, die wiederum aus Kundensicht komplementär erscheinen, werden positiver bewertet als Co-Brands, die lediglich aus besonders positiv bewerteten Individualmarken bestehen, bei denen der Konsument jedoch keine Komplementarität erkennt.

In der Literatur finden sich hierzu weitere Erhebungsmöglichkeiten des Markenwerts (Brand Equity). So sind quantitative Messungen (Aaker, 1991; Simon & Sullivan, 1993; Swait, Erdem, Louviere & Dubelaar, 1993) ebenso möglich wie qualitative Erhebungen[1] (Lassar et al., 1995) Swait et al. 1993; Aaker 1991; Simon and Sullivan 1993; Feldwick 1996). Markenwert an sich ist definiert als eine „constellation of associations with brand names" (Swait et al., 1993, S. 25). Das vorliegende Produkt oder die einzelne Dienstleistung ist für den Konsumenten bzw. Reisenden in der jetzigen Form neu, allerdings hat er durch Assoziationen mit schon vorhandenen Individualmarken, die die neue Co-Marke schaffen, eine Vorstellung vom neuen Angebot. Konsumenten bewerten also das Angebot basierend auf den Erfahrungen, die sie mit den Individualmarken gemacht haben (Washburn et al., 2000).

---

[1] Da der Fokus der vorliegenden Arbeit auf dem Zusammenspiel von Einzelmarken und nicht auf dem Erheben von Markenwerten liegt, wird das Thema der Messung des Markenwertes an dieser Stelle nicht weiter diskutiert. Es wird auf die angegebene Literatur verwiesen.

2.4 Entscheidungen und Verhalten im Kaufprozess 87

Genauso verhält es sich bei einem touristischen Angebot in Form eines Resorts in einer Urlaubsdestination: Gäste nehmen das Angebot im Resort wahr und kennen oftmals schon die Resortmarke oder die Destinationsmarke (oder beides), oder aber sie haben zumindest eine Vorstellung von einer oder sogar von beiden Individualmarken.

Alle genannten Entscheidungstheorien fußen auf der Annahme, dass Konsumenten verschiedene Faktoren in Betracht ziehen, diese bewerten und basierend auf dieser Bewertung eine Entscheidung treffen. Im theoretischen Fall zerlegen sie also die Entscheidung in unendlich viele Einzelfaktoren, rechnen jedem dieser Faktoren einen Wert bei, und errechnen somit den Erwartungswert. Mit der Art und Weise dieser Entscheidungsfindung und den darauf wirkenden Einflussfaktoren befasst sich Kapitel 2.4.

2.4. Entscheidungen und Verhalten im Kaufprozess

Der Entscheidungsprozess für eine Ferienreise ist in der wissenschaftlichen Forschung in Modellen zur Decision-Making Theory verankert, die sich aus den beiden Disziplinen der Ökonomie und der Psychologie zusammensetzt. Umfassende Modelle wurden vor allem seit den 60er Jahren des 20. Jahrhunderts entwickelt und lassen sich in drei große Strömungen einteilen: (1) Grand Theory, (2) Hierarchy-of-Effect-Modelle und (3) Sequential Multistage Process Models. Erstere ist in der ökonomischen Nutzentheorie verwurzelt, während zweite und dritte in der Psychologie beheimatet sind. Die Entscheidungstheorie legt als Grundannahme der Entscheidung den vom Individuum antizipierten Nutzen zu Grunde. Kauft das Individuum nun ein Erlebnis, legt es den gewonnenen Nutzen des Erlebnisses zu Grunde. Es antizipiert also den Erlebnisgewinn. Insofern setzt sich ein potentieller Reisender schon während des Entscheidungsprozesses für einen Resorturlaub mit möglichen Erlebnissen auseinander. Daher wird der Entscheidungsprozess in der vorliegenden Arbeit aufgegriffen.

Kapitel 2.4.1 stellt Definitionen sowie Zugänge zur Kaufverhaltens- und Entscheidungsforschung vor. Es erklärt das Grundmodell nach Katona (1975), welches eine Entscheidung in habituelles Verhalten, und, wie Katona es nennt, in eine „echte" Entscheidung unterteilt. Kapitel 2.4.2. befasst sich mit den einzelnen Komponenten, vor allem den emotionalen und kognitiven, die für ein Individuum im Entscheidungsprozess eine Rolle spielen. Kapitel 2.4.3 schließlich liefert eine Übersicht über Modelle, die einen gesamten Entscheidungsprozess (anstelle von Einzelentscheidungen) abbilden.

88   2 Theoretische Verortung und Bezugsrahmen

2.4.1. Definitorische Einführung und Abgrenzung

Die in den 1960er Jahren entwickelten Modelle sind in der ökonomischen Nutzentheorie verankert (Kassarjian, 1982) und werden als „Grand Theory" (Yadav, Valck, Hennig-Thurau, Hoffman & Spann, 2013; Yadav & Pavlou, 2014) bezeichnet. Diese geht von einem Konsumenten (economic man) aus, der eine singuläre, kognitiv gesteuerte Entscheidung fällt (Edwards, 1954, S. 380).

Das Handeln dieses Konsumenten ist durch drei Kernannahmen geprägt: (1) vollständige Informationen, (2) uneingeschränkte Sensitivität des Entscheidungsergebnisses sowie (3) Rationalität.

Die Annahme von (1) vollständigen Informationen zum Zeitpunkt der Entscheidung ist in diesem Fall sowohl für den Prozess als auch für das Ergebnis der Entscheidung zu verstehen. Der rationale Konsument kennt also in der ökonomischen Nutzentheorie das Ergebnis seines Handelns und kann dieses genau quantifizieren.

Ferner gilt in diesen Modellen eine (2) uneingeschränkte Sensitivität. Der Handelnde kann also nicht nur aus einzelnen abgegrenzten Alternativen wählen, sondern sich wie bei einem Schieberegler die für ihn optimale Lösung zusammenstellen. Die Annahme der uneingeschränkten Sensitivität ist vor allem eine mathematische: um ein Kontinuum an Ergebnissen abbilden zu können, nimmt man an, dass der „economic man" rationale Entscheidungen mit uneingeschränkter Sensitivität treffen kann. Stone hat 1951 in seinem Werk „The role of measurement in economics" gezeigt, dass auch mit endlichen Entscheidungsmöglichkeiten die gleichen Ergebnisse erzielt werden können (Stone, 2013), weshalb die Annahme der uneingeschränkten Sensitivität in auf den Grundmodellen aufbauenden Entwicklungen vernachlässigt wird.

Die dritte Kernannahme ist die der (3) Rationalität des Entscheiders, also das Bevorzugen eines Ergebnisses mit einem ökonomisch höheren subjektiven Nutzen im Vergleich zu einem Ergebnis mit einem niedrigeren Nutzen. Marshall stellt diese Rationalität als Kernannahme und conditio sine qua non in seinem Werk „Principles of economics" (Friedman & Savage, 1948) heraus. Edwards (1954) fügt hinzu, dass diese Art der Maximierung nur für risikolose Entscheidungen gilt, also für jene, bei denen die Eintrittswahrscheinlichkeit 100 % beträgt. Sobald dies nicht der Fall ist und das Nichteintrittsrisiko in die Entscheidungsfindung mit einbezogen wird, muss der economic man seinen erwarteten Nutzen maximieren, indem er die Wahrscheinlichkeit des Eintritts mit dem Nutzen multipliziert.

2.4 Entscheidungen und Verhalten im Kaufprozess 89

Nutzenmaximierung des economic man

Erwarteter Nutzen	=	*Nutzen*	x	*Eintrittswahrscheinlichkeit*	

Abbildung 16: Nutzenmaximierung des economic man; eigene Darstellung

Ab den 1980er Jahren nahm das Interesse an Modellen der Grand Theory ab (Dierks, 2017). Hauptkritik an den bis dahin vorherrschenden Modellen war, dass sich zum einen die Operationalisierung als sehr komplex herausstellte, vor allem aber, dass sie zum anderen die Realität der situationsspezifischen Entscheidungsprozesse zu stark vereinfachen und daher nicht überprüfbar sind. Dennoch werden die ursprünglichen Modelle nach wie vor als übergreifende und ganzheitliche Denkmuster genutzt, um darauf aufbauend neue Modelle zu entwickeln, die jeweils einzelne Verhaltensweisen des Kaufentscheidungsprozesses näher analysieren, wie zum Beispiel Burmanns Ansatz der Partialmodelle (Burmann et. al., 2008, S. 100).

In den folgenden Jahren rückten immer mehr sogenannte *Hierarchy-of-effect-Modelle* sowie mehrstufige Entscheidungsmodelle in den Vordergrund. Beide sind in der Sozialforschung verankert und fokussieren sich auf die Einstellungen und das Verhalten von Individuen (Simonson, Carmon, Dhar, Drolet & Nowlis, 2001) und ziehen hierbei – anders als die auf der ökonomischen Nutzentheorie basierten Modelle der Grand Theory – auch irrationales Verhalten von Konsumenten in Betracht.

Der Grundgedanke von Hierachy-of-effect-Modellen besteht darin, dass psychologische Effekte in einem hierarchischen Verhältnis zueinander stehen und dieses Verhältnis eingehalten werden muss. Das am bekanntesten und auch in der Praxis am weitesten verbreitete Modell ist das *AIDA-Modell* (Heath & Feldwick, 2008), das ein Akronym für die vier Wörter *attention, interest, desire* und *action* ist. Potenzielle Käufer müssen zuerst auf ein Produkt aufmerksam werden, bevor sie Interesse am Produkt entwickeln können. Auf Basis dieses Interesses bildet sich ein Wunsch heraus, das Produkt zu besitzen, welcher dann schlussendlich die Kaufentscheidung bestimmt.

Die Hierarchy-of-Effect-Modelle beschreiben den Kauf von Waren oder Dienstleistungen als Prozess mit mehreren Stufen, dessen Kernaufgabe es auf jeder Stufe ist, die angestrebten Zielgruppen auf die jeweils nächste Stufe des Kaufentscheidungsprozesses zu heben (Lavidge & Steiner, 1961). Hierbei durchläuft

90 2 Theoretische Verortung und Bezugsrahmen

der Kunde sechs Stufen: Durch die (1) Wahrnehmung des Produktes durch den Verbraucher und das (2) Wissen über das Angebot wird im bestmöglichen Fall eine (3) Nähe und (4) Präferierung des Produktes generiert. Diese mündet dann in der (5) Überzeugung, das Produkt erwerben zu wollen, und schlussendlich im (6) Erwerb des Produktes.

Die dritte Gruppe ist die der mehrstufigen sequentiellen Modelle von Angebotsoptionen (multistage sequential choice sets). Sie basiert auf der Grundannahme, dass jede Kaufentscheidung (a) ein mehrstufiger Prozess ist und (b) der Konsument in jeder Stufe verschieden Optionen evaluiert. Die Basis für diese Gruppe an Modellen ist eine zweistufige Darstellung der Kaufentscheidung (Bettman, 1979; Gensch, 1987; Johnson & Payne, 1985): zuerst wird das gesamte Möglichkeitsspektrum gescreent und mögliche Marken ausgewählt, im zweiten Schritt werden dann diese Marken gegeneinander abgewogen (Kardes et. al., 1993, S. 63). Im Unterschied zu Hierarchy-of-effect-Modellen wird die Evaluation nicht nur in Bezug auf die finale Kaufentscheidung wahrgenommen, sondern es werden auch die einzelnen Optionen untereinander bewertet.

Das mehrstufige sequentielle Modell von Kardes et. al. (1993) unterscheidet vier verschiedene Schritte (siehe Abbildung 17): *universal set*, *retrieval set*, *consideration set*, und *choice*. Das universal set umfasst alle vorhandenen Marken im Markt. Das retrieval set beschreibt jene Auswahl von Marken, die der Kunde ohne äußere Hilfe kennt, also an die er sich erinnern kann. Kardes et. al. (1993) konnten belegen, dass vor allem dieses retrieval set von entscheidender Bedeutung ist, da für den Kunden nicht alle Marken sichtbar sind und somit schon eine Vorselektion stattfindet, ohne dass sich der Kunde dessen bewusst ist (Alba & Chattopadhyay, 1986; Kardes et al., 1993). Vor allem drei Faktoren beeinflussen die Aufnahme von Marken aus dem universal set in das retrieval set: erstens ist die Kurzfristigkeit der Wahrnehmung zu nennen. Marken, die erst vor kurzem im Gedächtnis des Kunden verarbeitet wurden, werden eher im retrieval set aufgenommen als jene Marken, die völlig unbekannt sind. Dies kann durch aktive Wahrnehmung geschehen, wie z. B. ein Urlaub in einem bestimmten Resort. Oder es kann durch passive Wahrnehmung geschehen, wie z.B. durch das Sehen eines Werbeplakates für eine Kreuzfahrt. Zweitens werden häufig wahrgenommene Marken eher ins retrieval set aufgenommen, da sie dem Kunden vertrauter erscheinen. Als dritten Faktor nennen Kardes et. al. (1993) die Unterscheidungsfähigkeit von Marken, also ob sich die jeweilige Marke von anderen, einen ähnlichen Kundennutzen anbietenden Marken, klar abgrenzt. Aus dem retrieval set wiederum wählt der Kunde dann jene Marken aus, die er einer genaueren Betrachtung und Abwägung unterzieht. Sie formen das consideration set. Nedungadi (1991) fügt hinzu, dass die Faktoren, die das retrieval set bestimmen, ebenso für das consideration set gelten. Auch im consideration set werden Marken präferiert, auf die der Kunde kürzlich aufmerksam wurde und solche, die häufig wahrgenommen werden. Darüber

2.4 Entscheidungen und Verhalten im Kaufprozess

hinaus definiert das Model von Hauser und Wernerfelt eine Formel, mit der sich bestimmen lässt, ob Marken in das consideration set aufgenommen werden. Zusammenfassend betonen die Autoren, dass der Nutzen der Bewertung der einzelnen Marke (evaluation benefits) größer sein muss als die damit verbundenen Kosten (evaluation cost) (Hauser & Wernerfelt, 1990). Teil der Bewertungskosten sind der Aufwand für die Suche nach Informationen, die Kosten des Gedankenprozesses und auch Opportunitätskosten. Es handelt sich bei diesem Schritt jedoch noch nicht um eine abschließende Bewertung der Marke – und damit eine finale Entscheidung – sondern lediglich um die Auswahl der Marken, die letztendlich einer abschließenden Bewertung unterzogen werden. Kardes et. al. (1993) haben belegt, dass vor allem neuartige Marken („pioneering brands" (Kardes et al., 1993, S. 68)) in das consideration set aufgenommen werden. (Kardes et. al, 1993, S. 68 ff). Im letzten Schritt werden dann die Vor- und Nachteile aller sich im consideration set befindlichen Marken miteinander abgewogen, sodass dann schlussendlich eine Entscheidung (choice) gefällt wird.

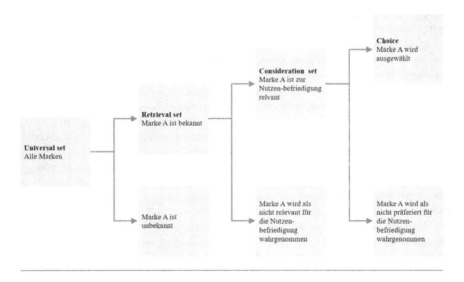

Abbildung 17: Mehrstufiges, sequentielles Entscheidungsmodell; eigene Darstellung, in Anlehnung an Kardes et. al. (1993)

92 2 Theoretische Verortung und Bezugsrahmen

Vor allem der Prozess zwischen retrieval set und finaler Entscheidung wird in der Literatur kontrovers diskutiert (Gensch, 1987; Shocker, Ben-Akiva, Boccara & Nedungadi, 1991). So geben Shocker et. al. (1991) zu bedenken, dass die Komplexität der Entscheidung ein wichtiger Moderator beim consideration set sein könnte. Sollte die Entscheidung aufgrund von zu vielen Markenalternativen und zu vielen Informationen pro Markenalternative zu komplex werden, entschieden sich Kunden für ein verhältnismäßig kleines consideration set, um dieses dann schließlich im Kosten-Nutzen-Vergleich abzuwägen. (Shocker et. al, 1991; Gensch 1987). Sollte das retrieval set an sich schon sehr klein sein, wird consideration set mit retrieval set gleichgesetzt, sodass alle Marken schon im retrieval set miteinander verglichen werden.

Church et al. (1985) hingegen unterteilen das *retrieval set* (sie nennen es *awareness set*) in ein *processed set* und ein *foggy set*. Im processed set werden alle Marken abgebildet, die der Kunde kennt und mit denen er gewisse Attribute verbindet, während im foggy set diejenigen Marken aufgeführt werden, die dem Kunden zwar geläufig sind, zu denen er aber keine weiteren Informationen hat. So kennen zum Beispiel viele Urlauber, die eine Kreuzfahrt machen wollen, sowohl TUI Cruises/Mein Schiff, als auch AIDA. Die Marken *Costa* und *Norwegian Cruiselines* dagegen haben sie schon einmal gehört, können aber nichts mit ihnen verbinden. Erstere sind also Teil des processed set, während letztere zum foggy set gehören.

2.4.2. Komponenten und Determinanten einer Entscheidung

Grundsätzlich lässt sich das Marketingmanagement in die zwei Bereiche Marketingforschung und Kaufverhaltensforschung unterteilen (Meffert et. al, 2008, S. 91). Während sich die Marketingforschung damit beschäftigt, Marktbedürfnisse zu erfassen, zu analysieren und vorauszusagen, rückt die Kaufverhaltensforschung das Bedürfnis der Nachfrager ins Zentrum der Betrachtung. Durch Modelle, wie sich potenzielle Käufer für (oder gegen) ein Produkt entscheiden, wird hier versucht, den Kaufprozess zu antizipieren. Dies ist von entscheidender Bedeutung, um basierend auf diesen Informationen den Marketingprozess unternehmensseitig so zu steuern, dass aus potenziellen Käufern reale Produktabnehmer werden.

Da diese Arbeit einen consumer-orientierten Ansatz verfolgt und die Forschungsfrage den Konsumenten und seine Entscheidungsprozesse in den Mittelpunkt stellt, steht der Themenkomplex der Kaufverhaltensforschung im Mittelpunkt.

Meffert et. al. untergliedern die Kaufverhaltensforschung in behavioralistische, neobehavioralistische und kognitive Forschungsansätze (Meffert et. al. 2008, S. 101 f.). Während bei behavioralistischen Ansätzen nur diejenigen Vari

2.4 Entscheidungen und Verhalten im Kaufprozess

ablen einbezogen werden, die direkt messbar sind, nehmen die anderen beiden Stränge auch „intervenierende Variablen" (Kroeber-Riel/Weinberg, 2003, S 29 f.) auf.

Bei allen Modellen lässt sich zwischen Total- und Partialmodellen unterscheiden. Während Totalmodelle den gesamten Entscheidungsprozess vom Anfang bis zum Kauf des Produktes betrachten, greifen Partialmodelle einzelne Faktoren heraus und betrachten diese isoliert voneinander. Nach Meffert et. al. ergeben sich Totalmodelle meist aus der Summe von Partialmodellen.

Daher gilt es zuerst die Wirkmechanismen der Partialmodelle zu betrachten und zu verstehen (Meffert et. al., 2008, S. 106), um die einzelnen Determinanten des Entscheidungsprozesses jeweils isoliert in Gänze zu verstehen. Diese Determinanten sind in Abbildung 18 dargestellt. In einem zweiten Schritt werden dann die einzelnen Partialmodelle zusammensetzt, um Totalmodelle zu erstellen.

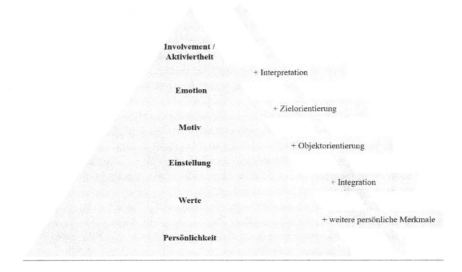

Abbildung 18: Determinanten des Entscheidungsverhaltens; eigene Darstellung, in Anlehnung an Trommsdorff (2008)

94 2 Theoretische Verortung und Bezugsrahmen

2.4.2.1. Involviertheit

Involviertheit beschreibt den „Aktivierungsgrad bzw. die Motivstärke zur objekt-gerichteten Informationssuche, -aufnahme, -verarbeitung und -speicherung" (Trommsdorff, 2008, S. 49). Sie ist Ausdruck des inneren Erregungszustands einer Person. Hierbei ist kein allein kognitiver Vorgang gemeint, es handelt sich viel-mehr um die Wachsamkeit des potenziellen Käufers. Diese Wachsamkeit ist nötig, um für Informationen überhaupt empfänglich zu sein. Das Level an optimaler Ak-tivierung ist höchst individuell und unterschiedlich. Bei zu niedriger Aktivierung schläft das Individuum, bei zu großer Aktivierung kann das Individuum die Infor-mationen nicht verarbeiten und es gerät in Panik. Dabei lässt sich eine über längere Zeit andauernde Aktiviertheit von einer Aktiviertheit als Reaktion auf einen spe-zifischen Stimulus unterscheiden. Erstere wird tonische Aktiviertheit genannt (Trommsdorff, 2008), letztere phasische Aktiviertheit (Dempsey & Morison, 1943). Auch wenn Marketingaktivitäten immer auf die phasische Aktiviertheit ab-zielen, sind sie immer im Kontext der tonischen Aktiviertheit zu sehen. Diese legt die Absprungbasis der Aktiviertheit fest, auf die dann die phasische Aktiviertheit wirkt. So soll ein Werbeaufsteller im Supermarkt als Reiz eine phasische Akti-viertheit beim potentiellen Konsumenten auslösen. Die tonische Aktiviertheit kann jedoch schwanken, je nachdem ob der Konsument zum Beispiel am Morgen kurz vor der Arbeit und noch verschlafen einkaufen geht oder einen ausgedehnten Wochenendeinkauf macht.

Bei Involviertheit steht die kognitive Dimension deutlich stärker im Vorder-grund als bei reiner Aktiviertheit (Kroeber-Riel, 1999, S. 360). So ist ein Kaufent-scheidungsprozess, der sich durch höchstes Involvement auszeichnet, eine ökono-misch-rationale, kognitiv getroffene Kaufentscheidung. Dies ist jedoch höchst sel-ten der Fall, denn meist trifft der Käufer Entscheidungen, die nicht auf rein ratio-nalen, kognitiv analyisierten Fakten beruhen.

Involvement besitzt zwei Funktionen (Trommsdorff, 2008): Zum einen steht sie am Anfang eines jeden Kaufprozesses. Zum anderen bestimmt sie alle anderen Faktoren (Emotion, Motiv, Einstellung, Werte, Persönlichkeit) und ihre Wirk-weise über den Kaufentscheidungsprozess hinweg. Trommsdorff spricht von ei-nem „Schlüsselkonstrukt der Marketingforschung" (Trommsdorff, 2008, S. 48), denn der Grad der Involviertheit hat Auswirkungen darauf, auf welche Art und Weise Individuen Informationen über ein Produkt oder eine Dienstleistung wahr-nehmen und diese verarbeiten. Die ökonomisch-rationale, kognitiv getroffene Ent-scheidung ist eben gerade nicht der Normalfall, sondern eher die Ausnahme (Trommsdorff, 2008). So gibt es viele Käufe, bei denen Kunden kein Interesse an reinen Fakten und Informationen haben, sondern Entscheidungen auf andere Art und Weise treffen. Es werden nur wenige Merkmale beachtet, die Informationen

2.4 Entscheidungen und Verhalten im Kaufprozess 95

werden nicht aktiv gesucht, sondern höchstens passiv aufgenommen. Dies beschreibt eine low-involvement-Situation. Im Gegenzug hierzu sucht der potenzielle Käufer in einer high-involvement-Situation aktiv nach Informationen und setzt sich mit dem Produkt bzw. der Dienstleistung auseinander.

Es lassen sich drei verschiedene Faktoren für Involvement nennen (Deimel, 1989, S. 154 ff.): personen-, situations- und stimulusspezifische Faktoren. Das Modell von Costley führt diese drei Ursachen ebenfalls auf (Costley, 1987).

Erstere sind subjektiv veranlagt und in der Historie eines Individuums herausgebildet. Dies bedeutet, dass unterschiedliche Personen auf ein und denselben Sachverhalt (in diesem Fall eine Kaufentscheidung an sich, eine Werbebotschaft, ein einzelner Schritt im Kaufentscheidungsprozess, etc.) unterschiedlich reagieren. Obwohl dieser Faktor vor allem bei der Kundensegmentierung von großer Bedeutung ist, wird die Varianz aufgrund der Personenspezifität von allen Faktoren eher als am geringsten angesehen.

Situationsspezifische Faktoren sind gekennzeichnet durch den Einfluss, den Umsetzungsbedingungen auf die Kaufentscheidung haben. Muss also erst mit einem großen Aufsteller oder Plakat die Limonade beworben werden und muss der Kunde diese in der hintersten Ecke des Supermarktes suchen, oder steht in der Kassenzone griffbereit eine handliche Größe des Getränks bereit und reicht ein ansprechendes Etikett aus, um den Kunden zum Kauf zu bewegen?

Stimulusspezifische Faktoren beinhalten schließlich den Einfluss des Produktes, des gewählten Kommunikationsmediums und der gewählten zu sendenden Botschaft.

Zaichkowsky (1986) stellt daher folgende Formel auf:

Konzeptualisierung von Involvement (nach Zaichkowsky, 1986)

Involvement = *f (Person, Situation, Objekt)*

Abbildung 19: Konzeptualisierung von Involvement; eigene Darstellung, in Anlehnung an Zaichkowsky (1986)

96 2 Theoretische Verortung und Bezugsrahmen

Die stimulusspezifischen Faktoren werden beeinflusst durch die Art des Produktes an sich sowie der Kommunikationsform, die für die Ansprache mit dem Kunden gewählt wird (Kroeber-Riel & Weinberg, 1999, S. 361). Sie beziehen sich also auf das Produkt und seine Interaktionsform mit dem potenziellen Käufer. Costley (1987) untergliedert die stimulusspezifischen Faktoren weiter in drei Komponenten: Produkt, Medium und Botschaft. Dies ist ähnlich zum Modell von Kroeber-Riel, das die Kommunikationsform weiter in Werbeträger und Werbemittelinvolvement (Kroeber-Riel, 1999, S. 361) unterteilt und somit auch drei Komponenten abbildet. Ausgangspunkt der stimulusspezifischen Faktoren ist immer das Produkt. Die Botschaft und das gewählte Werbemittel können oftmals beliebig geändert werden, aber Einschränkungen bestehen bei der Änderung des Produktes.

Der in der Literatur vielfach gewählte Ansatz nach Produktklassifizierungen je nach Involvementgrad ist eine erste Annäherung (Jain & Srinivasan, 1990; Jeck-Schlottmann, 1988; Lastovicka & Gardner, 1979). Typischerweise haben low-involvement-Produkte einen fortgeschrittenen Lebenszyklus, sind wenig differenziert, haben kaum kaufentscheidende unterschiedliche Merkmale, und das vom Nachfrager subjektiv empfundene Kaufrisiko – finanziell, aber auch sozial – wird als gering wahrgenommen.

Mit dem gewählten Medium wird eine Vorauswahl des Involvementgrades getroffen, da unterschiedliche Medien unterschiedlich kommunizieren (Trommsdorff, 2004, S. 61). Das Botschaftsinvolvement wiederum ist vor allem aus subjektiver Perspektive zu betrachten. Ist die gesendete Botschaft für den spezifischen Empfänger interessant? Oder nimmt er sie nur nebenbei wahr? Trommsdorff stellt heraus, dass identische Botschaften bei unterschiedlichen Empfängern einen unterschiedlichen Grad an Involvement auslösen können (Trommsdorff, 2004, S. 61f.) Somit sind nicht nur die subjektiv empfundenen Produkteigenschaften relevant, sondern auch die Umgebung, in der das Produkt präsentiert wird und die jeweils gesendete Botschaft. Genau hier schließt sich der Kreis: Involvement ist höchst subjektiv, und eine möglichst passgenaue Kundensegmentierung hilft nicht nur die Produkteigenschaften zu schärfen, sondern sollte sich ebenso – ausgehend von den personenspezifischen Eigenschaften – auf die anderen Eigenschaften (Medium, Botschaft und Situation) auswirken.

Wie zuvor dargestellt ist Involvement nach der allgemeinen Aktiviertheit die Grundlage für jede Marketingaktivität und hat somit direkten Einfluss auf das Verhalten zur Informationsgewinnung und -verarbeitung jedes potenziellen Nachfragers. Ähnlich zur Unterscheidung zwischen tonischer und phasischer Aktiviertheit identifiziert Goossens (2000, S. 304) in seinem „Hedonic Tourism Motivation Model" Pull- und Push-Faktoren als Determinanten des Involvements. Das Involvement wiederum triggert hedonistische Antworten, die dann in Motivation umgemünzt werden. Die Motivation bzw. die Motivatoren münden dann schlussendlich in den Entscheidungsprozess des Reisenden (Goossens, 2000, S. 304 ff). Auch

2.4 Entscheidungen und Verhalten im Kaufprozess

hierbei ist es also für den Erfolg eines Produktes oder einer Dienstleistung entscheidend, dass gezielte Stimuli als Pull-Faktoren auf tonische und phasische Aktiviertheit wirken und so schlussendlich eine Reaktion auslösen. Für die vorliegende Forschungsarbeit ist es von Bedeutung, zu verstehen, wie genau die Reisenden sich für einen bestimmten Resorturlaub entschieden haben. Hierbei ist nicht nur der Prozess an sich, sondern es sind auch die dahinterliegenden Motive, Antriebskräfte und Bedürfnisse, also die vorher genannten Push-Faktoren relevant. So ist zu vermuten, dass ein Reisender, der vor allem Entspannung, Erholung und Ruhe im Urlaub sucht, lautes Kindergeschrei im Hauptrestaurant zum Abendessen anders bewertet, als ein Reisender, der vor allem Zeit mit seinen Kindern verbringen möchte.

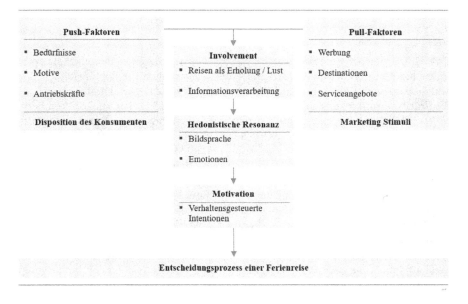

Abbildung 20: Hedonic Tourism Motivation Model, eigene Darstellung, in Anlehnung an Goossens (2003)

98   2 Theoretische Verortung und Bezugsrahmen

2.4.2.2. Emotion

Eine Emotion liegt dann vor, wenn die physiologische Erregung durch Aktiviertheit/Involviertheit nicht nur aufgenommen, sondern durch das Individuum unbewusst interpretiert, also eingeordnet wird (H. Meffert et al., 2008). Der Zustand der inneren Erregung, basierend auf der Involviertheit, wird also interpretiert (Trommsdorff, 2008).

Durch technische Homogenität bzw. Gleichheit in der Befriedigung des Nutzenbedürfnisses durch Produkte und Dienstleistungen kommt der Emotion als Marketingdimension eine große Bedeutung zu: so sind technisch identische Produkte vor allem auf emotionaler Ebene differenziert. Ein klassisches Beispiel ist Waschpulver. Dieses mag die gleichen Ergebnisse durch identische Inhaltsstoffe erzeugen, dennoch kann eine Marke stark emotional aufgeladen sein.

2.4.2.3. Motiv

Das Motiv gibt der Emotion eine Richtung. Es zeigt die Grundbereitschaft eines Individuums, sich auf gewisse Art und Weise zu verhalten. Es richtet Handlungen und Gedanken auf ein Ziel aus (Meffert et al., 2008) und gibt damit Antwort auf die Frage, warum man in Erwägung zieht etwas zu tun (Kroeber-Riel & Weinberg, 1999). Um dieses Verhalten nun eintreten zu lassen, braucht es vorangestellt die Emotion, die als Antrieb für dieses Verhalten gilt (Bänsch, 2002). Bei den Motiven lassen sich zwei Kategorien unterscheiden: erstens sind die primären, angeborenen Motive zu nennen, die biologischen Trieben ähnlich sind (zum Beispiel Hunger), und sekundäre Motive, die man sich über die Lebenszeit angeeignet hat (z. B. Lernen für die Schule, um eine das Überleben sichernde Arbeit zu finden) (Meffert et al., 2008).

Trommsdorff (2008) nennt in Bezug auf Marketingaktivitäten sieben Konsummotive, die je nach Produkt und Kategorie unterschiedlich bedeutsam sind.

Das erste Grundmotiv ist **(1) Ökonomik/Sparsamkeit/Rationalität**. Basierend auf dem homo oeconomicus ist die Prämisse des Motivs, dass ein Individuum seine Bedürfnisse möglichst bedarfsgerecht und somit mit minimalen Kosten decken möchte.

Das Streben nach **(2) Prestige/Status/Anerkennung** ist ein weiteres Konsummotiv. Es ist vor allem im Kontext eines sozialen Gefüges zu betrachten und zu bewerten. Trommsdorff spricht von „sozialer Belohnung" (Trommsdorff, 2008), dazu muss der Kauf oder der Konsum des Produktes oder der Dienstleistung auffällig und für andere erkennbar sein. Je stärker die Bezugsgruppe in das Privatleben des konsumierenden Individuums integriert ist, desto höher ist die Prestigeeignung des jeweiligen Produktes bzw. der jeweiligen Dienstleistung.

2.4 Entscheidungen und Verhalten im Kaufprozess   99

Ein ebenfalls ins soziale Gefüge einzuordnendes Motiv ist das nach **(3) sozialer Wünschbarkeit/Normenunterwerfung**. Individuen, die basierend auf diesem Motiv handeln, agieren immer in Bezug auf die erwartete Reaktion des sozialen Umfelds. Sie begeben sich somit in ein Abhängigkeitsverhältnis. Das *Gefallen dem anderen gegenüber* dominiert gegenüber dem eigenen Gefallen des Produktes. Hierin unterscheidet sich dieses Motiv deutlich von dem Streben nach Prestige/Status und Anerkennung, welches zwar ebenfalls auf ein gesellschaftliches Gefüge ausgerichtet ist, aber nicht divergent zur eigenen Bewertung des Kaufes ist. Liegt hingegen eine Normenunterwerfung als Motiv vor, kann dieses zum Kauf eines Produkts oder einer Dienstleistung führen, auch wenn der persönliche Nutzen der Anschaffung geringer bewertet wird.

Als viertes Motiv lässt sich **(4) Lust/Erregung/Neugier** nennen. Hiermit ist das Streben eines Individuums nach einer Balance von Langeweile auf der einen und Stress auf der anderen Seite zu nennen. Diese Mischung führt zu einer positiv anzusehenden Erregung und Neugierde. Dieses Motiv bezieht sich vor allem auf den Prozess, nicht den Zustand der Lustbefriedigung. Es geht also um die Gefühle eines Individuums, die es erlebt, wenn ein Mangel beseitigt wird. Das Stillen von Durst mit Wasser oder das Knabbern von Salzgebäck ist ein solcher Prozess. Ein weiterer Aspekt, der ebenfalls unter das Motiv der Neugierde fällt, ist der Wunsch nach Abwechslung, welcher auch „variety-seeking" (Tscheulin, 1994, S. 54) genannt wird. Er erklärt zum Teil den hybriden Kunden, der zwar mit dem Low-Cost Carrier Ryanair in den Urlaub fliegt, in der Destination aber ein 5-Sterne-Hotel bucht. Ebenso erklärt das Motiv den Wunsch nach Abwechslung, demzufolge einige Individuen ihr Kaufverhalten generell variieren, obwohl sie mit dem zuvor gekauften Produkt sehr zufrieden waren.

Das fünfte Motiv ist **(5) Sex/Erotik**. Das Motiv nimmt eine in unterschiedlichen Gesellschaften jeweils unterschiedlich verschlüsselte Rolle ein, funktioniert aber immer nach einem ähnlichen Muster. Durch direkte oder indirekte Stimuli wird das Individuum angesprochen und es bauen sich eigene innere Vorstellungen auf. Ziel der Stimuli ist es von Beginn an, diese Vorstellungen zu erzeugen, allerdings geschieht dies meist in sehr subtiler Art und Weise.

(6) Angst/Furcht/Risikoabneigung ist das sechste Motiv. Hierbei steht vor allem die Risikominimierung im Vordergrund, bzw. die Optimierung der Risikobereitschaft. Vor allem im Hinblick auf die Such-, Erfahrungs- und Vertrauenseigenschaften von Produkten[1] und Dienstleistungen spielt die Risikoabneigung der Konsumenten eine herausragende Rolle.

---

[1]   Siehe auch Kapitel 2.3.3.1

100 2 Theoretische Verortung und Bezugsrahmen

Das siebte Motiv bezieht sich auf das Streben eines Individuums nach Harmonie und wird mit den Begriffen **(7) Konsistenz/Dissonanz/Konflikt** zusammengefasst. Hierbei steht das Harmonisieren von unterschiedlichen Gefühlen und Zuständen im Mittelpunkt, nicht der Wunsch nach allgemeiner Harmonie im Sinne der Konfliktvermeidung. Die Marke muss vom Konsumenten als stimmig empfunden werden, über verschiedene Ebenen hinweg. So ist zum Beispiel für einen Kunden oftmals nicht stimmig, wenn eine Hotelkette, die im oberen Preissegment angesiedelt ist und vom Angebot her einen luxuriösen Standard in besten Strandlagen am Mittelmeer anbietet, plötzlich auch Supermärkte und Discounter als Vertriebskanal nutzt. Individuen nehmen hier eine Dissonanz zwischen der großen Wertigkeit der Marke bzw. ihrem Serviceversprechen, und niedrigen Qualitätsstandards des Vertriebskanals *Discounter* wahr. Dies kann dazu führen, dass auch die klassischen Vertriebskanäle vom Kunden nicht mehr genutzt werden, da die Harmonie des Gesamtangebots aus Kundensicht nicht mehr existiert.

2.4.2.4. Einstellung

Findet die Reaktion eines Individuums auf bestimmte äußere Reize immer ähnlich statt, spricht man von einer Einstellung. Das Kernelement der Einstellung ist die (zumindest teilweise) Vorhersagbarkeit. Diese Vorhersagbarkeit ist es auch, die eine Einstellung von einem Gefühl unterscheidet (Trommsdorff, 2008). Ferner lassen sich in Bezug auf Einstellungen Annahmen aufstellen, die überprüft werden können. Ein Individuum entwickelt diese Einstellungen über den Zeitverlauf hinweg, in dem es erlernt, ob und inwieweit ihm eine Reaktion auf einen äußeren Reiz nutzt.

2.4.2.5. Werte

Noch verfestigter als Einstellungen sind Werte. Trommsdorff spricht in Bezug auf Werte von „Über-Einstellungen" (2008, S. 175), die zeitlich über einen längeren Zeitraum konsistent und verbindlich sind. Vinson et. al. (1977, S. 44) unterscheiden drei Arten von Werten: globale Werte, bereichsspezifische Werte und Bewertungen von Produktattributen. Die globalen Werte, von denen jedes Individuum ca. 10–30 besitzt, sind allgemeine Handlungsweisen und dauernde Einstellungen, die die längste Zeitspanne und den umfassendsten Radius besitzen. Der Wunsch nach Frieden oder Anerkennung sind zum Beispiel globale Werte. Global beschreibt in diesem Fall jedoch nicht eine Mehrzahl von Individuen, sondern bezieht sich nach wie vor auf eine einzelne Person. Werte der zweiten Art, die bereichsspezifischen Werte, sind anwendbar auf einzelne Produktkategorien oder Lebensbereiche. So kann Zielstrebigkeit im Beruf und langes Ausschlafen am Wochenende durchaus miteinander vereinbar sein, da der Kontext jeweils ein anderer

2.4 Entscheidungen und Verhalten im Kaufprozess 101

ist. Von bereichsspezifischen Werten hat jeder Mensch einige hundert. Bewertungen von Produktattributen, die dritte Art von Werten, hingegen hat jeder Mensch mehr als tausend. Hierunter sind bewertende Überzeugungen zu einzelnen Produkten zu verstehen. Diese beziehen sich lediglich auf ein einzelnes Produkt und sind nicht generalisierbar und nur sehr begrenzt übertragbar auf andere Produktkategorien.

2.4.2.6. Persönlichkeit

Die Interaktion aller zuvor genannten Dimensionen schlägt sich in der Persönlichkeit nieder. Persönlichkeit ist definiert als „in jedem Menschen immanentes, einzigartiges, relativ stabiles sowie normalerweise nicht zu änderndes und somit den Zeitablauf überdauerndes Verhaltens- und insbesondere Reaktions- und Kommunikationsmuster" (H. Meffert et al., 2008, S. 132). Diese Vielschichtigkeit der Persönlichkeit macht sie zum einen für die Marketingforschung sehr interessant, zum anderen aber auch schwer greifbar. Oftmals werden Käufertypologien oder Personas gebildet, um sich der Persönlichkeit von Individuen annähern zu können.

2.4.3. Totalmodelle als Annäherung an Entscheidungsprozesse

Bisher wurden in dieser Arbeit Ansätze zu verschiedenen Vorgehensweisen und Stadien im Entscheidungsprozess, sowie zu verschiedenen Determinanten einer Entscheidung vorgestellt. Im Rahmen einer Entscheidung vernetzen die Individuen die einzelnen Determinanten und Entscheidungsschritte, bis sie schlussendlich eine finale Entscheidung getroffen haben, die zum Kauf eines Produktes oder einer Dienstleistung führt.

Diesen Prozess der gesamten Entscheidungsfindung versuchen Totalmodelle zu erklären. Ein Vorteil der Totalmodelle ist die Erklärungsmöglichkeit des Gesamtzusammenhanges und des Prozesses aus Kundensicht – der potenzielle Käufer kann das Gesamtmodell durchlaufen. Da jedoch eine empirische Überprüfung aufgrund der Komplexität meist nicht möglich ist, dienen Totalmodelle eher der Beschreibung und Verdeutlichung von Entscheidungsprozessen (vgl. Mazanec, 1978). Diese Art der ganzheitlichen Betrachtung von Konsumentenentscheidungsprozessen ist vor allem seit den späten 1960er Jahren in den Mittelpunkt gerückt und maßgeblich bestimmt durch das Modell von Howard und Seth (Howard & Sheth, 1969) sowie das Modell von Engel et. al. (1978).

Durch Totalmodelle findet eine sequenzielle Betrachtung des Entscheidungsprozesses statt. Da Individuen nur fünf bis neun sogenannte Informationseinheiten

102   2 Theoretische Verortung und Bezugsrahmen

gleichzeitig abspeichern und bewerten können und die meisten Marken ein Vielfaches an Informationen transportieren, muss die Verarbeitung in einzelnen Schritten bzw. Sequenzen erfolgen. Die Reihenfolge dieser Sequenzen spielt eine große Rolle im Entscheidungsfindungsprozess (Jacoby, Jaccard, Kuss, Troutman & Mazursky, 1987).

Allen Totalmodellen gemein ist die Aufteilung in eine Inputvariable, einen Verarbeitungsprozess und eine Outputvariable. Damit folgen sie dem Paradigma von kognitiven und neobehavioralistischen Verhaltensmodellen, da diese ebenfalls eine oder mehrere klar definierbare Input- und Outputvariablen haben (Werner Kroeber-Riel et al., 2009). Hinzu kommen intervenierende Variablen, die den Prozess steuern und nur teilweise messbar sind.

Das Totalmodell von Howard und Seth unterscheidet neben Input- und Outputvariablen zwei große Kategorien von intervenierenden Variablen: die Wahrnehmungskonstrukte und die Lernkonstrukte. Die Wahrnehmungskonstrukte beschreiben die selektive Form der Wahrnehmung von äußeren Einflüssen zur Problemlösung. Sie heben vor allem auf die Motive, also die Grundbereitschaft zu einem bestimmten Verhalten (Bänsch, 2002), ab. Der Mehrdeutigkeit von Inputvariablen wird durch Aufmerksamkeit eine Richtung gegeben, die Howard und Seth als Wahrnehmungsverzerrung beschreiben. Die Wahrnehmungsverzerrung stellt nun den Übergang von den Wahrnehmungskonstrukten zu den Lernkonstrukten dar. Hier werden wieder Motive und Einstellungen als Grundlage herangezogen, allerdings aus anderem Grund: während der Betrachtung der Wahrnehmungskonstrukte dienen die Motive und Einstellungen der Aufnahme von Informationen von Marken und ihren Eigenschaften. Hier, bei der Betrachtung der Lernkonstrukte, werden die Marken mit ihren Eigenschaften bewertet (H. Meffert et al., 2008), und durch die Einstellungen vom potenziellen Konsumenten wird jeder Marke ein individueller Nutzen zugeschrieben. Basierend auf diesem individuellen Nutzen wird eine Marke priorisiert, was in der Kaufabsicht mündet.

Das Modell von Engel et. al. basiert auf einer zentralen Informationsverarbeitung, die den Gesamtprozess bestimmt. Dieser Schritt der Verarbeitung und Koordination ist der große Unterschied zu habituellem Verhalten, in dem ein Stimulus ohne Verarbeitung zu einer Aktion führt (H. Meffert et al., 2008). Hat der Nachfrager erkannt, dass er handeln muss, durchläuft er verschiedene Bewertungs- und Entscheidungsphasen, in denen er seinen Bedarfswunsch immer genauer definiert, verschiedene Alternativen als Lösungsmöglichkeit bewertet und letztlich zu einer Entscheidung kommt. Unterfüttert werden diese Phasen durch außenstehende Umwelteinflüsse sowie übergeordnete persönliche Motive.

3. Empirischer Beitrag

3.1. Vorgehensweise und Methodik

Im folgenden Kapitel wird die dieser Untersuchung zugrundeliegende Methodik vorgestellt und argumentiert, inwieweit diese die am besten geeignete zur Beantwortung der Forschungsfrage ist.

Kapitel 3.1.1 bis 3.1.3 legen das theoretische Fundament für die gewählte Vorgehensweise und Mehodik, während in Kapitel 3.1.4 die für diese Arbeit verwendete Anwendung der Methodik vorgestellt wird.

Kapitel 3.1.1 stellt eine Verbindung zwischen Forschungsziel und Methodik her. Zuerst werden überblickartig verschiedene Kombinationen von qualitativem und quantitativem Forschen vorgestellt. Anschließend wird das Mixed-Method-Design ausgewählt und argumentiert, warum sich dieses für die vorliegende Forschung in besonderem Maße eignet.

Kapitel 3.1.2 widmet sich dem Datenerhebungsverfahren. Die Technik des leitfadengestützten Interviews wird vorgestellt und die Konzipierung des Leitfadens erörtert. Im nächsten Schritt werden die Anforderungen an die Stichprobenkonstruktion formuliert und die Durchführung der Gespräche geplant.

Kapitel 3.1.3 führt in die Methodik der Analyse und Darstellung der empirischen Befunde ein. Dabei widmet sich Kapitel 3.1.3.1 der quantitativen Analyse anhand des Verfahrens der Latent Dirichilet Allocation (LDA) und Kapitel 3.1.3.2 der qualitativen Analyse anhand des Verfahrens GABEK.

Den Abschluss bildet Kapitel 3.1.4., in dem das ausgewählte Forschungsdesign mit seinen drei settings Arosa, Mallorca und Fuerteventura sowie die Auswahl der Interviewpartner vorgestellt wird.

3.1.1. Ziel und Zweck

Im folgenden Kapitel 3.1.1.1 werden Ziel und Zweck eines Mixed-Method-Designs vorgestellt und argumentiert, warum die Forschungsfrage am besten mit dieser Methode beantwortet werden kann. Da ein besonderer Fokus innerhalb dieser Arbeit auf der qualitativen Analyse liegt, wird in Kapitel 3.1.1.2 zusätzlich auf Ziel und Zweck qualitativer Forschung eingegangen.

© Der/die Herausgeber bzw. der/die Autor(en), exklusiv lizenziert durch
Springer Fachmedien Wiesbaden GmbH, ein Teil von Springer Nature 2021
C. Schneider, *Kundenerlebnisse in Ferienwelten*, Entrepreneurial Management
und Standortentwicklung, https://doi.org/10.1007/978-3-658-31543-6_3

104 3 Empirischer Beitrag

3.1.1.1. Ziel und Zweck eines Mixed-Design-Ansatzes

Die Forschungsfrage der vorliegenden Arbeit lautet: „Welche Faktoren beeinflussen Erlebnisse im Resorturlaub und wie lässt sich die Wirkung dieser Faktoren anhand von (a) Personas und (b) eines Gefüges von Destination und Resort unterteilen? Ziel ist es also Faktoren zu identifizieren, zu beschreiben und zu klassifizieren. In einem zweiten Schritt sind diese dann in ihrer Wirkweise auf unterschiedliche Personen hin zu untersuchen, in einem dritten Schritt dann in ihrer Wirkung innerhalb eines Destination-Resort-Gefüge.

Die Auswahl der Methode hat sich an dem Ziel der Beantwortung der Forschungsfrage zu orientieren. Zur Beantwortung dieser muss der Forscher im vorliegenden Fall zum einen die die Erlebniswahrnehmung beeinflussenden Faktoren benennen und beschreiben. Zum anderen muss er das Verhältnis zwischen ihnen, der Resortmarke und der Destination verstehen und analysieren. Menschliches Verhalten soll beschrieben und erklärt und – wenn möglich – dessen Ursachen gefunden und in ein Wirkungsgefüge eingeordnet werden.

Neben dem Herausstellen der Faktoren steht also das Beschreiben und Erklären des Wirkens von einzelnen Reizen auf den Reisenden sowie die Verflechtung der Erlebnisse mit der Destinations- und Resortmarke im Mittelpunkt. Hierbei ist es zum einen das Ziel, übergeordnete Muster und Strukturen zu identifizieren. Zum anderen ist es das Ziel, diese Reiz-Erlebnis-Stränge in ihrer Tiefe, Reichhaltigkeit und Fülle zu beschreiben und zu analysieren. Daher wird für die vorliegende Arbeit ein integriertes Design im Rahmen der Mixed-Design-Forschung gewählt, mit vorhergehender quantitativer und darauf aufbauend qualitativer Forschung (Vertiefungsmodell). Dieser Ansatz wird im Folgenden vorgestellt und eingeordnet.

Die Kombination von quantitativer und qualitativer Forschung versucht, die Vorzüge unterschiedlicher Erhebungsverfahren und Ansatzpunkte miteinander zu verbinden (Mayring, 2001; Srnka & Koeszegi, 2007; Srnka, 2007). Hierbei ergeben sich vier mögliche Methodenkombinationen, welche in Abbildung 21 dargestellt sind.

Werden innerhalb einer Forschungsstudie mehrere Analyseverfahren basierend auf dem gleichen Datensatz durchgeführt, spricht man von einer Mixed-Design-Forschung bzw. einem integrierten Design (Srnka & Koeszegi, 2007; Srnka, 2007). Andere Konnotationen hierfür sind Combination Design (Davies, 2003) und Transformative Design (Creswell & Creswell, 2017). Diese Methodik lässt sich weiter unterteilen in ein Verallgemeinerungsmodell (Mayring, 2001) und ein Vertiefungsmodell (Mayring, 2001). Während im Rahmen des Verallgemeinerungsmodells meist zuerst eine qualitative Analyse stattfindet und darauf aufbauend eine quantitative, ist dies im Vertiefungsmodell genau anders herum. Ziel des

3.1 Vorgehensweise und Methodik 105

Verallgemeinerungsmodells ist es, qualitative Daten quantitativ aufzubereiten, sodass weitere quantitative Analysen möglich sind. Ziel des Vertiefungsmodells hingegen ist es, das Problem in seiner ganzen Tiefe und Breite zu verstehen und sowohl übergeordnete Muster und Kategorien als auch einzelne Teilaspekte sichtbar zu machen. Dieses Erkennen von übergeordneten Mustern in Bezug auf Erlebnisse im Resorturlaub in Verbindung mit einer teifergehenden Analyse einzelner Erlebnisse und Erlebniskombinationen ist das Ziel dieser Arbeit. Deshalb wird für diese Arbeit ein Vertiefungsmodell als Methodik im Sinne eines Mixed-Method-Designs gewählt.

Der Vollständigkeit halber sei aber auch die Mixed-Method-Forschung bzw. das Zwei-Studien-Design vorgestellt und abgegrenzt. Im Unterschied zum integrierten Design werden beim Zwei-Studien-Design zwei eigenständige Studien durchgeführt, jeweils eine Erhebung mit einer darauf folgenden qualitativen Analyse und eine Erhebung mit einer darauf folgenden quantitativen Analyse. Findet dieser Prozess nacheinander statt, spricht man von einem sequenziellen Modell (Srnka & Koeszegi, 2007) oder auch vom Vorstudien-Modell (Mayring, 2001). Finden beide Verfahren gleichzeitig, aber unabhängig voneinander statt, spricht man von einem parallelen Modell (Srnka & Koeszegi, 2007) oder auch von einer Triangulation (Creswell & Creswell, 2017; Mayring, 2001).

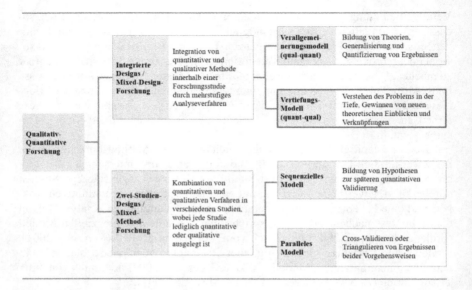

Abbildung 21: Kombinationen von quantitativ-qualitativer Forschung; eigene Darstellung, in Anlehnung an Srnka und Koeszegi (2007)

Die dieser Analyse zugrundeliegenden Daten wurden durch in-persona Interviews mit Reisenden gewonnen. Diese werden dem Ansatz des Mixed-Method-Designs folgend in einem ersten quantitativen Analyseschritt durch eine Latent Dirichilet Allocation ausgewertet, um erste große Themenfelder zu identifizieren und Ansatzpunkte für eine weitere qualitative Analyse zu gewinnen. In dem darauf folgenden quantitativen Analyseschritt wird das Verfahren GABEK durch die computergestützte Software WinRelan eingesetzt, um Assoziationsnetzwerke und Kausalnetzwerke zu bilden, welche die einzelnen Kernbegriffe aller Gespräche in eine Gesamtschau einordnen und darauf aufbauend eine tiefergehende Analyse der einzelnen Verbindungen ermöglichen.

3.1.1.2. Ziel und Zweck qualitativer Forschung

Im Zentrum von qualitativem Forschen steht das Ziel, die Perspektive der beobachteten Akteure einzunehmen und zu verstehen (Kromrey, Roose & Strübing, 2016). Es gilt, den von den einzelnen Akteuren *wahrgenommenen* Status quo in seiner Vielfalt zu erfassen (Lamnek, 2005, S. 39). Der Forscher steht vor der Herausforderung, einzelne Akteure sowie die Gesamtheit der Akteure zu erforschen und hierbei die Bedeutung, die die einzelnen Akteure dem Geschehen beimessen,

3.1 Vorgehensweise und Methodik 107

zu verstehen und in den Kontext einzuordnen. Da eben genau diese möglichst präzise Erhebung der Wahrnehmung aus Akteurssicht im Vordergrund steht, lässt sich in der qualitativen Sozialforschung kein „Handbuch mit Rezepten" (Kromrey et al., 2016, S. 77) erstellen. Stattdessen muss für jedes Forschungsvorhaben ein auf das Forschungsziel ausgelegter, am nützlichsten erscheinender Forschungsplan entworfen und operationalisiert werden, auf Basis dessen dann die Datenerhebung und -auswertung vorgenommen wird. Kromrey spricht von einem „Baukasten der Methodenlehre" (Kromrey et al., 2016, S. 77) der empirischen Sozialforschung, aus dem sich der Forscher bedienen kann. Eine Kombination verschiedener Methoden ist in diesem Fall nicht negativ behaftet. Solange diese für den Forschungszweck die am nützlichsten erscheinende Kombination von Methoden ist, ist sie zulässig.

Das grundsätzliche Ziel qualitativer Forschung wird fokussiert in der vorliegenden Arbeit deutlich: es wird die Perspektive der Reisenden eingenommen, in Gesprächen wird deren Wahrnehmung des status quo erfasst. Die hieraus gewonnenen Daten dienen als Grundmaterial für eine Analyse, in der die Daten analysiert und in einen Kontext – im vorliegenden Fall in die Wahrnehmung von Erlebnissen im Kontext eines Resorturlaubs – eingeordnet werden.

Trotz der Vielzahl an Definitionen und Vorgehensweisen zur Datenerhebung sowie Datenauswertung, die die Literatur aufweist, lassen sich zu unterschiedlichen Forschungsvorhaben einzelne Methoden favorisieren. Allgemein lassen sich Merkmale ableiten, die für qualitative Forschung charakteristisch sind. Qualitative Forschung ist *reflexiv*. Diese Reflexivität beschreibt, dass der Prozess der Forschung an sich schon Teil der Datenerhebung und der späteren Analyse ist. Da sich der Forscher möglichst nah an die Akteure begeben muss, um sich in diese hineinzuversetzen und mit ihnen zu interagieren, ist diese Interaktion Teil der Datenerhebung und auch der späteren Datenanalyse (Froschauer & Lueger, 2003, S. 40). Dies geschieht durch eine Befragung vor Ort während des Urlaubs der Reisenden.

Hieraus ergibt sich ein *dynamisches Vorgehen* beim Forschen: anstelle einer statischen Betrachtung, die an einem bestimmten Tag X stattfindet, wird der Forscher bei einer qualitativen Methode schon im ersten Abschnitt der Datenerhebung neue Erkenntnisse gewinnen, die er für seine weiteren Datenerhebungen mit in Betracht ziehen kann. Diese Dynamik kann zur Folge haben, dass die Forschungsfrage und das Vorgehen während der Erhebung abgeändert und angepasst wird. Diese Richtungsanpassung führt zur *Flexibilität*, sowohl in Bezug auf die Wahl der Instrumente als auch auf den angesetzten Blickwinkel. So kann während des Forschungsprozesses der Blickwinkel immer weiter fokussiert werden. Dies wiederum setzt eine gewisse *Offenheit* bei der Art und Weise des Vorgehens voraus,

108   3 Empirischer Beitrag

welche im Gegensatz zu einem starren Gerüst zur Datenerhebung bevorzugt wird. Nur so kann der Forscher mit den Akteuren gezielt kommunizieren und sich an deren Lebensrealität anpassen. Garz und Kraimer (Garz & Kraimer, 1991, S. 13) sprechen in diesem Zusammenhang vom „going native", also dem Annehmen der Perspektive der Akteure. Die Kommunikation zwischen Forscher und Akteur ist Bestandteil der Erhebung an sich, somit kann der Forscher in der Analyse der Daten die genaue Situation des Einzelfalls betrachten. Im Rahmen dieser Arbeit begibt sich der Forscher ebenfalls ins Feld und wird Teil der Reisendenrealität im Resort.

Um das Verhältnis zwischen Destination und Resort auf Markenebene beschreiben und erklären zu können, eignet sich qualitative Forschung aus drei Gründen besonders gut. Erstens ist das Verhältnis von Destinations- und Resortmarke noch relativ unerforscht, wenngleich schon einzelne Studien zu destination branding und hotel branding exisitieren (Dioko & So, 2012). Bei Neuartigkeit eignen sich qualitative Forschungsmethoden, um einen Überblick über das Forschungsfeld zu gewinnen und erste Theorien bilden zu können. Ein wichtiger Beitrag dieser Arbeit besteht darin, dieses Zusammenspiel und klare Abgrenzungen zwischen Resort- und Destinationsmarke darzustellen. Eine solche Darstellung kann am besten gelingen, wenn der Zusammenhang in seiner Gesamtheit dargestellt wird und nicht a priori einzelne Variable des Forschungsobjektes ausgeschlossen werden. Zweitens stehen gerade bei der Beschreibung des Entscheidungsprozesses der Prozess der Gedankenbildung sowie die Wahrnehmung von Reisenden im Vordergrund. Um das Ziel zu erreichen, diesen darstellen zu können und Einzelheiten herausstellen zu können, eignen sich qualitative Forschungsmethoden am besten.

3.1.2. Datenerhebungsverfahren und Stichprobenkonstruktion

3.1.2.1. Leitfadengestütztes Interview als Befragungstechnik

Kromrey beschreibt das leitfadengestützte Interview als „Formalisierte Informationserhebung" (Kromrey et al., 2016, S. 338) mit Ziel. Das Interview an sich folgt also einem formellen Vorgehen und ist Mittel zum Zweck. Es dient dem Zweck, Daten zu erheben, die später ausgewertet werden können (Kvale, 1983, S. 174). Somit bettet sich das Interview in den Forschungsprozess ein und muss zum Zweck, also der darauf folgenden Datenauswertung, passen. Diese Zielgerichtetheit ist es auch, die ein Interview von einer Unterhaltung oder einem allgemeinen Gesprächs unterscheidet (Noelle-Neumann & Petersen, 2013). Alemann (1977, S. 208–210) spricht von der Künstlichkeit der Gesprächssituation. Diese hat vor allem zwei Gründe: erstens liegt eine sozial asymmetrische

3.1 Vorgehensweise und Methodik 109

Beziehung vor. Anders als in einem natürlichen Gespräch sind die Rollen klar verteilt. Der Interviewer steuert die Aktivitäten, während der Befragte Antworten gibt. Auch wenn ein Gespräch entsteht, so folgt der Interviewer einer Agenda – für ihn ist das Interview Mittel zum Zweck. Dem Interviewten hingegen kommt eher die Rolle eines Informanten zu. Er gibt Auskunft über die an ihn gestellten Fragen. Zweitens liegt meist eine sozial folgenlose Situation vor. So hat die zu Beginn des Interviews vom Interviewer zugesicherte Anonymität im besten Fall zur Folge, dass der Befragte auch Meinungen äußert, die er in einem verbindlicheren Kontext nicht kundtäte, da er in der Künstlichkeit und Anonymität der Interviewsituation mit keinen sozialen Konsequenzen rechnen muss.

Es ist jedoch herauszustellen, dass einzelne Aspekte der Künstlichkeit der Befragungssituation durchaus relativiert werden können. Durch eine entspannte Gesprächsatmosphäre kann zum Beispiel die asymmetrische Beziehung zwischen Interviewer und Befragtem aufgelockert werden. Andererseits kann auch trotz zugesicherter Anonymität des Gesprächs der Befragte Sorge haben, dass diese nicht gewährleistet ist; vor allem dann, wenn der Interviewer ein Bekannter des Befragten ist.

Innerhalb dieser Arbeit wurde bei den Interviews darauf geachtet, dass die Atmosphäre eines Gesprächs mit Mitreisenden einer entspannten Situation im Urlaub möglichst nahe kommt. Der Interviewer sprach mit den Befragten an der Poolbar bzw. im Kaminzimmer, am Nachmittag, also zu einer Zeit zu der sich die Urlauber meist in diesem Bereich aufhalten. Der Interviewer selbst passte sich im Kleidungsstil den Reisenden an, um den Eindruck eines Mitreisenden zu vermitteln und dadurch die Distanz zwischen Interviewer und Befragtem abzubauen. Da in den vorliegenden Resorts eine freundschaftliche, kommunikative Atmosphäre zwischen den Gästen herrscht und es nicht unüblich ist, spontan mit Mitreisenden ins Gespräch zu kommen, konnte eine authentische Gesprächssituation hergestellt werden.

3.1.2.2. Konzipierung des Gesprächsleitfadens

Das Vorgehen während der Erarbeitung eines Fragebogens für das Gespräch hat gängigen Kriterien wissenschaftlichen Arbeitens zu entsprechen (Kromrey et al., 2016, S. 346): basierend auf der zu untersuchenden Fragestellung werden Hypothesen erarbeitet, welche dann wiederum operationalisiert werden. Diese Operationalisierung wird dann aus der wissenschaftlichen Sprache in eine alltägliche „übersetzt" und schlägt sich dann in den Fragen nieder.

Insofern unterstützt der zuvor vom Interviewer erarbeitete Leitfaden bzw. Fragebogen das Interview auf prozessualer Ebene. Hierbei kann der Fragebogen entweder für den Befragten sichtbar sein, oder aber er ist nur als Unterstützung für den Interviewer gedacht, der diesen verinnerlicht hat und sich aus dem Gedächtnis abruft. In jedem Fall ist das Ziel des Fragebogens, das Gespräch zu strukturieren. Stimuli – in Form von Fragen – werden an den Befragten ausgesendet, auf die er dann reagiert. Hierzu muss sich der Interviewer im Vorfeld überlegen, welche Fragen die für seine Forschung bedeutsamen Informationen liefern können, um die Forschungsfrage beantworten zu können.

Um dieses Ziel zu erreichen, ist das Erfüllen von zwei übergeordneten Voraussetzungen notwendig. Erstens muss der Befragte kompetent sein, Auskunft zu geben. Dies ist in den allermeisten Situationen gegeben; allerdings können zum Beispiel Gespräche in einer für den Befragten fremden Sprache, die dieser nur sehr unsicher beherrscht, zum Hindernis werden. Ebenso ist die Befragung von Kleinkindern schwierig, da sich diese nicht ausreichend artikulieren können. Zweitens muss der Gesprächspartner die vom Interviewer gesendeten Stimuli auch in ähnlicher Art und Weise auffassen, wie der Interviewer diese Auffassung intendiert hat. Hierzu muss sich der Interviewer im Vorhinein in den Befragten hineinversetzen und versuchen zu eruieren, ob dieser die Fragen in der vom Interviewer intendierten Art und Weise versteht. Die Fragen sollten vor allem einfach, eindeutig und nicht suggestiv sein. Durch einfache Fragen kann der Befragte dem Interviewverlauf am besten folgen, wodurch sich die Gesprächsatmosphäre entspannt und sich von Befragten die umfänglichsten Antworten erwarten lassen. Die Eindeutigkeit der Fragen ist wichtig, um die gegebenen Antworten zur Forschungsfrage zurücklenken zu können. Suggestivfragen sind für ein leitfadengestütztes Interview ungeeignet, da sie dem Ziel des Gesprächs – dem Beantworten einer Forschungsfrage – widersprechen bzw. eine nach wissenschaftlichen Ansprüchen analysierbare Antwort nicht ermöglichen.

Bei der Auswahl der Reihenfolge der Fragen sollte der Ablauf des Gesprächs im Fokus liegen. Hierbei gilt es, Fragen zu Themenfeldern zusammenzufassen, ohne jedoch die Leichtigkeit des Gesprächs einzuschränken. Durch das Zusammenfassen von Fragen zu Themenfeldern schafft es der Forscher, das Gespräch auf einzelne Punkte zu fokussieren. Klar gekennzeichnete Sprünge zwischen Themenfeldern hingegen helfen das Gespräch aufzulockern. Zudem bietet sich ein trichterförmiger Gesprächsverlauf an, bei dem von allgemeinen Fragestellungen ausgehend die einzelnen Fragen immer kleinteiliger werden. Zum einen hilft dies, einen Einstieg zu finden und den Befragten „ins Reden" zu bekommen. Dies ist bei geschlossenen oder kontroversen Fragen schwieriger möglich. Zum anderen spiegelt ein trichterförmiger Aufbau den Denkprozess des Befragten wider. Dieser

3.1 Vorgehensweise und Methodik 111

hat während des Gesprächs die Möglichkeit, das Themenfeld zu durchdenken. Hierdurch ergeben sich bei den kleinteiligeren Fragen im späteren Verlauf des Gesprächs oftmals reflektiertere Antworten.

3.1.2.3. Anforderungen an die Stichprobenkonstruktion

Neben der Erarbeitung des Fragebogens ist die Auswahl der Befragten entscheidend für den Erfolg des Forschungsvorhabens.

Eine Möglichkeit, um die Untersuchungssituation vollumfänglich zu erfassen, ist die Vollerhebung, also eine vollständige Befragung der Grundgesamtheit. Unter Grundgesamtheit verstehen Kromrey et. al. (2016, S. 256) „diejenige Menge von Individuen, Fällen, Ereignissen [...], auf die sich die Aussagen der Untersuchung beziehen sollen und die im Hinblick auf die Fragestellung und die Operationalisierung vorher eindeutig abgegrenzt werden muss".

Eine Befragung der Grundgesamtheit ist jedoch in den allermeisten Fällen aus rein organisatorischen und zeitlichen Gründen nicht abbildbar, sodass eine Teilerhebung durchgeführt wird. Hierzu wird eine Stichprobe gebildet, aus der dann Rückschlüsse auf die Grundgesamtheit gezogen werden können. Unter einer Stichprobe versteht man die Auswahl von Untersuchungsobjekten nach vorher festgelegten Regeln (Kromrey et al., 2016, S. 253).

Eine der Limitationen von qualitativer Forschung ist die fehlende Möglichkeit der Verifizierung oder Falsifizierung von Hypothesen, während das Aufstellen eben solcher Hypothesen eine ihrer Stärken ist. Durch die Offenheit und Reflexivität qualitativer Forschung kommt der Stichprobenkonstruktion eine große Bedeutung zu. Ziel ist es, aus der Stichprobe Schlüsse auf die Grundgesamtheit schließen zu können (Scheuch, 1974, S. 1). Die Verallgemeinerung von Ergebnissen durch die Analyse von Teilmengen und die Rückschlüsse auf die Grundgesamtheit wird „Repräsentationsschluss" (Kromrey et al., 2016, S. 254) genannt. Hierzu muss die Stichprobe so gewählt werden, dass sie repräsentativ für die Grundgesamtheit ist. Die einzelnen Ausprägungsmerkmale der Grundgesamtheit müssen sich also in der Stichprobe wiederfinden – am besten auch in gleichem Umfang zueinander.

3.1.2.4. Durchführung der Gespräche

Nach Erarbeitung des Fragebogens und Auswahl der Stichprobe wird die Befragung durchgeführt. Ein persönliches face-to-face-Gespräch, ein Telefoninterview oder ein Videotelefonat sind die drei gängigsten Möglichkeiten, eine Befragung im Rahmen einer wissenschaftlichen Untersuchung durchzuführen.

Diese Möglichkeiten lassen sich anhand von zwei Faktoren unterscheiden, welche für die spätere Auswertung relevant sein können: zum einen die Übereinstimmung des Ortes von Interviewer und Befragtem, zum anderen das Wahrnehmen der Mimik und Gestik. Bei einer face-to-face-Befragung befinden sich Interviewer und Befragter am gleichen Ort und Gestik und Mimik sind für beide Gesprächsteilnehmer sichtbar. Bei einer telefonischen Befragung sind diese Faktoren nicht gegeben, während bei einem Interview per Videotelefonat zumindest eine Wahrnehmung der Mimik und Gestik möglich ist.

Der Vorteil eines face-to-face-Interviews ist die Möglichkeit für den Interviewer, sich durch die Wahrnehmung von Körpersprache und Intonation besser in den Befragten hineinversetzen zu können (Opdenakker, 2006). Durch Kenntnis der Gesamtsituation kann der Interviewer während einer späteren Auswertung Besonderheiten berücksichtigen. War der Befragte außer Atem, weil er gerade vom Sport kam? Hatte er eine Erkältung? All diese Besonderheiten können Einfluss auf die Antworten und Wertungen der Befragten haben, die der Forscher bei der Auswertung der Interviews berücksichtigen muss.

Bei einem Experteninterview ist diese Möglichkeit der Berücksichtigung abgeschwächt, da hierbei eher das Weitergeben von Wissen durch den Experten im Vordergrund steht (Emans, 1986). Dennoch ist auch hier das Wahrnehmen von Körpersprache und Intonation vorteilhaft. Ein weiterer Vorteil ist die Steuerung der Gesprächsatmosphäre durch den Interviewer. Er kann bei einem face-to-face-Interview deutlich einfacher einen Rahmen schaffen als dies bei räumlicher Distanz möglich wäre.

Als Nachteile sind die unbeabsichtigte Manipulation durch den Interviewer sowie der Aufwand eines face-to-face-Interviews zu nennen. Bei einem face-to-face-Interview nimmt der Befragte die Reaktion des Interviewers ebenfalls unmittelbar wahr. Hier muss sich der Interviewer bewusst sein, dass er durch seine Körpersprache und Intonation ebenfalls Signale sendet, die vom Befragten wahrgenommen werden. Diese können das Gespräch unbeabsichtigt in eine Richtung lenken. Der Interviewer muss sich also bei einem face-to-face-Gespräch in besonderem Maße seiner Wirkung bewusst sein, die unterschiedlichen Wirkungsmöglichkeiten im Vorfeld genau in Betracht ziehen und während des Interviews die von ihm ausgehenden Signale kontrollieren. Der Aufwand eines face-to-face-Interviews bezieht sich vor allem auf logistische und situative Aspekte. Oftmals ist eine lange Anreise nötig und mit hohen Kosten verbunden. Der Forscher muss abwägen, ob sich dieser Aufwand lohnt.

3.1 Vorgehensweise und Methodik

3.1.3. Analyse und Darstellung der empirischen Befunde

Ziel der vorliegenden Arbeit ist es, Erlebnisse von Resorturlaubern zu beschreiben und zu klassifizieren. Um dieses Ziel zu erreichen, wird im ersten Schritt anhand einer qualitativen Analyse in Form einer Latent Dirichilet Allocation eine sinnvolle erste Aufteilung der Datenlage nach Themengebiet, sogenannte *Topics* erstellt, auf Basis derer dann im zweiten Schritt eine weitergehende Betrachtung auf Basis der qualitativen Methode *GABEK* stattfindet. Beide Methoden werden in den folgenden Unterkapiteln vorgestellt.

3.1.3.1. Quantitative Analyse: Latent Dirichilet Allocation

Die quantitative Analyse soll zunächst einen sinnvollen ersten Ansatzpunkt zur darauffolgenden qualitativen Analyse liefern. Die vorhandenen Interviewdaten wurden in verschiedenen Situationen (*settings*) mit verschiedenen Personengruppen durchgeführt, und in jedem Interview wurden verschiedene Themengebiete durchgesprochen. Eine quantitative Analyse dieser Daten ermöglicht daher eine erste und objektive Bildung von Topics über die verschiedenen Interviews hinweg, die dann wiederum als sinnvoller Ansatz für die tiefergehende qualitative Analyse dienen.

Das Analyseverfahren *Latent Dirichilet Allocation (LDA)* verfolgt dieses Ziel. LDA gehört zur Gruppe der *Latent Semantic Analyses (LSA)*, bzw. der *Topic Modelle (Steyvers & Griffiths, 2007)*. Diese Art von quantitativen Analysen stellen Verfahren dar, die Forscher nutzen, um Einblicke in menschliches Denken und Handeln zu gewinnen (Landauer & Dumais, 1997; Landauer, Foltz & Laham, 1998). Ziel ist es Kategorien zu bilden aus Wörtern, die in einer statistischen Häufung innerhalb eines oder mehrerer Dokumente auftauchen.

Lee, Song und Kim (2010) vergleichen vier auf Algorithmen basierte Verfahren, um Strukturen in Texten zu erkennen: (1) Latent Semantic Analysis. (2) Probabilistic Latent Sematic Analysis, (3) Latent Dirichilet Allocation und (4) Correlated Topic Modelling. Sie kommen zu dem Schluss, dass vor allem dann eine LDA das geeignetste Verfahren ist, wenn jedes zugrunde liegende Dokument aus mehreren topics besteht und es das Ziel ist, diese Topics sichtbar zu machen (Lee et. al, S. 8). Zusätzlich können durch die LDA Wortpaare aus Adjektiv und Nomen berücksichtigt werden (zum Beispiel *weißer Strand*), welches in der späteren Analyse hilfreich sein kann (S. 5). Eine Limitation der LDA ist die nicht vorhandene Möglichkeit, einzig durch die Anwendung dieser Methode Beziehungen zwischen den Topics sichtbar zu machen. Da dieser Arbeitsschritt – die Sichtbarmachung von Beziehungen zwischen den Topics – für die vorliegende Arbeit von großer

114   3 Empirischer Beitrag

Bedeutung ist, wird er mit der Methode GABEK in einem zweiten Schritt durchgeführt. Die Methode GABEK ist aufgrund der durch sie gegebenen Möglichkeit der tiefen Textanalyse und Kontextualisierung allen vier oben genannten Verfahren überlegen. Daher kann die Limitation der LDA, die nicht vorhandene Möglichkeit, Beziehungen zwischen Topics herzustellen, vernachlässigt werden, da dies im zweiten Arbeitsschritt während der Auswertung mit der Methode GABEK geschieht. In Abwägung der positiven Eigenschaften aller vier auf Algorithmen basierten Verfahren wird sich somit für eine Latent Dirichilet Allocation (LDA) als erster Schritt der Datenauswertung entschieden.

LDA ist ein Verfahren des „unsupervised machine learning", welches es ermöglicht, große Textmengen durch ein computergestütztes Verfahren auszuwerten. Zentrale Kernbegriffe werden dabei im Rahmen von Topics herausgestellt, wobei die statistischen Beziehungen der Begriffe untereinander beibehalten werden (Blei et al., 2003). Blei, Ng und Jordan (2003) beschreiben die Problemstellung sowie das Ziel von LDA wie folgt: „[…] we consider the problem of modelling text corpora and other collections of discrete data. The goal is to find short descriptions of the members of a collection that enable efficient processing of large collections while preserving the essential statistical relationships that are useful for basic tasks such as classification, novelty detection, summarization, and similarity and relevance judgments" (Blei et al., 2003, S. 993).

LDA ist ein *Bag-of-Words*-Modell. Dies bedeutet, dass alle Wörter innerhalb eines Dokuments in einen – wie der Name vermuten lässt – Sack gelegt und vermischt werden. Daher spielt die Reihenfolge der Wörter innerhalb eines Dokuments keine Rolle im Verfahren.

Die für eine LDA verwendete Kernterminologie umfasst die Begriffe „Wort", „Dokument" und „Korpus". Ein Wort wird definiert als eine Einheit von diskreten Daten mit dem Index i = $\{1,...,V\}$. Ein Dokument, in dieser Arbeit also ein einzelnes Interview, ist eine Sequenz von N Wörtern, also einer Vielzahl von Wörtern, beschrieben mit w = $(w_1, w_2, ..., w_N)$ wobei w_N die n-te Wortsequenz darstellt. Ein Korpus ist eine Zusammenstellung von M Dokumenten, die durch D = $\{w_1, w_2, ..., w_M\}$ beschrieben werden. Für die vorliegende Arbeit ist also ein Korpus die Gesamtheit aller in dieser Arbeit verwendeten Interviews. Die einzelnen Interviews wiederum sind die Dokumente, welche aus einer Vielzahl von Wörtern bestehen.

Die LDA geht davon aus, dass jedes Dokument im Korpus aus verschiedenen unterschwellig vorhandenen (*latenten*) Topics zusammengesetzt ist. Jedes Topic besteht wiederum aus verschiedenen Wörtern, die mit einer unterschiedlichen Wahrscheinlichkeit in den einzelnen Dokumenten vorkommen. Im Fall der vorliegenden Arbeit könnte man zum Beispiel annehmen, dass jedes Interview, also jedes Dokument, aus einem oder mehreren oder allen der Themen „Essen", „Schlafen", und „Entertainment" zusammengesetzt ist. Jedes dieser Themen wird

3.1 Vorgehensweise und Methodik 115

durch verschiedene Wörter, die in den Dokumenten vorkommen, beschrieben. Eine LDA stellt nun diese verschiedenen Wörter zusammen. Die Benennung der Wortcluster, also der Topics, die sich aus den Wörtern herleiten lassen, ist wiederum Aufgabe des Forschers. Werden zum Beispiel die Wörter „Restaurant", „Pommes frites" und „lokale Spezialitäten" von der LDA als Wörter, die ein Topic beschreiben, genannt, kann der Forscher dieses Topic mit dem Begriff „Essen" bezeichnen.

Zur Durchführung der Analyse muss der Forscher vier Inputvariablen festlegen, die er in einem iterativen Prozess immer wieder anpassen kann:

Erstens muss er die Anzahl der Topics *(k)* vorgeben, die er erzielen möchte. Hierbei erscheint es sinnvoll, eine LDA öfter mit verschiedenen Topics durchlaufen zu lassen und alle Ergebnisse auf mögliche Topics zu untersuchen.

Zweitens muss er festlegen, aus wie vielen Wörtern die jeweiligen Topics bestehen sollen. Werden zu wenige Wörter gewählt, wird das jeweilige Topic in seinem Detailgrad zu wenig herausgestellt. Werden zu viele Wörter gewählt, wird das Topic zu schwammig und im extremen Fall überhaupt nicht deutlich.

Drittens muss ein *alpha*-Wert festgelegt werden. Dieser muss größer 0 bis unendlich sein. Der alpha-Wert legt die Verteilung an Topics für jedes Dokument fest. Ist der alpha-Wert deutlich kleiner als 1, wird jedem Dokument im extremsten Fall nur ein Topic zugeordnet. Dies kann nicht sinnvoll sein, denn Ziel der Methode ist es, mehrere Topics pro Dokument zu identifizieren. Bei einem alpha-Wert deutlich größer 1 werden die Topics gleichförmiger, es lassen sich also kaum Unterschiede zwischen den Topics erkennen. Der alpha-Wert sollte also im Grundsatz möglichst niedrig sein und nah an dem Wert 1 liegen.

Viertens wird ein *beta*-Wert festgelegt, der ebenfalls größer als 0 und bis unendlich sein kann. Der beta-Wert bestimmt die Verteilung von Wörtern jedes Topics. Ein niedriger beta-Wert führt zu einigen wenigen, dafür aber besonders dominanten Wörtern. Ein hoher beta-Wert führt zu vielen Wörtern, die alle in einem eher entfernteren Sinne mit dem Topic zu tun haben. Die Analyse sollte also mit einem möglichst kleinen beta-Wert beginnen. Falls die Topics bei Anwendung eines kleinen beta-Wertes in ihrer Fülle nicht genug beschrieben werden, kann man den beta-Wert erhöhen.

Abbildung 22 verdeutlicht graphisch das Vorgehen bei einer LDA. Hierbei stellen die einzelnen Kreuze jeweils die Wörter in allen Dokumenten dar, das große Dreieck bildet den gesamten Lösungsraum ab. Die einzelnen Wörter sind unterschiedlich weit voneinander entfernt, stehen sich also unterschiedlich nahe. Je nach Setzen des alpha- und beta-Wertes werden sie in das jeweilige Topic mit aufgenommen oder eben nicht.

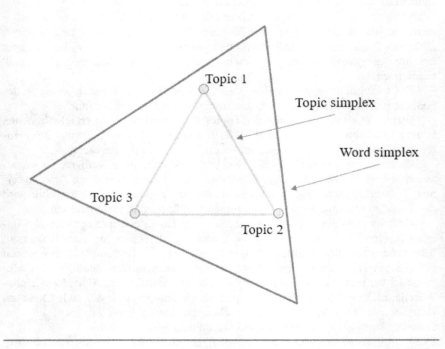

Abbildung 22: Graphische Darstellung der Findung von Topics im Rahmen einer Latent Dirichilet Allocation ; eigene Darstellng, in Anlehnung an Lettier, 2018

Die durch eine LDA generierten Topics bedürfen der Interpretation des Forschers, da sie eben gerade nur aus Wörtern bestehen, die das Topic beschreiben, nicht jedoch dem Topic einen Titel geben. Zur Verdeutlichung ein Beispiel: wenn eines der Topics, die eine LDA an die Oberfläche bringt, aus den Wörtern *Torte, Ständchen, Sackhüpfen* und *Nachmittag* besteht, so ist es Aufgabe des Forschers, diesem Topic den Titel *Kindergeburtstag* zu geben. Die LDA kann einen solchen Titel nicht festlegen, denn die Methode abstrahiert die Wörter nicht, sondern stellt lediglich einen Zusammenhang zwischen ihnen fest.

In der vorliegenden Arbeit muss also der Forscher die Ergebnisse der LDA interpretieren und basierend auf diesen jeweils einen Titel festlegen. Dieser Titel kann, im besten Fall, als Richtschnur für die darauf folgende tiefergehende qualitative Analyse gelten und gibt somit eine erste mögliche Analyseebene der Rohdaten vor.

3.1 Vorgehensweise und Methodik

3.1.3.2. Qualitative Analyse: GABEK

Ziel der qualitativen Analyse dieser Arbeit ist es, das vorhandene Material in seiner Komplexität zu reduzieren und einen überschaubaren Inhalt zu schaffen, ohne jedoch den Gehalt und die Tiefe der einzelnen Daten zu reduzieren (Mayring, 2010). Zur Erreichung dieses Ziels wird im Rahmen der vorliegenden Arbeit die Methode zur ganzheitlichen Bewältigung von Komplexität, in Kurzform „GABEK" genannt, angewendet (Pechlaner & Volgger, 2012; Zelger, 2000). Die Methode eignet sich im vorliegenden Fall besonders, da durch sie scheinbar ungeordnete, alltagssprachliche Texte geordnet werden, ihre Kernaussagen und Begriffe personenübergreifend markiert werden und in Relation zueinander gesetzt werden können.

GABEK als ein Verfahren der Wissensorganisation hat normalsprachliche Texte, im vorliegenden Fall die in den verschiedenen Settings Arosa, Mallorca und Fuerteventura durchgeführten Interviews, zur Grundlage. In der vorliegenden Arbeit sind dies die Transkripte von durchgeführten leitfadengestützten Interviews. Hierbei werden die einzelnen Interviewtexte nicht getrennt voneinander behandelt, sondern personenübergreifend.

GABEK als Verfahren funktioniert so, dass sich über zuvor definierte Sinneinheiten strukturierte Netzwerke von Ausdrücken, welche in der Gesamtschau einzelne Konzepte bzw. Beziehungen darstellen, ergeben (Zelger, 2008). Diese werden darauf aufbauend einer Analyse unterzogen und auf ihre Vernetzung untereinander hin untersucht. Die Aussagen innerhalb der Netzwerke sind dann eng miteinander vernetzt, wenn Schlüsselbegriffe in den Sinneinheiten, also innerhalb eines Gedankengangs des Befragten, gemeinsam auftauchen und von einer Vielzahl von Befragten zusammen erwähnt werden (Zelger, 1999). Zusätzlich kann man die einzelnen Interviews mit Kategorien versehen und unterschiedliche Kategorien für eine Analyse an- und abwählen. Denkbar als Kategorien sind zum Beispiel das Geschlecht des Befragten oder Vorerfahrungen mit der Marke, Destination, etc. Diese Kategorisierung kann als erste Analyseebene herangezogen werden, sodass man sich zum Beispiel nur diejenigen Datensätze anschaut, in denen ein männlicher Befragter geantwortet hat, und diese mit den Datensätzen vergleicht, die Grundlage der Antworten einer weiblichen Befragten sind. Das zuvor vorgestellte Verfahren einer Latent Dirichilet Allocation hilft, diese Kategorien zu finden und einen ersten möglichen Ausgangspunkt für die Analyse zu identifizieren.

Im vorliegenden Fall wurde die GABEK-Analyse anhand der Software „Windows Relationen Analyse", kurz „WinRelan" durchgeführt. Hierbei werden die persönlichen Äußerungen der einzelnen Befragten übereinander gelegt und miteinander verknüpft. Es entsteht ein Netzwerk, welches zum einen die einzelnen Äußerungen jedes Befragten miteinander verbindet und in Relation stellt. Zum anderen werden die Äußerungen von allen Individuen zusammen betrachtet und auf ihre Quantität hin untersucht. Je mehr Befragte die einzelnen Äußerungen miteinander verknüpfen, desto stärker ist die Verbindung. WinRelan als Software hat hierbei eine Doppelfunktion (Zelger 2004a): zum einen ermöglicht es, die einzelnen Analyseschritte im Rahmen der Methode GABEK ausführen zu können. Zum anderen dient es als Wissensbibliothek, in der einzelne Quellen nachgeschaut und mit der ein Gesamtergebnis gebildet sowie Zwischenergebnisse visualisiert werden können.

Der Ablauf der Analyse ist wie folgt:

Im ersten Schritt werden die einzelnen Rohtexte, im vorliegenden Fall also die Interviews, in die Software WinRelan eingespeist (Zelger, 2002). Jeder einzelne Abschnitt, in dem der Befragte sich zu einem bestimmten Sachverhalt äußert, bildet eine Sinneinheit. Somit ergeben sich pro Interview mehrere Dutzend Sachverhalte bzw. Sinneinheiten.

In einem zweiten Schritt werden pro Sinneinheit Kernbegriffe festgelegt und elektronisch notiert. Diese können entweder in gleicher Form im Text vorkommen oder aber Synonym dessen sein, was im jeweiligen Text vorkommt. Hierbei ähnelt sich das Vorgehen stark einer Latent Dirichilet Allocation (LDA). Vorteil der Methode GABEK ist jedoch die deutlich reflexivere und präzisere Arbeit entlang des Textes. Dies kann eine LDA nicht abbilden, stattdessen kann die LDA jedoch in einem zu Beginn einer Analyse noch ungeordneten großen Datensatz Muster, die sogenannten Topics erkennen, auf Basis derer eine zielgerichtetere Analyse nach dem Verfahren GABEK von Beginn an möglich ist.

Drittens wird, nachdem jede Sinneinheit mit ihren Kernbegriffen markiert ist, eine Liste aller Kernbegriffe, die sogenannte Ausdrucksliste, erstellt. Um diese möglichst überschaubar zu halten und um Dubletten zu vermeiden, werden alle Ausdrücke auf ihre Beziehung untereinander untersucht und – wenn sinnvoll – in Synonymen zusammengefasst. Dies ermöglicht eine Kondensierung der Daten ohne Verluste ihres Gehalts (Zelger, 2004a).

In einem vierten Schritt findet eine Kausalcodierung statt. Hierzu werden die einzelnen Ausdrücke pro Sinneinheit auf einen Kausalzusammenhang geprüft. Sollte einer der Ausdrücke ursächlich für einen anderen sein, wird dies als Ursache-Wirkungs-Zusammenhang im System kodiert.

Nachdem die Daten zur Auswertung vorbereitet wurden, finden in Schritt fünf und sechs die graphische Darstellung der Forschungsergebnisse statt: hierzu werden Netzwerkgraphiken erstellt, die entweder die Zusammenhänge zwischen mehreren Ausdrücken als Assoziationsgraphiken, oder aber die Ursache-Wirkungs-Mechanismen (Zelger, 2004b) zwischen mehreren Ausdrücken als Kausalnetz-

3.1 Vorgehensweise und Methodik 119

werkgraphiken darstellen. Diese Darstellungen werden in dieser Arbeit in den folgenden Kapiteln verwendet. Jede Verbindung basiert auf einer oder mehreren Sinneinheiten, die durch die Software WinRelan nachvollzogen werden kann. Die einzelnen Verbindungen werden überdies durch Zitate der Befragten untermauert.

In den darauf folgenden Schritten können Forschende, die mit der Methode GABEK arbeiten, einzelne Schwerpunkte der Graphiken auswählen, die sie näher untersuchen möchten. Hierzu können einzelne Ausdrücke als Knotenpunkte ausgewählt werden, Querverbindungen zwischen einzelnen Ausdrücken angezeigt und analysiert sowie Ursache-Wirkungs-Kreisläufe betrachtet werden. Die Vielseitigkeit dieses Verfahrens nutzt die vorliegende Arbeit, um einen Überblick über die Assoziationen der Reisenden mit der jeweiligen Destination bzw. des jeweiligen Resorts zu geben. Daran anschließend werden einzelne Aspekte tiefergehend betrachtet, der Einfluss einzelner Variablen diskutiert und Rückschlüsse auf mögliche Theoriebildungsprozesse gezogen.

Zusammenfassend kann herausgestellt werden, dass das Verfahren zur ganzheitlichen Bewältigung von Komplexität (GABEK) durch die verwendete Software WinRelan in Zusammenhang mit den für diese Arbeit erhobenen Interviews zum einen die tiefe Analyse der Erlebnisse ermöglicht, zum anderen aber durch die Zusammenfassung einzelner Begriffe zu Ausdrücken die Möglichkeit schafft, eine Klassifizierung von Erlebnissen vorzunehmen. Durch diese Methode kann somit ein sinnvoller Beitrag zur Beantwortung der Forschungsfrage geleistet werden.

3.1.4. Gewähltes Forschungsdesign der vorliegenden Arbeit

Im Rahmen der vorliegenden Arbeit wurden 39 Interviews anhand eines strukturierten Gesprächsleitfadens mit Resortreisenden im Zeitraum vom 24. März 2018 bis 16. April 2018 durchgeführt.

Hierbei wurden jeweils die gleichen Fragen gestellt, es lag der gleiche strukturierte Gesprächsleitfaden zugrunde. Dieser ist in Abbildung 23 dargestellt. Hierbei ist zu berücksichtigen, dass ein spontanes, entspanntes Gespräch im Vordergrund stand und somit einzelne Frageblöcke in einzelnen Interviews in anderer Reihenfolge zur Sprache kamen. Dies hatte den Vorteil, dass die Befragten ihren Gedanken folgend erzählen konnten, und nicht auf ein vorgefertigtes Korsett an Fragen antworten mussten. Allen Gesprächen gemein war die Einstiegsfrage „Wenn Du / ihr zurück nach Hause kommt und euch eure Freunde fragen, wo ihr im Urlaub wart und wie es euch gefallen hat: was antwortet ihr?". Hierdurch

120 3 Empirischer Beitrag

konnte ein erster Ansatz für den beim Befragten vorherrschenden Bezugsrahmen hergestellt werden. Einige der Befragten antworteten „Wir waren im Robinson Club", während andere antworteten „Wir waren auf Fuerteventura".

Der Gesprächsleitfaden gliedert sich in drei Blöcke. Block 1 dient dem Einstieg in das Gespräch. Hier steht im Fokus, den Referenzrahmen der Reisenden zu erfragen. Dies ist bedeutsam, um später eine kontextuelle Einordnung (Lamnek, 2005) vornehmen zu können. Ebenso ist vor allem die erste Frage sehr offen gestellt, um die potentielle anfängliche Künstlichkeit einer solchen Gesprächssituation zu überbrücken (Alemann, 1977) und möglichst schnell in ein authentisches Gespräch zu kommen. Weiterhin wurde in Block 1 nach gezielten Urlaubserlebnissen und ihren Ursprüngen gefragt.

In Block 2 wurde auf den Entscheidungsprozess für den Urlaub eingegangen. Spezifisch auf die derzeitige Reise bezogen legten die Befragten ihren Gedankengang offen, der schlussendlich zur Buchung geführt hat. Hier konnte abgefragt werden, welche Bedeutung dem Resort bzw. der Resortmarke und der Destination bzw. der Destinationsmarke beigemessen wird. Der Einstieg in Block 3 („Wie kommt es, dass ihr euch für einen Urlaub hier entschieden habt?") ist ähnlich zu dem in Block 2, gibt jedoch den Befragten die Möglichkeit nochmals die wichtigsten Entscheidungsmerkmale aus ihrer Sicht herauszustellen. Diese leiten dann direkt über zu den Erlebnissen, die wiederum mit den Erwartungen abgeglichen werden. Hierdurch entsteht eine Situation, in der Befragte über die einzelnen Reize und Erlebnisse ihres Urlaubs reflektierten. Dies gibt dem Interviewer die Möglichkeit, bei einzelnen Erlebnissen gezielt nachzufragen und eine tiefergehende Beschreibung zu erhalten.

Block 3 rückt das Verhältnis von Destination und Resort in den Fokus. Die erste Frage skizziert eine fiktive Situation („Stellt euch vor, ihr bekommt eine Woche vor dem Urlaub die Nachricht, dass euer Club einen Wasserschaden hat und ihr nicht zum angegebenen Zeitpunkt anreisen könnt."), bei der sich die Reisenden für eine von drei Optionen entscheiden und diese Entscheidung begründen sollen. Diese Frage ist angelehnt an eine Forschungsarbeit von Dioko und So (2012), welche in Macao ein ähnliches Experiment durchführten. Die hier gestellte Frage führte dazu, dass Reisende über das Verhältnis von Resort und Destination in ihrem Urlaub reflektierten und von ihren Erlebnissen bezogen auf beides erzählten.

Insgesamt diente der Leitfaden als grobes Gerüst, um dem Gespräch eine Struktur zu geben. So wurden, je nach Gesprächssituation, die Fragen in leicht abgewandelter Form oder unterschiedlicher Reihenfolge gestellt. Dies hat sicherlich den Nachteil einer geringeren Vergleichbarkeit aufgrund der nicht identischen Situation bei jedem der Befragten. Der für diese Situation entscheidende Vorteil ist jedoch das authentische Gespräch, das dem Befragten die bestmögliche Situa

3.1 Vorgehensweise und Methodik 121

tion gibt, aus seiner Sicht die Erlebnisse zu schildern. Zusätzlich entstand keine klassische Befragungssituation, in der lediglich ein Fragenkatalog abgearbeitet wurde, sondern ein offenes Gespräch.

Die Befragung wurde in drei verschiedenen Settings durchgeführt. Die Resortmarke wurde jeweils konstant gehalten, lediglich die Destination variierte. So fanden alle Gespräche in Robinson Clubs statt. Die drei gewählten Destinationen waren Arosa/Schweiz, Cala Serena Mallorca/Spanien und Esquinzo Playa Fuerteventura/Spanien. Alles drei sind für die Resortmarke Robinson typische Resorts im Sinne des Angebots. Sie werden seit mehreren Jahrzehnten als Robinson-Clubanlagen geführt und befinden sich alle in erster Reihe zum Meer (Esquinzo Playa und Cala Serena) bzw. an einer Ski-Talabfahrt (Arosa), sodass die Lage für die jeweilige Destination als exzellent beschrieben werden kann.

Betrieben werden alle Clubs von der Robinson Club GmbH, einer Tochtergesellschaft der TUI AG. Robinson ist im deutschen Markt Pionier der Club- bzw. Resorthotellerie und eröffnete seinen ersten Club, den Robinson Club Jandia Playa auf Fuerteventura, im Jahr 1971. Die Robinson Clubs sind im Premiumsegment positioniert. Als Full-Service-Anbieter ist ein Angebot von Vollpension mit Tischgetränken (Arosa und Cala Serena) bzw. All-inclusive (Esquinzo Playa) gegeben. Das Haushaltsnettoeinkommen der Gäste lag über alle Clubs und Reisezeiten hinweg im Jahr 2017 bei 64% der Gäste zwischen 3000 und 5000 Euro und bei 36% der Gäste über 5000 Euro monatlich (Robinson Club GmbH, 2017).

Die Gespräche in Arosa fanden vom 24. März bis 31. März 2018 statt, die Gespräche in Cala Serena fanden vom 2. April bis 6. April 2018 statt, und die Gespräche in Esquinzo Playa fanden vom 10. April bis 16. April 2018 statt.

Die Gäste wurden jeweils während ihres Aufenthaltes im Resort, also während ihres Urlaubserlebnisses befragt. Es wurde für die Gespräche jeweils ein Ort gewählt, der sowohl charakteristisch für die Resortmarke, als auch für die Destination ist. Dies geschah bewusst, da im Gesprächsverlauf die Befragten ihren Bezug zu Destination und Resort herausstellen sollten, und vermieden werden sollte, dass ein Ort, der zwar charakteristisch für den Club, aber nicht für die Region ist, die Aussagen in eine bestimmte Richtung lenkt. Im Robinson Club Arosa war dieser sowohl für die Resort- als auch Destinationsmarke charakteristische Ort das Kaminzimmer am Schachbrett, im Robinson Club Cala Serena war dies die Hauptbar La Cala mit Blick auf die Bucht, und im Robinson Club Esquinzo Playa wurde ebenfalls die Hauptbar mit Blick auf das Meer ausgewählt. Alle drei waren zentrale Plätze im Resort, an denen die Gäste mehrmals am Tag vorbeigingen.

Erschienen mehrere Gäste als Gruppe zum Gespräch, so wurden die Gespräche in der Gruppe geführt, um eine möglichst authentische und unverkrampfte Gesprächsatmosphäre herzustellen und die Urlauber in ihrem für die Urlaubszeit selbstgewählten sozialen Bezugsrahmen zu belassen. Im ersten Teil des Gespräches wurde jedoch herausgestellt, wer der Hauptentscheider für den derzeitigen Urlaub war. Dieser wurde als Hauptbefragter markiert. Von den 39 durchgeführten Interviews waren in 18 Befragungssituationen die Hauptbefragten männlich und in 21 Befragungssituationen die Hauptbefragten weiblich. Sie waren zwischen 16 Jahren und 72 Jahren alt.

Für die Gewinnung von Gesprächspartner gab es zwei unterschiedliche Vorgehensweisen.

Im Rahmen der ersten Vorgehensweise wurde in der jeweiligen Woche, in der die Befragung stattfand, jeden Tag ein entsprechender Artikel in der Tageszeitung des jeweiligen Clubs abgedruckt, in dem der Autor dieser Arbeit mit Foto als Forschender in den Tourismuswissenschaften vorgestellt wurde, ohne jedoch ein konkretes Thema zu nennen. Zusätzlich wurde eine Uhrzeit (meist früher Nachmittag) genannt, an der der Forscher sich an der Hauptbar aufhalten würde. Dies geschah, um Gäste mit der Person vertraut zu machen und bei einer potentiellen Befragung möglichst authentisch und unvoreingenommen ins Gespräch zu kommen. Es sollte der Rahmen eines lockeren Gesprächs während eines Urlaubstags geschaffen werden. So, wie wenn man mit Mitreisenden ins Gespräch kommt. Zur genannten Uhrzeit an der Hauptbar sprach der Forscher dann die sich dort aufhaltenden Gäste an, oder sie kamen selbst auf ihn zu. Darauf folgend wurde dann das Interview geführt.

Im Rahmen der zweiten Vorgehensweise ging der Autor abends 30 Minuten nach Öffnung des Hauptrestaurants zum Essen und setzte sich an den ersten freien Tisch für acht Personen, an dem ein Platz frei war. Während des Abendessens machte er die Reisenden auf die Befragung aufmerksam, ohne jedoch das Themenfeld zu nennen. Bei Interesse eines Gesprächs wurde ein Termin hierfür vereinbart, meist am nächsten Tag. Durch Einbezug der zweiten Vorgehensweise wurde erreicht, dass auch Personen, die nicht von sich aus aktiv auf den Forscher zugekommen waren, befragt werden konnten. Um eine möglichst große Bandbreite der Resorturlauber abzubilden, war diese Vorgehensweise sinnvoll und zielführend.

3.1 Vorgehensweise und Methodik 123

	Themenfeld	Frage	Anmerkungen
1	• Wahrnehmung des Produktes • Zusammenspiel Destination / Resort	**Warum habt ihr euch für einen Urlaub hier entschieden? Was waren die Gründe und Motive dafür?** **Wenn ihr nach Hause fahrt und Freunde euch fragen, wo ihr wart und wie es euch gefallen hat, was sagt ihr? Beschreibt euer Urlaubserlebnis.**	• Gibt Interviewpartner die Möglichkeit, seine Sichtweise des Urlaubs darzustellen • Betonung einzelner Komponenten in Bezug auf Destination und/oder Marke • Befragter kommt „ins Reden"
2	• Aufbau des Entscheidungsprozesses	**Wie seid ihr bei der Entscheidungsfindung für diesen Urlaub vorgegangen?** **Beschreibt den Prozess und wichtige Stationen darin.**	• Interviewpartner kann wichtige Stellen im Entscheidungsprozess herausstellen • Auf Nachfrage (Critical Incident) tiefergehende Betrachtung, Rückfragen bei einzelnen Schritten
3	• Aufbau des Entscheidungsprozesses	**Warum habt ihr ein Reisebüro hinzugezogen?** **Wie hat dieses eure Entscheidung beeinflusst?**	• Beleuchtung von einzelnen Einflussfaktoren im Entscheidungsprozess
4	• Wahrnehmung des Produktes • Zusammenspiel Destination / Resort	**Wie kommt es, dass ihr euch für einen Urlaub hier entschieden habt?**	• Vertiefung der zuvor genannten Gründe, weitere Vernetzung der einzelnen Erlebnisse und Reize • Um Wahrnehmung nicht zu beeinflussen findet keine direkte Nennung des Ortes statt, stattdessen Verwendung von „hier"
5	• Zusammenspiel Destination / Resort	**Stellt euch vor, ihr bekommt eine Woche vor dem Urlaub die Nachricht, dass euer Club einen Wasserschaden hat und ihr nicht zum angegebenen Zeitpunkt anreisen könnt.** **Drei Möglichkeiten: Urlaub im Nachbarhotel, Urlaub im Club gleicher Marke, aber andere Destination, Urlaub umbuchen und zu einem anderen Zeitpunkt antreten (gleicher Club) → Wie geht ihr bei der Entscheidungsfindung vor und warum?**	• Basierend auf Dioko und So (2012), die dieses Experiment in Macao durchgeführt haben • Herausstellen und Analysieren von weiteren Faktoren, da in diesem Fall drei verschiedene Intervieworte gewählt werden
6	• Zusammenspiel Destination / Resort	**Welche Aktivitäten nehmt ihr im und außerhalb des Clubs wahr?** **Warum verlasst ihr den Club hin und wieder / verlasst ihn nicht?** **Wie beschreibt ihr das Verhältnis von Club und Insel / Region?**	• Argumentation des Interviewpartners gibt Einblicke, ob das Verlassen des Clubs durch ein bestimmtes Event / Verhalten (Wandern, Segeln, Ausflug, etc.) beeinflusst ist, oder ob dies auch ohne einzelnes Event stattfindet

bbildung 23: strukturierter Gesprächsleitfaden; eigene Darstellung

3.2. Ergebnisse der quantitativen Analyse (Latent Dirichilet Allocation)

Um sich einen ersten Überblick über die Daten zu verschaffen und diese im Nachgang zielgerichtet weiter analysieren zu können, wird eine Latent Dirichilet Allocation (LDA) angewendet. Dieses unüberwachte, computergestützte Verfahren des Topic Modelling erfasst die Häufung von Wortgruppen, sodass sich eine vom Nutzer vorgegebene Anzahl an Topics bildet. Das Verfahren an sich ist ähnlich zu dem der Auswertungsmethode GABEK. Durch die Unüberwachtheit bietet sie sich jedoch vor allem zu Beginn einer Auswertung an, wenn es das Ziel ist, erste Muster zu identifizieren.

3.2.1. Statistische Angaben und terminologische Assoziationen

Im vorliegenden Fall wird eine LDA verwendet, um die darauf folgende Analyse nach GABEK möglichst zielgerichtet durchführen zu können. Hierzu wird nach einer Unterteilung in Topics gesucht, die als erste Analyseebene für die spätere Auswertung verwendet wird. Es sei angemerkt, dass diese Analyse generell auch durch eine umfassendere explorative Auswertung in GABEK selbst ersetzt werden kann. Hierbei muss der Forscher jedoch schon klare Vorgaben bzgl. der ersten Analyseebene machen. Dies ist gerade im explorativen Verfahren nicht von Vorteil, sollen doch vor allem bisher nicht erkannte Strukturen aufgedeckt werden. So ist es Ziel dieser Arbeit, verschiedene Reize und die daraus resultierenden Erlebnisse zu identifizieren, zu analysieren und miteinander in Beziehung zu setzen. Um eine nicht zu starke Einschränkung von Beginn an vornehmen zu müssen und nicht völlig ziellos eine Analyse in GABEK zu beginnen, ist eine LDA im Rahmen dieser Arbeit gewinnbringend.

Für diese Arbeit wurde eine Latent Dirichilet Allocation im Programm *R* programmiert. Folgende Vorgaben wurden für die Berechnung gemacht:

- Es wurde vorgegeben, dass vier Themen gefunden werden sollen (k=4).
- Jedes Topic soll aus 10 Begriffen bestehen (# Begriffe = 10)
- Es wurden *unigrams* und *bigrams* zugelassen. Dies bedeutet, dass Wörter in der Liste entweder aus einem Wort (z.B. *robinson*) oder aus zwei Wörtern (z.B. *robinson club*) bestehen können.
- Die Daten wurden im Vorhinein um sogenannte *stop-words* bereinigt. Diese Wörter – z.B. *und, oder, also* – liefern keinen inhaltlichen Mehrwert und sollten daher auch nicht in der Wörterliste für ein Topic auftreten.

3.2 Ergebnisse der quantitativen Analyse (Latent Dirichilet Allocation)

3.2.2. Darstellung der Ergebnisse der quantitativen Datenanalyse

Die Berechnung der LDA ergibt das in Abbildung 24 dargestellte Ergebnis. Dies muss nun interpretiert werden. Je weiter oben ein Wort steht, desto stärker dominiert es das jeweilige Topic.

	Topic 1	Topic 2	Topic 3	Topic 4
Wort 1	club	schön	robinson	essen
Wort 2	leute	wetter	club	urlaub
Wort 3	clubs	abends	arosa	sport
Wort 4	fuerteventura	gute	tag	kinder
Wort 5	robinson club	mallorca	skifahren	robinsonclub
Wort 6	hotel	natürlich	sportangebot	paar
Wort 7	erzählen	okay	angebot	natürlich
Wort 8	gerne	anlage	atmosphäre	beispiel
Wort 9	nette	fall	nie	fahren
Wort 10	richtig	klar	spass	sonne
	Publikum	Anlage und Wetter	Sport und Atmosphäre	Esskultur und Publikum

Abbildung 24: Ergebnisse der Latent Dirichilet Allocation auf Grundlage der im Rahmen dieser Arbeit geführten Gespräche; eigene Darstellung

Der Forscher hat nun die Aufgabe die Topics mit einer Überschrift zu benennen. Hierzu ist es notwendig, nach einem Zusammenhang der Begriffe zu suchen und eine Verbindung zwischen ihnen festzustellen. Da das gesamte Verfahren computergesützt ist, ergeben sich zum Teil sehr klar abgrenzbare und titulierbare Wortgruppen, zum Teil allerdings auch Wortgruppen, denen man auf der ersten Blick und auch nach einer weiteren Analyse keinen Oberbegriff als topic zuordnen kann.

Auffällig ist, dass in drei der vier Topics genau eines der Destinationen (Fuerteventura, Mallorca, Arosa) genannt wird. Insofern scheint dieses Topic für die jeweilige Destination besonders relevant zu sein. Topic vier hat in der Begriffsliste

126 3 Empirischer Beitrag

keine Destination. Dies bedeutet jedoch nicht, dass die nun definierten Topics nur in der jeweiligen Destination zu finden sind. Vielmehr wird die jeweilige Destination mit einem Thema in besonders starker Art und Weise verbunden.

Für Topic 1 wird der Titel *Publikum* gewählt. Im Zentrum steht die Anlage des Robinson Clubs zusammen mit den Mitreisenden (*Leute)*, die *nett* sind und *gerne erzählen*, also sehr kommunikativ sind. Man fühlt sich gut aufgehoben in der Anlage (*Club* und *Hotel)* und in der Gemeinschaft. Das Beisammensein mit Mitreisenden steht im Vordergrund. Im Setting des Robinson Club auf *Fuerteventura* scheint dieses Topic eine ausgeprägte Rolle zu spielen.

Für Topic 2 wird der Titel *Anlage und Wetter* gewählt. Die Gemeinschaft wird nicht besonders betont in diesem Topic. Der Ablauf des *Abends* nimmt jedoch eine große Rolle ein. Eine weitere Erklärung und Definition dieses Topics ist bisher nicht ersichtlich. Im Setting des Robinson Club auf *Mallorca* scheint dieses Topic eine ausgeprägte Rolle zu spielen.

Für Topic 3 wird der Titel *Sport und Atmosphäre* gewählt. Im Topic werden verstärkt Aktivitäten genannt (*Sportangebot, Skifahren)*. Eine generelle sportliche Ausrichtung in Verbindung mit einer einzelnen Sportart scheint also im Zentrum dieses Topics zu stehen. Hinzu kommt eine *Angebot*svielfalt während des *Tage*s, bei dem der *Spaß* im Vordergrund steht. Im Setting des Robinson Club in *Arosa* scheint dieses Topic eine ausgeprägte Rolle zu spielen.

Für Topic 4 wird der Titel *Esskultur und Publikum* gewählt. Es scheint verschiedene Gruppenkonstellationen *(Kinder, Paar)* von Reisenden zu geben. Die Ergebnisse der LDA lassen an dieser Stelle der Analyse jedoch keine weiteren belegbaren Aussagen zu. Da *essen* das dominanteste Wort in diesem Topic ist, wird es in den Titel des Topics aufgenommen. Dies steht in Verbindung mit *Kindern* und *Paaren*. Innerhalb dieses Topics sind unter den 10 meistgenannten Wörtern keine, die die Destination beschreiben.

3.2.3. Wesentliche Erkenntnisse und Reflexion der Durchführung einer Latent Dirichilet Allocation

Die Latent Dirichilet Allocation hat im vorliegenden Fall auf zwei Ebenen einen Erkenntnisgewinn generiert:

Erstens scheinen einzelne Destinationen besonders stark auf ein Topic einzuwirken. Dies bedeutet im Umkehrschluss, dass in manchen Destinationen bestimmte Topics vorherrschend sind. Diese Erkenntnis wird im Folgenden genutzt, indem die erste Analyseebene der GABEK-Auswertung auf Basis der Destinationen geschieht. In der folgenden Analyse wird jede Destination für sich angeschaut, bevor eine destinationsübergeordnete Betrachtung vorgenommen wird.

3.3 Ergebnisse der qualitativen Analyse (GABEK) 127

Zweitens ergeben sich thematische Gruppen von Wörtern, die sich um die Begriffe *Publikum, Anlage, Wetter, Sport, Atmosphäre* und *Essen* drehen. Diese aus der LDA gewonnenen Topics können als erste Ausdrücke verstanden werden, welche für die weitergehende Analyse anhand der GABEK-Methode genutzt werden können. Zudem helfen sie beim Festlegen von Synonymen, wenn die einzelnen Sinneinheiten ausgewertet werden. Wenn Befragte zum Beispiel von *anderen Mitreisenden* im Allgemeinen sprechen, kann dieser Begriff als *Publikum* markiert werden.

Es muss festgestellt werden, dass die Durchführung einer LDA keine eindeutigen, klar abgrenzbaren Topics ergeben hat. Dies war allerdings auch nicht Ziel dieses Analyseschrittes, er diente lediglich zur ersten Annäherung an das Themenfeld. Mit den Erkenntnissen auf den zwei zuvor genannten Ebenen, also der Verbindung von Topics mit Destinationen sowie den thematischen Gruppen von Wörtern, kann nun die Analyse mit der GABEK-Methode zielgerichteter durchgeführt werden.

3.3. Ergebnisse der qualitativen Analyse (GABEK)

Dieses Kapitel stellt die Ergebnisse der Befragung von Reisenden in den drei unterschiedlichen Destinationen Fuerteventura, Mallorca und Arosa dar und analysiert diese. Zur unterstützenden Visualisierung werden als Abbildungen Schaubilder, sogenannte Netzwerkgraphiken und Kausalgraphiken verwendet. Diese wurden mithilfe der Software WinRelan erzeugt und in einem zweiten Schritt visuell aufgewertet.

Das Kapitel gliedert sich in drei Blöcke: Block 1 (Kapitel 3.3.1) stellt das erhobene Material auf einer ersten Analyseebene vor. Block 2 (Kapitel 3.3.2) wertet das Material mit Fokus auf Reize, die im Zusammenhang mit dem Resort stehen, aus. Die gleiche Art der Auswertung findet statt in Block 3 (Kapitel 3.3.3), jedoch mit einem Fokus auf Reize, die im Zusammenhang mit der Destination stehen.

3.3.1. Statistische Angaben und terminologische Assoziationen

Das Gesamtsample stellt die Grundlage der auf den folgenden Seiten dargestellten Netzwerkgraphiken und Kausalverbindungen dar. Es besteht aus 39 Interviews, 512 Sinneinheiten und 471 Ausdrücken.

128   3 Empirischer Beitrag

In der in diesem Unterkapitel vorgestellten Ausdrucksliste werden alle Begriffe, die mindestens einmal im Datenmaterial auftauchen, festgehalten und anschließend nach Anzahl der Nennungen sortiert. Somit gibt die Ausdrucksliste schon erste Anzeichen und Deutungsmöglichkeiten für die Wahrnehmung der Reise und der Erlebnisse aus Kundensicht.

Die Ausdrucksliste ist in Abbildung 25 dargestellt. In der rechten Spalte der Abbildung sind die Ausdrücke aller Gespräche enthalten. Die anderen drei Spalten nehmen eine erste Unterteilung nach Setting bzw. Destination vor. Die Zahl neben dem jeweiligen Ausdruck nennt die Anzahl der Nennungen. So wurde zum Beispiel der Begriff *Skigebiet* von den Befragten in der Destination Arosa in allen Interviews zusammengefasst 22 Mal erwähnt.

Eine Unterteilung nach Destination findet statt, da die Ergebnisse der Latent Dirichilet Allocation aus Kapitel 3.2 die Destination als erste Analyseebene nahelegen. Es werden also in der Abbildung von links nach rechts drei individuelle Ausdruckslisten basierend auf den drei unterschiedlichen Settings der Befragung (Arosa, Mallorca und Fuerteventura) erstellt, in einem zweiten Schritt werden diese dann zusammengefasst.

Obwohl die Kodierung für jedes Setting in einem ersten Schritt individuell durchgeführt wurde, wurde in einem zweiten Schritt nach Synonymen gesucht, um diese dann zusammenzufassen, ohne den Bedeutungsgehalt zu reduzieren. Dies geschah, um beim Zusammenführen der drei Listen jeweils ähnlichen Begriffen eine höhere Nennung zukommen zu lassen. So wurde zum Beispiel der Begriff *andere Gäste* in dem Setting auf Fuerteventura häufiger gebraucht als der Begriff *Publikum*, während sich dies in den beiden anderen Settings genau andersherum verhielt. Durch erneutes Lesen und Analysieren der entsprechenden Textstellen wird jedoch deutlich, dass die Interviewpartner auf Fuerteventura mit dem Begriff „Mitreisende" ebenfalls das Publikum beschreiben. Somit ist *Mitreisende* ein Synonym für *Publikum* und wurde entsprechend ersetzt.

3.3 Ergebnisse der qualitativen Analyse (GABEK)

Arosa		Mallorca		Fuerteventura		Gesamt	
Skigebiet	22	ROBINSON_Robinson_ist_Robinson	33	ROBINSON_Robinson_ist_Robinson	38	ROBINSON_Robinson_ist_Robinson	79
Atmosphäre_familiär	16	Mallorca	22	Bewusst_kein_Kontakt_zur_Destination	32	Destination[1]	54
Publikum_gleichgesinnt	15	Publikum_gleichgesinnt	16	Eine_Woche	29	Publikum_gleichgesinnt	48
Atmosphäre_locker	14	Esskultur	16	Sonne_bewusst	26	eine_Woche	30
Atmosphäre_gesellig	12	Sportangebot	9	Fuerteventura	25	Sport	28
Wandern	10	Standard	7	Sport	24	Esskultur	28
Schnee	9	Preisklasse	7	Insel_nicht_reizvoll	20	Sonne_bewusst	27
spezClub_weiss_was_mich_erwartet	9	Wetter	6	Esskultur	19	Atmosphäre_gesellig	24
Esskultur	9	Palma	6	Publikum_gleichgesinnt	17	Atmosphäre_familiär	23
Skifahren	9	Entspannt	6	Strand	16	Skigebiet	22
Skikurs_und_Skischule_inclusive	8	Ausflüge	6	Programm_voll	14	Insel_nicht_reizvoll	20
Atmosphäre_unkompliziert	8	Cluburlaub	6	Ausschlussprinzip	14	Ausschlussprinzip	20
ROBINSON_Robinson_ist_Robinson	8	Anlage	6	Entspannung	14	Sportangebot	20
Wellness	7	Atmosphäre_gesellig	5	Gesamtanlagen	13	Strand	19
Freiheiten	7	Sonne	5	Drum_herum_Programm	13	Atmosphäre_unkompliziert	18
Aktiv	7	Sicherheit	5	Woche_später	12	Programm_voll	18
Gewollt_und_abgelegen	7	Spanien	4	Wetter	11	Atmosphäre_locker	18
Arosa	7	Anlage_drumherum	4	Sportangebot	11	Entspannung	17
Winter	6	Clubchef	4	Kanaren	10	Wetter	17

[1] Der Begriff Destination umfasst die Begriffe Arosa, Mallorca und Fuerteventura

Abbildung 25: Ausdrucksliste, gegliedert nach Anzahl der Nennungen pro Destination sowie gesamthaft; eigene Darstellung

Wie in der Abbildung ersichtlich, variieren die Ausdrücke in Inhalt und Anzahl der Nennung. Im Setting *Arosa* ist der meistgenannte Ausdruck das *Skigebiet*. Erst danach folgen Begriffe, die die Interviewpartner dem Resort zuordnen. *Atmosphäre_familiär, Athmosphäre_locker* und *Atmosphäre_gesellig* sind mit jeweils 16, 14 und 12 Nennungen gelistet. Nimmt man diese zusammen, so ist „Atmosphäre" der am meisten genannte Ausdruck in dem Setting Arosa. Etwas weiter unten folgt ebenfalls der Ausdruck *Atmosphäre_unkompliziert*. Neben der Atmosphäre wird durch den Ausdruck *Publikum_gleichgesinnt* deutlich, dass destinationsspezifische Ausdrücke bei den am meisten genannten Ausdrücken vor allem mit Aktivitäten verbunden sind. So wird *Wandern* und *Skifahren* zehn- bzw. neunmal genannt. Der Ausdruck des Ortes „Arosa" findet sich auf Platz 15.

Anders verhält es sich im Setting *Mallorca*, ebenfalls dargestellt in Abbildung 25. Der Ausdruck „Mallorca", in diesem Setting vergleichbar mit dem Ausdruck „Arosa" aus dem ersten Setting, wird an zweiter Stelle genannt. Auffällig ist, dass die die Atmosphäre beschreibenden Begriffe, die im Setting Arosa 4 der Top-25-Begriffe waren, lediglich einmal genannt werden. Der Ausdruck *Publikum_gleich-gesinnt* hingegen liegt auch im Setting Mallorca auf dem dritten Platz in der Anzahl der Nennungen. Der Ausdruck *ROBINSON_Robinson_ist_Robinson* wird an erster Stelle im Setting Mallorca genannt. Er beschreibt das zentrale Markenversprechen der Marke Robinson. Die Facetten dieses Ausdrucks werden durch die später analysierten Netzwerkgraphiken herausgestellt, jedoch ist schon an dieser Stelle zu betonen, wie zentral dieser Ausdruck im Setting Mallorca und ebenso im Setting Fuerteventura ist, in dem er ebenfalls an erster Stelle steht. Im Setting Arosa hingegen ist dieser Ausdruck mit Position 11 deutlich schwächer in der Nennung vertreten.

Im Setting Fuerteventura ist die Nennung des Ausdrucks *bewusst_kein_Kontakt_zur_Destination* auffällig. Zusammen genommen mit dem Ausdruck *Insel_nicht_reizvoll* ist die Anzahl der Nennungen sogar noch größer. Viele der Befragten rechtfertigten vor sich selbst, dass sie sich bewusst dazu entschieden haben, in dieser Destination die Anlage nicht zu verlassen. Hierfür werden unterschiedlichste Gründe genannt, die im weiteren Verlauf dieser Arbeit vorgestellt und analysiert werden. Dieser Ausdruck findet sich in den anderen beiden Settings nicht in den Top-25-Ausdrücken wieder. Am ähnlichsten ist der Ausdruck zum Ausdruck *gewollt_und_abgelegen* aus dem Setting Arosa, welches die bewusste geographische Isolation der Anlage von anderen Angeboten und Anlagen in der Destination wiedergibt. Auch die mit diesem Ausdruck verbundenen weiteren Ausdrücke werden in Netzwerkgraphiken in den folgenden Unterkapiteln analysiert.

Die rechte Spalte in Abbildung 25 zeigt die gemeinsame Liste aller drei Settings. Hierzu wurden die Nennungen aus allen drei Destinationen addiert. In diesem Fall nimmt der Ausdruck *ROBINSON_Robinson_ist_Robinson* die erste Stelle ein. Dies ist zum Teil dadurch zu erklären, dass dies das verbindende Element aller drei Settings war, denn alle Interviews wurden in zu dieser Marke gehörigen Anlagen durchgeführt.

Gesamthaft können drei Beobachtungen festgehalten werden: erstens ist die Ausdrucksliste je nach betrachteter Destination unterschiedlich. Eine Betrachtung auf Destinationsebene erscheint also weiterhin sinnvoll. Zweitens sind, basierend auf der Klassifikation von Touchpoints nach Lemon und Verhoef (2016), die Ausdrücke eine Mischung aus brand-owned touchpoints (zum Beispiel der Ausdruck *Sportangebot*, der eine Aktivität beschreibt, bei der ein Mitarbeiter Kontakt mit den Gästen hat) und socially-owned touchpoints (zum Beispiel der Ausdruck *Publikum_gleichgesinnt*, auf das der Resortbetreiber nur mittelbar Einfluss hat). Eine Dominanz lässt sich in dieser ersten Analyse nicht erkennen. Drittens lässt sich einzig aus der Ausdrucksliste bei vielen Ausdrücken nicht ablesen, inwieweit die Begriffe mit der Destination oder dem Resort verbunden werden.

3.3 Ergebnisse der qualitativen Analyse (GABEK) 131

Für die weitere Betrachtung findet daher eine Unterteilung der Erlebnisse nach Destination statt, wie die Latent Dirichilet Allocation nahelegt. Ferner werden die Touchpoints genauer untersucht, indem die einzelnen Zitate in diese Arbeit eingebunden werden und die Ausdrücke auf ihre Wirkungen der Destinations- und Resortmarke hin untersucht werden.

3.3.2. Darstellung der Ergebnisse der qualitativen Datenanalyse

3.3.2.1. Resorterlebnis

Das folgende Kapitel widmet sich Erlebnissen, deren Reize auf eine Verbindung mit dem Resort und den Akteuren innerhalb des Resorts zurückzuführen sein können. Hiermit sind alle Eindrücke gemeint, die direkt oder indirekt mit der Marke und dem Markenversprechen des Resorts zusammenhängen.

Die quantitative Analyse mit der Latent Dirichilet Allocation in Kapitel 3.3.1 hat nahegelegt, dass bei Auswahl von drei Topics die geographischen Destinationen entscheidend sind, also in besonderem Maße auf das Resorterlebnis vor Ort einwirken. Um nun eine zielgerichtete Analyse der strategischen Ressourcen von Resortmarken erarbeiten zu können, sollte der Faktor der Destination isoliert werden. Aus diesem Grund werden zuerst die Resorts unabhängig voneinander in den einzelnen Settings betrachtet. Die einzelnen Assoziationsausdrücke werden in Gruppen basierend auf den von Lemon und Verhoef (2016) kategorisierten Brand Touchpoints (brand-owned, customer-owned, partner-owned, socially-owned) eingeteilt und weitergehend analysiert. Zusätzlich werden Assoziationsbegriffe, die nicht in eine der Brand-Touchpoints-Kategorien fallen, gruppiert und diskutiert.

In einem weiteren Schritt werden darauf folgend die Destinationssettings zusammengefasst und als ein Netzwerk dargestellt.

Das Markenversprechen ist mit dem Ausdruck *ROBINSON_Robinson_ist_Robinson* in der Analyse gekennzeichnet. Die Zitate H01 und Q65 stehen stellvertretend für das von der Resortmarke getroffene Versprechen:

H01: „ [...] Also am Robinson-Club typisch ist für mich, für mich persönlich, gutes Essen, ist ein Sportprogram, was sich an alle Altersstufen richtet [...]" steht sinnbildlich für diesen Ausdruck. Oftmals antworten Reisende auf einige Fragen mit einer Beschreibung ihrer Erlebnisse und beenden diese Beschreibung mit der Aussage, die ähnlich der folgenden ist „Erlebnis XYZ war besonders eindrucksvoll. Das gibt es sonst kaum woanders. Das schätze ich hier am Urlaub. Ach, Robinson ist Robinson, das ist einfach das besondere an der Marke und mit nichts anderem zu vergleichen."

Q65: „[...] Du kommst [im Club] an und was die gut machen, die geben dir die Illusion [...]: sie haben sich nur auf dich gefreut. Du bist willkommen. Sie sehen ja wo du schon warst, du bist schon ein paar Mal hier gewesen. Die Leute sind ähnlich kommunikativ wie wir. Du hast das Gefühl, dass das Luxus ist."

Daher bildet dieses auch den Knotenpunkt für eine Vielzahl der Graphiken in diesem Kapitel. Ebenso ist dieser Knotenpunkt zentral für die Beantwortung der Forschungsfrage, gibt er doch Aufschluss darüber, in welchem Zusammenhang Reize miteinander stehen und wie sich schlussendlich ein Erlebnis formt. Um eine Übersichtlichkeit in der Beschreibung und Analyse zu ermöglichen, werden Querverbindungen zwischen einzelnen Ausdrücken vorerst weggelassen, um den Fokus auf die mit dem Markenerlebnis assoziierten Begriffe legen zu können.

3.3.2.1.1. Resorterlebnis in unterschiedlichen Destinationssettings

3.3.2.1.1.1. Resort auf Fuerteventura, Kanarische Inseln, Spanien

Für die Anlage auf Fuerteventura ergeben sich 80 Assoziationsausdrücke, die mindestens eine Verbindung zur Resortmarke aufweisen. Die Resortmarke wird mit dem Ausdruck *ROBINSON_Robinson_ist_Robinson* beschrieben.

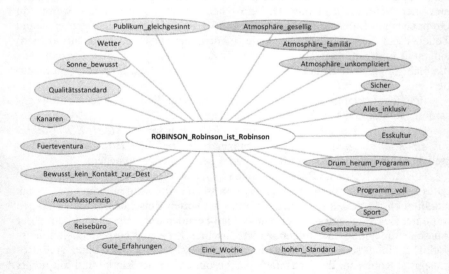

Abbildung 26: Netzwerkgraphik mit dem Ausdruck „ROBINSON_Robinson_ist_Robinson" als Knotenpunkt, Grundlage der Daten sind Gespräche in der Destination Fuerteventura, n=3; eigene Darstellung

3.3 Ergebnisse der qualitativen Analyse (GABEK) 133

Um eine fokussierte Analyse zu ermöglichen, wurde die Mindestanzahl an Nennungen auf n=3 festgelegt. Die Größe *n* gibt an, wie oft diese Begriffe zusammen in einer Sinneinheit genannt werden. Hierzu ein fiktives Beispiel: wenn ein Befragter die Aussage trifft: „Ein Urlaub bei Robinson bedeutet für mich totale Entspannung", dann werden in dieser Sinneinheit unter anderem die Begriffe *Robinson* und *Entspannung* markiert. Treffen nun drei Personen diese Aussage, ergibt sich ein n=3. Wenn in dieser Arbeit von n=3 gesprochen wird, ist immer ein *n* *größer/gleich 3* gemeint, es wurden also die jeweiligen Begriffe *mindestens* in drei unterschiedlichen Sinneinheiten zusammen genannt.

Es ergeben sich in diesem Fall 22 Assoziationsausdrücke, die in Abbildung 26 dargestellt sind. Herauszustellen ist, dass die Verbindungen zwischen dem jeweiligen Begriff und der Marke in vielen Fällen deutlich über die Mindestanzahl von n=3 Nennungen herausgeht. So werden *Fuerteventura* und *Sport* 8-mal im Zusammenhang mit dem Begriff *ROBINSON_Robinson_ist_Robinson* genannt.

Die Verbindung von *Fuertventura* und *ROBINSON_Robinson_ist_Robinson* wird unter anderem in Zitat N02 deutlich, in dem die Gäste beschreiben sollen, wie sie gerade Urlaub machen: „Für mich wär' erst das wichtigere die Destination [Fuerteventura]. Wo waren wir eigentlich, weil Robinson kann ja überall sein. Deswegen, würde ich erstmal sagen, wo hier ist. Wenn einer nachfragt [dann] Robinson. Wir würden aber [zuerst] Fuerteventura sagen, genau."

Die Verbindung von *Sport* und *ROBINSON_ist_Robinson* wird unter anderem in Zitat C03 deutlich: „Der Tag zeichnet sich dadurch aus, dass man ganz viele Angebote wahrnehmen kann, wenn man möchte, wenn man Lust dazu hat. Man kann's auch sein lassen. Man wird dazu [nicht] gedrängt. Es sind vielfältige Sachen, für jeden was dabei. Also gut, wir haben uns ja schon was ausgesucht: für uns ist das Sport, Tennis, weil wir das so gerne machen. Aber, die Angebote sonst, Gruppengymnastik, was von Pilates, über Yoga ... das ist ja so vielfältig, das Programm. Ich hab' jetzt noch nicht alles gesehen, aber kann auch nicht alles sehen in einer Woche. Nur, ich denke, da ist auf jeden Fall was dabei. Wer da nichts findet, ist selbst schuld."

Die Begriffe *eine_Woche* (bezieht sich auf die Reisedauer) 7-mal, *Qualiätsstandard* 6-mal, *Publikum_gleichgesinnt*, *hohen_Standard* jeweils 5-mal, und *bewusst_kein_kontakt_zur_Destination*, *Esskultur* sowie *gute_Erfahrungen* werden jeweils 4-mal im Zusammenhang mit dem Begriff *ROBINSON_Robinson_ist_Robinson* genannt.

134 3 Empirischer Beitrag

Die Assoziationsausdrücke lassen sich in vier Gruppen einteilen:
Erstens sind diejenigen Erlebnisse eines Resorturlaubs zu nennen, die aktiv von Mitarbeitern der Marke gesteuert bzw. über brand touchpoints initiiert werden. Diese sind in hellgrau in Abbildung 26 dargestellt. Diese sind im Sinne der brand-owned touchpoints nach Lemon und Verhoef (2016) zu verstehen, da diese von der Marke direkt gesteuert werden können.

Eine zweite Kategorie bilden die dunkelgrau eingefärbten Ausdrücke, die sich vor allem auf die Atmosphäre und das Publikum im Resort beziehen. Nach Lemon und Verhoef sind vor allem die socially-owned touchpoints bedeutsam, da diese das Markenerlebnis für den Kunden stark beeinflussen, aber nicht direkt von der Marke selbst kontrolliert werden können. In einem weiteren Analyseschritt innerhalb dieser Arbeit muss also untersucht werden, wie eine Marke auf genau diese socially-owned brand touchpoints einwirken kann, um ein ideales Markenerlebnis zu schaffen.

Drittens sind die Assoziationen, die vor allem mit der geographischen Destination Fuerteventura in Verbindung stehen, in türkis markiert. Diese sind zwar bezogen auf die geographische Destination mit Fuerteventura verknüpft[1], werden aber in einem Gedankengang mit der Marke des Resorts genannt. Die Befragten verbinden die Ausdrücke also auch mit der Marke.

Eine vierte Kategorie bilden die gelb eingefärbten Begriffe, die sich vornehmlich auf den Entscheidungs- und Buchungsprozess für die Reise beziehen. Eine direkte Verbindung zur Marke ergibt sich aus der Definition des Erlebnisses, welches sich gerade nicht nur auf den Aufenthalt im Resort bzw. in der Destination reduziert, sondern auch die Vor- und Nachbereitung mit einschließt.

3.3.2.1.1.2. Resort in Arosa, Graubünden, Schweiz

Für die Anlage in Arosa ergeben sich 14 Assoziationsausdrücke, die mindestens eine Verbindung zur Resortmarke aufweisen. Die Resortmarke wird auch in diesem Fall mit dem Ausdruck *ROBINSON_Robinson_ist_Robinson* beschrieben.

---

[1] Siehe hierzu Kapitel 3.3.2.2.1.1

3.3 Ergebnisse der qualitativen Analyse (GABEK)

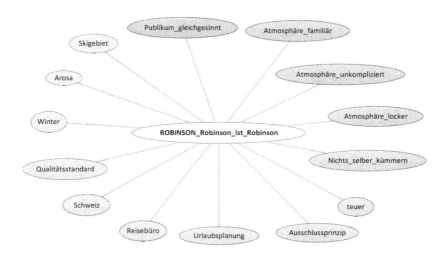

Abbildung 27: Netzwerkgraphik mit dem Ausdruck "ROBINSON_Robinson_ist_Robinson" als Knotenpunkt, Grundlage der Daten sind Gespräche in der Destination Arosa; eigene Darstellung

Im Resort in der Destination Arosa in der Schweiz lässt sich eine ähnliche Vierteilung der Assoziationsausdrücke wie auf Fuerteventura erkennen, allerdings in einem anderen Verhältnis zueinander.

Erstens werden ebenfalls die mit der geographischen Destination verbundenen Ausdrücke *Schweiz, Qualitätsstandard, Winter, Arosa* und *Skigebiet* mit der Marke des Resorts assoziiert, ähnlich zu den destinationsbezogenen Ausdrücken der Begriffe in der Netzwerkgraphik des Resorts auf Fuerteventura.

Zweitens lassen sich auch die entscheidungs- und buchungsbezogenen Ausdrücke wiederfinden, ebenfalls in ähnlicher Form wie im Beispiel Fuerteventura.

Drittens und viertens lassen sich ebenfalls Assoziationsausdrücke wiederfinden, welche den Kategorien brand-owned und socially-owned touchpoints zuzuordnen sind. Deutlich wird allerdings, dass, im direkten Vergleich der Anzahl der brand-owned und social-owned touchpoints, anders als im Setting Fuerteventura, im Setting Arosa ein deutliches Übergewicht bei den socially-owned touchpoints liegt. Gäste äußern sich sehr ausführlich über die besondere Atmosphäre, die sie in die drei Unterkategorien bzw. Dimensionen (i) *unkompliziert*, (ii) *familiär* und (iii) *locker* einordnen. Der Ausdruck *unkompliziert* beschreibt vor allem Aussagen von Befragten, die auf einer Planbarkeit und dem vom Resort angebotenen Tages-

und Wochenprogramm beruhen, während der Ausdruck *locker* den eigenen Gemütszustand und die Einstellung der Reisenden widerspiegelt. Der Ausdruck *familiär* wiederum stellt die vertrauensvolle Interaktion der Befragten mit anderen Gästen in den Vordergrund, die ähnlich derjenigen innerhalb einer Familie ist.

Auf die Frage, was ein Reisender seinen Freunden zu Hause vom Urlaub berichtet, sagt eine der weiblichen Befragten (Zitat P30): „[Es war] mega geil. […] Weil ich nie allein war, ich habe ganz viele nette Frauen und Männer kennengelernt. […] Das sind super nette Frauen, die genauso aktiv sind wie ich. Den ganzen Tag Sport gemacht und abends Party."

Auch Zitate O16, O17, O74 und O76 beschreiben diese Atmosphäre: „Ich [käme] im Moment nicht auf die Idee, ins Hotel zu gehen. Weil ich einfach diese Lockerheit hier mag. Ich mag das.", „Unkompliziert alles", „Die Philosophie [ist] sehr familiär... Logo per du... Nicht so strenge Dresscodes abends wie im Hotel.", „Lockere Atmosphäre, ungezwungen, Service passt. Wenn was ist, könnte ich einfach zur Rezeption gehen und fragen. Essen gut, Angebot gut, Wetter gut. Man kommt ja aus dem Staunen gar nicht heraus."

Fragt man nach den Aspekten, die den Reisenden besonders gut gefallen, antwortet eine der Befragten (Zitat O28 und O29) „Man muss sich jetzt abends nicht irgendwie stylen oder aufbrezeln. Es ist [auch] ein Schwimmbad und eine Sauna und Masseur und alles im Hause. Man muss nicht außer Haus gehen. Das ist für mich auch wichtig, dass ich Wellness im Haus habe. Ja, und […] bin auch neugierig auf andere Leute. Ich sitze ja nicht da und guck' nur auf mein Müsli [beim Frühstück], sondern wir haben jedes Mal […] witzige Sachen erlebt. Wir haben uns totgelacht […], nä? Jeden Abend ist es anders. Jeden Mittag ist es anders. Und das ist, das macht's hier auch aus […]."

Neben der Atmosphäre stellen die Befragten vor allem heraus, dass durch das Resort alles im Raum-Zeit-Gefüge organisiert ist. Dies zeigt Zitat O81 beispielhaft: „Es ist alles aus einer Hand. […] Aber wie gesagt: Jetzt nicht diese blöde Abends-Anzieherei [Anm: gemeint ist der Stress am Abend, um sich für den nächsten Skitag vorzubereiten]. Am nächsten Tag musst du zum Skiverleih gucken, dann musst du deine Liftkarte kaufen, dann musst du weit fahren zur Liftstation. Hier gehst du einfach in den Skikeller [wo auch gleich der Skiverleih ist], holst deine Ski, okay, für zwei Tage. Fertig. Die sind sehr zuvorkommend, du hast alles aus einem Guss."

Ebenfalls rückt eine gleiche Gesinnung der Mitreisenden in den Vordergrund, die mit der Resortmarke verbunden wird. Außer dem Preis, der direkt vom Resort beeinflusst werden kann, werden keine weiteren brand-owned touchpoints genannt.

3.3 Ergebnisse der qualitativen Analyse (GABEK)

Die brand-owned touchpoints rücken in den Hintergrund bzw. werden nicht erwähnt. Lediglich der Assoziationsbegriff *teuer* wird in Verbindung mit der Resortmarke genannt. Im Setting Arosa dominieren also die socially-owned touchpoints, anders als im Setting Fuerteventura, in dem die brand-owned touchpoints eine prominentere Stellung einnehmen.

3.3.2.1.1.3. Resort auf Mallorca, Balearische Inseln, Spanien

Für die Anlage auf Mallorca ergeben sich 80 Assoziationsausdrücke, die mindestens eine Verbindung zur Resortmarke aufweisen. Die Resortmarke wird auch in dieser Destination mit dem Ausdruck *ROBINSON_Robinson_ist_Robinson* beschrieben.

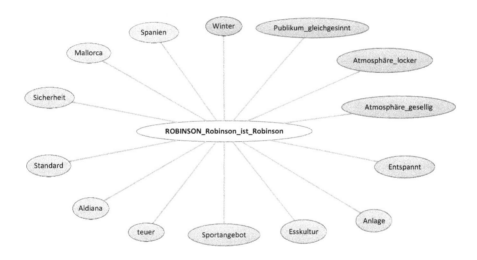

Abbildung 28: Netzwerkgraphik mit dem Ausdruck „ROBINSON_Robinson_ist_Robinson" als Knotenpunkt, Grundlage der Daten sind Gespräche in der Destination Mallorca; eigene Darstellung

Im Resort in der Destination Mallorca findet sich ebenfalls eine Vierteilung der Ausdrücke.

138   3 Empirischer Beitrag

Die Ausdrücke zur Destination, also den partner-owned brand touchpoints aus Sicht des Resorts, sind weitestgehend identisch mit denen der Resorts in den anderen Destinationen. Bei den brand-owned touchpoints haben die Ausdrücke „Esskultur" und „Sportangebot" einen größeren Stellenwert als in den anderen zwei genannten Destinationen.

Auf die Frage, was eine Reisende zu Hause ihren Freunden vom Urlaub erzählen wird, antwortet diese (Zitat R15): „Wir waren auf Mallorca im Robinson Club und es war [...] wunderbar! [...] Wir haben viel unternommen. Wir haben einige Ausflüge gemacht. Wir haben viel gesehen. Weil wir die Insel noch gar nicht kannten, verrückterweise waren wir zum ersten Mal auf Mallorca. [...] Wir haben aber auch relaxt, wir haben gut gegessen, dreimal am Tag uns den Bauch vollgeschlagen. Was für mich immer sehr wichtig ist, weil ich esse sehr gerne. Und die Mischung macht's."

Anders als in der Graphik für die Destinationen Arosa und ähnlich zur Destination Fuerteventura sind in der Graphik der Destination Mallorca einzelne Assoziationen deutlich häufiger hergestellt worden. So wird das *Publikum_gleichgesinnt* und *Esskultur* mit n=7-mal assoziiert. Das Publikum scheint also in dieser Anlage als besonders typisch für die Resortmarke assoziiert zu werden. Ebenfalls ist die Verbindung zum Ausdruck „Mallorca" mit n=7 Nennungen besonders ausgeprägt, Gäste empfinden also die Resortanlage sowohl als typisch für die Resortmarke, als auch als typisch für die Destination.

Zitate Q47 und Q90 zeigen diese Verbindung von Resort und Destination: „Also [dass ich hier auf] Mallorca bin find' ich schon. Allein schon so bisschen durch den Baustil. Auf jeden Fall wirklich typisch.", „hier [ist] das so in der Atmosphäre von Mallorca ganz nett eingebaut und gerade diese Felsengeschichte. Es ist nun mal typisch auf Mallorca so. Und klar, das liegt ja total schön." Die gegebenen Antworten beziehen sich meist auf die Anlage und die Einbettung der Anlage in die Umgebung.

Allerdings gab es auch Antworten, die auf die Isolation von Destination und Resort hindeuten (Zitat Q28): „Nein, es [der Club] hat überhaupt nichts mit Mallorca zu tun. Das Ding könnte genauso in Portugal oder Fuerteventura stehen."

Im Buchungsprozess wird mit der Marke Robinson der Hauptwettbewerber Aldiana genannt. Dies ist insofern von Bedeutung, als dass Aldiana keine Anlage auf Mallorca besitzt, sondern lediglich in Andalusien und auf Fuerteventura. Im Entscheidungsprozess hat bei einigen der Befragten also die exakte geographische Lage des Clubs – zumindest zu einem gewissen Zeitpunkt – keine Bedeutung gehabt. Stattdessen hat man sich überlegt, ob man lieber in eine Anlage der Marke Aldiana oder der Marke Robinson fährt[1].

---

[1] Die genauere Auswertung der Befragung wird zeigen, ob dies an der Austauschbarkeit der beiden Marken (Ist das, was für Robinson typisch ist, auch typisch für Aldiana?) oder an den Unterschieden der beiden Marken liegt (Haben sich die Gäste, nach Abwägung der Angebote der Robinson-

3.3 Ergebnisse der qualitativen Analyse (GABEK)

Die Assoziationen in Bezug auf Reiseplanung rücken bei der Assoziationsgraphik Mallorca in den Hintergrund.

3.3.2.1.1.4. *Resort gesamt*

Um eine gesamthafte Auswertung zur Resortmarke vornehmen zu können, werden die Ausdrücke für alle Destinationen zusammengezogen und ausgewertet. Wählt man nun die Resortmarke, in diesem Fall den Ausdruck *ROBINSON_Robinson_ist_Robinson*, werden die mit der Marke über alle drei Destinationen hinweg assoziierten Ausdrücke dargestellt.

In Abbildung 29 wird die Mindestanzahl an Verbindungssätzen mit n=2 ausgewählt. Dadurch entsteht ein engmaschiges Netzwerk, bei dem die Verbindungen nicht nur mit der Marke selbst vorhanden sind, sondern auch untereinander existieren.

Anlagen und Aldiana-Anlagen bewusst für eine Anlage der jeweiligen Marke entschieden?), oder ob wiederum andere, noch nicht in dieser Analyse in Betracht gezogene Kriterien eine Rolle gespielt haben.

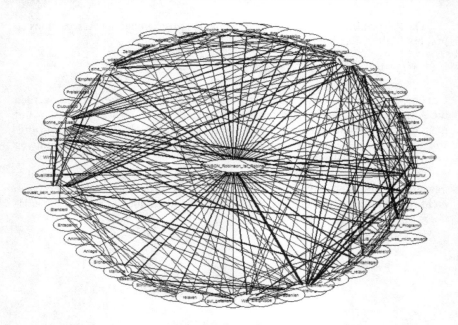

Abbildung 29: Netzwerkgraphik mit dem Ausdruck „ROBINSON_Robinson_ist_Robinson" als Knotenpunkt, n=2, Grundlage der Daten sind Gespräche über alle Destinationen (Fuerteventura, Arosa und Mallorca) hinweg; eigene Darstellung

Eine Analyse ist auf dieser Ebene mit den gewählten Parametern (n=2) weder möglich noch zielführend. Um eine sinnvolle Analyse zu ermöglichen, wird n=5 ausgewählt. Hierdurch ergibt sich eine Netzwerkgraphik mit n=17 Assoziationen, die in mindestens 5 Sinneinheiten mit dem Begriff *ROBINSON_Robinson_ist_Robinson* verbunden ist. Sie ist in Abbildung 30 dargestellt. Die unterschiedliche Stärke der Verbindungen wird durch die Dicke der Pfeile dargestellt. So weisen unter anderem die Begriffe *hoher_Standard* und *Reisebüro* jeweils lediglich fünf Verbindungen auf, während *Destination* siebzehn Verbindungen mit dem Begriff *ROBINSON_Robinson_ist_Robinson* aufweist.

3.3 Ergebnisse der qualitativen Analyse (GABEK)

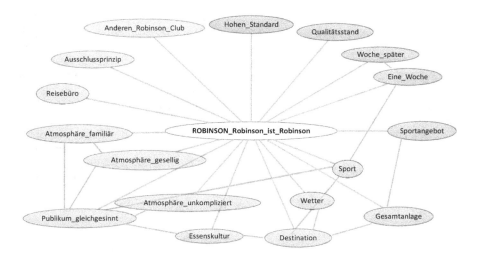

Abbildung 30: Netzwerkgraphik mit dem Ausdruck „ROBINSON_Robinson_ist_Robinson" als Knotenpunkt, n=5 Grundlage der Daten sind Gespräche über alle Destinationen (Fuerteventura, Arosa und Mallorca) hinweg; eigene Darstellung

Es werden **fünf Gruppierungen** von Begriffsassoziationen durch die Querverbindungen deutlich. Im Folgenden werden diese kurz vorgestellt, sie dienen als erste Ordnungsebene von Assoziationen über einzelne Destinationen hinweg.

Erstens bildet sich eine Gruppe mit den das Publikum des Resorts und die Atmosphäre des Resorts beschreibenden Begriffen. Jeder der Begriffe *Publikum_gleichgesinnt*, *Atmosphäre_gesellig*, *Atmopshäre_familiär* und *Atmosphäre_unkompliziert* ist mit dem Begriff *ROBINSON_Robinson_ist_Robinson* und mindestens einem weiteren Begriff dieser Gruppe durch mindestens n=5 Sinneinheiten verbunden. Der Zusammenhang zwischen Mitreisenden, der Atmosphäre im Resort und dem Markenkern scheint also sehr wahrscheinlich und es gilt ferner herauszufinden, ob es ursächliche Faktoren gibt, die jeweils auf die anderen Begriffe wirken.

Zweitens fällt die starke Verbindung des Ausdrucks *ROBINSON_Robinson_ist_Robinson* zum Ausdruck *Destination* auf. Mit n=17 Verbindungen ist es die stärkste Verbindung in diesem Netzwerk. Weitere mit Destination und ebenfalls dem Markenversprechen mit mindestens n=5 assoziierte Begriffe sind *Esskultur*, *Wetter*, *Sport*, und *Gesamtanlagen*.

142   3 Empirischer Beitrag

Eine **dritte** Gruppe bilden die Begriffe zur Reisedauer *eine_Woche* und *Woche_später*. Diese beziehen sich vor allem darauf, dass man den Resorturlaub als Urlaub für eine Woche und nicht länger plant und wurde häufig im Zusammenhang mit der Frage nach dem Grund genannt, warum man sich für ein Resort und kein Hotel oder eine andere Beherbergungsalternative in der Destination entschieden hat. Eine Verbindung zur Destination mit mehr als n=5 gibt es jedoch von keinem der Begriffe. Dies macht ebenfalls deutlich, wie stark die Entscheidung von der Resortmarke ausgeht.

Viertens stehen einige Themen für sich. Zum einen ist der Themenkomplex der Reisebuchung und Reiseentscheidung zu nennen, mit den Begriffen *Reisebüro, Ausschlussprinzip* und *anderer_Robinson-Club*. Diese beziehen sich darauf, dass die Gäste über das Reisebüro ihren Urlaub gebucht haben, sich per Ausschlussprinzip für die Marke Robinson entschieden haben, und, falls sie sich für eine Urlaubsalternative entscheiden müssten, wiederum einen Robinson-Club in einer anderen Destination wählen würden.

Füftens ist der Bereich Qualitätssicherung mit den Begriffen *Qualitätsstandard* und *hoher_Standard* ist ebenfalls zu nennen. Die Befragten erwarten von der Resortmarke einen hohen Qualitätsstandard über das gesamte Angebot in einem Resort, und über verschiedene Resorts der Marke hinweg.

Die Assoziationen in der Netzwerkgraphik geben erste Anhaltspunkte, welche Erlebnisse und Eindrücke jeweils miteinander, im vorliegenden Fall mit der Resortmarke, vom individuellen Reisenden verknüpft werden. Sie sind also erste Ansatzpunkte für Faktoren, die die Entstehung von Erlebnisse in Ferienwelten beeinflussen. Die bisherige Analyse macht jedoch keine Aussage darüber, in welche Richtung die einzelnen Begriffe aufeinander wirken. Um hierzu Aussagen treffen zu können und damit die Forschungsfrage in Teilen beantworten zu können, wird im folgenden Unterkapitel 3.3.2.1.2 eine auf einer Kausalkodierung basierende Darstellung und Analyse durchgeführt. Diese stellt das Ursache und Wirkung, also Reiz und Erlebnis in einen Zusammenhang.

3.3.2.1.2. Einflussgrößen auf das Resorterlebnis

Die im vorherigen Unterkapitel vorgestellten Netzwerkgraphiken stellen die von den Befragten wahrgenommenen Assoziationen zwischen der Marke Robinson und dem damit verbundenen Markenversprechen dar. Sie zeigen an, welche Begriffe und Ausdrücke berücksichtigt werden, wenn man über einen Themenkomplex diskutiert. Insofern können sie als Näherung an den Themenkomplex Resorturlaub gesehen werden (Zelger, 2002).

3.3 Ergebnisse der qualitativen Analyse (GABEK)

Um jedoch Aussagen über Ursache-Wirkungs-Beziehungen machen zu können, wurden die Ausdrücke in den Sinneinheiten erneut herangezogen und auf ihre Wirkung zueinander codiert. Hierbei wurden alle möglichen Ausdruckspaare einer jeweiligen Sinneinheit auf einen möglichen Ursache-Wirkungs-Zusammenhang hin untersucht und entsprechend codiert.

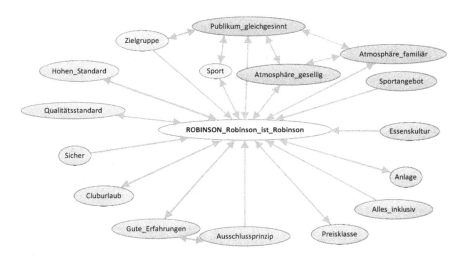

Abbildung 31: Kausalgraphik mit dem Ausdruck „ROBINSON_Robinson_ist_Robinson" als Knotenpunkt, n=2 Grundlage der Daten sind Gespräche über alle Destinationen (Fuerteventura, Arosa und Mallorca) hinweg; eigene Darstellung

Hieraus lässt sich ablesen, welche Ausdrücke auf das Markenversprechen der Resortmarke wirken, also welche Eindrücke und Erlebnisse die Befragten der Resortmarke zuschreiben, bzw. wie diese durch die Resortmarke beeinflusst werden können. Genau diese Verbindungen sind bedeutsam für die Beantwortung der Forschungsfrage. Schließlich ist es Ziel dieser Arbeit, genau jene Faktoren zu finden, die eine Erlebniskreation beeinflussen.

Zur Verdeutlichung ein vereinfachtes Beispiel: wenn ein Befragter sagt „der Wellnessbereich hier ist besonders groß und schön gestaltet, das ist typisch für Robinson", dann wirkt der Ausdruck *Wellnessbereich* auf das Markennutzenversprechen, welches mit dem Ausdruck *ROBINSON_Robinson_ist_Robinson* codiert ist. Der Wellnessbereich beeinflusst also das Urlaubserlebnis in Verbindung mit der Marke Robinson.

Darauf folgend wird der das Resortmarkenversprechen beschreibende Ausdruck – im vorliegenden Fall *ROBINSON_Robinson_ist_Robinson* – als Knotenpunkt ausgewählt. Bei n=1 Verbindungen ergeben sich 52 Ausrücke. Um die Aussagekraft der Kausalbeziehungen zu erhöhen, wird die Mindestanzahl an Verbindungen auf n=2 angehoben, welches Kausalverbindungen von der Resortmarke mit 16 Ausdrücken in Abbildung 31 aufzeigt. Die Anordnung der Touchpoints ist vom Autor durchgeführt. Sie dient als Grundlage für den Aufbau dieses Kapitels.

Im Rahmen der folgenden Analyse werden zwei grundsätzliche Beziehungen in den Mittelpunkt gerückt. Erstens steht das Beziehungsgeflecht im Vordegrund. Die Aussage ist hier „Wenn ein Reisender an Ausdruck A denkt, denkt er ebenfalls an Ausdruck B". Zweitens stehen Ursache-Wirkungs-Beziehungen und Ursache-Wirkungs-Ketten bzw. -Kreisläufe im Mittelpunkt. Die Aussage hier ist „A führt zu B". Als Beispiel könnte man die These aufstellen „das Vorhandensein von runden Achtertischen im Hauptrestaurant führt zu einer kommunikativen Atmosphäre". Wenn sich nun an diese Kette noch etwas anschließt, zum Beispiel „Die kommunikative Atmosphäre führt zu einer längeren Verweildauer im Restaurant" und darauf sich anschließt „die längere Verweildauer im Restaurant führt zu mehr Achtertischen (da diese besonders platzsparend sind und der Restaurantplatz begrenzt ist)", ergibt sich ein sich selbst verstärkender Ursache-Wirkungs-Kreislauf.

Folgende erste Beobachtungen können notiert werden, die dann im jeweiligen Unterkapitel ausgeführt werden:

Erstens wird deutlich, dass das Publikum und seine gleichartige Gesinnung eine besondere Stellung einnimmt, da es zum einen eng mit anderen Begriffen vernetzt ist und zum anderen das Markenversprechen und die Gesinnung des Publikums in einem gegenseitigen Ursache-Wirkungs-Verhältnis stehen, wie an den Pfeilen in beide Richtungen zu erkennen ist. Dieses Ursache-Wirkungs-Gefüge wird in Kapitel 3.3.2.1.2.1 näher analysiert.

Zweitens finden sich die Ausdrücke *Atmosphäre_familiär* und *Atmosphäre_gesellig* in dem Netzwerk. Atmosphärische Faktoren wirken also auf das Markennutzenversprechen ein und sind ein Teil dessen. Daher wird in Kapitel 3.3.2.1.2.2 dieses Wirkungsgefüge genauer betrachtet.

Drittens lassen sich die Einrichtungen der Anlage sowie das Serviceversprechen nennen. Hierzu zählt zum einen der Ausdruck *Anlage*, der die Fazilitäten des Resorts beschreibt. Zum anderen zählen die Ausdrücke *Sportangebot*, *Esskultur* und *All-Inclusive* dazu. Sie beschreiben das Serviceangebot im Resort. Da es für die Forschungsfrage „Welche Faktoren beeinflussen Erlebnisse im Resorturlaub und wie lässt sich die Wirkung dieser Faktoren anhand von (a) Personas und (b) eines Gefüges von Destination und Resort unterteilen?" nicht zielführend ist, die einzelnen Elemente der Einrichtung der Anlage zu bewerten, werden die Kategorien Einrichtungen und Service zusammengefasst. Dennoch ist eine gesamthafte Betrachtung sinnvoll, da sich mögliche Rückschlüsse auf die anderen Kategorien,

3.3 Ergebnisse der qualitativen Analyse (GABEK) 145

z. B. die Atmosphäre oder das Publikum, ergeben, deren Verständnis wiederum elementar für die Beantwortung der Forschungsfrage bezüglich Destinations- und Resortmarken ist. Die Bauweise und der Service könnten zum Beispiel Ausdruck des Markenversprechens des Resorts oder aber der Destination sein. Dies muss im Folgenden weiter untersucht werden.

Viertens wirkt der Ausdruck *sicher* auf das Markenversprechen des Resorts. Hiermit ist vor allem die Sicherheit in der Anlage gemeint.

Fünftens sind Ausdrücke zur Qualität des Angebots zu finden, die bisher noch nicht näher kategorisiert wurden. So ist zum einen mit *hoher_Standard* das Niveau bzw. Level des Erlebnisses assoziiert, während der Ausdruck *Qualitätsstandard* sich auf die Verlässlichkeit eines gleichbleibenden Standards konzentriert. Gäste stellen hier zwei Kriterien heraus. Dieser Unterschied wird bei Betrachtung der Zitate deutlich: der Ausdruck *hoher_Standard* beschreibt jene Situationen, in denen Befragte einen Aufenthalt in einem der Resorts der bestimmten Marke mit jenen in Resorts von anderen Marken vergleichen und ein absolutes Urteil fällen. Der Standard der Resorts der Marke Robinson ist im hohen Bereich anzusiedeln. Der Ausdruck *Qualitätsstandard* hingegen bezieht sich auf die Konsistenz in den Qualitätsdimensionen, also in der Amplitude der wahrgenommen Qualität der einzelnen Eindrücke. So stellen die Befragten heraus, dass nicht immer eine besonders hohe Qualitätsstufe erreicht wird, aber ihnen viel wichtiger sei, eine gleichbleibende Qualität zu erhalten. Ziel ist also eine Vorhersehbarkeit der Qualität. Diesem Wirkungsgeflecht widmet sich Kapitel 3.3.2.1.2.5.

3.3.2.1.2.1. Resort und Publikum

Wie schon in der Kausalgraphik in Abbildung 31 gezeigt wurde, ist das Publikum, also die anderen Gäste, die sich zur gleichen Zeit im Resort wie der jeweilige Reisende aufhält, eine Komponente, die in Bezug auf ihren Resorturlaub immer wieder genannt wird und die somit auch in der Netzwerkgraphik ersichtlich wird und sich auf das Erlebnis verbunden mit der Marke Robinson auswirkt. Abbildung 32 verdeutlicht dies. Jeder Kontakt eines Reisenden mit dem Publikum ist ein socially-owned brand touchpoint, also ein Markenberührpunkt, den das Unternehmen nicht direkt, sondern nur indirekt steuern kann. Publikum kann also als ein Faktor festgehalten werden, der die Kreation eines Erlebnisses in Ferienwelten steuert.

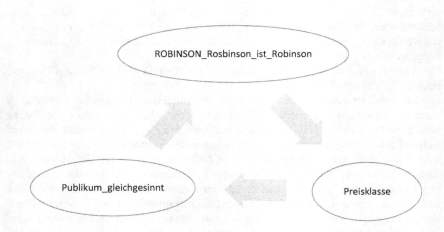

Abbildung 32: Kausalgraphik Publikum - Preisklasse, n=1; Arosa und Mallorca) hinweg; eigene Darstellung

Es lassen sich also zwei Faktoren feststellen: die Dominanz des Ausdrucks in der Netzwerkgraphik und die lediglich mittelbare Steuerbarkeit des Unternehmens. Hier stellt sich aus unternehmerischer Sicht die Frage, wie ein solcher Berührpunkt möglichst effektiv steuerbar ist, sich also die Art des Publikums im Resort beeinflussen lässt.

Regional, also auf Quellmarktbasis, ist eine Abgrenzung des Publikums möglich, indem ein touristisches Produkt nur in bestimmten Märkten angeboten wird. Zudem ist eine sprachliche Ausgrenzung innerhalb des Resorts möglich, im vorliegenden Fall die deutsche Sprache. Primärer Grund hierfür ist, dass sich die Gäste im Resort wie zu Hause fühlen sollen. Dennoch wirkt dies auf nichtdeutschsprachige Gäste verständlicherweise wenig anziehend. Durch diesen Fokus wird zumindest eine regionale Verortung der Heimat aller Gäste möglich. Eine regionale Fokussierung auf sprachlicher Basis bei französischsprechenden und englischsprechenden Resortgästen ist jedoch nicht nur bei Robinson, sondern auch bei anderen Resortanbietern kaum möglich, da vor allem englischsprachige Resorts auch von vielen Gästen aufgesucht werden, deren Muttersprache eine andere als die englische ist.

Ebenfalls ist der im Vergleich zu anderen touristischen Angeboten hohe Preis ein Kriterium, das einige Gästegruppen ausschließt. Es ist naheliegend, dass der Faktor in vorliegender Analyse besonders stark ausgeprägt ist, da ein Premium-

3.3 Ergebnisse der qualitativen Analyse (GABEK)   147

Cluburlaubanbieter im oberen Preissegment betrachtet wird. Danach gefragt, warum man sich für einen Urlaub im Robinson Club entschieden habe, antwortet ein Reisender (Zitat F09): „ Weil man den Standard [und] die Leute, die hier sind, schon einigermaßen kennt [...] man hat hier nicht ganz so viele mit Badeschlappen und Socken rum und mit der Alditüte und ja.“

Hier verhält sich eine touristische Dienstleistung ähnlich wie ein Luxusgut im Konsumgüterbereich. Natürlich kann jede potentielle Käuferin eine teure Handtasche erwerben, einige der Kunden müssen lediglich länger darauf hin sparen als andere. So ist auch ein teurer Urlaub für viele Reisende erwerbbar. Dennoch wirkt der hohe Preis als Faktor, ein bestimmtes Publikum anzuziehen, oder anders herum ausgedrückt, ein bestimmtes Publikum gerade nicht anzuziehen. Das Ziel ist es, ein bestimmtes Publikum gerade nicht im Urlaub im gleichen Resort zu haben. Diese Quasi-Garantie wird besonders stark betont, eine soziale Abschottung ist gewünscht.

Dieser Prozess wird in der Ursache-Wirkungs-Kette *Preisklasse* → *Publikum_gleichgesinnt* → *ROBINSON_Robinson_ist_Robinson* deutlich. Der vom Unternehmen aufgerufene Preis wird nur von einer bestimmten gesellschaftlichen Gruppe als relevant bzw. erschwinglich wahrgenommen. Diese Gruppe bewertet nun, ob der erwartete Nutzen eines Aufenthalts in einer Anlage dieser Marke die erwarteten Kosten übersteigt. Bei positiver Bewertung dieser Abwägung, und dem Ausschluss weiterer Alternativen, entscheidet man sich für eine Buchung. So kommt – für einen bestimmten Reisezeitraum in einem bestimmten Resort – ein relativ homogenes Publikum zustande. Diese Homogenität wird von den Befragten als positiv wahrgenommen und mit der Resortmarke verbunden. Es entsteht das von vielen Befragten erwähnte Gefühl „Robinson ist Robinson“. Dieser Anspruch speist sich neben dem gleichgesinnten Publikum auch aus anderen brand touchpoints wie in Kapitel 3.3.2.1.1.4 gezeigt, zum Beispiel dem Essen, dem Sportangebot, etc. Um diesem Anspruch der Gäste an die Marke gerecht zu werden, muss wiederum ein hoher Preis aufgerufen werden, um kostendeckend wirtschaften zu können. Der Kreislauf schließt sich.

Fraglich ist jedoch, inwieweit eine Erhöhung oder Verringerung des Preises diesen Kreislauf außer Kraft zu setzen vermag. Was würde passieren, wenn eine Erhöhung des Sportangebots, der Qualität des Essens oder der Zimmergröße zu einer Erhöhung des Preises führen würde? Wäre das Publikum dann immer noch homogen? Würde dieses dann vielleicht andere Publikum dann immer noch als sich positiv auswirkend für den Kern der Marke stehen? Dies lässt sich durch diese Arbeit nicht belegen und könnte daher ein Anknüpfungspunkt für weitere Forschungsvorhaben sein.

3.3.2.1.2.2. Resort und Atmosphäre

Der Ausdruck At*mosphäre_familiär* nimmt eine zentrale Position in dem Kausalnetzwerk ein. Daher wurde dieser Ausdruck als weiterer Knotenpunkt gewählt, um die in Abbildung 33 dargestellte Graphik aufzuspannen. Die Atmosphäre, im vorliegenden Fall die familiäre Atmosphäre, kann als weiterer Faktor festgehalten werden, der das Erlebnis in Ferienwelten beeinflusst. Den Begriff *familiär* gilt es im Folgenden weiter zu beschreiben.

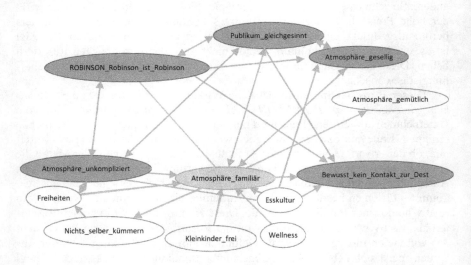

Abbildung 33: Kausalgraphik mit dem Ausdruck „Atmosphäre_familiär" als Knotenpunkt, n=1 Grundlage der Daten sind Gespräche über alle Destinationen (Fuerteventura, Arosa und Mallorca) hinweg; eigene Darstellung

Im Folgenden werden vier Beobachtungen beschrieben. Erstens wird vorgestellt, welche Faktoren auf die familiäre Atmosphäre einwirken. Zweitens wird ein Kreislauf (in der Graphik mit roten Pfeilen dargestellt) erläutert, der die Zusammenhänge von der Programmgestaltung durch das Resort, den damit verbundenen Freiheiten des Gastes und der daraus resultierenden, als familiär empfundenen Atmosphäre darstellt. Drittens wird aufgezeigt, wie eng vernetzt die einzelnen Aspekte der vom Reisenden wahrgenommenen Atmosphäre sind, und wie das Publikum im Resort darauf wirkt. Viertens werden die Auswirkungen einer als familiär wahrgenommenen Atmosphäre vorgestellt und erläutert, welche Bedeutung diese besitzen.

3.3 Ergebnisse der qualitativen Analyse (GABEK) 149

Erstens wirken die Einrichtungen und Angebote im Resort, hier benannt durch *Wellness* und *Esskultur,* direkt auf die familiäre Atmosphäre. Befragte nennen vor allem die Größe und Anordnung der Tische im Hauptrestaurant als Merkmal für diese Esskultur: durch große runde Tische, an denen jeweils acht Personen Platz finden, und ohne festgelegt Tischordnung ergeben sich immer Gespräche mit anderen Gästen. Oftmals verabreden sich hierbei die einzelnen Gäste zu weiteren Aktivitäten im Laufe des Urlaubs. Weiterhin wird als Einrichtung der Wellness-Bereich genannt, in dem man andere Reisende zufällig trifft und ins Gespräch kommt. Neben den einzelnen Angeboten wird die unkomplizierte Atmosphäre als Einfluss auf die familiäre Atmosphäre gesehen. Wie die Interviews belegen, setzt sich die unkomplizierte Atmosphäre aus einem wechselnden Tagesprogramm, welches durch das Resort angeboten wird, und einzelnen widerkehrenden Aktionen (Saunaaufgüsse, Kaffee und Kuchen im Bereich der Poolbar, etc.) zusammen. Die Befragten beschreiben dieses Angebot als Freiheit, etwas nach Lust und Laune nutzen zu können, aber nicht zu müssen, als unkompliziert. Dies wirkt sich wiederum auf den gemeinschaftlichen Prozess, also die familiäre Atmosphäre aus: man kann beim gemeinsamen Abendessen mit anderen Reisenden von seinen Erlebnissen des Tages erzählen, muss es aber nicht.

Zweitens ergibt sich hieraus der mit roten Pfeilen in Abbildung 33 dargestellte Kreislauf: Grundlage ist, dass sich Reisende im Urlaub um nichts kümmern müssen. Dies gibt ihnen die Freiheit, machen zu können, worauf sie gerade Lust haben. Ein Programm, welches zu verschiedenen Tageszeiten unterschiedliche Aktivitäten anbietet, unterstreicht diese Freiheit und trägt zu einer wahrgenommenen Unkompliziertheit in der Atmosphäre bei. Diese wiederum führt zu einer familiären Atmosphäre, die als gemeinschaftlich, aber zwanglos wahrgenommen wird. Diese Zwanglosigkeit führt dazu, dass man sich um nichts kümmern muss. Wenn man keine Lust hat, im großen Hauptrestaurant mit anderen ins Gespräch zu kommen, gibt es Ausweichmöglichkeiten (z. B. ein Spezialitätenrestaurant). In diesem muss man sich ebenfalls um nichts kümmern. So schließt sich der Kreislauf.

Zitat E04 veranschaulicht dies: „Das alles ist irgendwie so komplett. [...]. Atmosphäre halt. Es gibt hier eine spezielle Atmosphäre. Und ich find's professionell. Ich find', es ist von A bis Z professionell. Die Shows sind professionell. Das Essen, alles ist durchdacht, das Sportprogramm, das ganze Programm, nicht nur der Sportkurs, sondern das Programm was geboten wird. Das Angebot für die Kinder, [...] Ich finde, das ganze Full-service Angebot. [Das] ist Robinson. Besser kann ich's nicht sagen.“

150   3 Empirischer Beitrag

Drittens zeigt das Netzwerk eine besonders enge Vernetzung der Begriffe *Atmosphäre_familiär, Atmosphäre_gesellig, Atmosphäre_unkompliziert, Publikum_gleichgesinnt* sowie *ROBINSON_Robinson_ist_Robinson*. Hier ist kein einzelner Kreislauf erkennbar, sondern ein in sich fast vollständig vernetztes Ausdrucksgeflecht. Die einzelnen Ausdrücke sind also sehr eng miteinander vernetzt. Des Weiteren wirken sie fast alle gegenseitig aufeinander. Das gleichgesinnte Publikum wirkt sich auf eine familiäre Atmosphäre aus und im Umkehrschluss wirkt sich die familiäre Atmosphäre auch auf die Gesinnung des Publikums aus. Dies folgt der Vermutung, dass sich Resorturlauber ihren nächsten Urlaub auch basierend auf der Atmosphäre und den anderen sich in der Anlage befindlichen Urlaubern aussuchen. Kroeber-Riel und Weinberg (1999, S. 359) führen aus, dass die emotionalen Aspekte bei einer Entscheidung oftmals den Ausschlag für die Entscheidung geben und die kognitiven Prozesse im Vorfeld zwar abgewogen werden, aber nicht die schlussendliche Entscheidung bestimmen. Emotionale Prozesse definieren Kroeber-Riel und Weinberg als „Aktivierung und ihre Interpretation" (1999, S. 359). Die von den Reisenden wahrgenommene Atmosphäre ist genau ein solcher emotionaler Aspekt. Hinzu kommen die mit der Titulierung einer Atmosphäre als „familiär" verbundenen Beschreibungen. Diese beziehen sich auf „sich geborgen fühlen", „sich nicht erklären müssen", „sich zugehörig fühlen". Diese Emotionen sind tief im Innersten des Individuums verwurzelt. Somit beeinflussen sie die Entscheidung zu einem großen Teil. Ebenso wird auch deutlich, dass Befragte, die diese familiäre Atmosphäre nicht für sich wahrgenommen haben, auch nicht von einem gleichgesinnten Publikum sprechen. Die Befragten, die in diese Kategorie fallen, äußerten sich bei Rückfragen nach einer erneuten Buchung eines Resorts dieser Marke als äußerst kritisch und negativ.

Es wird also deutlich, dass die Wechselwirkungen zwischen familiärer Atmosphäre und gleichgesinntem Publikum selbstverstärkend sind.

Die familiäre Atmosphäre wirkt sich ebenfalls auf die als gemütlich wahrgenommene Umgebung in der Anlage aus. In diesem Fall ist hiermit die Möglichkeit gemeint, sich unproblematisch und ohne Kritik der Gemeinschaft für einige Zeit zurückziehen zu können. Ebenso wirkt sie sich auf die gesellige Atmosphäre aus. Man kommt aufgrund des Vertrauensverhältnisses, welches sich in der familiären Atmosphäre findet, einfacher ins Gespräch miteinander.

Wie zuvor dargelegt, wirkt sich auch das offen gestaltete, zwanglose, aber dennoch vorhersehbare Programm auf die familiäre Atmosphäre aus. Die Reisenden haben die Möglichkeit, an einer Vielzahl von Aktionen und Angeboten teilzunehmen, müssen dies aber nicht. Die Befragten stellen heraus, dass, immer wenn sie sich für eine Teilnahme entscheiden, sie herzlich empfangen und aufgenommen werden. Dies geschieht sowohl von den Mitarbeitern als auch von den anderen Gästen. Diese „alles kann, nichts muss"-Atmosphäre wirkt auf die Reisenden familiär.

3.3 Ergebnisse der qualitativen Analyse (GABEK)   151

Zitat H07 veranschaulicht dies: „[Am Anfang des Urlaubs kann ich] in den Club reingehen, das Gehirn abgeben. Also, nicht mitdenken müssen. So um nichts sorgen müssen. Also, sorglos rundum und sich auf die Familie konzentrieren können."

Viertens wird in Abbildung 33 ersichtlich, dass sich die familiäre Atmosphäre (zusammen mit der Esskultur, dem Markenkern des Resorts, dem gleichgesinnten Publikum und der geselligen Atmosphäre) auf das Verhalten der Reisenden auswirkt, bewusst keinen Kontakt zur Destination zu haben. Die Entscheidung, Kontakt mit der Destination, also der Region außerhalb der Resortanlage, zu haben, hängt deutlich zusammen mit dem Angebot, dem Publikum und der Atmosphäre im Resort. Ebenso zeigt sich zwischen dem Markenkern des Resorts und dem bewusst nicht gewählten Kontakt zur Destination eine Wechselwirkung.

Die Gäste haben bewusst keinen Kontakt zur Destination, wie Zitat J07 veranschaulicht: „Es könnte hier überall sein. [...] Wir können hier überall sein. Ich hab' keine Vorstellung davon, wie es da draußen aussieht, wie die Menschen hier leben, wovon die vielleicht sonst noch leben, wenn nicht von Tourismus. Es ist jetzt aber nicht so, dass ich denke, ,Ach, das muss ich jetzt bald herausfinden." Man wählt das Resort genau dann aus, wenn man bewusst keinen Kontakt zur Destination wünscht.

Viele sehen es sogar als positiv an, nicht einem aus ihrer Sicht entstehenden Stress ausgesetzt zu sein. Dies zeigen die Zitate J08 und J09: „Und das ist jetzt eben der Sporturlaub, und der ist halt auf Fuerteventura und da interessiert mich das [Land] nicht viel. [Das war mir von vornherein klar und] eben deswegen find' ich das auch ganz gut, weil sonst hätte [ich] womöglich noch ein schlechtes Gewissen und würde denken: "Mist, wir wollten dies und jenes anschauen". Und das hab' ich nicht."

Gleiches wird in Zitat M01 deutlich: „Ich wünsche mir ein Entertainment am Abend und auch zwischendrin wünsch' ich mir guten Kontakt zu den Gästen. Ich habe jetzt nicht so sehr Ambitionen, etwas mehr über das Land und über die Leute zu erfahren, sondern ich bin jetzt meistens im Club geblieben. Die kleine Ausnahme, dass man mal ein Strandspaziergang macht [...]."

3.3.2.1.2.3. *Resort und Einrichtungen*

Resorts unterscheiden sich in ihrer Anlage oftmals deutlich von Hotels, da sie darauf ausgelegt sind, die gesamte Wertschöpfungskette im Resort zu organisieren und den Gast rundum zu versorgen. Es steht also nicht nur die reine Beherbergungsleistung im Vordergrund. Stattdessen wird ein orchestriertes Programm aus

Aktivitäten in bestimmten Einrichtungen geboten. So gehören neben einem Fitnessstudio und Pool sowie einem Hauptrestaurant mit Bar meist auch ein Theater, ein Kinderclub, eine Sportsbar, ein Spezialitätenrestaurant und viele weitere Einrichtungen dazu, die es in einem reinen Beherbergungsbetrieb so meist nicht gibt.

Umso verwunderlicher ist es jedoch, dass diese Hardware von den Gästen nicht in ihren Einzelheiten bei der Befragung nach der Besonderheit eines Resorturlaubes genannt wird. Abbildung 34 stellt Ausdrücke dar, mit einer Mindestanzahl von n=1 Verbindungen. Trotz der niedrigsten möglichen Anzahl an Verbindungen mit n=1 gibt es lediglich 4 Ausdrücke, die im weiteren Sinne auf die Hardware der Anlage hinweisen. Hierbei handelt es sich um den Sportbereich und Wellnessbereich („Fitnessbereich" und „Wellness"), die Bestuhlung im Hauptrestaurant an runden Tischen, an denen jeweils acht Personen Platz finden („Runde_Tische") und das generelle Erscheinungsbild und die Konzeption der Gebäude innerhalb der Anlage („Anlage").

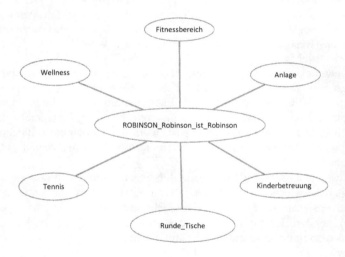

Abbildung 34: Kausalgraphik mit Fokus auf Fazilitäten und dem Ausdruck „ROBINSON_Robinson_ist Robinson" als Knotenpunkt, n=1, Grundlage der Daten sind Gespräche über alle Destinationen (Fuerteventura, Arosa und Mallorca) hinweg; eigene Darstellung

Die Hardware der Anlage ist also nicht unmittelbar als Ursache für das Markennutzenversprechen einer Resortmarke anzusehen. Es muss demnach kritisch hinterfragt werden, ob das Resort die besonderen Einrichtungen wie zum Beispiel ein Theater vorhalten muss, um mittelbar ein einzigartiges Produkt kreieren zu können, oder ob diese besondere Ausstattung gar nicht vonnöten ist.

3.3 Ergebnisse der qualitativen Analyse (GABEK)

Ein Beispiel mit einer deutlichen Verbindung von Hardware und Atmosphäre sind die genannten Achtertische im Restaurant. Sie werden immer wieder als Ursache für eine kommunikative Atmosphäre im Restaurant genannt. Wie in Abbildung 35 dargestellt sind die runden Achtertische eine der Ursachen für die gesellige Atmosphäre und die wahrgenommene Abwechslung im Resort. Ebenso bestimmen sie die Esskultur in Buffetform.

Hinzu kommt, dass sie ein Faktor sind, der wiederum als Ursache für das gleichgesinnte Publikum gesehen wird. Dies bedeutet, dass das kommunikative Konzept der Achtertische von einem bestimmten Publikum besonders geschätzt wird, welches sich für einen Urlaub in einer Resortanlage entscheidet. Das Publikum ist ein socially-owned brand touchpoint, die runden Achtertische sind ein brand-owned touchpoint. In diesem Fall kann die Resortleitung also durch direkten Einfluss auf einen brand-owned touchpoint einen socially-owned touchpoint mittelbar beeinflussen.

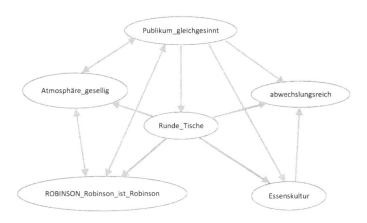

Abbildung 35: Kausalgraphik mit Fokus auf den Ausdruck „runde_Tische"; n=1
Grundlage der Daten sind Gespräche über alle Destinationen (Fuerteventura, Arosa und Mallorca) hinweg; Darstellung

Wie die Kausalkette *runde_Tische*, → *Publikum_gleichgesinnt* → ROBINSON_Robinson_ist_Robinson zeigt, wirkt sich der brand-owned touchpoint *runde_Tische* sowohl mittelbar als auch unmittelbar (*runde_Tische* → *ROBINSON_Robinson_ist_Robinson*) auf das Markenversprechen des Resorts aus.

154 3 Empirischer Beitrag

Zitat C07 veranschaulicht dies: „Es ist halt cool gemacht mit den größeren Tischen im Essbereich, dass man halt sich immer zu irgendjemand setzen muss und dann mit dem redet automatisch."

Es kann also festgehalten werden, dass es spezielle Fazilitäten und Einrichtungen sind (zum Beispiel runde Tische), die als Faktoren das Resorterlebnis mit beeinflussen.

3.3.2.1.2.4. Resort und Sicherheit

Eng verbunden mit der Qualitätssicherung ist die Sicherheit während des Urlaubs. Reisende buchen die Marke Robinson, weil sie einen Sicherheitsstandard wünschen und diesen mit der Marke verbinden. Gäste nennen vor allem die Sicherheit, im Krankheitsfall gut versorgt zu sein, als eine Verbindung zum Markenversprechen der Resortmarke. Die allgemeine Sicherheit in der Destination spielt hier nur eine untergeordnete Rolle.

Die Sicherheit hier bezieht sich auf Unterstützung seitens des Resortbetreibers, im Krankheitsfall zu helfen bzw. zu vermitteln.

Dies zeigt Zitat Q65, auf die Frage was typisch für einen Urlaub in einer Anlage der Marke Robinson ist: „[...] wenn jetzt irgendwas passiert, ich geh' an die Rezeption oder hol' mal diesen Clubchef und sag': "Wir brauchen einen ADAC-Transfer". Bin ich mir hier relativ sicher, dass man sich um uns kümmert [...]."

Die deutsche Sprache und auch die familiäre Atmosphäre spielen eine Hauptrolle. Der Reisende fühlt sich nicht allein gelassen sondern betreut. Das Resort nimmt hier also eine Mittlerposition zwischen dem Reisenden und den Angeboten in der Destination im Krankheitsfall ein.

Wenngleich eine erste Auswertung mithilfe der Methode GABEK die Sicherheit als Faktor für das Resorterlebnis naheliegt, scheint der Faktor eher die Geborgenheit im Sinne der familiären Atmosphäre Grundlage der Erlebniskreation zu sein.

3.3.2.1.2.5. Resort und Qualität

Die Qualität einer Dienstleistung hat ebenfalls Einfluss auf das Markenversprechen eines Resorts. Hierbei lassen sich zwei Arten von Qualität unterscheiden. Zum einen ist darunter das absolute Level der Qualität zu verstehen. Zum anderen sind hierbei Schwankungen in der Qualität zu verstehen, unabhängig von dem absoluten Level.

3.3 Ergebnisse der qualitativen Analyse (GABEK)

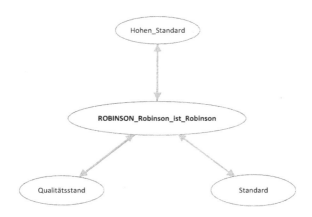

Abbildung 36: Kausalgraphik mit Fokus auf Fazilitäten und dem Ausdruck „ROBINSON_Robinson_ist Robinson" als Knoten-punkt, n=1, Grundlage der Daten sind Gespräche über alle Destinationen (Fuerteventura, Arosa und Mallorca) hinweg; eigene Darstellung

Ersteres wird beschrieben durch die Ausdrücke *Qualitätsstandard* und *hoher_Standard*. Die Befragten erwarten ein hohes Qualitätsniveau über alle Angebote und Destinationen hinweg, unabhängig von der Art der Dienstleistung. Dies ist die klassische Qualitätssicherungsfunktion einer Marke. Das Kausalgefüge ist in Abbildung 36 dargestellt.

Zitat Q66 veranschaulicht dies: „Also, es fängt schon [bei der Anreise] an. Wenn du kommst, fährt [ein] Direkttransfer. Ich hab' keine Lust im 50er-Bus zu sitzen [und an jedem Hotel anzuhalten] und, Entschuldigung, irgendwie intellektuell verkürzte Menschen zu sehen, die sich dann darüber unterhalten, wo ist die Salami dicker und so."

Der zweite Aspekt wird beschrieben durch den Ausdruck *Standard*. Dies ist der Nukleus einer jeden Marke. Die Gäste wissen, was sie erwartet und mit genau dieser Erwartungshaltung reisen sie in einem Resort an. Hierzu zählt auch, dass nicht alle Angebote und Einrichtungen einen besonders hohen absoluten Standard haben müssen. Die Gäste wissen dies im Vorfeld und passen ihre Erwartungen dementsprechend an. So sind im Vergleich zur klassischen Hotellerie die Zimmer in Clubresorts meist spartanischer und einfacher eingerichtet. Die Befragten äußerten dies, störten sich aber nicht daran.

156 3 Empirischer Beitrag

Auf die Frage, warum ein Urlaub im Robinson Club gebucht wurde, antwortet ein Reisender, der schon in mehreren Anlagen der Marke Robinson Urlaub gemacht hat (Zitat Q98): „Ich weiß bei Robinson mittlerweile, was ich hab. Wir waren schon ein paar Mal in 4-Sterne Hotels oder so ähnlich. Ja, ist alles ganz nett [aber nicht so, wie im Katalog beschrieben]. Aber bei Robinson: du guckst einen Katalog an und dann passt das, [...] du musst dir keine Sorgen über negative Überraschungen machen. Das Paket stimmt eigentlich."

Im fokus steht also weniger ein hoher, sondern vielmehr ein gleichbleibender Qualitätsstandard, wie auch Zitat N08: „Das ist so ein Sicherheitsgefühl [...] Vielleicht könnte es [Anm.: das Angebot] besser sein. Es kann aber gleich wohl auch schlechter sein und das würde man, da würde man halt ein Risiko eingehen. Also, das würden wir scheuen, glaube ich. Die Erwartung soll halt einfach erfüllt sein." Das Wissen um einen Qualitätsstandard kann daher als Faktor für das Urlaubserlebnis gesehen werden.

Zusammenfassend lässt sich also herausstellen, dass die in diesem Unterkapitel herausgearbeiteten Ausdrücke *Publikum, Atmosphäre* (mit ihren jeweiligen Unterarten), *Einrichtungen* und *Qualitätsstandard* Faktoren sind, die das Urlaubserlebnis beeinflussen und eine Verbindung mit der jeweiligen Resortmarke herstellen.

3.3.2.2. Destinationserlebnis

Analog zur Betrachtung des Resorterlebnisses widmet sich dieses Kapitel der Betrachtung des Destinationserlebnisses. Ziel dieses Kapitels ist es, die Eindrücke und Erlebnisse, deren Reize vornehmlich mit der Destination verbunden werden, zu beschreiben und zu analysieren. Wie in den vorherigen Beschreibungen und Analysen steht weiterhin das Individuum, also der Resortgast, im Mittelpunkt der Betrachtungen.

Zur Annäherung an die Assoziationsgraphiken des Ausdrucks *Destination* werden zuerst die einzelnen Destinationen isoliert voneinander betrachtet.

Anders als bei den Betrachtungen der Resortmarke ist die Destinationsmarke in diesem Fall nicht klar zu benennen. Im Ort Arosa kann diese zum Beispiel mit *Arosa* sowie *Arosa-Lenzerheide* für das Skigebiet, oder der *Schweiz* für das Land beschrieben werden.

Daher wurden Teilnehmer zu Beginn der Befragung gebeten, ihren Urlaubsort zu benennen. Es kristallisierten sich – basierend auf der geographischen Lage der drei Befragungsorte – die Ausdrücke *Fuerteventura, Arosa* und *Mallorca* heraus, welche von den Befragten genutzt wurden, um ihren Aufenthaltsort geographisch zu beschreiben. Somit wurde jede allgemeine Betitelung der Destination, die nicht explizit einen anderen Ort innerhalb der Destination nannte, mit der jeweiligen Destination markiert. So wurden zum Beispiel in der Destination *Mallorca* der

3.3 Ergebnisse der qualitativen Analyse (GABEK)   157

Ausdruck *Balearen* mit dem Begriff *Mallorca* definiert, da die Befragten hier die Destination als solche meinten. Analog zum Vorgehen beim Resorterlebnis werden dementsprechend die Begriffe *Fuerteventura*, *Arosa* und *Mallorca* als Knotenpunkte gesetzt. Geographische Begriffe wie zum Beispiel *Spanien* blieben als eigenständiger Ausdruck erhalten, wenn sie von den Befragten nicht explizit zur Beschreibung der Destination verwendet werden.

Analog zum vorherigen Kapitel werden erst alle Destinationen für sich betrachtet, danach zusammengefasst und als ein die Destination beschreibender Begriff gewertet. Querverbindungen zwischen einzelnen Ausdrücken werden weggelassen, um den Fokus auf die mit der Destination assoziierten Begriffe zu legen.

Darauf folgend werden eine Kausalnetzgraphik erstellt und jeweils einzelne Aspekte vorgestellt.

3.3.2.2.1. Destinationserlebnis in unterschiedlichen Destinationssettings

3.3.2.2.1.1. Resort auf Fuerteventura, Kanarische Inseln, Spanien

Der Ausdruck *Fuerteventura* wird als Knotenpunkt gesetzt, die Mindestanzahl Sätze mit n=2 festgelegt. Kernthemen mit mehr als zwei Assoziationen sind das Wetter auf der Insel (*Sonne_bewusst*, *Wetter*, *Strand*), der Strand an sich und die Verbindung zu Resortanlagen und ihren Angeboten (*ROBINSON_Robinson_ist_Robinson* und *Gesamtanlagen*). In Abbildung 37 wird deutlich, dass die Assoziationen zwar vielfältig sind, sich aber nicht auf kulturelle Aspekte der Insel fokussieren.

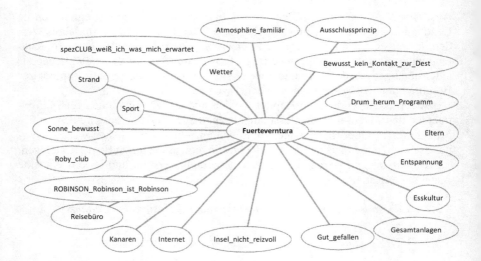

Abbildung 37: Netzwerkgraphik mit dem Ausdruck „Fuerteventura" als Knotenpunkt, n=2; eigene Darstellung

Zwei Aspekte fassen viele der Aussagen der Befragten zusammen:
Erstens spielt vor allem das Klima für die Auswahl der Destination eine große Rolle. Die Zitate M09 und I05 zeigen, dass das maßgebliche Auswahlkriterium für Fuerteventura die klimatischen Gegebenheiten sind.

Zitat M09: „Von Fuerteventura erwarte ich's persönlich gar nicht so sehr viel, weil ich den Eindruck habe, die Clubs sind, mit wenigen Ausnahmen, eher austauschbar und das Angebot ähnelt sich. Hab' auch viel Erfahrungen mit Aldiana. Die sind auch alle ähnlich. Vielleicht manchmal so ein paar Türmchen, damit die Anlage ein bisschen orientalisch aussieht oder ähnliches, aber in der Struktur, was ich erlebe, und ich wahrnehme, ist das Angebot vergleichbar. Es geht um Entertainment, um Show und kulinarischen Anspruch und auch um Sport und so."

Zitat I05: „Wir haben uns überlegt, wir wollen mal in die Sonne. Wir wollen wenig nachdenken und wir wollen auch nicht jeden Tag so viel Programm haben […]. Nur punktuell. Und dann haben wir uns überlegt, "Wo ist im April Sonne?" Dann haben wir uns überlegt, "Wo ist das aktuell sicher?" Haben uns dann für die Kanaren entschieden. Alternative wär' natürlich Ägypten gewesen. Dann war uns aber im Moment aktuell nicht so und dann haben wir uns überlegt, "Wie wollen wir den Urlaub denn überhaupt verbringen?" Wir wollen schon 'ne gewisse Qualität haben und dann hat sie [Anmerkung: die beste Freundin der Befragten] gleich die Robinsonerfahrung gehabt."

3.3 Ergebnisse der qualitativen Analyse (GABEK) 159

Abgesehen von den klimatischen Bedingungen sowie dem Strand haben die Interviewpartner entweder keine Meinung bezüglich der Insel, oder aber die Insel wird negativ gesehen. So beschreibt Zitat A09 und A10, dass das Resort als das „Schöne" der Insel wahrgenommen wird, während der Rest der Insel lediglich aus „Steinen" besteht: „Also, der Felix [Anm: fünfjähriger Sohn der Interviewpartnerin] würde jetzt sagen, „Wir sind durch Steine gefahren, damit wir hierher kommen, wo es schön ist'. Das ist ja, ja gut. Ganz ehrlich, also, auf der Insel jetzt ein Ausflug machen würde ich nicht machen. Weil es nicht attraktiv ist. [...] Das sah sehr dürr aus und nicht so, als wenn ich jetzt das Gefühl hätte, da ist was, wo man ja was geboten bekommt und man hinterher sagt, "Wow, gut, dass wir es gemacht haben, ne?" Dann eher so auf Meer oder so mit dem Schiff oder so was in der Richtung, aber so ins Landesinnere, würde ich jetzt glaube ich nicht . Denn was es ausmacht, sind ja die Küsten."

Zweitens entsteht bei den Gästen der Eindruck der Destination während ihres ersten Kontakts mit ihr, also auf dem Weg vom Flughafen in die Resortanlage. Dies wird ebenfalls im oben genannten Zitat A09 deutlich. Obwohl Fuerteventura vor allem im Norden und Osten, so zum Beispiel im Ort La Oliva, grüne, fruchtbare, Böden besitzt, wird diese dem Resortgast, der seinen Urlaub im südlichen Teil der Insel verbringt, nicht deutlich. Er bewertet lediglich die Strecke vom Flughafen, der im mittleren Teil der Insel liegt, zu den Resortanlagen im Süden. Dieses Erlebnis, zusammen mit einem fehlenden Wissen bezüglich der Insel, zum Beispiel durch vorherige Recherche, führt dazu, dass das auf dieser Fahrt bzw. Strecke Erlebte als für die gesamte Insel Geltende extrapoliert wird.

Es wird deutlich, dass der Marke Fuerteventura eine Orientierungsfunktion und auch Qualitätssicherungsfunktion zukommt. Die Assoziationen *Sonne*, *Wetter* und *Strand* werden mit der Marke verbunden (Orientierungsfunktion) und Gäste sehen dies als typisch für Fuerteventura an (Qualitätssicherungsfunktion). Dies ist im Besonderen herauszustellen, da während des Zeitraumes der Befragung das Wetter auf der Insel eher bedeckt war. Dennoch nannten die Befragten auf die Frage, was denn typisch für Fuerteventura sei, das gute Wetter.

3.3.2.2.1.2. Resort in Arosa, Graubünden, Schweiz

Für den Ausdruck *Arosa* wird die Mindestanzahl der Sätze wie im vorherigen Setting ebenfalls mit n=2 festgelegt. Lediglich 3 Ausdrücke werden mit diesem Knotenpunkt verbunden, jeweils eine Verbindung zum Markenversprechen des Resorts, eine zum Gastland Schweiz und eine zum Skigebiet. Somit verbinden die Befragten mit dem Ausdruck *Arosa* an sich im Vergleich zu den Befragungen in anderen Destinationen deutlich weniger. Das in Abbildung 38 dargestellte Netz, welches sich um den Knotenpunkt *Arosa* spannt, ist somit kleiner.

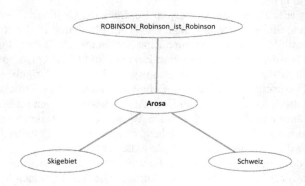

Abbildung 38: Netzwerkgraphik mit dem Ausdruck „Arosa" als Knotenpunkt, n=2; eigene Darstellung

Eine Sonderstellung nimmt in diesem Destinationserlebnis das Skigebiet ein. Erweitert man die Netzwerkgraphik und setzt *Skigebiet* als weiteren Knotenpunkt, wie in Abbildung 39 dargestellt, zeigt sich, dass sich ein engmaschiges Netz mit vielen Querverbindungen aufspannt.

3.3 Ergebnisse der qualitativen Analyse (GABEK)

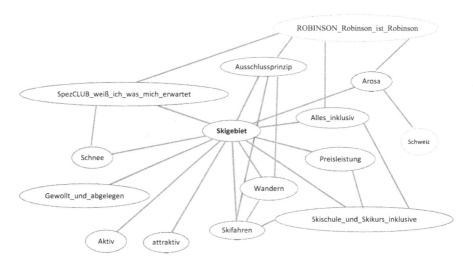

Abbildung 39: Erweiterte Netzwerkgraphik mit den Ausdrücken „Arosa" und „Skigebiet" als Knotenpunkt, n=2; eigene Darstellung

Zitat P42 macht deutlich, dass das Skigebiet ein Haupttreiber für die Attraktivität des Urlaubs ist: „Also, hier ist das Skigebiet halt extrem attraktiv. Seit [sie die Skigebiete von] Arosa und Lenzerheide zusammengelegt haben. […] Und dass man mit dem Ski direkt zum Klub abfahren kann. […] Und wie gesagt, also Skipaket hier und dass man eben in eine Gruppe fahren kann und vor allem in unserem Alter, Skikurse fahren kann. Das ist halt echt attraktiver. Macht man sonst ja nicht."

In der Diskussion zum Thema Urlaubdestination ist zwar der Begriff *Arosa* und auch der Begriff *Schweiz* zu finden, allerdings ist der Knoten die Infrastruktur in der Destination, nicht die Destination an sich. Es ergibt sich eine eng vernetzte Graphik zum Thema Sport und Winterurlaub sowie eine Verbindung zur Resortmarke. Dies gilt nicht nur für das Skifahren als Aktivität, sondern auch für andere Aktivitäten wie Wandern und generelles Aktivsein. Von all diesen Aktivitäten wird jedoch keine Verbindung zur Destination *Arosa* oder zum Land *Schweiz* hergestellt, beide Begriffe stehen isoliert. Dies geschieht nur mittelbar über das Skigebiet.

Dies ist besonders erwähnenswert, da Arosa als Destination eine seit Jahrzehnten bedeutsame Marke im Skitourismus darstellt. Der Ausdruck *Arosa* ist bei Befragten allerdings weder mit einem bestimmten Standard, noch mit der Einordnung in einen Kontext verknüpft. Somit sind wichtige Funktionen einer Marke, wie die Qualitätssicherungsfunktion, die Orientierungsfunktion und die Prestigefunktion für den Resortgast in der Destination Arosa nicht gegeben. Die Prestigefunktion wird zum einen von der Marke des Resorts (durch den Ausdruck *ROBIN-SON_Robinson_ist_Robinson*) übernommen. Zum anderen wird sie vom Ausdruck *Schweiz* übernommen. Die Befragten schmücken sich zu Hause mit einem Schweiz-Urlaub im Robinsonclub, nicht mit einem Arosa-Urlaub im Robinsonclub. Einzig der Marke des Skigebietes *Arosa-Lenzerheide* kommt eine Orientierungsfunktion zu, die wiederum mit der Marke Arosa verbunden ist. Das Skigebiet *Arosa-Lenzerheide*, welches seit dem Jahr 2014 durch eine Gondelbahn ein Zusammenschluss zweier zuvor nicht verbundenen und eigenständigen Skigebiete Arosa und Lenzerheide ist, steht in diesem Fall als eigenständige Marke. Auch die Qualitätssicherungsfunktion wird vom Beherbergungsbetrieb, in diesem Fall dem Resort, vollständig vereinnahmt.

Die Unterscheidung von Resort und vom Ort Arosa wird in Zitat O99 besonders deutlich: „Also, ich glaube, [...] Club und Arosa an sich sind zwei unterschiedliche Welten. Weil, Arosa ist bestimmt ein schöner Ort, [...] auch wo Leute hingehen, weil sie Skifahren wollen, weil sie was von dem Ort sehen wollen, aber Leute, die in Robinsonclubs kommen, die gehen in Robinsonclubs und nicht in den Ort."

Ebenfalls wird das Preis-Leistungs-Verhältnis herausgestellt, da im Reisepreis der Skipass inklusive ist. Dies wird in Zitat P11 deutlich. Auf die Bitte, dass die Reisende ihren Urlaub beschreiben möge, antwortet diese: „Eine Woche Skiurlaub mit Vollpension – „Rundherum-Sorglos-Paket" würde ich sagen. Was ich gut fand, war, dass Skischule und Skikurs inklusive waren. Ja. Schönes Skigebiet, großes Skigebiet, nicht so weite Strecken vom Hotel bis zum Lift sozusagen. Und auch neben dem Skifahren noch ein bisschen sowohl sportliches Angebot als auch andere Freizeitaktivitäten, die angeboten werden.[...]."

3.3 Ergebnisse der qualitativen Analyse (GABEK)

3.3.2.2.1.3. Resort auf Mallorca, Balearische Inseln, Spanien

Für den Ausdruck *Mallorca* als Knotenpunkt wird die Anzahl der Verbindungen wie in den vorherigen Settings auch mit n=2 festgelegt. Die daraus entstehende Netzwerkgraphik ist in Abbildung 40 dargestellt.

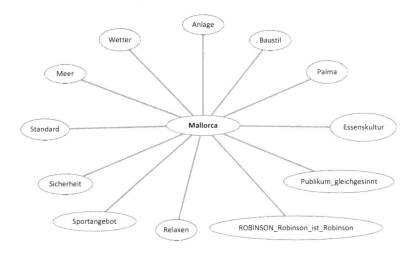

Abbildung 40: Netzwerkgraphik mit dem Ausdruck „Mallorca" als Knotenpunkt, n=2; eigene Darstellung

In der Netzwerkgraphik werden, ähnlich der Graphik für Fuerteventura, die Ausdrücke *Wetter* und *Meer* genannt. Ebenfalls ist die Assoziation zur Resortmarke besonders ausgeprägt. Anders als bei der Graphik Fuerteventura wird der Ausdruck *Mallorca* allerdings auch mit Kultur und Orten in der Destination assoziiert: „Palma" wird als Inselhauptstadt genannt, und der „Baustil" auf der Insel generell herausgestellt. Die Befragten hatten eine klare Vorstellung, wie die Gebäude und Anlagen (sowohl touristische als auch private Anlagen) auf Mallorca typischerweise aussehen und welchen Charakter sie aufweisen. Dies ist bei Fuerteventura nicht der Fall. Hier wurden weder Puerto del Rosario als Inselhauptstadt noch der für die Insel typische Baustil hervorgehoben, obwohl die weißen Häuser im Pueblo-Baustil die dominante Bauweise auf der Insel ist. Es wird also deutlich, dass der Begriff *Mallorca* noch eine deutlich vielschichtigere Orientierungsfunktion hat als der Begriff *Fuerteventura*, da man in der Assoziationsgraphik weitere unterschiedliche Kategorien von Ausdrücken erkennen kann. Hierzu lässt sich auch

164 3 Empirischer Beitrag

die Esskultur zählen, unter der die Befragten sich etwas Konkretes wie zum Beispiel Tapas und Fischgerichte vorstellen können. Dies ist in der Graphik zu Fuerteventura nicht der Fall, obwohl die Insel ebenfalls zu Spanien gehört.

Neben der Orientierungsfunktion erfüllt die Marke *Mallorca* auch eine Prestigefunktion. So ist der Ausdruck *Publikum_gleichgesinnt*, den die Befragten durchweg positiv verwendet haben, mit n=3 mit dem Ausdruck *Mallorca* verbunden. Dies ist besonders hervorzuheben, da der Ausdruck in den anderen Befragungssituationen ausschließlich mit dem Resort verknüpft ist. Diese Verknüpfung ist im Fall *Mallorca* zwar ebenfalls gegeben, aber es besteht auch eine Verbindung zur Destination. Die Marke *Mallorca* schafft es also, ein für die Resortmarke typisches Publikum anzuziehen.

Die eindimensionalen Auswahlkriterien für eine Reise nach Fuerteventura sind in dieser Form für Mallorca zwar ebenfalls herauszustellen, allerdings spielen das Kulturangebot auf der Insel Mallorca und die Möglichkeit, dieses nutzen zu können, eine große Rolle. Auf Fuerteventura wurde diese Möglichkeit von den Befragten nicht genannt. Dies, obwohl sich beide Gruppen von Befragten in einem Resort der gleichen Marke mit ähnlichem Angebot befanden.

Deutlich wird auch die Qualitätssicherungsfunktion der Marke *Mallorca*: sowohl *Standard* als auch *Sicherheit* sind assoziiert mit dem Ausdruck.

Eine weitere Auffälligkeit ist der Detaillierungsgrad, mit dem die Befragten über die Destination Mallorca sprechen. Dies ist sowohl bei Gästen, die schon öfter in der Destination waren, als auch bei Gästen, die zum ersten Mal auf die Insel reisen, erkennbar. Gerade Palma de Mallorca als Inselhauptstadt nimmt eine besondere Stellung ein. Dies lässt sich weder in der Graphik zu Fuerteventura, noch in der Graphik Arosa erkennen.

Zitat R10 steht beispielhaft für das Wissen der Befragten über die Destination: „Gut, ich sag' mal, Mallorca hat natürlich zeitweise schon so ein Image gehabt wobei jeder, der Mallorca kennt, weiß auch, dass es anders ist, dass man natürlich so mit Mallorca jetzt vielleicht auch viel Sonne, Strand und Meer verbindet. Was sicherlich auch viele tun. Aber ich denke Mallorca bietet einfach auch viel an Ausflugsmöglichkeiten. Das ist einfach klasse. Das ist eigentlich das, was mich auch reizt. Ich meine, klar mal so wie jetzt heute mal ein bisschen liegen ist auch mal schön. Oder halt ja Sport oder was unternehmen [...] Was ich gestern und vorgestern gemacht hab', ist mir ein Fahrrad gemietet über diese Bikestation." Die Bikestation befindet sich auf dem Resortgelände. Es ist für den Gast also das Tor in die Destination.

3.3 Ergebnisse der qualitativen Analyse (GABEK) 165

3.3.2.2.1.4. *Destination gesamt*

Wie in Kapitel 3.3.2.1.1.4 für die Resortmarke wurde ebenfalls ein Gesamtnetzwerk für die Destinationsmarken dargestellt. Dies ist nicht vollumfänglich vergleichbar mit der Graphik der Resortmarke, da in drei verschiedenen Destinationen (Fuerteventura, Arosa, Mallorca) die Befragungen stattgefunden haben. Somit sind die Querverbindungen zwischen den Begriffen sicherlich als schwächer zu erwarten, da – anders als bei der Resortmarke – die Destinationsmarken eben genau für eine Destination stehen und nicht beliebig sind. Die dargestellte Destinationsgraphik in Abbildung 41 zeigt aber dennoch eine deutliche Vernetzung der einzelnen Aspekte. Bei der Analyse wird jedoch deutlich, dass dies vor allem der Resortmarke zugeordnete Begriffe sind, die sich zum Teil mit der Destination decken. So ist zum Beispiel die Verbindung zwischen *Publikum_gleichgesinnt* und *Atmosphäre_familiär* besonders stark ausgeprägt mit n=10 Verbindungen. Die Verbindungen mit den beiden Ausdrücken zum Knotenpunkt *Destination* hingegen ist mit n=2 für *Atmosphäre_familiär* und n=4 für *Publikum_gleichgesinnt* relativ niedrig.

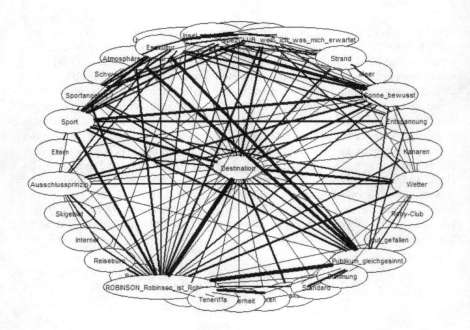

Abbildung 41: Netzwerkgraphik mit dem Ausdruck „Destination" als Knotenpunkt, n=2; eigene Darstellung

Des Weiteren sind lediglich 34 Ausdrücke zweimal oder mehr mit dem Ausdruck *Destination* (welcher zuvor als Synonym für die Ausdrücke *Arosa*, *Fuerteventura* und *Mallorca* definiert wurde) zu finden. Wie in Kapitel 3.3.2.1.1.4 gezeigt, sind mit der Resortmarke und dem damit korrespondierenden Begriff *ROBINSON_Robinson_ist_Robinson* 60 Ausdrücke assoziiert. Dies legt den Schluss nahe, dass der Referenzrahmen der Befragten sich zum Großteil auf die Resortmarke und nicht auf die Destinationsmarke bezieht, Eindrücke, Erlebnisse und brand touchpoints also vor allem mit der Resortmarke assoziiert werden. Diese Schlussfolgerung ist auch deshalb noch bedeutsamer, da die Anzahl der Begriffe höher ist, obwohl sich die Begriffe auf eine einzige Resortmarke beziehen.

Um eine sinnvolle Analyse und einen Vergleich dieser mit der Analyse zum Thema Resortmarke zu ermöglichen, wird n=5 ausgewählt. Hierdurch ergibt sich eine Netzwerkgraphik mit n=7 Assoziationen, die in mindestens fünf Sinneinheiten mit dem Begriff *Destination* verbunden sind. Dies ist in Abbildung 42 dargestellt. Wie auch in den Unterkapiteln zuvor steht der Begriff hier für jedes der drei

3.3 Ergebnisse der qualitativen Analyse (GABEK)

Settings, er ist also Synonym für die Begriffe *Fuerteventura*, *Arosa* und *Mallorca*. Die unterschiedliche Stärke der Verbindungen wird durch die Dicke der Pfeile dargestellt. So weist der Begriff *ROBINSON_Robinson_ist_Robinson* siebzehn Verbindungen auf. Dies ist identisch mit der Anzahl der Verbindungen in Kapitel 3.3.2.1.1.4, da das gleiche Datenmaterial zugrunde liegt. Die Verbindung zum Begriff *Wetter* weist neun Verbindungen auf, während die anderen direkt mit dem Begriff *Destination* verbundenen Assoziationen lediglich sieben (*Sport*) und fünf (*Sonne_bewusst*, *Strand*, *Gesamtanlagen*) Verbindungen aufweisen.

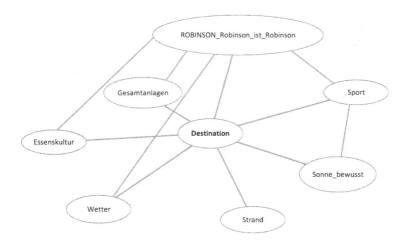

Abbildung 42: Netzwerkgraphik mit dem Ausdruck „Destination" als Knotenpunkt, n=5; eigene Darstellung

Ferner sind lediglich die zwei Assoziationen *Sonne_bewusst* und *Strand* nicht mit der Resortmarke *ROBINSON_Robinson_ist_Robinson* verbunden. Dies bedeutet, dass alle anderen Assoziationen dieses Netzwerkes sowohl mit Resort als auch Destination verbunden sind. Im Vergleich zur Netzwerkgraphik mit dem Thema Resort, in dem lediglich vier der siebzehn Begriffe sowohl mit *ROBINSON_Robinson_ist_Robinson* als auch mit *Destination* verbunden sind, sind dies im Fall des Destinationsnetzwerkes vier von sechs Begriffen.

Die Destinationen schaffen es also nicht bzw. nur in geringem Umfang, Assoziationen losgelöst von der Resortmarke hervorzurufen. Die Resortmarke hingegen ruft auch unabhängig von der Destination Assoziationen hervor. Lediglich die Faktoren Strand und Sonne werden mit der Destination in Verbindung gebracht.

Im Umkehrschluss heißt dies aber auch, dass die vorliegende Resortmarke es nicht schafft, mit diesen für einen Resorturlaub typischen Begriffen (*Sonne* und *Strand*) assoziiert zu werden. Dieses Ergebnis ist insofern von großer Bedeutung, als dass gemutmaßt werden kann, dass die beiden Begriffe von erheblicher Bedeutung für die typische Klientel eines Resorts sind. Insofern ist das Resort auf die Destinationsmarke und ihre Assoziationen angewiesen. Über die Destinationsmarke kann es am besten die für einen Strandurlaub typischen Begriffe transportieren. Die Resortmarke hingegen schafft dies nicht bzw. nur unzureichend.

3.3.2.2.2. Einflussgrößen auf das Destinationserlebnis

Analog zu Kapitel 3.3.2.1.2 wird in diesem Kapitel das Wirkungsgefüge mit Fokus auf das Destinationserlebnis dargestellt und diskutiert. Als Grundlage dienen hierzu die Ausdrücke in den Sinneinheiten, die in diesem Fall erneut herangezogen wurden, allerdings auf ihre Wirkung hin codiert wurden. Anders als in Kapitel 3.3.2.1.2 wird nun als Knotenpunkt nicht die Resortmarke, sondern die Destination gewählt.

Identisch zur Darstellung und Analyse des Destinationserlebnisses lässt sich nun ablesen, welche Ausdrücke auf das Markenversprechen der Destination gesamthaft wirken. Auf eine Darstellung für jede einzelne Destination wird bewusst verzichtet, da hierfür zum einen die Datenlage nicht ausreichend war. Zum anderen ist es Ziel dieser Arbeit, allgemeingültige Einflussgrößen zu definieren, nicht jedoch eine Fallstudie für einzelne Destinationen durchzuführen.

Die Abbildung 43 zeigt die Kausalnetzwerkgraphik mit dem Begriff *Destination* als Knotenpunkt. Die Anordnung der einzelnen Begriffe wurde vom Autor durchgeführt.

3.3 Ergebnisse der qualitativen Analyse (GABEK)

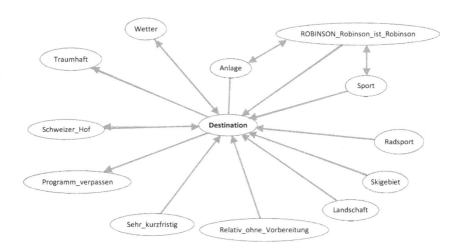

Abbildung 43: Kausalgraphik mit dem Ausdruck „Destination" als Knotenpunkt, n=1, Grundlage der Daten sind Gespräche über alle Destinationen (Fuerteventura, Arosa und Mallorca) hinweg; eigene Darstellung

Hieraus lässt sich ablesen, welche Ausdrücke auf das Markenversprechen der vorliegenden Resortmarke wirken, also welche Eindrücke und Erlebnisse die Befragten der Resortmarke zuschreiben, bzw. wie diese durch die Resortmarke beeinflusst werden können.

Es können fünf Gruppen gebildet werden. Die erste Gruppe bilden die Ausdrücke *Radsport* und *Sport*. Sie beziehen sich auf die Wahrnehmung der Destination als ein Terrain, um Sport zu treiben. Die Reisenden haben sich die jeweilige Destination bewusst aufgrund der von ihnen betriebenen Sportart ausgesucht und verbinden diese damit. Für die Destination Arosa ist dies meist Wintersport, für die Destinationen Mallorca und Fuerteventura oftmals Radfahren, Wassersport und Tennis.

Zweitens bilden die Ausdrücke *Skigebiet* und *Landschaft* eine Gruppe, die sich auf die Gegebenheiten vor Ort bezieht. Reisende beschreiben hier meist einzelne Faktoren wie zum Beispiel „die Berge" oder „das Meer" und haben ein Bild vor ihrem inneren Auge.

170   3 Empirischer Beitrag

Die dritte Gruppe bilden die Ausdrücke *relativ_ohne_Vorbereitung* und *kurzfristig*. Sie beziehen sich auf den Prozess der Reiseentscheidung und sind insofern relevant, als dass die Befragten die jeweilige Destination als eine Option für spontane, wenig überlegte Reiseentscheidungen sehen. Dies ist gerade im Resorttourismus, der von seiner einfachen Zugänglichkeit lebt, nicht zu unterschätzen. Die Reisenden entscheiden sich bewusst für einen Resorturlaub und nicht für ein Boutiquehotel innerhalb einer Stadt.

Programm_verpassen und *Schweizerhof* (letzteres ist ein ehemaliges Resort der Marke Robinson in den Schweizer Bergen) bilden die vierte Gruppe von Begriffen. Die Befragten äußerten hier den Zusammenhang zwischen dem Programm innerhalb des Resorts und dem Destinationserlebnis.

Die fünfte Gruppe bilden die allgemein gehaltenen Aussagen *traumhaft* und *Wetter*, die eine Destination beschreiben. Sie sind bewusst nicht mit Gruppe zwei (*Landschaft* und *Skigebiet*) zusammengefasst, da letztere sich eher auf in den Gesprächen speziell genannte Gegebenheiten vor Ort beziehen, während erstere eher allgemeiner Natur sind.

Sechste und letzte Gruppe bilden die Begriffe *Anlage*, unter der die Gebäude des Resorts zu verstehen sind, und *ROBINSON_Robinson_ist_Robinson*, welcher für das Markenerlebnis steht.

Auffällig ist, dass kaum Ausdrücke bzgl. der Kultur oder der einheimischen Bevölkerung genannt wurden.

Es lassen sich drei Feststellungen machen:

Erstens wird die Mittelbarkeit der Steuerung des Destinationserlebnisses deutlich. Schon bei der Anordnung der Ausdrücke erkennt man, dass man lediglich die Begriffe *Landschaft* und *Skigebiet* im weitesten Sinne als brand-owned touchpoints bezeichnen kann. Dies zeigt die besondere Herausforderung, die sich im Themenkomplex Destinationserlebnis stellt: anders als beim Resorterlebnis, das vom Resortbetreiber mit touchpoints orchestriert werden kann, ist der Hauptakteur, z. B. eine Destination Management Organisation (DMO), mit dem Reisenden nur in den seltensten Fällen direkt im Kontakt. Lediglich am Flughafen oder während Ausflügen wäre ein solcher Kontaktpunkt möglich. Allerdings könnte auch das Management des Resorts ein Interesse daran haben, das Destinationserlebnis gezielt zu orchestrieren, sollte es dem Gesamterlebnis des Reisenden zuträglich sein. Hier zeigt sich eine Prinzipal-Agent-Problematik: das Resort wird immer das Gesamterlebnis mit einem Fokus auf das Resorterlebnis optimieren. Nicht zuletzt kann man auch das Resort für ein negatives Resorterlebnis verantwortlich machen, während ein negatives Destinationserlebnis (z.B. „schlechtes Wetter") kaum beeinflussbar ist und nicht dem Resortbetreiber zuzuschreiben ist. Der Resortbetreiber kann allerdings realistische Erwartungen an das Destinationserlebnis dem Reisenden gegenüber kommunizieren.

3.3 Ergebnisse der qualitativen Analyse (GABEK) 171

Zweitens ist die Vernetzung der einzelnen Begriffe untereinander nicht gegeben, bzw. in den Fällen, in denen sie gegeben ist, immer nur in Verbindung mit der Resortmarke. Während das Resorterlebnis für sich allein gesehen einzelne Kreisläufe generiert (siehe im dazugehörigen Kapitel 3.3.2.1, beispielhaft sei der Kreislauf der Atmosphäre genannt) ist dies im Bezug auf das Destinationserlebnis nicht der Fall.

Drittens sind lediglich zwei sich selbst verstärkende Kreisläufe zu nennen. Der eine umfasst neben *Destination* und *ROBINSON_Robinson_ist_Robinson* das Wetter in der Destination, der andere umfasst die Gebäude der Anlage des Resorts. Um den Begriff *Sport* entwickelt sich kein Kreislauf, da nicht alle Ursache-Wirkungs-Beziehungen kreisförmig verlaufen.

3.3.2.2.2.1. *Destination und Natur*

Wie schon in der Netzwerkgraphik der Destination gezeigt, haben auch in der Kausalgraphik sich auf die Landschaft beziehende Ausdrücke eine herausragende Bedeutung. Die Zitate zum Ausdruck *Landschaft* weisen oftmals auf Elemente wie zum Beispiel, Meer, Sonne, Berge, etc. hin.

Bei genauerer Analyse der Zitate wird deutlich, dass je nach Destination ein Unterschied im Detailgrad der Erwartungen existiert. So wird in der Destination Arosa im Skitourismus zwar das Skigebiet besonders herausgestellt, bei den Resorts auf Mallorca und Fuerteventura wird jedoch eher allgemein von der *Lage* gesprochen. Hier wird ein Meerzugang erwartet, dieser wird jedoch nicht genauer spezifiziert. Beim Skigebiet hingegen werden klare Erwartungen kommuniziert an Größe, Erreichbarkeit, Talabfahrt bis zum Resort etc.

Die Wahrnehmung der Landschaft bezieht sich oftmals auf die Anreise vom Flughafen der Destination zum Resort. Auffällig ist, wie diese Eindrücke die Wahrnehmung der Destination bestimmen. So wird bei Fuerteventura über eine völlig karge Insel gesprochen. Dieser Eindruck hat sich bei der Anreise geformt. Ebenso wird der Ort Arosa als grau und trist bezeichnet, da man eine Umgehungsstraße zum Resort genutzt hat. Dieser Eindruck bleibt im Gedächtnis des Reisenden. Er hat schlicht kein Interesse, eine Destination, die aus seiner Wahrnehmung heraus völlig karg (Fuerteventura) bzw. trist (Arosa) ist, weiter zu erkunden und bleibt lieber im Resort.

Anders verhält es sich mit der Destination Mallorca. Hier wird die Anreise in keinem Interview negativ erwähnt. Dies ist auf zwei Ursachen zurückzuführen: zum einen ist die Anreise vom Flughafen zum Clubgelände sehr abwechslungsreich. Die Reisenden erleben in den ersten 15 Minuten den Stadtverkehr in der

Inselhauptstadt, nehmen dann den südlichen Teil der Insel als ein durch Landwirtschaft geprägtes Areal wahr und kommen schlussendlich an die hügelige und zerklüftete Ostküste. Diese Abwechslung wird von den Gästen als inspirierend wahrgenommen. Zudem haben die meisten Reisenden der Destination Mallorca eine schon zuvor entstandene Sicht auf die Urlaubsregion. Bei Stammgästen ist diese geprägt durch vorherige Urlaube innerhalb oder auch außerhalb des Resorts. Bei Gästen, die das erste Mal in der Destination unterwegs sind, wurden über Medienberichte schon viele Informationen über die Insel und ihre einzelnen Facetten gesammelt. Sicherlich sind hier viele Negativbeispiele im Hinblick auf Pauschaltourismus zu nennen. Allerdings wird auch deutlich, dass sich die Reisenden dem Facettenreichtum der Insel sehr bewusst sind. Zitat R53 veranschaulicht dies. Befragt nach einem typischen Mallorca-Urlaub äußert sich ein Reisender, indem er die Vielseitigkeit der Destination herausstellt: „Jedes Jahr auch im Frühjahr verbunden mit sehr gemischtem Wetter, mit viel Sport, mit einer traumhaften Landschaft, mit auch 'nem Wanderurlaub, den ich mal gemacht hab' im Tramuntana-Gebirge. Also, vor allem, eine sehr vielfältige schöne Insel mit für mich einem dann auffallenden Beigeschmack, tun mir auch die Einheimischen leid, ist das ein bisschen blöd gesprochen, weil ich ja auch selber aus Deutschland komme, aber was man so im klassischen Bild mitkriegt, kennt man auch von Ballermann usw. und hab' ich neulich auch im Fernsehen gesehen, dass alleine in Palma, die nachts diese Koffer rollen dann Rollergeräusche. [...] aber ich kenn' Mallorca ganz ehrlich anders und ich kenne natürlich auch das andere Bild. Aber, für mich persönlich ist Mallorca erstmal das, was mit Natur und eben einer sehr vielfältigen Insel verbunden ist."

Ein solch vielschichtiges Wissen bezüglich der Destination ist in den anderen beiden Destinationen nicht bzw. nur in deutlich geringerem Umfang der Fall. Über Fuerteventura fällt eine Aussage zu den Charakteristiken der Insel wie folgt aus (Zitat A09, den Eindruck während der Anreise vom Flughafen zum Resort beschreibend): „Wir sind durch Steine gefahren, damit wir hierher kommen, wo es schön ist. [...] Ganz ehrlich, also, auf der Insel jetzt einen Ausflug würde ich nicht machen. Weil es nicht attraktiv ist." Es ist schlicht kein Wissen über die Destination vorhanden. Deshalb prägt sich der Weg vom Flughafen zum Resort bei den Reisenden als für die Destination typisch ein. Dieser führt auf Fuerteventura durch eine Vulkanlandschaft und ist daher für die meisten Reisenden wenig einladend.

Weiterhin werden bei der Beschreibung der Landschaft vor allem Ausdrücke wie *Sonne, Meer, Strand* und *Schnee* genannt. Die Beschreibung richtet sich also stark an den Bedürfnissen der gewählten Urlaubsform und den Hauptaktivitäten aus. Obwohl es zum Beispiel in Arosa mehrere schöne Seen gibt, die auch zum Zeitpunkt der Befragung nicht zugefroren und daher für den Reisenden erkennbar waren, werden diese nicht erwähnt. Die einzelnen Bergspitzen, die sich im Skige-

3.3 Ergebnisse der qualitativen Analyse (GABEK) 173

biet befinden, können jedoch genau zugeordnet werden. Das Wissen von Reisenden bezüglich ihrer Destination ist also selektiv und vornehmlich bezogen auf die von ihnen in der Destination benötigten Aspekte, um ihre Form des Urlaubs zu verwirklichen.

Es kann also festgehalten werden, dass, sofern spezifisches Wissen zur Landschaft und zur Natur innerhalb der Destination vorhanden ist, dieses das Destinationserlebnis beeinflussen kann. Das Wissen kann unterteilt werden in allgemeine Charakteristiken und Naturbeschreibungen der Destination sowie in spezifische Beschreibungen, die für die Ausübung verschiedener Aktivitäten innerhalb der Destination notwendig sind.

3.3.2.2.2.2. *Destination und Sport*

Unter dem Begriff *Sport* werden alle Sportaktivitäten zusammengefasst, die nicht in geschlossenen Räumen stattfinden. So zählt ein Besuch des Fitnessstudios nicht dazu. Typische Beispiele für Sportaktivitäten im Sinne des Begriffs *Sport* ist Radfahren auf der Insel Mallorca, Skifahren in Arosa oder Windsurfen vor der Küste Fuerteventuras. Hierzu zählen auch Tennis oder Golf spielen, da die Anlagen zwar teilweise im Besitz des Resortbetreibers sind, aber dennoch die zur Ausübung der jeweiligen Sportart optimalen klimatischen Bedingungen zur Wahl der Destination führten.

Die Sportmöglichkeiten innerhalb einer Destination sind für einige Befragte ausschlaggebend für die Wahl der Destination und auch prägend für das Image der Destination. Es werden die in der Destination vorzufindenden Bedingungen mit den für die jeweilige Sportart optimalen Bedingungen verknüpft und dann auf eine Destination bezogen.

Entscheidend ist, dass die Destinationswahl für die Urlauber einen klaren Mehrwert bietet: die optimalen Bedingungen für die jeweilige Sportart. Diese werden deutlich klarer artikuliert als die Bedingungen an Strand und Landschaft. Die Destination wird mit der Sportart verknüpft und kann sich so von anderen Destination abheben.

Zitat P42 veranschaulicht dies in Bezug auf die Wahl der Destination Arosa: „[…] hier ist das Skigebiet halt extrem attraktiv. Seit sie Arosa und Lenzerheide zusammengelegt haben, mit der Kupplung [Anmerkung: gemeint ist die Verbindung der beiden Skigebiete durch eine neue Liftanlage], sehr gut. […]". Auch bei den Tennisspielern auf Fuerteventura ist das gleiche Muster zu erkennen, wie in Zitat C03 deutlich wird: „Also primär wollten wir nach Fuerteventura und dann war erstmal gar nicht unbedingt sicher, ob's Robinson wird. Aber dann haben wir

174   3 Empirischer Beitrag

halt geguckt und das war auch so der Club, der am meisten zu bieten hat und dann hat's natürlich noch fünf von fünf Sterne bei Tennis und es hat halt so alles gepasst."

Zusammenfassend ist es also das mit der Destination assoziierte Sportangebot, welches meist auf eine oder wenige herausragend charakteristische Sportarten reduziert ist, das als Faktor das Destinationserlebnis mit beeinflusst. Dies kann als Chance für Destinationen gesehen werden, sich unabhängig vom Resort zu positionieren und im Gedächtnis der Reisenden verankert zu bleiben. Die Erlebnisse, die beim Ausüben der jeweiligen Sportart kreiert werden, werden somit auch auf die Destination übertragen und nicht ausschließlich auf das Resort.

3.3.2.2.2.3. *Destination und Vertrautheit / Entscheidungsprozess*

Die Ausdrücke *sehr kurzfristig* und *relativ ohne Vorbereitung* wirken auf die Wahrnehmung der Destination und auf das Destinationserlebnis. Sie sind ursächlich für die Entscheidung einiger Reisender für eine bestimmte Destination. Dies ist darauf zurückzuführen, dass die Destination, in der sich das jeweilige Resort befindet, als auf den ersten Blick vertraut wirkt bzw. sich wenig komplex für den Reisenden erschließen lässt.

Sowohl die Destinationen in Spanien als auch die Destination Arosa sind für den Gast mit einem relativ geringen Risiko behaftet, sowohl aus sicherheitspolitischer als auch aus gesundheitlicher Perspektive. Eine allgemeingültige Aussage zur Wahrnehmung der Risiken in Destinationen, in denen sich Resorts befinden, kann allerdings nicht gemacht werden, da keine Gäste in Resorts in anderen Destination befragt wurden. Gäste nannten aber die leichte Zugänglichkeit der Destination bzw. des Gastlandes als einen der Gründe, sich nicht weiter damit beschäftigen zu müssen. Dies sei bei anderen Destination anders, wenngleich sich dort auch ein Resort der Marke befindet. So wurde mehrere Male das Beispiel Ägypten genannt. Einem Urlaub in einer solchen Destination, auch im Resort, ginge nach Aussage der Befragten ein längerfristiger Entscheidungsprozess voraus.

3.3.2.2.2.4. *Destination und Fazilitäten*

Die bauliche Anlage des Resorts wirkt sich sowohl auf das Destinations- als auch auf das Resorterlebnis aus. Die Reisenden nennen hier oftmals den landestypischen Baustil und die Einbettung des Resorts in die Landschaft. Diese Beobachtung ist insofern von Bedeutung, als dass zwar auf den Baustil, nicht aber auf den

3.3 Ergebnisse der qualitativen Analyse (GABEK) 175

Standard abgezielt wird. So gibt es im Resort auf Mallorca natürlich Möglichkeiten, die Zimmer zu beheizen, obwohl dies nicht Standard von Wohnhäusern in der Destination ist.

Es lassen sich drei Merkmale erkennen:

Erstens greifen die Gebäude des Resorts für die Destination typische, im Gedächtnis der Reisenden verankerte Elemente auf mit dem Zweck, eine Inszenierung zu schaffen. Einen weiteren Nutzen haben diese nicht. So gibt es in den Resorts auf Mallorca und Fuerteventura eine Windmühle. Diese hat jedoch rein dekorativen Charakter.

Zweitens ist es der Baustil, an den sich die Destination anlehnt. Der bungalowartige Baustil und die in der Destination Fuerteventura verwendete weiße Verputztechnik der Gebäude wurden im Resort in den Befragungen aufgegriffen und spiegeln kulturelle Eigenheiten wider.

Drittens sind Markierungen von Plätzen und Orten innerhalb des Geländes an die jeweilige Destination angelehnt. So gibt es im Robinson Club Cala Serena auf Mallorca eine „Plaza Mayor" und im Robinson Club Esquinzo Playa auf Fuerteventura das Spezialitätenrestaurant „La Tasca". Obwohl stringent versucht wird, Begriffe der Destination zu verwenden, werden Ausnahmen gemacht, wenn diese dem Gästeerlebnis zuträglich sind. So heißt das Spezialitätenrestaurant im Resort auf Mallorca italienisch „L'anima".

Zusammenfassend wird deutlich, dass die Verwendung von Bauweise und Sprache der Destination genutzt wird und ein Faktor des Destinationserlebnisses ist. Von der Verwendung wird aber immer dann durch nicht-destinationstypische Begriffe abgewichen, wenn es dem Gesamterlebnis zuträglich ist.

Ebenfalls zu berücksichtigen ist, dass die Datenerhebung für diese Arbeit mit Reisenden eines Premium-Clubanbieters stattfand. Aussagen über Anbieter, die Reisen zu einem niedrigeren Preis anbieten und ggf. andere standardisierte Architekturelemente verwenden, können daher nicht gemacht werden.

3.3.2.2.3. *Der bewusste Nicht-Kontakt mit der Destination*

Zitat M04 fasst zusammen, was viele Befragte auf ähnliche Art und Weise äußern: „Und ich hatte auch schon [...] den Eindruck, also dass ich in einem Club war und wusste gar nicht wo [in welcher Destination] ich bin so ungefähr."

Auf die Frage, welchen Kontakt die Reisenden mit der Destination außerhalb der Anlage haben, äußern sich viele, dass sie bewusst keinen Kontakt zur Destination suchen. In einer Netzwerkgraphik mit n=1 ergeben sich 101 verbundene Ausdrücke mit dem Kontenpunkt *bewusst_kein_Kontakt_zur_Destination*. Bei n=2 ergeben sich 37 Verbindungen, bei n=3 ergeben sich wie in Abbildung 44 dargestellt achtzehn Verbindungen, von denen neun Verbindungen n=4 oder mehr gemeinsame Nennungen aufweisen. Parallel zeigt hierzu die Kausalnetzwerkgraphik (Abbildung 45) ein ähnliches Bild wie die Assoziationsnetzwerkgraphik.

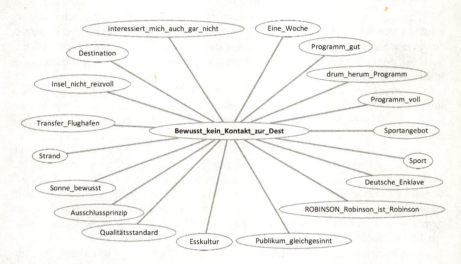

Abbildung 44: Netzwerkgraphik mit dem Ausdruck „bewusst_kein_Kontakt_zur_Destination" als Knotenpunkt, n=3; eigene Darstellung

Die Ausdrücke lassen sich in sieben Gruppen einteilen.

Die erste Gruppe besteht aus destinationsgetriebenen Faktoren, also jenen, die unabhängig vom Beherbergungsbetrieb bzw. Resort für die geographisch definierte Destination gelten. Hierzu zählen *Insel_nicht_reizvoll, interessiert_mich_auch_gar_nicht* und *Destination*. Hier ist vor allem der Ausdruck *Insel_nicht_reizvoll* hervorzuheben. Oftmals wird die Destination schlichtweg als nicht attraktiv wahrgenommen. Dies ist in der Befragung vor allem im Setting Fuerteventura dominant. In diesem Setting wurde diese Aussage so häufig getroffen, dass sie in die Netzwerkgraphik mit n>2 aufgenommen ist.

Die zweite Gruppe ist die Reisedauer *(eine_Woche)*. Da die Befragten in vielen Fällen nur eine Woche im Urlaub sind und die Zeit im Resort der Zeit außerhalb des Resorts vorziehen, entscheiden sie sich dazu, bewusst keinen Kontakt mit der Destination aufzunehmen. Es wird erwähnt, dass dies bei einem längeren Aufenthalt anders sei und man dann auch stärker den Kontakt mit der Destination sucht.

3.3 Ergebnisse der qualitativen Analyse (GABEK) 177

Die dritte Gruppe vertieft diese Präferenz bzgl. Zeit im Resort, indem es das im Resort angebotene Programm im Detail nennt (*drum_herum_Programm, Programm_voll, Sportangebot, Sport)* und auch die Qualität des Programms hervorhebt *(Programm_gut)*. All dies sind brand-owned touchpoints. In diesem Fall ist die Marke allerdings das Resort und nicht die Destination. Daher ergibt sich also eine Wechselwirkung zwischen den brand-owned touchpoints des Resorts und dem Destinationserlebnis. Da diese Teilanalyse jedoch nicht eine Ursache-Wirkung, sondern lediglich eine Assoziation zwischen den Begriffen herstellt, lässt sich keine Aussage zu ersterem machen.

Die vierte Gruppe spiegelt diese Wechselwirkung wider, allerdings bezogen auf die socially-owned touchpoints der Resortmarke, *Publikum_gleichgesinnt* und *Esskultur,* sowie das Markenversprechen des Resorts *ROBINSON_Robinson_ist_Robinson* und das Gefühl einer *deutschen_Enklave.*

Die fünfte Gruppe sind Ausdrücke, die sich zwar ebenfalls auf das Resort beziehen, aber vor allem im Entscheidungsprozess für den Resorturlaub ein Kriterium waren. So wird der Qualitätsstandard des Resorts sowie das Ausschlussprinzip zwischen verschiedenen Resorts als ein Kernmerkmal der Entscheidung für den jeweiligen Urlaub genannt und im gleichen Gedankengang erwähnt, dass man sich daher bewusst für einen Nichtkontakt mit der Destination entschieden habe.

Die sechste Gruppe sind Begriffe, die vom Sinn her das Destinationserlebnis charakterisieren. Die Befragten verbinden sie jedoch nicht mit der Destination, sondern schreiben ihre Merkmale der Resortmarke zu. Der *Strand* und die *Sonne* werden als Teil des Resorterlebnisses angesehen, nicht als Teil des Destinationserlebnisses. Dieser Rückschluss liegt nahe, da die Befragten diese Ausdrücke im Zusammenhang mit einem bewussten Nichtkontakt zur Destination nennen. In ihrer Wahrnehmung gehört der Strand also nicht zur Destination.

Die siebte Gruppe bildet der Begriff *Transfer_Flughafen*. Hier wird nochmals deutlich, dass sich das Bild von der Destination auf dem Weg vom Flughafen zum Resort formt. Die Gäste lassen sich inspirieren oder sie werden abgeschreckt von den Eindrücken, die sie auf diesem Weg wahrnehmen. In Verbindung mit der Tatsache, dass viele Resorturlauber im Vergleich zu Urlaubern auf Rundreisen sich im Vorhinein nicht ausgiebig mit der Destination auseinandersetzen, sondern stattdessen dem Markenversprechen der Resortmarke vertrauen, entscheiden sie sich dazu, die Destination nicht weiter zu erkunden. Sie kennen also oftmals noch nicht einmal das Markenversprechen der Destination.

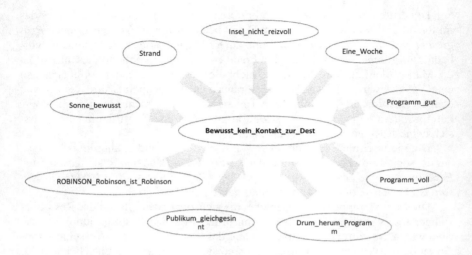

Abbildung 45: Kausalnetzwerkgraphik mit dem Ausdruck „bewusst_kein_Kontakt_zur_Destination" als Knotenpunkt, n= 1; eigene Darstellung

Zusammenfassend lässt sich festhalten, dass die Faktoren Publikum, Atmosphäre, Einrichtungen, Qualitätsstandard, Natur/Landschaft, Sport/Aktivitäten sowie Bauweise und Sprache Einfluss auf das Erlebnis in Ferienwelten haben. Die ersten vier der genannten Begriffe haben maßgeblich Einfluss auf das Resorterlebnis, während die zweiten vier Begriff maßgeblich Einfluss auf das Destinationserlebnis haben. Der Gast nimmt jedoch ein Gesamterlebnis wahr, welches auf den genannten Faktoren basiert. Die in Kapitel 4.1 folgende Diskussion hat die Aufgabe, das Zusammenspiel der einzelnen Faktoren näher zu beleuchten, um schlussendlich die in dieser Arbeit gestellte Forschungsfrage beantworten zu können. Hierzu werden die in diesem Kapitel 3.3 gewonnenen Erkenntnisse, also die identifizierten Faktoren, als Grundlage genommen und im Gesamtzusammenhang eines Urlaubs in Ferienwelten, also im Gesamterlebnis, diskutiert.

4. Zentrale Erkenntnisse und Diskussion der Ergebnisse

Wie in Kapitel 1 beschrieben ist es das Ziel dieser Arbeit, die Erlebniskreation im Resorttourismus systematisch zu rekonstruieren und mögliche verallgemeinerungsfähige Systematiken zu identifizieren, um eine wissenschaftliche Grundlage für die Reizsetzung als Ausgangspunkt eines Erlebnisses bei unterschiedlichen Typen von Reisenden im Rahmen von Urlauben in Ferienwelten zu liefern.

Das nun folgende Kapitel legt dar, dass die Erlebniskreation im Resorttourismus in drei Dimensionen unterteilt werden kann, anhand derer systematisch Erlebnisse für Urlauber in Ferienwelten klassifiziert werden können. Diese drei Dimensionen sind (1) der Reiz an sich als Ursprung für das Erlebnis, (2) die Person, auf die der Reiz trifft und die ein Erlebnis entstehen lässt, und (3) das Resort-Destinations-Gefüge, innerhalb dessen das Erlebnis entsteht. Diese drei Dimensionen werden im *Integrativen Modell der Erlebniskreation in Ferienwelten* miteinander verwoben. Das Modell wird in Kapitel 4.4 vorgestellt. Die nun folgenden Unterkapitel greifen diese Ordnung auf und beschreiben sowie diskutieren somit jede Dimension.

Das Kapitel 4.1 rückt das Erlebnis und die hierfür benötigten Reize in den Mittelpunkt. Die zuvor in Kapitel 3 untergliederten Reize im Resort- und Destinationserlebnis werden hierbei in einen Zusammenhang gesetzt und es werden Hypothesen formuliert.

Das Kapitel 4.2 rückt den Reisenden in den Mittelpunkt. Durch die Erstellung von Personas werden verschiedene Charaktere von Resorturlaubern mit ihren Einstellungen, Werten und Motiven entwickelt.

Kapitel 4.3 rückt das Verhältnis von Destination und Resort in den Mittelpunkt. Das vom Reisenden wahrgenommene Umfeld, in dem der Reiz auf ihn trifft, wird beschrieben und in drei Archetype unterteilt.

Kapitel 4.4 integriert alle drei Dimensionen in ein Modell. Es ergibt sich ein Kubus mit drei Ordnungsmomenten: dem Reiz an sich, der Person, auf die der Reiz trifft, und das Resort-Destinations-Gefüge. Dieses wird vorgestellt und zentrale Erkenntnisse werden diskutiert.

4.1. Der Reiz als Anfang eines Erlebnisses im Mittelpunkt: Einflussfaktoren auf das Erlebnis in Ferienwelten

In Kapitel 2.2 dieser Arbeit wurde herausgearbeitet, dass Individuen für sich selbst Erlebnisse kreieren (Lemon & Verhoef, 2016). Ein Erlebnis ist eine Antwort auf einen Reiz, den eine Person empfängt und dann verarbeitet. Die Erlebnisse bleiben

© Der/die Herausgeber bzw. der/die Autor(en), exklusiv lizenziert durch
Springer Fachmedien Wiesbaden GmbH, ein Teil von Springer Nature 2021
C. Schneider, *Kundenerlebnisse in Ferienwelten*, Entrepreneurial Management
und Standortentwicklung, https://doi.org/10.1007/978-3-658-31543-6_4

dann im Gedächtnis des Individuums, wenn sie aus seiner individuellen Perspektive heraus erinnerungswürdig sind (Ritchie et al., 2011; Ritchie & Hudson, 2009; Tung & Ritchie, 2011). Die Aufgabe von Akteuren im touristischen Kontext ist es also zum einen, Reize so zu setzen, dass sie der Reisende empfangen kann. Zum anderen muss das Erlebnis, also das Ergebnis der Reizverarbeitung, so eindrucksvoll sein, dass es dem Reisenden in Erinnerung bleibt.

Der Reisende nimmt ein Erlebnis als multidimensionales Konstrukt wahr (Lemon & Verhoef, 2016). An den hierfür ausgesendeten Reizen können verschiedene Akteure und Faktoren beteiligt sein, um dann beim Individuum den Prozess einer Erlebniskreation zu initiieren.

In den vorherigen Kapiteln wurden verschiedene für das Destinations- bzw. Resorterlebnis relevante Einflussfaktoren isoliert betrachtet. Zu nennen sind hier bspw. das Publikum, welches ebenfalls vor Ort im Resort Urlaub macht, die Umgebung, die Atmosphäre oder die Sportangebote. Während einige urlaubsbestimmende Komponenten mit Destination und Resort gleichermaßen assoziiert werden bzw. das Reiseerlebnis beeinflussen, verknüpfen Urlauber andere Faktoren ausschließlich mit den für das Resort respektive die Destination charakteristischen Eigenschaften. Abbildung 46 veranschaulicht das Zusammenspiel von Destinations- und Resorterlebnis.

4.1 Der Reiz als Anfang eines Erlebnisses im Mittelpunkt 181

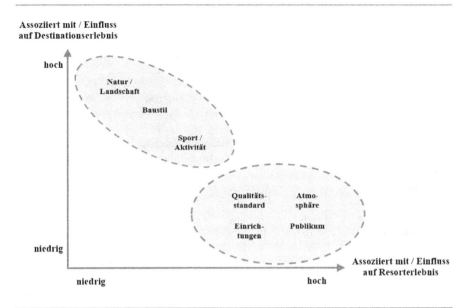

Abbildung 46: Assoziationen mit und Einflussgrößen auf das Resort- und Destinationserlebnis; eigene Darstellung

In diesem Kapitel werden nun einzelne Einflussgrößen diskutiert und Hypothesen zur Wirkung dieser auf das Resort- bzw. Destinationserlebnis aufgestellt. Grundlage für diese Diskussion bilden die in Kapitel 3.3 vorgestellten Ergebnisse der qualitativen Studie. Ausdrücklich sei darauf hingewiesen, dass es sich bei den in diesem Unterkapitel dargestellten Ergebnissen um Hypothesen handelt, die in einer zukünftigen Arbeit weiter betrachtet und validiert werden müssen.

4.1.1. Die Destination als ein Aktivitätenangebot unter vielen

Aktivitäten im Urlaub stehen im Wettbewerb zueinander. In den Kausalnetzwerken sowohl zum Destinations- als auch zum Resorterlebnis sind Verbindungen zwischen Destination bzw. Resort und Sport bzw. Aktivitäten zu finden. Da das Erlebnis und die Assoziationen hierzu immer durch Reize entstehen, kommt den unterschiedlichen Arten von Aktivitäten eine hohe Bedeutung zu (Pine & Gilmore, 2011), da sie im Tagesablauf klar von anderen Abläufen abgrenzbar sind.

182 4 Zentrale Erkenntnisse und Diskussion der Ergebnisse

Hierbei stehen die Aktivitäten, die losgelöst von der Destination sind und ausschließlich im Resort stattfinden, im Wettbewerb zu jenen, deren Durchführung auf Destinationsfaktoren zurückgeht. Eine Tischtennisplatte im Barbereich kann in einem Resort in fast jeder Destination aufgestellt werden, während eine Rennradtour durch hügelige Landschaften eine der Besonderheiten der Destination Mallorca ist. Die Destination als Ganzes steht also auch im Wettbewerb mit Angeboten innerhalb der Resortanlage. So nennen Gäste das ansprechende und zeitlich ausfüllende Programm als einen der Hauptgründe, warum sie die Anlage nicht verlassen.

Hier werden zwei unterschiedliche Positionen deutlich:

Zum einen sehen Gäste keinen Grund, die Anlage zu verlassen, da das Programm schlichtweg ihren Tag ausfüllt. Dem zugrunde liegt die Meinung, dass man die Anlage erst dann verlässt, wenn einem langweilig ist. Die Aktivitäten innerhalb des Resorts stehen also an erster Stelle. Die Reisenden haben Sorge, durch die Zeit, die sie außerhalb der Resortanlage verbringen, einen Programmpunkt innerhalb des Resorts zu verpassen. In Abwägung der Angebote innerhalb und außerhalb des Resorts entscheiden sie sich zumeist für die Angebote innerhalb des Resorts. Erst wenn diese ausgiebig in Anspruch genommen wurden, werden auch Angebote außerhalb der Resortanlage wahrgenommen. Zur Sorge, etwas innerhalb des Resorts zu verpassen, besteht kein Gegenpol in Form der Sorge, etwas außerhalb des Resorts zu verpassen. Diese Aktivitäten sind typische *brand-owned touchpoints*. Sie können also vom Resort direkt gesteuert und beeinflusst werden.

Zum anderen resultiert die Verlust- und Verpassensangst aber auch aus dem Gemeinschaftsgefühl im Resort. Dem Erleben und Genießen des Gemeinschaftsgefühls innerhalb des Resorts wird ein hoher Stellenwert eingeräumt, was ebenfalls dazu führt, dass Reisende die Anlage eher nicht oder nur sehr kurz verlassen. Als Beleg hierfür sind die in den Interviews häufig wiederkehrenden und positiv konnotierten Ausdrücke *Atmosphäre_familiär, Publikum_gleichgesinnt* zu nennen. Es existiert bei den Gästen der Wunsch nach Erlebnissen, die gemeinsam mit den anderen Reisenden entstehen. Diese Gemeinschaft gibt es in dieser Art jedoch nur innerhalb des Resorts, nicht außerhalb. Die *socially-owned touchpoints* innerhalb des Resorts, wie zum Beispiel die Atmosphäre und die Esskultur, bilden sich nicht durch ein Erlebnis außerhalb des Resorts. Daher wird ein solches nicht wahrgenommen.

Wenn Resortbetreiber oder Destinationsverantwortliche also das Ziel haben, den Reisenden neben dem Resorterlebnis auch Erlebnisse innerhalb der Destination erleben zu lassen, müssen sie zwei Dinge erfüllen: Zum einen muss das Programm innerhalb des Resorts bewusst Aktivitäten bewerben, die mit dem Destinationserlebnis in Verbindung stehen. Viele Resorts bieten eine Tageszeitung oder App an, in der die Aktivitäten aufgelistet sind. Diese sollten sowohl Aktivitäten im Resort (z.B. Boccia oder Tanzkurs) als auch Aktivitäten, die für die Destination

4.1 Der Reiz als Anfang eines Erlebnisses im Mittelpunkt 183

besonders sind (z.B. Besuch des lokalen Marktes), beinhalten. Zum anderen dürfen sie den Reisenden nicht überfordern, sondern sollten in kleinen Einheiten spezielle Aspekte der Destination präsentieren. So wird die Besichtigung einer Tropfsteinhöhle in einem zweistündigen Zeitfenster diesem Anspruch gerechter als eine ganztägige Bustour über die Insel.

Lediglich diejenigen Gäste, die die Destination wegen einer speziellen Sportart gewählt haben, priorisieren diese in ihrem Tagesablauf. Dennoch nimmt das Resorterlebnis als Ganzes auch für solche Gäste eine wichtige Position ein, da sie ja bewusst ein Resort und kein einfaches Hotel in der jeweiligen Destination gebucht haben. Aufgabe des Resorts ist es demnach, die besondere destinationsspezifische Aktivität/Attraktion in sein Angebot zu integrieren, also sie als festen Bestandteil seines Leistungsangebotes erscheinen zu lassen und so ein markenkohärentes Gesamterlebnis zu kreieren. Schafft es eine Destination, sich mit einer Aktivität bzw. einem Erlebnis bewusst zu positionieren, sind die Reisenden bereit, die Resortanlage zu verlassen und bewusst an dieser Aktivität bzw. an diesem Erlebnis teilzunehmen. Die Ausdrücke *Strand* und *Sonne_bewusst* können als solche Erlebnisse wahrgenommen werden, in denen das Resort von der Destination profitiert. Das Resort muss diese Bereitstellung durch die Destination erkennen und darauf aufbauend die Aktivitäten innerhalb des Resorts so koordinieren und orchestrieren, dass eine bestmögliche Symbiose der destinations- und resortspezifischen Angebote entsteht. Im besten Falle entsteht durch diese Symbiose ein einzigartiges Angebot, welches ein Alleinstellungsmerkmal der Kombination aus Resortmarke und Destinationsmarke ist.

Um als Destination vom ansässigen Resort zu profitieren, muss die Destination wiederum ein für sie spezifisches Angebot bereithalten, was Resorturlauber veranlasst, Aktivitäten außerhalb der Anlage nachzugehen. Schafft es eine Destination, sich mit einer Aktivität bzw. einem Erlebnis besonders zu positionieren, sind die Reisenden bereit, die durch die Resortanlage hergestellte und geschätzte Atmosphäre zu verlassen und bewusst an dieser Aktivität bzw. an diesem Erlebnis teilzunehmen. Zielaufgabe der Destination muss es also sein, die für die jeweiligen Zielgruppen relevanten destinationsspezifischen Kriterien in besonderem Maße herauszustellen. Das nahtlose Ineinandergreifen von destinations- und resortspezifischen Angeboten ist das, was Resorttouristen als Gesamtpaket für ihren Urlaub erwarten und zum wiederholten Buchen veranlassen.

Zusammenfassend lassen sich folgende Hypothesen aufstellen:

- *Bezugspunkt für den Reisenden während des Resorturlaubs ist das Resort, nicht die Destination. Das Resort ist ursächlich für jede Erlebniskreation.*

184 4 Zentrale Erkenntnisse und Diskussion der Ergebnisse

- *Die Wahl des Resorts als Bezugspunkt ist vor allem auf das vorherr-schende Gemeinschaftsgefühl im Resort zurückzuführen.*
- *Ein Erlebnis innerhalb der Destination (zum Beispiel eine Wanderung) wird als eine mögliche Aktivität von vielen wahrgenommen. Es konkur-riert mit Erlebnissen innerhalb des Resorts. Dabei wird dem Erlebnis in-nerhalb der Destination keine herausragende Stellung eingeräumt, es sei denn, die Destination bietet besondere Möglichkeiten für die Ausübung einer bestimmten Sportart.*

4.1.2. Das Vorwissen über die Destination / die Anreise vom Flughafen zur Ferienanlage

Das Wissen, das Reisende über eine Destination schon vor dem Aufenthalt im Resort erworben haben, prägt ihre Wahrnehmung der Destination vor Ort und das Destinationserlebnis.

Der Vergleich der Destinationsnetzwerke von Mallorca und Fuerteventura zeigt, dass Reisende ein unterschiedliches Vorwissen haben und dieses Vorwissen ihr Destinationserlebnis beeinflusst. So nannten viele Reisende, befragt zur Desti-nation Mallorca, deutlich mehrere Facetten der Insel (Palma, verschiedene Buch-ten, etc.) als jene in der Destination Fuerteventura.

Anders als im Setting Mallorca, bei dem die Reisenden ein tiefes Vorwissen über die Destination haben und mit der Destination mehr verbinden als die klima-tischen Bedingungen, ist die Destination Fuerteventura relativ unbekant bzw. es wird mit ihr lediglich das angenehme Klima verbunden. Diejenigen Reisenden, die eine Vorstellung von der Insel haben, beschreiben diese als felsig und karg. Reisende speisen ihr Wissen über die Destination aus dem vorhandenen Vorwis-sen und den Eindrücken, die sie während des Aufenthaltes in der Destination ge-winnen. Das Vorwissen wirkt sich auch auf die Wahrnehmung der Destination sowie auf den Einfluss der ersten Eindrücke beim Eintreffen auf der Insel aus.

Ist jedoch kaum oder nur wenig Vorwissen zur Destination vorhanden, versu-chen Reisende, diese Wissenslücke durch ihre Eindrücke in der Destination wäh-rend der Reise zu füllen. Hiermit beginnen Reisende, sobald sie in der Destination eintreffen. Auf dem Weg vom Flughafen zum Resort wird das Vorwissen angerei-chert bzw. es werden überhaupt erst Vorstellungen über die Destination aufgebaut. Da Resorturlauber nur in bestimmten seltenen Fällen das Resort verlassen, sind die ersten gewonnenen Eindrücke einer Destination – meist die Fahrt vom Flug-hafen zum Resort – prägend. Dies ist in besonderem Maße dann der Fall, wenn kein oder nur wenig Vorwissen über die Destination vorhanden ist.

Ein Beispiel aus der für diese Arbeit durchgeführten Analyse ist die Destina-tion Fuerteventura: Die Reisenden werden vom Flughafen durch eine karge Kra-terlandschaft zur Anlage im Süden der Insel transportiert. Zwar ist die Vegetation

4.1 Der Reiz als Anfang eines Erlebnisses im Mittelpunkt 185

im Norden und Osten der Insel deutlich ausgeprägter und auch die kulturellen Zentren befinden sich hier; der Reisende nimmt sie jedoch auf seinem Weg vom Flughafen zum Resort schlicht nicht wahr. Anders als im Setting Mallorca, in dem der Reisende auf Vorwissen zurückgreifen kann und deswegen Interesse besteht, kulturelle Zentren wie Palma oder Valdemossa zu besuchen, hat der Reisende auf Fuerteventura dieses Vorwissen über die Insel oftmals nicht. Zusätzlich wird sein vorher entstandenes Bild der Destination durch die Anreise vom Flughafen zur Anlage noch bestätigt. Einmal im Resort angekommen, sieht er keinen Mehrwert darin, die Destination zu erkunden, da es aus seiner Sicht in der Destination schlicht nichts zu erkunden gibt.

Der Eindruck der Destination Fuerteventura wird also für die befragten Gäste aus den Eindrücken des Weges vom Flughafen zur Resortanlage gespeist.

Zusammenfassend lässt sich folgende Hypothese aufstellen:

- *Reisende, die noch keine Vorstellungen über die Destination haben, formen diese bei ihrem Erstkontakt mit der Destination. Dies ist meist die Anreise vom Flughafen zum Resort.*

4.1.3. Sicherheit und Qualität

Unter die Begriffe *Sicherheit* und *Qualität* fallen drei unterschiedliche Sicherheitsbedürfnisse der Reisenden: erstens die Absicherung gegen politische Risiken in der Destination, zweitens die Absicherung gegen persönliche Risiken, wie zum Beispiel Krankheit, und drittens die Absicherung gegen Enttäuschungen im Urlaubserlebnis, also unerfüllte Erwartungen. Alle drei werden in den folgenden Unterkapiteln vorgestellt und analysiert.

4.1.3.1. Absicherung gegen politische Risiken

Die Absicherung gegen allgemeine Unsicherheiten im Land (unter anderem Terrorismus, instabile politische Systeme) ist gerade im Resorttourismus von großer Bedeutung, da einige der Anlagen in politisch instabilen Regionen liegen. So machten mehrere Befragte die Aussage, dass sie aus Prinzip nicht in instabile Regionen fahren und sich somit gegen einen Urlaub in Ägypten, Tunesien oder der Türkei entschieden haben. Diese Aussagen beruhen auf der persönlichen Wahrnehmung der Reisenden. Bei der Frage „Wenn Ihr Resort einen Wasserschaden hat und Sie eine Woche vor Abreise angerufen werden, um umzubuchen: anderer Club oder anderes Hotel in der Destination?" entschied sich zwar die Mehrheit der Befragten für einen Club der gleichen Marke, allerdings mit dem Zusatz, man würde sich nicht für einen Club in den oben genannten Regionen entscheiden –

186   4 Zentrale Erkenntnisse und Diskussion der Ergebnisse

auch wenn dieser Club der gleichen Clubmarke angehört. Es lässt sich also schlussfolgern, dass sich bei den befragten Gästen der Faktor der politischen Sicherheit nicht durch den Faktor einer sicheren Resortanlage überkompensieren lässt.[1]

Zusammenfassend lässt sich folgende Hypothese aufstellen:

- *Eine Resortmarke schafft es nicht, vom Reisenden wahrgenommene, in der Destination vorherrschende politische Risiken als für den Reisenden unbedenklich erscheinen zu lassen.*

4.1.3.2. Absicherung gegen persönliche Risiken

Anders als bei der Absicherung gegen politische Unsicherheiten nehmen die Befragten bei der Absicherung gegen einen persönlichen Risikofall die Resortmarke als relevant wahr. Unter einem persönlichen Risikofall sind gesundheitliche Risiken (z.B. Beinbruch), aber auch die Unterstützung bei schnellem Rücktransport aufgrund von familiären Angelegenheiten in der Heimat zu verstehen.

Persönlichen Risiken, wie Krankheit und die Furch vor einer Enttäuschung während des Urlaubserlebnisses, wird durch die Resortmarke entgegengetreten. Sie übernimmt sowohl die Risikoreduktions- als auch die Qualitätssicherungsfunktion (H. Meffert et al., 2008). Bei Gästen, die die Resort- und Destinationsmarke schon kennen, steht hier vor allem der Anteil an Erfahrungseigenschaften aus vorherigen Urlauben im Mittelpunkt. Bei Erstbuchern rücken hingegen Vertrauenseigenschaften, die durch die Nicht-Überprüfbarkeit vor dem Kauf gekennzeichnet sind (Kaas, 1990; H. Meffert et al., 2008), in den Vordergrund. Die Resortmarken sind in diesem Fall deutlich besser dafür geeignet, diese Markeneigenschaften auszuspielen, während Destinationsmarken hier kaum eine Rolle spielen. Dies zeigt sich an dem eng vernetzten Assoziationsgraphen zum Resorterlebnis (vgl. Kapitel 3.3.2.1.1.4), verglichen mit dem relativ schwach vernetzten Assoziationsgraphen zum Destinationserlebnis (vgl. Kapitel 3.3.2.2.1.4).

Befragt bzgl. der Gründe für einen Urlaub im Resort dieser Marke wird immer wieder dieser Faktor genannt: „Wenn ich in eine persönliche Notlage gerate, weiß ich, dass mir deutschsprachige Hilfe aus meinem Heimatland vor Ort zur Unterstützung bereitsteht." Dies ist für viele Befragte ein ausschlaggebender Grund, sich innerhalb einer Destination für eine bestimmte Resortmarke zu entscheiden

---

[1] An dieser Stelle muss kritisch angemerkt werden, dass durch die Auswahl des Samples – eine Befragung von Reisenden in als „sicher" eingestuften Ländern wie der Schweiz und Spanien – eine Vorauswahl getroffen wurde, die nur sehr begrenzt Rückschlüsse zum generellen Verhältnis von Destintation und Resort in Bezug auf politische Sicherheit zulässt. Hier sind weitere Studien notwendig.

4.1 Der Reiz als Anfang eines Erlebnisses im Mittelpunkt 187

und wird von den Befragten besonders dann als relevant eingestuft, wenn die Destinationen als Orte mit einem niedrigeren medizinischen Standard wahrgenommen werden.

Dies ist eng mit dem Ausdruck *Atmosphäre_familiär* verknüpft. Man kümmert sich umeinander und ist füreinander da, man fühlt sich geborgen.

Zusammenfassend lassen sich folgende Hypothesen aufstellen:

- *Die familiäre Atmosphäre im Resort ist Grundlage für eine vom Reisenden wahrgenommene Geborgenheit.*
- *Der Reisende nimmt die Resortmarke als Absicherung gegen persönliche Risiken wahr.*

4.1.3.3. Absicherung gegen Enttäuschungen beim Urlaubserlebnis

Die Absicherung gegen Unerwartetes bzw. die Nicht-Erfüllung von Erwartungen ist einer der Hauptgründe, warum sich die Reisenden zum einen für eine Resortmarke, zum anderen für eine Destination entscheiden. So erwarten Reisende im sogenannten Schneeloch in der Destination Arosa ausreichend Schnee zum Skifahren bis zum Ende der Saison.

Im Mittelpunkt steht bei den Befragten die Sorge, dass der Urlaub in einigen Dimensionen doch nicht so wird wie erwartet. Der Fokus liegt auf der Minimierung von Risiken und Abweichungen vom Erwarteten. Die Befragten sind bereit, bewusst auf positive Überraschungen und Veränderungen zu verzichten, wenn sie dafür die Garantie erhalten, ihre positiven Erlebnisse aus früheren Urlauben im Resort in genau gleicher Form wiederzufinden. Es geht also nicht nur darum, Risiken im Sinne eines negativen Erlebnisses auszuweichen, sondern vielmehr um die Vermeidung von Ungewissheit, die sowohl negative als auch positive Folgen haben könnte. Gäste möchten eine konstante Leistung erleben, nicht eine befriedigende Leistung mit einzelnen Ausschlägen in den positiven Bereich hinein. So stellt eine Befragte überraschend heraus, dass sie sich auf eine bestimmte Wurstsorte im Urlaub besonders freut, und beschreibt hierbei detailliert die Position, an der diese im Buffetbereich angeboten wird. Sie stellt weiter fest, dass die Wurst an sich keine herausragende Qualität hat. Dennoch ist es diese Wurst, weshalb sie all die Jahre hierher kommt. Die Wurst an sich zeichnet sich also nicht durch Qualität aus, sondern durch die positiven Erinnerungen, die die Person mit dieser Wurst verbindet.

Resorturlauber wollen in ihrem Urlaub bewusst Bezugspunkte haben, die sie aus vorherigen Urlauben schon kennen und auf die sie sich beziehen können. Dies gibt ihnen Sicherheit und Geborgenheit. Diese Vertrautheit äußert sich zum einen in den klassischen *brand-owned touchpoints* der Resorthotellerie: Empfang an der

188 4 Zentrale Erkenntnisse und Diskussion der Ergebnisse

Rezeption, persönliche Ansprache durch den Clubdirektor und Duzen innerhalb der Anlage. Wie Lemon und Verhoef (2016) herausstellen, sind es jedoch die *socially-owned touchpoints,* die eine deutlich stärkere Wirkung auf den Reisenden haben. Diese können vom Resort nur mittelbar gesteuert werden. Die Atmosphäre und der Einfluss des Publikums/der Mitreisenden werden in dieser Arbeit als ein Kernelement dieser Vertrautheit benannt. So wird die Atmosphäre sehr genau beschrieben und in einzelne Arten heruntergebrochen: familiär, unkompliziert, gesellig, gemütlich. Die Reisenden wissen, dass sie bei Buchung einer bestimmten Resortmarke eine ihnen vertraute, weil aus der Vergangenheit bekannte, Atmosphäre im Resort erwarten können und auch das Publikum ihren zuvor gehegten Erwartungen entspricht. Die *socially-owned touchpoints* stellen die Einzigartigkeit des Produktes der jeweiligen Resortmarke heraus. Sie sind deren Kür.

Neben diesen *socially-owned tochpoints* treten die typischen *brand-owned touchpoints* als Hygienefaktoren auf, also als die Pflicht, die es vom Resortbetreiber zu erfüllen gilt. So werden ein Langschläferfrühstück, ein gutes Sportangebot, eine Saunalandschaft sowie die persönliche Ansprache durch die Mitarbeiter vom Reisenden als sicheren Standard erwartet. Diese Punkte müssen alle erfüllt sein, damit sich die zuvor genannten *socially-owned touchpoints* voll entfalten können. Denn einzig durch die *brand-owned touchpoints* lässt sich die Suche nach Vertrautheit und Beständigkeit nicht erreichen.

Es ergibt sich daraus eine Hierarchisierung der *touchpoints*: die *brand-owned touchpoints* sind nötig, um die *socially-owned touchpoints* entstehen zu lassen. Dieses Aufeinanderaufbauen der *touchpoints* wird in den Ausführungen von Lemon und Verhoef (2016) nicht weiter betrachtet. Die Such- bzw. Inspektionseigenschaften der touristischen Leistung (Kaas, 1990; Kaas & Busch, 1996; H. Meffert et al., 2008) sind in diesem Fall eng mit den *brand-owned touchpoints* verbunden. Such- bzw. Inspektionseigenschaften sind diejenigen Leistungsmerkmale, die bei genauem Studium des Produktes für den Außenstehenden erkennbar sind. So werden Frühstückszeiten, die direkte Strandlage sowie das Vorhandensein eines Kids-Clubs im Katalog beschrieben. Die *socially-owned touchpoints* hingegen können nur schwer im Katalog in Worte gefasst werden, denn sie nehmen die Form von Erfahrungseigenschaften an. Es sind Merkmale, die dem Kunden aus einer vorherigen Nutzung der Leistung, in diesem Fall also eines Urlaubs, bekannt sind. Das Immer-aufs-Neue-Erzeugen dieser *socially-owned touchpoints* durch *brand-owned touchpoints,* vor allem in unterschiedlichen Destinationen, erfordert eine ausgeprägte Orchestrierung von Reizen durch den Resortbetreiber. Dies ist jedoch nötig, damit der Transfer des Erlebnisses von Vertrautheit und Beständigkeit aus dem vorherigen Besuch in einem Resort zu einem Resort in einer anderen Destination möglich ist.

4.1 Der Reiz als Anfang eines Erlebnisses im Mittelpunkt 189

Zusammenfassend lässt sich folgende Hypothese aufstellen:
- *Der Resortmarke kommt eine Qualitätssicherungsfunktion zu, indem sie den Reisenden vor Enttäuschungen im Urlaubserlebnis absichert.*

4.1.4. Reisedauer

Ein Grund, warum das Netzwerk mit dem Knotenpunkt „Destination" relativ klein ausfällt und sich Befragte bewusst dafür entscheiden, keinen Kontakt mit der Destination zu haben, ist die Reisedauer von einer Woche. Die von den Reisenden meist als relativ kurz wahrgenommene Reisedauer ermöglicht es aus ihrer Sicht nicht, mit der Destination in Kontakt zu treten. Oftmals wird erwähnt, dass man bei einem längeren Aufenthalt gerne an einigen Tagen Ausflüge außerhalb der Anlage unternehmen würde, dies aber aufgrund der kurzen Zeit des Urlaubs nicht wahrnimmt. Auch hier stehen die Erlebnisse in der Destination verglichen mit denen im Resort hinten an.

Zusammenfassend lässt sich folgende Hypothese aufstellen:
- *Ein mit der Destination verbundenes Erlebnis ist einem mit dem Resort verbundenen Erlebnis zeitlich nachgelagert bzw. findet erst zu einem späteren Zeitpunkt des Aufenthalts statt. Je länger der Resorturlaub andauert, desto mehr Destinationserlebnisse hat der Reisende.*

4.1.5. Der Sinnhorizont im Resort: Publikum und Atmosphäre

Das Publikum im Resort sowie die Atmosphäre im Resort sind Teil des Resorterlebnisses.

Das gleichgesinnte Publikum zusammen mit der Atmosphäre im Resort führen dazu, dass Reisende die anderen Gäste als Bezugspersonen wahrnehmen und man somit quasi zusammen Urlaub macht. Das Resort schafft einen Sinnhorizont, der – zusammen mit dem Raum-Zeit-Pfad nach Steinbach (Steinbach, 2003) – eine Gleichartigkeit im Tagesablauf und in der Erlebniskreation ermöglicht. Dieser ist vom Resortbetreiber geschaffen und vom Resortgast gewollt.

Der Reisende möchte am gemeinschaftlichen Sinnhorizont, der sich während eines Urlaubs auftut, teilhaben, ihn verstehen und mitgestalten können. Das Gruppengefüge im Resort baut auch sozialen Druck auf, an Aktivitäten der Gemeinschaft und der Bezugsgruppe teilzunehmen. Diese Teilhabe ist jedoch nur möglich, wenn man Zeit im Resort verbringt. Die Zeit außerhalb des Resorts, zum Beispiel während Ausflügen in Kleingruppen oder während der Ausübung einer individuellen Sportart, wird immer mit besonderer Anstrengung sowie mit einer Loslösung aus dem vorherrschenden Alltag im Resort verbunden sein. Die Gäste

190 4 Zentrale Erkenntnisse und Diskussion der Ergebnisse

bleiben daher im Resort, was im Umkehrschluss dazu führt, dass ein Resorterlebnis außerhalb der Anlage nur in den seltensten Fällen überhaupt stattfinden kann.

Innerhalb des Resorts decken sich bei den dort angebotenen Aktivitäts- und Erholungsangeboten viele Komponenten mit denen des Orchestermodells nach Pearce und Zare (2017). Der Wunsch, eine weitere Komponente außerhalb des Resorts erleben zu können, da er im Resort nicht befriedigt wird, entsteht daher nur in seltenen Fällen.

Zusammenfassend lassen sich folgende Hypothesen aufstellen:

- *Kern und Einzigartigkeit des Resorterlebnisses ist die im Resort vorherrschende Atmosphäre.*

- *Die Atmosphäre wird im Resort mittelbar über mitreisende Gäste sowie die Orchestrierung von brand-owned touchpoints durch den Resortbetreiber geschaffen.*

4.1.6. Einrichtungen

Die Einrichtungen im Resort greifen Elemente der Destination auf, verfälschen diese jedoch immer dann, wenn sie das Erlebnis des Reisenden anderenfalls gesamthaft beeinträchtigen könnten.

Dies zeigt sich in zwei Kategorien:

Erstens erwähnen Befragte den landestypischen Stil, der den Typ des Baustils, nicht jedoch den Standard des Komforts, widerspiegelt. Bei Letzterem unterscheiden sich die Resortanlagen deutlich von anderen Bauten in der Destination. So sind Klimaanlage und Heizung in den Zimmern des Resorts auf Mallorca selbstverständlich, obwohl dies auf der Insel in Privatwohnungen nicht üblich ist. Es wird also genau dort vom typischen Standard der Destination abgewichen, wo das Resorterlebnis gestört werden könnte.

Zweitens ist die Nomenklatur der Gebäude zu nennen. So gibt es in den Clubs auf Mallorca und Fuerteventura eine Plaza Mayor und ein Spezialitätenrestaurant La Tasca. Sobald jedoch der Gast durch die spanische Nomenklatur verwirrt werden und somit das Resorterlebnis suboptimal sein könnte, wird wieder auf deutsche Begriffe zurückgegriffen. Der Sportbereich wird zum Beispiel als *Fitnesscenter* und nicht als *Gymnasio* tituliert, da deutsche Gäste mit dem Begirff *Gymnasio* eine weiterführende Schule und nicht einen Sportbereich verbinden.

Zusammenfassend lassen sich folgende Hypothesen aufstellen:

- *Bei der Nomenklatur und dem Stil von Gebäuden im Resort wird grundsätzlich auf destinationstypische Begriffe und Typen zurückgegriffen.*

- *Diese Nomenklatur und der Stil werden immer dann verändert, wenn sie Verwirrung hervorrufen und das Gesamterlebnis des Reisenden mindern könnten.*

4.2 Der Reisende im Mittelpunkt: Personas

4.2. Der Reisende im Mittelpunkt: Personas

4.2.1. Erstellung von Personas

Personas sind fiktive Charaktere, die einzelne Charakterzüge, Verhaltensweisen und Einstellungen von reellen Individuen abbilden (Copper, 1999). Ziel ist nicht eine überspitzte, vollständig stereotypisierte Darstellung von Personen, sondern die möglichst realistische Zusammenfassung einzelner Merkmale verschiedener Individuen hin zu einer real erscheinenden Person (Idoughi, Seffah & Kolski, 2012). Da es nicht das Ziel der Persona-Erstellung ist, einen Durchschnitt aus den zugrundeliegenden Charakteren zu bilden, werden in der Persona dennoch einzelne Charakterzüge in ihrem Extrem sichtbar – so, wie in der Realität auch.

Der Prozess der Personaerstellung ist ein Werkzeug des Interaktionsdesigns, welches vor allem auf *usability engineering*, also Fertigen eines Produkts oder das Erstellen eines Prozesses beruht, welches die Kundenwünsche am besten befriedigt (Blomquist & Arvola, 2002). Personas ermöglichen somit einen kundenzentrierten Diskurs. Sie eignen sich nach ihrer Erstellung vor allem dazu, um sich in sie hineinzuversetzen und das Wirken von und ihre Reaktion auf äußere Einflüsse zu analysieren. Sie machen zuvor Abstraktes erlebbar. Basierend auf dem vorhersagbaren Handeln lassen sich wiederum die äußeren Einflüsse so setzen, dass sie eine bestimmte Handlung beim Individuum hervorrufen.

Durch die Erstellung von Personas werden Charaktere von Resorturlaubern in ihrem gesamten Wesen, ihren Einstellungen, Werten und Motiven sichtbar. Darauf aufbauend lässt sich der Einfluss verschiedener Reize analysieren, die schlussendlich zur Erlebniskreation führen. Eine Personaerstellung ist aus diesem Grund besonders vielversprechend für die Beantwortung der Forschungsfrage.

Nielsen (2013) definiert vier verschiedene Ansätze zur Erstellung von Personas: den *fiktiven Ansatz*, den *zielorientierten Ansatz*, den *rollenbasierten Ansatz* und *den sich vollständig darauf einlassenden (engaging) Ansatz*.

Der *fiktive Ansatz* entspricht eher dem eines explorativen Vorgehens. Ohne vorheriges Erheben von Daten nähert man sich hierbei dem Nutzer. Die hierbei entstehenden Personas können als erster Aufsatzpunkt dienen, um eine Themenstellung weiter zu durchdringen und den möglichen Lösungsraum einzugrenzen. Oftmals werden sie als Startpunkt einer Analyse verwendet.

Die weiteren Ansätze basieren alle auf erhobenem Datenmaterial, unterscheiden sich aber im Umfang der erstellten Persona.

192 4 Zentrale Erkenntnisse und Diskussion der Ergebnisse

Im Mittelpunkt des *zielorientierten Ansatzes* nach Copper steht das Ziel des Individuums – in diesem Fall der Persona – bei der Nutzung eines einzelnen Produktes bzw. bei der Lösung eines einzelnen Problems. Besonders fokussiert auf dieses eine Problem wird die Persona entwickelt und weitere Facetten bewusst nicht mit einbezogen.

Der *rollenbasierte Ansatz* hingegen ist weiter gefasst als der zielorientierte Ansatz. Grudin und Pruit (2002) fordern auf Basis des zielorientierten Ansatzes eine Herangehensweise, die sowohl qualitative als auch quantitative Merkmale stärker mit einfließen lässt. Anstatt sich nur auf ein einzelnes Problem zu fokussieren, nimmt es das Individuum in seiner Gesamtheit als Person wahr und betrachtet zum Beispiel, wie sich Aktivitäten, die das Individuum vor oder nach der Nutzung des jeweiligen Produktes oder der Dienstleistung ausführt, auf die Nutzung und Wahrnehmung eben dieses im Fokus stehenden Produktes oder der Dienstleistung auswirkt. Die Rolle des Individuums wird stärker in den Mittelpunkt gerückt.

Der *sich vollständig darauf einlassende (engaging) Ansatz* hat zum Ziel möglichst lebhafte Charaktere in ihrer Gesamtheit anhand von einzelnen Geschichten und Anekdoten zu beschreiben. Er verfolgt am stärksten das Ziel, die Persona als ein lebhaftes, reell erscheinendes Individuum darzustellen, anstelle eines sterilen Stereotyps. Im Fokus stehen nicht nur das konkrete Verhalten der Interviewten in bestimmten Situationen, sondern es wird auch nach Einstellungen, Werten, persönlichen Interessen und Zielen gefragt, die in die Personabildung einfließen (Nielsen, 2002, 2003, 2013). Dieser Ansatz ermöglicht es, die entwickelten Personas nicht nur für eine einzelne, zugespitzte Problemstellung zu verwenden, sondern sie auch als Ansatzpunkt für zukünftige Fragestellungen zu nutzen. Daher wird er in der vorliegenden Arbeit zugrundegelegt.

4.2.2. Überblick: Zentrale Dimensionen zur Charakterisierung der Resorturlauber-Personas

Bevor in Kapitel 4.2.3 der Entstehungsprozess der Personas dokumentiert und in Kapitel 4.2.4 die Personas detailliert beschrieben werden, dient dieses Unterkapitel als Ordnungselement. Es soll dem Leser die Grundlagen und zentralen Dimensionen der entwickelten Personas überblicksartig vorstellen, damit er die Erkenntnisse und Beschreibungen aus den Kapiteln 4.2.3 und 4.2.4 einordnen kann.

Es werden zwei Hauptmerkmale definiert, anhand derer sich die in dieser Arbeit vorgestellten vier Personas einordnen lassen. Diese zwei Hauptmerkmale sind „Ursprung des Reizes: Resort versus Destination" und „Art des Erlebnisses: Betrachten versus Eintauchen".

4.2 Der Reisende im Mittelpunkt: Personas 193

Das erste Hauptmerkmal von Erlebnissen im Resorturlaub ist die Unterscheidung zwischen Reizen, die ihren Ursprung in der Destination haben, und solchen, die ihren Ursprung in dem Vorhandensein des Resorts haben. Beide werden von unterschiedlichen Reisenden unterschiedlich bewertet. Aufgrund der verschiedenen *customer journeys* sind auch die Erwartungen an Reize mit Resortursprung andere als an jene mit Destinationsursprung.

Das zweite Hauptmerkmal von Erlebnissen im Resorturlaub ist die Unterscheidung zwischen Erlebnissen, bei denen der Reisende komplett in eine Situation eintaucht, und solchen, bei denen er eher als Beobachter den Prozess begleitet. Dies wirkt sich unter anderem auf die Art der *touchpoints* aus. So sind für einen Reisenden, der ein Eintauchen bevorzugt, eher *socially-owned touchpoints* wichtig, während ein von außen betrachtender Reisender eher *brand-owned touchpoints* für wichtig erachtet. Erstere streben nach dem Aufbau einer Beziehung mit anderen Gästen oder Mitarbeitern, während dies für letztere nicht so wichtig ist.

Beide Dimensionen bilden die Grundlage für die vier entwickelten Personas als fiktive Charaktere: Katja – die Clubveteranin, Markus – das Tennisass, Sandra – die Pragmatische und Kai – der Erholungssuchende. Ihre Einordnung anhand der zwei Hauptmerkmale „Ursprung des Reizes: Resort versus Destination" und „Art des Erlebnisses: Betrachten versus Eintauchen" ist in Abbildung 47 dargestellt. Die Personas werden in Kapitel 4.2.4 detailliert beschrieben.

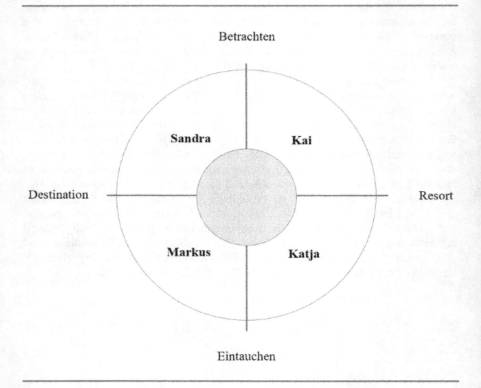

Abbildung 47: Aufteilung der vier Personas anhand von zwei unterschiedlichen Dimensionen; eigene Darstellung

4.2.3. Entstehungsprozess: Hypothesengenerierung und Faktoren

Wie in Kapitel 4.2.1 dargelegt, eignen sich Personas in besonderer Weise für einen kundenzentrierten Diskurs, da sie eine Situation aus Sicht des Kunden betrachten. Das Individuum nimmt einen Reiz auf und kreiert für sich selbst ein Erlebnis (Schulze, 2005), es befindet sich dabei in einem von ihm selbst konstruierten Raum (Wardegna, 2002) und hat zuvor schon individuelle andere Erlebnisse gehabt (Lemon & Verhoef, 2016).

In dieser individuellen Erlebniskreation werden nun verallgemeinerungsfähige Grundmuster hervorgebracht. Diese gilt es zu identifizieren und in der Erstellung von Personas zu berücksichtigen. Durch die Erstellung von Personas werden

4.2 Der Reisende im Mittelpunkt: Personas 195

Charaktere von Resorturlaubern in ihrem gesamten Wesen, ihren Einstellungen, Werten und Motiven sichtbar. Darauf aufbauend lässt sich der Einfluss verschiedener Reize analysieren, die schlussendlich zur Erlebniskreation führen. Eine Personaerstellung ist besonders vielversprechend für die Beantwortung der Forschungsfrage, da sie die Wirkung von Reizen weiter klassifiziert, nämlich in Bezug auf den Hauptakteur während der Kreation eines Erlebnisses: das Individuum selbst.

Nielsen (2013) schlägt als Vorgehen bei der Erstellung von Personas vor, nach der Datenauswertung Hypothesen zu formulieren. Diese sind Grundlage für die Erstellung von Personas. Innerhalb dieser Arbeit wurden einzelne Erlebnisse anhand der Methode GABEK ausgewertet, über verschiedene Befragte hinweg aggregiert und in einen Zusammenhang gesetzt. Hierdurch entstanden Beziehungs- sowie Kausalnetzwerke. Diese werden nun mit den einzelnen Aussagen der Interviewten sowie den erarbeiteten theoretischen Grundlagen in Verbindung gesetzt und dienen als Grundlage für folgende Hypothesen:

- Erlebnisse im Resorturlaub sind auf *Reize* zurückzuführen und steuerbar. Diese Reize können *gezielt* von touristischen Akteuren gesetzt werden. Sie bestimmen somit das Erlebnis des Reisenden.
- Je nach Art des Reizes können diese *an unterschiedlichen Berührungspunkten* der Akteure mit dem Kunden entstehen. Die zwei extremsten dieser Berührungspunkte sind die *brand-owned touchpoints*, welche direkt vom Akteur gesteuert werden können, und die *socially-owned touchpoints*, welche nur mittelbar vom Akteur gesteuert werden können.
- Erlebnisse im Resorturlaub werden durch den Reisenden entweder mit dem *Resort und seiner Marke* oder der *Destination und ihrer Marke* verbunden.
- Jedes Erlebnis im Resorturlaub ist entweder durch überwiegend *aktive, in die Situation eintauchende* oder überwiegend *passive, die Situation aufnehmende* Teilnahme geprägt.
- Jedes Erlebnis im Resorturlaub ist auf *einem Kontinuum von simuliert bis authentisch* anzusiedeln. Die Einordnung nimmt jeder Reisende *individuell* vor.
- Unterschiedliche Reisende bevorzugen in ihrem Resorturlaub unterschiedliche Arten von Erlebnissen.
- Erlebnisse im Resorturlaub sind in einem *Raum-Zeit-Gefüge* eingebettet, *vorhersagbar* und *replizierbar*.
- Die Erlebnisse sind eingebettet in einen Gesamtkontext, der *customer journey,* der von Reisendem zu Reisendem höchst individuell und unterschiedlich ist.

196 4 Zentrale Erkenntnisse und Diskussion der Ergebnisse

Basierend auf diesen Hypothesen kristallisieren sich zwei Faktoren bei der Einordnung eines Erlebnisses im Resorturlaub besonders heraus: Erstens ist die von Reisenden bevorzugte Beziehung zum Impuls zu nennen. Sie lässt sich unterscheiden in das vollständige Eintauchen in eine Situation versus dem Betrachten einer Situation von außen. Zweitens ist der vom Reisenden wahrgenommene Sender des Reizes in die Bereiche Destination und Resort zu unterteilen.

Basierend auf den Faktoren „Beziehung zum Impuls" und „wahrgenommener Sender des Reizes" spannt sich die in Abbildung 47 dargestellte Matrix auf, in dessen vier Quadranten jeweils eine der entwickelten Personas (Katja, Markus, Sandra und Kai) fällt, die im folgenden Kapitel 4.2.4 näher beschrieben werden.

4.2.4. Darstellung der Personas

4.2.4.1. Katja – die Clubveteranin

Persönlicher Hintergrund
Katja kommt aus dem Münchener Süden und ist 56 Jahre alt. Sie ist verheiratet mit Jürgen. Zusammen haben sie zwei Kinder, Felix (24 Jahre) und Martin (21 Jahre). Als selbstständige Apothekerin mit zwei Apotheken und acht Angestellten ist Katja beruflich stark eingebunden, kann sich aber selbst ihre Zeit einteilen. Ihr Mann Jürgen ist Abteilungsleiter bei einer Versicherung. Felix studiert Tiermedizin in Hannover und Martin Grafikdesign in Bochum. Seit die Kinder zum Studium das Elternhaus verlassen haben, ist es ruhiger geworden in dem Einfamilienhaus im Münchener Süden und Katja genießt diese Ruhe und Selbstbestimmtheit sehr.

Früher haben sich Katja und Jürgen an den Ferienzeiten der Kinder orientiert, heute vor allem an Jürgens Berufstätigkeit. Katja verbringt ihre Urlaube meist mit Jürgen zusammen. Früher sind die Kinder immer mitgekommen, heute reisen sie nur noch hin und wieder mit den Eltern in den Urlaub.

Allgemeine Motivation und Ziele
Katja hat in ihrem Leben beruflich und privat viel erreicht, und sie ist stolz darauf. Sie hat die Apotheke ihres Vaters übernommen und eine weitere im Nachbarort gekauft. Sie ist in vielen Vereinen in ihrem Dorf engagiert und hat einen großen Freundeskreis.

Katjas wichtigstes Anliegen ist es, ihre eigenen Wünsche und Bedürfnisse und die ihrer Familie unter einen Hut zu bekommen. Sie hat, seitdem Felix und Martin geboren wurden, immer ihre eigenen Bedürfnisse in den Hintergrund gestellt. Dies möchte sie seit ein paar Jahren nicht mehr und räumt ihren eigenen Wünschen seitdem mehr Raum ein.

4.2 Der Reisende im Mittelpunkt: Personas 197

Urlaubsspezifisches Verhalten und Motivation
Katja macht mehrmals im Jahr Cluburlaub, dieses Mal ist sie zwei Wochen hier. Zu den zwei Wochen im Sommer kommen typischerweise immer noch eine Woche im Winter sowie ein verlängertes Wochenende mit ihrer Doppelkopfrunde hinzu. Schon mit ihren Eltern ist sie in den frühen 1970er Jahren in Clubs gefahren. Als junges Pärchen verbrachten Katja und Jürgen den Urlaub meist in Hotels und Apartments, aber als sie dann eigene Kinder hatten, besuchten sie nach längerer Pause wieder eine Clubanlage und Katja fühlte sich an ihre eigene Kindheit erinnert.

Katja mag das Gesamtkonzept des Resorturlaubs. Sie kann gar nicht so genau definieren, was ihr daran so gut gefällt. „Ach, es ist einfach dieses Gefühl von angekommen sein" antwortet sie auf die Frage, was sie am Cluburlaub schätzt. „Vom ersten Tag an wie zu Hause. Man kommt an, checkt ein und ist da – mit Herz und Seele." Katja sind Erholung und Abwechslung im Urlaub sehr wichtig. Sie verbringt gern Zeit auf der Sonnenliege, nimmt aber dennoch auch gern spontan an vielen im Resort angebotenen Aktionen und Programmen teil. Sie ist fast täglich beim Yoga und schätzt den Entertainment-Saunaaufguss, bei dem die Mitarbeiter nach dem Aufguss einen Sketch aufführen. Katja möchte im Urlaub „einfach mal abschalten" und „immer nur das machen, was ich möchte". Der Kontakt mit anderen Reisenden ist ihr sehr wichtig. Zu den Mahlzeiten, aber auch an der Poolbar, kommt sie schnell mit anderen Mitreisenden ins Gespräch, tauscht sich über die neuesten Angebote in der Resortboutique aus oder findet eine Partnerin für ein Boccia- oder ein Tennisturnier. Zu Hause betreibt sie keine dieser Sportarten, aber in ihrer Kindheit hat sie Tennis gespielt und freut sich, im Urlaub hin und wieder zu spielen. „Dabei sein ist alles – der olympische Gedanke zählt", sagt sie. Nach einer entspannten Runde Tennis versackt sie gern noch mit den anderen Teilnehmern an der Bar. Dabei ist es für sie zweitrangig, in welcher Region sie ihren Urlaub verbringt: „Robinson ist Robinson", sagt sie.

Typischer Tagesablauf während des Resorturlaubs
Katja beginnt den heutigen Tag mit einem Kaffee auf dem Zimmer. Es ist Donnerstag, der vorletzte Urlaubstag, bevor es am Freitag wieder nach Hause geht. Sie genießt die ersten Sonnenstrahlen, den Blick über das Meer und die Ruhe, während Jürgen noch schläft. Gegen 9:00 Uhr verlassen beide das Zimmer in Richtung Hauptrestaurant. Zum Frühstück treffen sie alte Bekannte oder neue Urlaubsbekanntschaften, indem sie sich einfach an einen der vielen runden Achtertische zu anderen Gästen im Hauptrestaurant setzen.

Während des ausgiebigen Frühstücks bis 10:30 Uhr vertieft sich Katja in die Clubzeitung. In ihr werden das heutige Programm, das Kleidermotto für den

Abend und weitere Aktionen vorgestellt. Sie sucht sich ihre Lieblingsprogramm-punkte raus und steckt die Zeitung als Begleiter für den Tag ein. Am heutigen Vormittag steht ab 11:30 Uhr Boccia auf dem Programm. Da noch ein wenig Zeit vor dem Bocciaspiel bleibt, sucht sie mit Jürgen zwei Sonnenliegen am Pool.

Auf dem Weg vom Boccia zurück zum Strand isst sie noch kurz einen Salat im Hauptrestaurant. Sie nimmt ihre neue Bekanntschaft Julia, die sie gerade beim Bocciaspielen kennengelernt hat, mit. Nach dem Restaurantbesuch ist es Zeit, ein Buch zu lesen und auf der Liege zu schlafen.

Nachmittags sitzt Katja mit Jürgen an der Poolbar. Sie genießen den Blick auf das Meer und kommen mit weiteren Gästen ins Gespräch. Unterbrochen werden sie um 15:30 Uhr, als das Quiz am Pool losgeht. Schnell steckt der Tisch die Köpfe zusammen und errät Hauptstädte, Flüsse und Sehenswürdigkeiten verschiedener Länder.

Um 17:30 Uhr geht Katja mit Jürgen in die Sauna. Heute ist Gala-Aufguss mit dem Entertainment-Team. Dies bedeutet, dass zwischen den beiden Aufgüssen ein kleiner Sketch aufgeführt wird.

Dann machen sie sich fertig für den Gala-Aperitif an der Hauptbar um 19:30 Uhr, bis dann um 20:00 Uhr das Hauptrestaurant öffnet. Sie sitzen heute Abend mit vier anderen Paaren zusammen. Zwei davon kennen sie schon aus dem Urlaub im letzten Jahr in diesem Resort, zwei weitere haben sie im Laufe der Woche ken-nengelernt.

Zusammen besuchen sie auch die Gala-Show „Time to say Goodbye" im The-ater. In der Hauptrolle ist Jasmin zu sehen, die Mitarbeiterin, die heute Vormittag auch das Bocciaturnier veranstaltet hat, an dem Katja teilgenommen hat. Danach lassen sie den Abend bei Tanzmusik an der Bar ausklingen und sind gegen 1:00 Uhr im Bett.

Auswahlprozess für einen Urlaub

Für Katja steht zu Beginn des Entscheidungsprozesses schon fest, dass sie wieder einen Urlaub in einem ihrer Lieblingsclubs machen will. Wenn sie von „Lieb-lingsclubs" spricht, dann meint sie eine bestimmte Resortmarke. Sie bekommt vom Reisebüro jedes Jahr den neuen Katalog zugesendet und orientiert sich hieran. Aufgrund der überschaubaren Anzahl von ein paar Dutzend Anlagen kennt sie die meisten und hat ihre Favoriten. Die Urlaubsregion spielt für sie keine Rolle. Aus ihrer Sicht ist der Club die Destination. Natürlich möchte sie im Sommer am Strand liegen und im Winter in den Bergen sein, aber sie vertraut der Clubmarke, dass das jeweilige Angebot im Club genau darauf ausgerichtet ist – schließlich habe sich der Betreiber ja dazu entschieden, dort einen Club zu bauen. Ihr kommt es vielmehr auf das Publikum im Club an. Sind viele Familien vor Ort? Sind die Paare, die dort sind, gern sportlich aktiv oder eher erholungssuchend? Aus ihrer Sicht prägt die Atmosphäre vor Ort den Urlaub. Sie bezieht sich hierbei vor allem

4.2 Der Reisende im Mittelpunkt: Personas

199

auf ihre Erfahrungen aus vorherigen Jahren. Denn je nach Mitreisenden und Programm kann aus ihrer Sicht das Erlebnis in ein und demselben Club völlig unterschiedlich sein.

4.2.4.2. Markus – das Tennisass

Persönlicher Hintergrund
Markus kommt aus Düsseldorf und ist 43 Jahre alt. Er ist seit zehn Jahren mit Julia verheiratet. Sie haben keine Kinder. Vor fünf Jahren hat Markus zusammen mit seinem besten Freund Stephan eine Zahnarztpraxis eröffnet. Vorher war er in einer anderen Praxis angestellt.
Kennengelernt haben sich Markus und Julia bei einem Tennisturnier. Damals spielten sie noch in befreundeten Nachbarvereinen, inzwischen sind sie gemeinsam in einem Verein. Tennis ist die große Leidenschaft der beiden. Gemeinsam bestreiten sie einmal im Monat in der Sommersaison ein Punktspiel. Generell sind die beiden sehr sportlich und mögen den Wettkampf.

Allgemeine Motivation und Ziele
Markus liebt den Wettbewerb, im beruflichen wie auch im privaten Kontext. Als Zahnarzt möchte er, dass seine Patienten bei ihm die beste Behandlung Düsseldorfs bekommen. Er engagiert sich in der nordrhein-westfälischen Zahnärztekammer im Vorstand. Nebenbei ist er in den letzten Jahren jeweils einen Marathon gelaufen.
Seine sportlichen Wettbewerbe verbindet er am liebsten mit großen Events. So war die Teilnahme am New York-Marathon im letzten Jahr ein großer Traum, den er sich erfüllt hat. Für ihn steht bei diesen Wettbewerben klar der Sport im Vordergrund. Dennoch genießt er es sehr, an der frischen Luft zu sein und, wie beim Marathon, läuferisch New York zu entdecken. Wie im Wettkampf möchte er auch im Training Abwechslung. Er könnte sich nicht vorstellen, für einen solchen Wettkampf auf dem Laufband zu trainieren. Stattdessen fand die Vorbereitung mit einer Laufgruppe entlang des Rheins statt.

Urlaubsspezifisches Verhalten und Motivation
Bei der Wahl von Markus' Urlauben steht vor allem jeweils eine Aktivität im Vordergrund. Daher wählt er den Club als Urlaubsform immer dann, wenn er durch diese auch im sportlichen Umfeld profitieren kann. Möchte er Radfahren, entscheidet er sich für eine andere Destination als wenn er surfen oder Tennis spielen möchte. Um im Urlaub mit Gleichgesinnten zum Beispiel an Tennisturnieren teilnehmen zu können, schätzt er einen Aufenthalt im Club.

200 4 Zentrale Erkenntnisse und Diskussion der Ergebnisse

Angesprochen auf die Motivation für einen Cluburlaub sagt Markus: „Für mich ist meine Gruppe hier zum Tennisspielen wichtig. Die muss sich am Anfang der Reise schnell formen; schließlich ist man immer nur eine oder zwei Wochen hier. Dabei hilft natürlich die gesamte Atmosphäre im Club. Alle sind aufgeschlossen und kommunikativ. Ohne meinen Sport wäre mir das zu langweilig. Mit Sport hingegen ist es die perfekte Mischung aus Aktivität, Atmosphäre und Gemeinschaft – das findet man in keinem Hotel. Und dazu diese traumhaften klimatischen Bedingungen. Für Tennis ideal."

Typischer Tagesablauf während des Resorturlaubs
·Markus Tagesablauf richtet sich in diesem Urlaub nach dem Tennis. Heute, gegen Ende der Woche, steht um 15:30 Uhr das große Wochenturnier an. Markus steht gegen 7:30 Uhr auf, um noch vor dem Frühstück ein paar Bälle mit Julia schlagen zu können. Direkt vom Tennisplatz aus geht es um 10:00 Uhr zu einem kleinen Frühstück ins Hauptrestaurant. Hier schätzt er die gesunde Auswahl an Speisen sehr, so wie er es auch von zu Hause kennt und gewohnt ist.

Nach dem Frühstück findet um 11:30 Uhr der tägliche Tennistreff an der Sportbar statt, bei dem sich die Gruppe, die sich innerhalb der letzten Woche geformt hat, trifft und gemeinsam den Vortrag eines der clubeigenen Tennistrainer anhört. Thema heute: „Die perfekte Rückhand". Danach geht die Gruppe gemeinsam zum Mittagessen an den für sie reservierten Tennistisch.

Anschließend macht Markus einen Mittagsschlaf, um ausgeruht um 15:30 Uhr das Turnier zu bestreiten. Er spielt mit Julia im Doppel. Alle Teilnehmer kennen sich schon die ganze Woche und sind inzwischen Freunde geworden; aber heute Nachmittag hat alle der Wettkampf gepackt. Am Ende werden Markus und Julia Zweite. Markus ärgert sich ein wenig. Schließlich waren beide so nah am Sieg.

Die Gruppe verabredet sich zum gemeinsamen Abendessen. Danach gehen sie zusammen ins Theater, da hier die Siegerehrung des Tennisturniers stattfindet. Im Anschluss schauen sie sich gemeinsam die Show an. Sie lassen den Tag mit ihren Freunden ausklingen und besuchen auch noch die Clubdiskothek, um zu tanzen und um auf das Turnier und den gelungenen Urlaub anzustoßen. Gegen 1:30 Uhr geht Markus mit Julia ins Bett.

Auswahlprozess für einen Urlaub
Für Markus steht bei der Wahl seines Urlaubs immer eine Sportart im Vordergrund. Diese kann sich von Urlaub zu Urlaub ändern. Basierend auf der ausgewählten Sportart wägt er ab, welche Destination die optimalen Voraussetzungen für die Sportart bietet und entscheidet sich dann schließlich für ein Ziel. In einem weiteren Schritt schaut er sich verschiedene Hotel- und Resortoptionen an. Die Hoteloptionen empfindet er meist als nicht passend, da sich hier in der Regel keine Gruppen zum gemeinsamen Ausüben der Sportart finden. Er kennt verschiedene

4.2 Der Reisende im Mittelpunkt: Personas

201

Resortmarken und wägt die in der jeweiligen Destination vorhandenen Resorts gegeneinander ab. Er bevorzugt zwar eine Resortmarke, weil er mit dieser schon gute Erfahrungen gemacht hat, entscheidet sich aber hin und wieder auch für einen anderen Anbieter, sollte der Preis deutlich unterschiedlich oder die Zimmerauswahl in einem der Resorts stark eingeschränkt sein. Die Tagesprogramme der Clubs sind ihm relativ egal; die grundsätzlich offene und kommunikative Atmosphäre ist das, was er schätzt.

4.2.4.3. Sandra – die Pragmatische

Persönlicher Hintergrund
Sandra ist 39 Jahre alt und kommt aus Bremen. Zusammen mit ihrem Mann Dirk hat sie eine kleine Tochter, Vanessa, die vier Jahre alt ist. Sandra hat Kommunikationswissenschaften studiert und ist nun stellvertretende Leiterin der Kommunikationsabteilung der Bremer Stadtwerke. Damit sie genug Zeit hat, sich um Vanessa zu kümmern, arbeitet Sandra halbtags. Ihr Mann Dirk ist Ingenieur bei einer Reederei in Bremen.

Früher sind Sandra und Dirk viel gewandert und haben dabei im Zelt geschlafen. Auch mögen sie Städtereisen sehr, verbunden mit ein paar Tagen Strandurlaub. Seitdem Vanessa geboren wurde, haben sie diese Formen des Urlaubs zurückgestellt und den Cluburlaub für sich entdeckt. Vanessa hat Spaß mit anderen Kindern zu spielen, und ihre Eltern können die Zeit nutzen sich von ihrem Alltag zu erholen.

Eigentlich würde sie lieber einen Abenteuerurlaub machen oder aber in kleinen lokalen Boutiquehotels übernachten. Aber um der familiären Situation gerecht zu werden, also vor allem, damit Vanessa bestmöglich betreut ist und Sandra selbst ein wenig Ruhe findet, sagt sie pragmatisch: „Ein Cluburlaub ist für unseren derzeitigen Lebensabschnitt das sinnvollste. Wir wissen, was uns erwartet, kennen den Standard – und es gibt keine negativen Überraschungen."

Allgemeine Motivation und Ziele
Sandra möchte Familie und Karriere bestmöglich miteinander vereinbaren. Dies gelingt ihr im stressigen Alltag recht gut; im Urlaub sucht sie daher eher Ruhe und Entspannung.

Als Studentin war Sandra sportlich sehr aktiv und hat sich bei den Johannitern ehrenamtlich engagiert. Durch die Geburt von Vanessa hat sie ihr gesellschaftliches Engagement neu bewertet und sich dafür entschieden, all ihre Zeit neben dem Beruf Vanessa zu widmen.

Urlaubsspezifisches Verhalten und Motivation

Sandra macht einmal im Jahr einen großen Urlaub mit Dirk und Vanessa. Zusätzlich fahren sie meist ein verlängertes Wochenende auf einen Bauernhof oder in die Berge. Während des großen Urlaubs sucht Sandra vor allem Ruhe und Entspannung. Sie nimmt zwar gern an sportlichen Aktivitäten wie etwa Wassergymnastik teil, möchte dies aber spontan und flexibel in Anspruch nehmen.

Zusätzlich ist es ihr wichtig, dass Vanessa im Kinderclub gut versorgt ist. Hier ist ihr zum einen die hochwertige Ausstattung mit Spielgeräten wichtig; zum anderen legt sie großen Wert auf die Ausbildung der Betreuer. Hier vertraut sie vor allem auf die großen Marken, denn diese wählen ihr Personal, aus ihrer Sicht, gewissenhaft aus und schulen es auch vor Ort.

Angesprochen auf die Motivation für einen Cluburlaub sagt Sandra: „Für mich ist wichtig, dass wir einen schönen Strand und gutes Wetter haben. Auch möchte ich, dass Vanessa gut versorgt und der Standard der Einrichtung hoch ist. Gerade im Urlaub will ich mich nicht über Schmutz ärgern. Wenn Dirk und ich dann noch spontan ein bisschen Sport machen können, ist es für uns ein perfekter Urlaub." Weniger wichtig ist Sandra die Gesamtatmosphäre und der Kontakt zu anderen Mitreisenden: „Dieser Ringelpiez-mit-Anfassen, das brauche ich nicht unbedingt im Urlaub. Natürlich ist es schön, wenn die Hauptbar abends nicht menschenleer ist. Aber diese Achtertische im Restaurant sind zum Beispiel nicht so meins." Sie wählt lieber einen Dreiertisch, um mit ihrer Familie allein zu essen.

Typischer Tagesablauf während des Resorturlaubs

Sandra wacht heute um 8:30 Uhr auf, da zu dieser Uhrzeit Vanessa ins Elternbett hüpft und sie weckt. Die drei teilen sich ein Zimmer, Vanessa schläft auf dem Zustellbett. Gegen 9:00 Uhr machen sich die drei auf den Weg zum Frühstücksbuffet im Hauptrestaurant. Nachdem die Eltern Vanessa um 9:30 Uhr im Kinderclub abgegeben haben, legen sie sich auf die Liege am Strand. Sandra liegt lieber am Strand als am Pool, denn „für den Sand und das Gefühl bin ich extra aus Deutschland hierhergefahren". Sie genießt es, ein Magazin zu lesen und im Hintergrund das Meeresrauschen zu hören. Heute möchte sie um 11:00 Uhr zur Wassergymnastik. Dirk geht zu dieser Zeit in den benachbarten Sportpool, um ein paar Bahnen zu schwimmen. Zum Mittagessen treffen sie sich mit Vanessa im Hauptrestaurant, die von den Betreuern des Kinderclubs dort hingebracht wurde. Danach stehen „Kinderfest und Kinderschminken mit Mama und Papa" auf dem Programm des Kinderclubs. Für eine Stunde sind alle drei nun im Kinderclub und spielen, bis sich Sandra und Dirk verabschieden und Vanessa wieder in die Obhut der Betreuerin übergeben. Sandra hat um 16:30 Uhr eine 60-minütige Massage gebucht, während Dirk sich wieder auf die Liege am Strand legt. Zum Abendessen hat Sandra heute im Spezialitätenrestaurant einen Tisch für die drei reserviert. Hier

4.2 Der Reisende im Mittelpunkt: Personas 203

wird gegen Aufpreis ein Menu mit lokalen Speisen angeboten. Um 21:30 Uhr gehen die drei heute gemeinsam zur Show „Der Kreis", eine Mischung aus Artistik und Akrobatik. Danach bringen sie Vanessa ins Bett und Sandra und Dirk lassen den Abend bei einer Flasche Rotwein auf dem Balkon ihres Zimmers ausklingen. Gegen 23:00 Uhr gehen auch sie ins Bett.

Auswahlprozess für einen Urlaub
Sandra sucht zuallererst nach einer Destination, bei der sie eine Sonnengarantie hat. Das Wasser sollte warm und der Strand sandig und flachabfallend sein, damit Vanessa baden kann. Die Flugzeit aus Deutschland sollte mit zwei bis fünf Stunden kinderfreundlich sein. Neben diesen Kriterien ist es Sandra wichtig, dass in der Anlage Kinderbetreuung, Sport und gutes Essen geboten werden. Sie erwartet einen Standard, wie sie ihn von zu Hause kennt. Mit Mitreisenden hat sie wenig Kontakt. Sie wählt verschiedene Hotels und Clubs aus. Im Rahmen dieses Prozesses fallen immer mehr Hotels weg, da eines oder mehrere ihrer Kriterien bezüglich Standard, Sport, Kinderbetreuung und Wellness nicht erfüllt sind. Am Ende bleiben einige wenige Clubs in einer Destination übrig. Sie entscheidet sich dann für das Angebot mit dem günstigsten Preis. Aufgrund der deutschen Clubmarke ist sich Sandra sicher, dass der Standard ihren Vorstellungen entspricht. Der Club an sich ist für sie Mittel zum Zweck, einen Mindeststandard und eine Vielfalt an Angeboten zu haben. Den gemeinschaftlichen Charakter schätzt sie kaum.

4.2.4.4. Kai – der Genügsame

Persönlicher Hintergrund
Kai kommt aus dem Hamburger Umland und ist 39 Jahre alt. Mit seiner Frau Juliane wohnt er in einem Vorort der Hansestadt in einem kleinen Einfamilienhaus. Als selbstständiger Versicherungsmakler ist Kai in Hamburg gut vernetzt und kann sich seine Zeit selbst einteilen. Juliane arbeitet als Grafikdesignerin in einer Agentur. Die beiden sind seit drei Jahren ein Paar und kinderlos.

Beide sind gerne viel unterwegs. Ob ein verlängertes Wochenende an der Nordsee oder ein Kurztrip ans Mittelmeer – sie lernen gerne neue Orte kennen. Aufgrund ihrer Kinderlosigkeit sind sie nicht an Ferienzeiten gebunden und daher oftmals auch außerhalb der Hochsaison unterwegs. Sie fahren auch gern mit Freunden in den Urlaub.

Allgemeine Motivation und Ziele
Kai ist mit seiner momentanen Lebenssituation zufrieden. Er hat mit Juliane eine ausgewogene Beziehung. Beide sind gesund und der Freundeskreis ist groß.

204 4 Zentrale Erkenntnisse und Diskussion der Ergebnisse

Kai setzt sich sehr für seine Freunde ein. Er schöpft Energie aus den Beziehungen zu seinen Mitmenschen und hat auch deshalb als selbstständiger Versicherungsmakler einen für sich passenden Beruf gefunden. Die meisten seiner Freunde und Bekannten lassen sich von ihm in Versicherungsfragen beraten.

Kai und Juliane wohnen in dem Ort, in dem sie aufgewachsen sind. Hier möchten sie auch die nächsten Jahre bleiben. Seit einiger Zeit haben beide einen Kinderwunsch.

Urlaubsspezifische Motivation und Ziele

Kai macht mehrere kleinere Reisen im Jahr und zwei sieben- bis zehntägige größere Urlaube mit Juliane. Meist entscheiden sie sich für ein Ziel in der Sonne. In mehreren Anlagen sind sie Stammgäste und fahren alle paar Jahre dorthin. Kai schätzt im Urlaub einen gewissen Standard, unabhängig vom Reiseland. Er möchte nicht auf den Komfort von zu Hause verzichten und empfindet es nicht als störend, wenn er mit anderen Deutschen reist. Im Gegenteil, er sagt: „Egal wo man hinfährt, wirklich authentisch ist es im Süden in den touristischen Regionen doch eh nicht. Man muss halt akzeptieren, dass man in einem Erholungsurlaub nicht mit Einheimischen am Küchentisch sitzen und gleichzeitig deutschen Standard beim Frühstück, der Einrichtung und der Hygiene erwarten kann. Da ist mir wichtiger, dass ich weiß, was mich erwartet. Die Annehmlichkeiten in der Anlage tun ihr Übriges dafür, dass es ein toller Urlaub wird."

Daher mag Kai auch das Konzept eines Resorturlaubs. Ihm gefallen vor allem die Vielseitigkeit und der vorhandene Standard: „Egal wo auf der Welt ich in einem Resort dieser Marke bin – ich kann immer bis 11:00 Uhr frühstücken. Das ist für mich Urlaub", beschreibt er einen großen Vorteil seiner bevorzugten Clubmarke. Die Standards in Einrichtung, Service und Qualität sind für ihn wichtig.

Diese Standards werden aus seiner Sicht auch bezüglich der Lage der Resorts eingehalten. Kai hat früher einmal die Erfahrung gemacht, dass eine ihm unbekannte Hotelanlage zwar wie beschrieben direkt am Strand lag, dieser jedoch so verdreckt war, dass man kaum baden konnte. Seitdem weicht er auf ihm bekannte Marken aus. „Ich weiß einfach, was mich erwartet. Alle Resorts dieser Marke sind in 1a-Lagen in der Urlaubsregion. Keine böse Überraschung, dass eine Schnellstraße hinter dem Club verläuft oder man einen Shuttle zum Strand nehmen muss. Und wenn es halt einen Kiesstrand und keinen Sandstrand gibt, werden die Verantwortlichen schon durch die Bereitstellung von bequemen Liegen dafür sorgen, dass es dennoch schön ist. Wir machen uns die Erde untertan."

Und auch, wenn mal das Wetter nicht mitspielen sollte, fühlt er sich im Resort gut aufgehoben. Er schätzt, dass die Mitarbeiter den Tagesplan nach den Bedürfnissen der homogenen Gäste stricken. „Das ist hier wie eine kleine Oase. Auch wenn es mal regnet: egal. Dann wird halt ein Indoor-Fußballturnier im Sportpark organisiert oder der Saunabereich öffnet schon morgens."

4.2 Der Reisende im Mittelpunkt: Personas 205

Kai mag die Möglichkeit, mit anderen Gästen in Kontakt zu treten, ist aber auch gern allein mit Juliane. Da er die Mitreisenden nach dem Urlaub nicht wiedersehen wird, ist eine Investition in tiefergehende Freundschaften in solchen Urlauben aus seiner Sicht fehl am Platz. Falls sich aber ein nettes Gespräch mit Mitreisenden per Zufall beim Abendessen entwickelt, bleiben beide gern auch einmal länger sitzen.

Typischer Tagesablauf während des Resorturlaubs
Kai beginnt den Tag mit einer Tasse Tee auf dem Zimmer um 8:00 Uhr. Danach geht er eine Stunde ins Fitnessstudio, um auf dem Laufband zu joggen. Um 9:30 Uhr trifft er sich dann mit Juliane zum Frühstücken. Beide sitzen am liebsten auf der Sonnenterasse des Hauptrestaurants. Sie haben vor einigen Tagen ein anderes Pärchen kennengelernt. Heute frühstücken sie zusammen bis 11:00 Uhr. Danach suchen sich die beiden eine Liege am Entspannungspool, der nur für Erwachsene gedacht ist. Gegen 13:00 Uhr gehen sie Mittagessen.

Da zum Nachmittag ein wenig Wind aufkommt und Regen vorhergesagt ist, entscheiden sich die beiden, um 14:00 Uhr an einem Töpferkurs im Atelier teilzunehmen. Beide töpfern eine Tonvase, die über Nacht trocknen muss und dann am nächsten Tag von ihnen bemalt werden kann. Um 16:00 Uhr laufen die beiden im nun strömenden Regen mit Bademänteln über dem Kopf in den Saunabereich. Das schlechte Wetter heute stört sie nicht. Sie genießen zwei Stunden die verschiedenen Saunen und machen zwei Saunaaufgüsse mit. Danach gehen sie zurück auf ihr Zimmer und machen sich für den Abend fertig.

Um 20:00 Uhr sind sie mit dem befreundeten Pärchen zum Abendessen verabredet. Das Pärchen hat den beiden schon einen Platz an einem Achtertisch freigehalten, an dem zwei weitere Paare sitzen. Die acht unterhalten sich gut und so bemerkt Kai erst um 21:30 Uhr, dass es schon fast zu spät ist, um sich die Show im Theater anzusehen. Kurz hält er Rücksprache mit Juliane und dem Rest der Tischgruppe und gemeinsam entscheiden sie sich, anstatt sich die Show anzusehen, noch länger im Restaurant zu bleiben. Gegen 22:30 Uhr verlagert sich die Runde an die Hauptbar. Gemeinsam wird getanzt und gegen 0:30 Uhr gehen Kai und Juliane auf ihr Zimmer.

206 4 Zentrale Erkenntnisse und Diskussion der Ergebnisse

Auswahlprozess für einen Urlaub

Kai ist vor allem wichtig, dass im Urlaub nichts schiefläuft. Durch die Wahl eines Resorts ist er sich sicher, dass seine Bedürfnisse nach guter Lage, Sauberkeit und Standard auch im Gastland gegeben sind. Er vergleicht verschiedene Resorts in Hinsicht auf Preis, Erreichbarkeit und Angebot und entscheidet sich dann. Die Marke des Resorts vereinfacht für ihn vor allem den Suchprozess. Er muss nicht mehr zwischen vielen unterschiedlichen Hotels und ihrem Angebot abwägen, sondern weiß, was er bekommt. Dabei hat er eine bevorzugte Resortmarke, kennt aber auch ähnliche Resortangebote von Wettbewerbern. Die Destination ist ihm letztendlich egal. Sobald er eine für sich passende Anlage gefunden hat, wird sie ungeachtet der Destination gebucht.

4.3. Das Zusammenspiel von Destination und Resort im Mittelpunkt: Destination-Resort-Archetypen

Bisher wurden in dieser Arbeit in Kapitel 4.1 und Kapitel 4.2 analysiert und diskutiert, wie Reize zu Erlebnissen führen, welche unterschiedlichen Arten von Reizen und Erlebnisse es gibt, wie diese miteinander verbunden sind, und auf welche unterschiedliche Arten von Personen diese Reize wirken. Es wurde also erstens die Erlebniskreation vorgestellt und zweitens ihr Einfluss auf unterschiedliche Personen herausgestellt.

In diesem Unterkapitel 4.3 wird nun eine dritte Dimension vorgestellt: die des Kontextes bzw. des Gefüges aus Resort und Destination. Die Hypothese hierbei ist, dass ein Reiz bei ein und derselben Person in einem bestimmten Kontext, zum Beispiel während eines Strandurlaubs am Meer, ein anderes Erlebnis auslösen kann als ein und derselbe Reiz bei derselben Person in einem anderen Kontext, zum Beispiel während einer Stadtbesichtigung. So stellen Lemon und Verhoef (2016) die Kontextualität als ein Kernmerkmal der Kundenerfahrung heraus. Der Reiz und die Person bleiben also identisch, allein der Kontext ändert sich. Dieser Kontext kann auf natürliche Art und Weise entstehen, oder, wie es oftmals in Ferienwelten der Fall ist, auch inszeniert werden (Schulze, 2005; Siller, 2010).

Zentrale Komponenten dieses Kontexts ist das Zusammenspiel von Resort und Destination (Dioko & So, 2012). Die folgende Unterkapitel 4.3.1 bis 4.3.3 stellen nun drei Archetypen des Zusammenspiels von Destination und Resort vor.

4.3.1. Archteyp 1: Cocoon – das Resort als Destination

In diesem Archetyp nehmen die Reisenden das Resort als Destination wahr. Sie verlassen es nie. Die Destination wird charakterisiert über die optimalen Bedingungen, die es bietet, um die vom Resort und im Resort angebotenen Aktivitäten

4.3 Das Zusammenspiel von Destination und Resort im Mittelpunkt   207

wahrzunehmen. Die gesamte Reizsetzung ist auf das Resort ausgerichtet. Die Destination bietet lediglich den bestmöglichen Rahmen dafür, dass sich diese Reize entfalten.

Die Herausforderungen bestehen in diesem Fall für Resortverantwortliche darin, Reize zu setzen, falls die Destinationsfaktoren einmal nicht positiv auf das Erlebnis einwirken. So gibt es auch in den sonnigsten und wärmsten Regionen Regentage. Diese werden dann von den Reisenden nicht der Destination oder den äußeren Gegebenheiten angelastet, sondern dem Resort und seinen Verantwortlichen. Im Tourismus wird dies vor allem in der Nebensaison in typischen Sommerbetrieben deutlich. Diese sind nicht auf Aktivitäten und Reize außerhalb des Resorts ausgelegt.

Innerhalb dieser Arbeit ist das Setting Fuerteventura beispielhaft für Archetyp 1.

4.3.2. Archetyp 2: Selektiv-singuläre Aktivität als gemeinsames Merkmal von Resort und Destination

In diesem Archetyp nehmen die Reisenden die Destination über ein herausstechendes Merkmal wahr. In Sommerdestinationen ist dies oftmals der Sandstrand, in Wintersportdestinationen das Skigebiet. Dieses eine Merkmal ist für Reisende, neben dem Resort, der einzige Grund, sich für die jeweilige Reise zu entscheiden. Alle Erlebnisse werden entweder mit dem Resort oder aber mit diesem einzelnen Merkmal der Destination in Verbindung gebracht.

Die Herausforderung für Resortverantwortliche ist es, dieses Alleinstellungsmerkmal der Destination bestmöglich in die vom Resort gesetzten Reize mit einzubeziehen. Oftmals geschieht dies durch die Einbindung des Raumes, zum Beispiel durch ein Dinner am Strand oder eine Fackelwanderung. Diese Einbindung der Destination ist notwendig für das Erlebnis.

Innerhalb dieser Arbeit ist das Setting Arosa beispielhaft für Archetyp 2.

4.3.3. Archetyp 3: Nucleus – Das Resort als Rückzugsort innerhalb einer Destination

In diesem Archetyp dient das Resort als Ausgangspunkt für Erkundungen in der Destination. Es ist Rückzugsort und *Heimat auf Zeit* in der Destination. Reisende haben sich gezielt für die jeweilige Destination, aber auch für die jeweilige Resortmarke entschieden. Sie verlassen die Resortanlage auf eigene Faust und unternehmen nach Lust und Laune Ausflüge innerhalb der Destination.

208   4 Zentrale Erkenntnisse und Diskussion der Ergebnisse

Die Herausforderung für Resortverantwortliche in diesem Archetyp ist es, eine für die Resortmarke typische Atmosphäre herzustellen. Die Gäste reisen zu fast allen Tagen der Woche an und ab und sind tagsüber oftmals nicht im Resort unterwegs. Dies macht es außerordentlich schwierig, das Raum-Zeit-Gefüge innerhalb der Resortanlage im Vorfeld zu strukturieren und zu beeinflussen.

Innerhalb dieser Arbeit ist das Setting Mallorca beispielhaft für Archetyp 3.

4.4. Integratives Modell der Erlebniskreation in Ferienwelten

Die in den Kapitel 4.1 bis 4.3 vorgestellten Ergebnisse beziehen sich jeweils auf eine spezielle Dimension der Erlebniskreation, anhand derer systematisch Erlebnisse für Urlauber in Ferienwelten klassifiziert werden können.

Es lassen sich drei zusammenfassende Erkenntnisse feststellen:

Erstens wirken die Reize auf ein Individuum, welches diese Reize als Ausgangspunkt nutzt, um sie in ein Erlebnis zu verwandeln. Dieser Prozess wurde mit den unterschiedlichen Reizen als Ausgangspunkt in Kapitel 4.1 erläutert und diskutiert.

Zweites wirken Reize unterschiedlich, je nachdem auf welche Person diese treffen. Es lassen sich also Unterschiede in der Erlebniskreation, je nach Individuum erkennen. Hierbei werden jedoch abstrakte Muster und Charakteristika deutlich. Daher können Gruppen von Personen gebildet werden, auf die die Reize wirken. Dies geschieht mit der Bildung von Personas in Kapitel 4.2.

Drittens spielt auch bei den unterschiedlichen Personas der Kontext und das Umfeld, in dem sich das Individuum befindet, eine bestimmte Rolle. So kann ein und derselbe Reiz von einem bestimmten Individuum an einem mallorquinischen Strand anders wahrgenommen und verarbeitet werden als wenn dieser Reiz inmitten des Times Square in New York City auf das Individuum trifft.

Es entsteht das Integrative Modell der Erlebniskreation in Ferienwelten, dargestellt in Abbildung 48.

4.4 Integratives Modell der Erlebniskreation in Ferienwelten

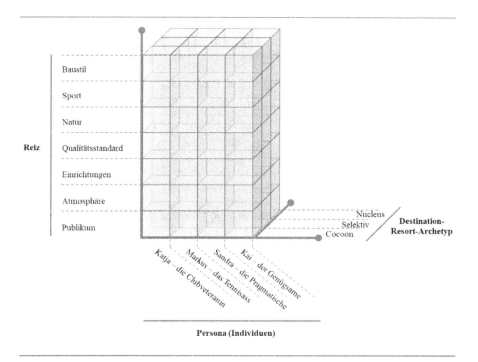

Abbildung 48: Integratives Modell der Erlebniskreation in Ferienwelten; eigene Darstellung

Schulz (2005) nennt als Merkmale des Prozesses des Erlebens die Subjektbestimmtheit, Reflexion und Unwillkürlichkeit. Er stellt heraus, dass die vom Individuum selbst geschaffene Wirklichkeit zu einer „objektive[n] Wirklichkeit" (S. 49) wird, innerhalb derer das Erlebnis entsteht. Sie ist ursächlich dafür, dass ein und derselbe Reiz von unterschiedlichen Personen zu einem unterschiedlichen Erlebnis kreiert werden. Somit muss es also neben der Dimension des Reizes eine individuelle, persönlichkeitsorientierte Dimension geben. Diese Dimension wird durch die vorgestellten Personas abgedeckt. Ein Reiz wird von den Personas unterschiedlich wahrgenommen und führt schlussendlich zu einem unterschiedlichen Erlebnis. So nimmt Katja, die vor allem die Atmosphäre im Resort schätzt, die Achtertische im Restaurant als ein willkommenes Element wahr, welches die Kommunikation fördert. Sandra hingegen stört dies, sie isst lieber nur im Kreis der Familie; auf sie wirkt der gleiche Reiz eher störend.

Neben dem Individuum mit seiner Subjektbestimmtheit spielt die Kontextualität, also der Rahmen, innerhalb dessen sich das Individuum beim Auftreten des Reizes bewegt, eine Rolle. Diese Kontextualität ist in Ferienwelten zumindest teilweise inszeniert (englisch: *staged*) (Schulze, 2005; Siller, 2010). Das Auftreten des Reizes findet also nicht in einem Vakuum statt, sondern ist eingebettet in einen Gesamtkontext. Nach Wardegna (2002) kann dieser Gesamtkontext ein konstruierter, vom jeweiligen Betrachter geschaffener Raum sein. Je nachdem, wie das Individuum den Raum konstruiert, kann also ein Reiz unterschiedlich wirken.

Es ergeben sich drei Dimensionen, anhand derer systematisch Erlebnisse für Urlauber in Ferienwelten klassifiziert werden können. Diese drei Dimensionen sind (1) der Reiz an sich als Ursprung für das Erlebnis, (2) die Person, auf die der Reiz trifft und die ein Erlebnis entstehen lässt, und (3) das Resort-Destinations-Gefüge, innerhalb dessen das Erlebnis entsteht.

Es wurden sieben Reize identifiziert, vier Personas, und drei Resort-Destinations-Gefüge. Daraus ergeben sich 84 unterschiedliche Erlebniskategorien, die entstehen können. Das in dieser Arbeit entwickelte *Integrative Modell der Erlebniskreation in Ferienwelten* schafft einen Rahmen, um diese 84 Kategorien zu klassifizieren. Eine solche Ordnung zu erarbeiten und die Dimensionen hierzu zu beschreiben war das Ziel. Es ist das normative Erkenntnisziel dieser Arbeit, der Forschungsgemeinschaft einen Vorschlag zur Kategorisierung von Resorturlaubern zu geben. Das in dieser Arbeit entwickelte *Integrative Modell der Erlebniskreation in Ferienwelten* erfüllt dieses Ziel. Es schafft den Rahmen, indem 84 Kategorien von Erlebnissen kategorisiert werden. Die vorgenommene Kategorisierung anhand der drei Dimensionen kann bei zukünftigen Forschungsprojekten als Ansatzpunkt dienen, um einzelne Aspekte der Ursache-Wirkungs-Beziehungen von Reizen und Erlebnissen sowie den Einfluss von touristischen Marken im Rahmen des Resorttourimusgeschäftes konkret messbar zu machen. Zukünftige Forschungsarbeiten in diesem Forschungsfeld können anhand des hier vorgestellten Modells gezielt eines der 84 Kategorien auswählen und einer tiefergehenden Analyse unterziehen.

5. Zusammenfassung, Reflexion und Ausblick

Die vorliegende Arbeit hat das Ziel, die Erlebniskreation im Resorttourismus systematisch zu rekonstruieren und mögliche verallgemeinerungsfähige Systematiken zu identifizieren, um eine wissenschaftliche Grundlage für die Reizsetzung als Ausgangspunkt eines Erlebnisses bei unterschiedlichen Typen von Reisenden im Rahmen von Urlauben in Ferienwelten zu liefern. Ergebnis dieses Vorhabens ist das *Integrative Modell der Erlebniskreation in Ferienwelten*. Dieses wird in Kapitel 5.1 mit den wichtigsten Erkenntnissen zusammengefasst. Für eine detaillierte Betrachtung und Herleitung des Modells sei auf Kapitel 4 verwiesen.

Aufgrund des Ziels der Arbeit wurde vornehmlich ein qualitatives Analyseverfahren gewählt, in dem eine relativ kleine Stichprobe eine in die Tiefe gehende Analyse und Diskussion einzelner Erlebnisse von Resorturlauber ermöglichte. Diese Analyse und Diskussion in Verbindung mit den in Kapitel 2 vorgestellten Modellen aus den theoretischen Forschungssträngen innerhalb der Erlebnisforschung, der Tourismusforschung, der Markenforschung und der Entscheidungs- und Kaufverhaltensforschung ermöglichten die Beantwortung der Forschungsfrage. Dennoch stößt dieses Verfahren an seine Grenzen, ermöglicht es doch unter anderem keinerlei Quantifizierungen und ist sehr fokussiert auf den Bereich des Resorttourismus. Diese und weitere Limitationen der vorliegenden Arbeit sowie Anknüpfungspunkte für weitere Forschung werden in Kapitel 5.2 diskutiert.

Ein normatives Erkenntnisziel dieser Arbeit ist es, touristischen Akteuren, vornehmlich Resortbetreibern bzw. Reiseveranstaltern und Destination-Management-Organisationen, einen Leitfaden bzw. ein Modell vorzuschlagen, anhand dessen Erlebnisse im Resorttourismus systematisch geplant und aufeinander abgestimmt werden können. Kapitel 5.3 zeigt diese Handlungsempfehlungen auf und gibt mögliche Antworten auf weitere praktische Herausforderungen im Tourismus.

5.1. Zusammenfassung der zentralen Erkenntnisse der Arbeit

Die Forschungsfrage dieser Arbeit lautet „Welche Faktoren beeinflussen Erlebnisse im Resorturlaub und wie lässt sich die Wirkung dieser Faktoren anhand von (a) Personas und (b) eines Gefüges von Destination und Resort unterteilen?". Ziel ist es, die Erlebniskreation im Resorttourismus systematisch zu rekonstruieren und mögliche verallgemeinerungsfähige Systematiken zu identifizieren, um eine wissenschaftliche Grundlage für die Reizsetzung als Ausgangspunkt eines Erlebnisses bei unterschiedlichen Typen von Reisenden im Rahmen von Urlauben in Ferienwelten zu liefern.

© Der/die Herausgeber bzw. der/die Autor(en), exklusiv lizenziert durch
Springer Fachmedien Wiesbaden GmbH, ein Teil von Springer Nature 2021
C. Schneider, *Kundenerlebnisse in Ferienwelten*, Entrepreneurial Management
und Standortentwicklung, https://doi.org/10.1007/978-3-658-31543-6_5

212 5 Zusammenfassung, Reflexion und Ausblick

Dieses Ziel wurde durch die Ausführungen in Kapitel 4 erreicht. Es lässt sich zusammenfassen im *Integrativen Modell der Erlebniskreation in Ferienwelten*, welches die drei Dimensionen umfasst: (1) der Reiz an sich als Ursprung für das Erlebnis, (2) die Person, auf die der Reiz trifft und die ein Erlebnis entstehen lässt, sowie (3) das Resort-Destinations-Gefüge, innerhalb dessen das Erlebnis entsteht. Es ist dargestellt in Abbildung 48.

Basis des Modells ist die durchgeführte Literaturrecherche, die in Kapitel 2 vorgestellt wurde, sowie die Feldstudie, die in Kapitel 3 vorgestellt und ausgewertet wurde.

In den folgenden Unterkapiteln werden die drei Dimensionen dieses Modells beschrieben und zentrale Erkenntnisse hierzu zusammengefasst.

5.1.1. Arten von Reizen

Ein Ziel der vorliegenden Arbeit ist es, die Erlebniskreation im Resorttourismus systematisch zu rekonstruieren und mögliche verallgemeinerungsfähige Systematiken zu identifizieren.

Hierzu wurden in dieser Arbeit 7 Ursprünge von Reizen im Resorttourismus herausgearbeitet und detailliert in Kapitel 4.1 vorgestellt und diskutiert.

Diese 7 Ursprünge von Reizen im Resorttourismus sind:

- Publikum
- Atmosphäre
- Einrichtungen
- Qualitätsstandard
- Natur
- Sport
- Baustil

Auf die Klassifizierung von Reizen aufgebaut wurden der Zusammenhang zwischen dem jeweiligen Reiz und dem vom Individuum kreierten Erlebnis dargestellt, die Reize zueinander in Beziehung gesetzt und schlussendlich Hypothesen gebildet. Diese lauten:

- Bezugspunkt für den Reisenden während des Resorturlaubs ist das Resort, nicht die Destination. Das Resort ist ursprünglich für jede Erlebniskreation.
- Die Wahl des Resorts als Bezugspunkt ist vor allem auf das vorherrschende Gemeinschaftsgefühl im Resort zurückzuführen.
- Ein Erlebnis innerhalb der Destination (zum Beispiel eine Wanderung) wird als eine mögliche Aktivität von vielen wahrgenommen. Es konkurriert mit Erlebnissen innerhalb des Resorts. Dabei wird dem Erlebnis innerhalb der Destination keine herausragende Stellung eingeräumt, es sei

5.1 Zusammenfassung der zentralen Erkenntnisse der Arbeit   213

denn, die Destination bietet besondere Möglichkeiten für die Ausübung einer bestimmten Sportart.

- Reisende, die noch keine Vorstellungen über die Destination haben, formen diese bei ihrem Erstkontakt mit der Destination. Dies ist meist die Anreise vom Flughafen zum Resort.
- Eine Resortmarke schafft es nicht, vom Reisenden wahrgenommene, in der Destination vorherrschende politische Risiken als für den Reisenden unbedenklich erscheinen zu lassen.
- Die familiäre Atmosphäre im Resort ist Grundlage für eine vom Reisenden wahrgenommene Geborgenheit.
- Der Reisende nimmt die Resortmarke als Absicherung gegen persönliche Risiken wahr.
- Der Resortmarke kommt eine Qualitätssicherungsfunktion zu, indem sie den Reisenden vor Enttäuschungen im Urlaubserlebnis absichert.
- Ein mit der Destination verbundenes Erlebnis ist einem mit dem Resort verbundenen Erlebnis zeitlich nachgelagert bzw. findet erst zu einem späteren Zeitpunkt des Aufenthalts statt. Je länger der Resorturlaub andauert, desto mehr Destinationserlebnisse hat der Reisende.
- Kern und Einzigartigkeit des Resorterlebnisses ist die im Resort vorherrschende Atmosphäre.
- Die Atmosphäre wird im Resort mittelbar über mitreisende Gäste sowie die Orchestrierung von brand-owned touchpoints durch den Resortbetreiber geschaffen.
- Bei der Nomenklatur und dem Stil von Gebäuden im Resort wird grundsätzlich auf destinationstypische Begriffe und Typen zurückgegriffen.
- Diese Nomenklatur und der Stil werden immer dann verändert, wenn sie Verwirrung hervorrufen und das Gesamterlebnis des Reisenden mindern könnten.

5.1.2. Personas in Ferienwelten

Ein Ziel der vorliegenden Arbeit ist es, Resortreisenden-Personas zu bilden. Auf Grundlage der in Kapitel 3 ausgewerteten Daten wurden in Kapitel 4.2 folgende Hypothesen aufgestellt.

- Erlebnisse im Resorturlaub sind auf *Reize* zurückzuführen und steuerbar. Diese Reize können *gezielt* von touristischen Akteuren gesetzt werden. Sie bestimmen somit das Erlebnis des Reisenden.

- Je nach Art des Reizes können diese *an unterschiedlichen Berührungs-punkten* der touristischen Akteure mit dem Kunden entstehen. Die zwei extremsten dieser Berührungspunkte sind die *brand-owned touchpoints*, welche direkt vom touristischen Akteur gesteuert werden können, und die *socially-owned touchpoints*, bei denen nur eine mittelbare Steuerung durch den touristischen Akteur möglich ist.
- Erlebnisse im Resorturlaub werden durch den Reisenden entweder mit dem *Resort und seiner Marke* oder der *Destination und ihrer Marke* verbunden.
- Jedes Erlebnis im Resorturlaub ist entweder durch überwiegend *aktive, in die Situation eintauchende* oder überwiegend *passive, die Situation betrachtende* Teilnahme geprägt.
- Jedes Erlebnis im Resorturlaub ist anzusiedeln auf *einem Kontinuum von simuliert bis authentisch*. Die Einordnung nimmt jeder Reisende *individuell* vor.
- Unterschiedliche Reisende bevorzugen in ihrem Resorturlaub unterschiedliche Arten von Erlebnissen.
- Erlebnisse im Resorturlaub sind in einem *Raum-Zeit-Gefüge* eingebettet, *vorhersagbar* und *replizierbar*.
- Die Erlebnisse sind eingebettet in einen Gesamtkontext, die *customer journey,* der von Reisendem zu Reisendem höchst individuell und unterschiedlich ist.

Es kristallisierten sich zwei grundlegende Dimensionen heraus, anhand derer die Personas beschrieben wurden: Die erste Dimension ist die Beziehung, die ein Individuum zum Erlebnis hat. Sie lässt sich differenzieren in die beiden Extrema *Eintauchen in eine Situation* und *von außen Betrachten einer Situation*. Damit lehnt sich diese Unterteilung an die von Pine und Gilmore (2011) entwickelte Kategorisierung sowie die Darstellung von Heifetz und Linsky (2017) an. Die zweite Dimension bildet den vornehmlichen Sender des Reizes ab. Er ist unterteilt in die Extrema *Destinationsursprung* und *Resortursprung*. Obwohl ein Urlaub im Resort aus Reizen aus beiden Ursprüngen besteht, lässt sich eine Häufung innerhalb der Befragung in entweder dem einen oder dem anderen Ursprung erkennen.

Es ergeben sich hieraus vier Personas als fiktive Charaktere:
- Katja – die Clubveteranin (Beziehung zum Erlebnis: *Eintauchen*; Reizursprung: *Resort)*
- Markus – das Tennisass (Beziehung zum Erlebnis: *Eintauchen*; Reizursprung: *Destination)*
- Sandra – die Pragmatische (Beziehung zum Erlebnis: *Betrachten*; Reizursprung: *Destination)*

5.2 Limitation dieser Arbeit u. Anknüpfungspunkter für weitere Forschung   215

- Kai – der Genügsame (Beziehung zum Erlebnis: *Betrachten*; Reizursprung: *Resort)*

5.1.3. Archetypisierung des Verhältnisses von Destination und Resort

Ein weiteres Ziel der Arbeit war es, erste Möglichkeiten zur Archetypisierung des Resort-Destinations-Gefüges zu ermitteln. Das Erlebnis aus Sicht des Reisenden wird vornehmlich von diesem Gefüge beeinflusst. Dies liegt vor allem daran, dass es die Wahrnehmung des Reisenden für das Resort und die Destination prägt. Sie bestimmt sein Handeln und dieses wiederum die Reize, die er wahrnimmt.

Zusammenfassend lassen sich drei Archetypen charakterisieren:
- *Cocoon – das Resort als Destination*
  In diesem Archetyp nehmen die Reisenden das Resort als Destination wahr. Es steht für sich und ist unabhängig von der Destination und jeglichen äußeren Einflüssen.
- *Selektiv – singuläre Aktivität als gemeinsames Merkmal von Resort und Destination*
  In diesem Archetyp werden Resort und Destination aus Sicht des Reisenden durch ein Element verbunden. Meist handelt es sich dabei um eine Sportart wie Ski, Tennis oder Wassersport.
- *Nucleus – das Resort als Rückzugsort innerhalb einer Destination*
  In diesem Archetyp dient das Resort als Ausgangspunkt für Erkundungen in die Destination. Resort und Destination sowie die jeweils damit verbundenen Erlebnisse stehen in einer ähnlichen Bedeutung nebeneinander.

5.2. Limitationen dieser Arbeit und Anknüpfungspunkte für weitere Forschung

Die Limitationen dieser Arbeit sind vor allem in ihrem empirischen Bereich zu finden. Da die Studie als Grundlage einer Klassifizierung von Erlebnissen im Resorturlaub dient, erhebt sie nicht den Anspruch, dass alle vorgestellten Ergebnisse vollumfänglich generalisierbar sind. Vielmehr soll sie ein grundsätzliches Gerüst schaffen, welches es Forschern in der Zukunft möglich macht, einzelne Aspekte tiefergehend zu beleuchten und auf ihren Grad der Generalisierbarkeit hin zu testen.

Diese Grenze ergibt sich zudem vor allem durch das gewählte Design der Befragung: Die Gespräche wurden an drei Orten zu drei speziellen Zeiten in Resorts

216   5 Zusammenfassung, Reflexion und Ausblick

einer Marke durchgeführt. Diese Eingrenzung führt zwangsläufig zu einem begrenzten Spektrum an Datenmaterial. Diese Entscheidung wurde jedoch vom Autor bewusst getroffen, da gerade der einzelne Reisende in Gänze und mit der Fülle seiner Erlebnisse in den Mittelpunkt gerückt werden sollte, um überhaupt erst einmal relevante Kategorien von Resorturlaubern und Arten von Erlebnissen bilden können. Insofern ist diese Arbeit als Grundlage für weitere Forschungen zu verstehen, die auf einzelnen Aspekten der Ergebnisse dieser Arbeit aufbauen sollten.

Im Folgenden wird auf die einzelnen Grenzen im gewählten Design dieser Arbeit genauer eingegangen.

5.2.1. Orte der Befragung

Die vorliegende Arbeit wählte als Orte der Befragung drei unterschiedliche Destinationen, ließ jedoch die Resortmarke konstant.

Dies geschah aus zwei Gründen: Zum einen sollte verhindert werden, dass zu viele unbekannte Variable in die Datenerhebung mit einfließen. Durch das Konstanthalten der Resortmarke konnten einige der für die Marke typischen *brandowned touchpoints*, wie zum Beispiel die Achtertische im Hauptrestaurant, als Anknüpfungspunkt genutzt werden. Das Datenmaterial konnte somit zielgerichteter ausgewertet und die Einflussgrößen für Reize konnten zugespitzter formuliert werden. Eine Übertragbarkeit auf andere Resortmarken muss jedoch geprüft werden. Zum anderen erfolgte die Auswahl der Befragungsorte aus rein praktischen Gründen. Es ist Kern der Methodologie dieser Arbeit gewesen, einen Reisenden im Resort zu befragen. Hierzu musste der Forscher Zugang zu den jeweiligen Anlagen und den dortigen Gästen bekommen. Der jeweilige Resortbetreiber musste also einer Befragung zustimmen. Ein nicht einfaches Unterfangen, denn möglicherweise fühlen sich die Gäste während ihres Urlaubs durch die Befragung gestört – gerade in Ferienwelten, in denen die Inszenierung des Erlebnisses sehr bedeutsam ist. Die ROBINSON Club GmbH als Marktführer für Cluburlaube im deutschen Markt erklärte sich hierzu bereit. Somit wurde der Fokus auf Anlagen dieser Marke gelegt.

Ferner legt diese Arbeit die Grundlage für weitergehende Untersuchungen im Rahmen der Erlebnisforschung. Die Arbeit hat jedoch herausgestellt, dass dem Kontext des Erlebnisses eine herausragende Bedeutung zukommt. Insofern ist kritisch zu hinterfragen, inwieweit die gewonnenen Ergebnisse auch auf andere Formen des Urlaubserlebnisses – außerhalb des Resorts – übertragen werden können.

5.2 Limitation dieser Arbeit u. Anknüpfungspunkte für weitere Forschung 217

5.2.2. Zeitpunkt und Teilnehmer der Befragung

Es ist nicht auszuschließen, dass die Befragung Grenzen bzgl. der Grundgesamtheit von Resorturlaubern aufweist. Dies ist zum einen saisonal, zum anderen individuell bedingt. Gerade der Resorttourismus ist starken saisonalen Schwankungen unterworfen. So kann ein Aufenthalt in der Hochsaison, wie zum Beispiel an Silvester, das Vierfache des Preises der Nebensaison kosten. Dadurch unterliegt die Zusammensetzung der Resortgäste im Jahresverlauf erheblichen Veränderungen. Um hier eine Vergleichbarkeit herzustellen, wurde ein dreiwöchiges Zeitfenster für die Befragung gewählt. Ferner wurden alle Interviews in einem Zeitraum durchgeführt, in dem mindestens ein deutsches Bundesland Osterferien hat. Gerade in den Destinationen Arosa und Mallorca schwanken die Auslastungen von Resorts im Frühjahr stark. So sind die Osterwochen als Hochsaison zu bezeichnen, während die anderen Wochen wetter-, schnee- und schulferienbedingt eher außerhalb der Hochsaison liegen. Die Destination Fuerteventura ist hier robuster, da auf den Kanaren im April per se Haupttreisezeit ist. Um jede Destination in ihrer jeweiligen Haupttreisezeit abdecken zu können, fiel die Entscheidung, die Befragung in der Woche vor Ostern im Setting Arosa und nach Ostern im Setting Mallorca durchzuführen. Für das Setting Fuerteventura wurde die zweite Woche nach Ostern gewählt, in der immer noch in einigen Bundesländern in Deutschland Schulferien sind.

Trotz der Eingrenzung des Zeitraums wurden Gäste, die überhaupt nicht am gemeinsamen Alltag im Resort teilnehmen, nur in begrenztem Maße erfasst. Die Befragung war freiwillig und hat pro Gesprächspartner ca. 30-60 Minuten gedauert. Hierdurch entstand eine Selektion der Teilnehmer. Dennoch wurde sich für dieses Befragungsmodell entschieden, da es fraglich ist, ob man bei den nicht erfassten Gästen, welche überhaupt nicht am sozialen Leben im Resort teilnehmen, überhaupt von einem Resorterlebnis sprechen kann.

5.2.3. Kategorisierung und Auswertung des Datenmaterials

Die in dieser Arbeit angewendete GABEK-Methode eignet sich in besonderem Maße, einzelne Erlebnisse im Resorturlaub in ihrer Ganzheitlichkeit zu durchdringen und einzelne Aspekte der Erlebnisse untereinander zu verknüpfen.

Dennoch muss darauf hingewiesen werden, dass durch die Zusammenfassung von Begriffen zu Oberbegriffen und Synonymen der Autor als Subjekt im Prozess eine große Rolle spielt. Schließlich ist er es, der die Begriffe auswählt und entscheidet, inwieweit zwei Wörter Synonyme sind oder nicht. Gerade bei einem

218　　　　　　　　　　　　　　　　　　5 Zusammenfassung, Reflexion und Ausblick

emotional aufgeladenen Thema wie dem des Erlebnisses in Urlaubssituationen, in denen Reisende nicht nur Fakten, sondern auch ihre individuelle Interpretation genau dieser Fakten beschreiben, muss der Forscher in besonderer Art und Weise das gesprochene Wort betrachten.

Aus diesem Grund wurde mithilfe der Latent Dirichilet Allocation versucht, den Datensatz in einem ersten Schritt durch eine Methode des maschinellen Lernens zu strukturieren. Auf dieser Basis kann der Forscher dann in einem zweiten Schritt aufsetzen.

Zusammenfassend wird deutlich, dass die Arbeit vor allem in der Generalisierbarkeit der Daten an ihre Grenzen stößt. Deren Ergebnisse lassen sich am sinnvollsten durch eine weitere Befragungsreihe in Resorts anderer Marken überprüfen. Die hierbei gewonnenen Resultate können helfen, die Ergebnisse in dieser Arbeit zu validieren bzw. zu modifizieren.

5.2.4. Messgrößen zur Quantifizierung von Erlebnissen

Zukünftige Forschung sollte sich mit der Quantifizierung von Erlebnissen befassen. Die vorliegende Arbeit hat Erlebnisse in ihrer Fülle und Tiefe beleuchtet. Eine Quantifizierung, und damit einhergehend eine Priorisierung von Erlebnissen, hat sie jedoch nicht vorgenommen. Analog der Entwicklung in der Markenforschung, in der nach einer Phase der Grundlagenforschung die Untersuchung der Messbarkeit einzelner Faktoren an Bedeutung gewann, steht nun auch die Erlebnisforschung vor dieser Herausforderung.

Die Entwicklung einer Kenngröße und einer Skala können hierbei im Mittelpunkt stehen. Touristische Akteure haben ein bestimmtes Budget zur Verfügung, welches sie zur Setzung von Reizen ausgeben können. Eine Kennzahl für Aufwand und Ertrag eines Reizes kann somit bei der Priorisierung von Reizsetzungen helfen.

5.2.5. Übertragung der Erlebnisse auf andere Bereiche im Tourismus

Das Forschungsdesign dieser Arbeit ist auf einen Resorturlaub ausgelegt. Daher muss kritisch hinterfragt werden, ob und in wieweit die vorliegenden Ergebnisse auch für andere Tourismusformen verwendet werden können.

Aufgrund der Klassifikation der Erlebnisse anhand der *touchpoints* können sich zukünftige Forschungsarbeiten auf eine Kategorie von Erlebnissen fokussieren und diese in anderen Formen des Tourismus untersuchen.

Hierbei wäre es von besonderem Interesse, eine Langzeitstudie mit den Befragten durchzuführen und ihre Kreation von Erlebnissen in anderen Urlaubsformen aufzunehmen und zu untersuchen. Durch diesen Datensatz könnten zum ei-

5.2 Limitation dieser Arbeit u. Anknüpfungspunkter für weitere Forschung **219**

nen die für den Resorttourismus geschaffenen Personas weiterentwickelt, zum anderen aber auch um weitere Urlaubsformen ergänzt werden; denn ein Resorturlauber macht in der Regel auch andere Urlaube außerhalb eines Clubs.

Zwei Stoßrichtungen sind hierbei denkbar: Zum einen könnten noch künstlichere Ferienwelten, zum Beispiel Freizeitparks, zum Gegenstand gemacht werden. Hier könnten die Reizsetzung in ihrer deutlichsten Form sichtbar und der Ursache-Wirkungs-Zusammenhang mit möglichst wenigen unbekannten Einflüssen untersucht werden. Zum anderen könnten die in dieser Arbeit untersuchten Ursache-Wirkungs-Zusammenhänge in weniger künstlichen Settings, zum Beispiel in Stadthotels, auf ihre Allgemeingültigkeit hin untersucht werden.

5.2.6. Betrachtung von Erlebniskreisläufen aus Sichtweise anderer Forschungsdisziplinen

Besonders auffällig sind die Kreisläufe von Reizen, die einen Resorturlaub zum Erlebnis werden lassen. So wirken das Publikum im Resort und die Atmosphäre auf die Erlebnisse, die wiederum Einfluss auf die Wahrnehmung der Resortmarke haben. Diese Arbeit hat einzelne solcher Kreisläufe in ihrer Tiefe beschrieben.

Da es sich hierbei möglicherweise um soziologische und/oder psychologische Konstrukte handelt, die eine Generalisierbarkeit ermöglichen, sollten Erlebnisse und vor allem die festgestellten Kreisläufe in Ferienwelten generell und transdisziplinär betrachtet werden.

5.2.7. Einbezug weiterer Variablen innerhalb der Destination

Sowohl die theoretische Verortung als auch die Datenerhebung und die Datenauswertung dieser Arbeit stellen den Reisenden in den Mittelpunkt. Reize und Verhalten werden aus seiner Perspektive analysiert, sein Nutzen wird maximiert.

Dieser Fokus wird durch das Ziel der Arbeit, eine Klassifizierung von Erlebnissen in Ferienwelten zu schaffen, gerechtfertigt. Er stößt dann an seine Grenzen, wenn weitere Variablen im touristischen System, wie zum Beispiel Nachhaltigkeit, heimische Bevölkerung oder Umweltschutz, mitbetrachtet werden. Hierzu macht diese Arbeit keine oder nur sehr wenige Aussagen. Dies ist bewusst so geschehen, um das Themenfeld der Erlebnisse aus Reisendensicht analysieren zu können.

In einer weitergehenden Diskussion ist es jedoch sinnvoll, weitere Faktoren mit einzubeziehen. Wenngleich das touristische System des Resorturlaubs auf den Reisenden ausgerichtet ist, sollte es schlussendlich allen Beteiligten und im besten Fall auch der vor Ort in der Destination beheimateten Gesellschaft dienlich sein.

220   5 Zusammenfassung, Reflexion und Ausblick

Dies lässt sich zum einen ethisch begründen: Da in deren Lebensraum von außen
eingedrungen wird, soll den im Lebensraum beheimateten Menschen kein Scha-
den zugefügt werden. Zum anderen kann man ökonomisch argumentieren, dass
eine über einen längeren Zeitraum anhaltende Bewirtschaftung eines Resorts nur
möglich ist, wenn auch die einheimische Bevölkerung davon profitiert.

Zukünftige Forschungsarbeiten sollten daher einzelne, bisher nicht unter-
suchte Variablen in ihr Zentrum stellen und den Einfluss verschiedener Erlebnisse
im Resorturlaub auf diese untersuchen. Diese können unter anderem gesellschaftlichen, ökologischen und/oder ökonomischen Ursprungs sein.

5.3. Mögliche Antworten auf praktische Herausforderungen im Tou-
rismus

5.3.1. Das Erlebnis als Marke

Diese Arbeit zeichnet sich durch eine konsequente Fokussierung auf den Reisenden und damit den Mehrwert, der für ihn generiert wird, aus. Wie in Kapitel 1
beschrieben, ist es in der Tourismusforschung ungewöhnlich, sich so stark am Reisenden selbst auszurichten. Dennoch ist gerade diese Ausrichtung ein notwendiger
Kern der Tourismusforschung; denn der Reisende ist es schlussendlich, der bereit
ist, für ein Erlebnis eine monetäre Gegenleistung zu erbringen, indem er dessen
Mehrwert anerkennt.

Sicherlich sind unterschiedliche Tourismusformen und -arten unterschiedlich
zu bewerten. Eine Städtereise lebt vom Besuch lokaler Sehenswürdigkeiten und
Museen, während ein Besuch in Disneyland oftmals von dem Treffen mit den Dis-
ney-Charakteren und den Achterbahnen im Themenpark lebt. Dennoch ist beiden
eines gemeinsam: Die Reisenden sind es, die den Besuch des Museums oder des
Strandes in ein Erlebnis für sich selbst individuell umformen.

Reisende suchen einen Ort, den sie als sinnstiftend erleben. Den Sinn jedoch
definieren sie selbst. Umso wichtiger ist es, diese Reisenden genau zu kennen und
ihre Definition von „Sinn" weiter zu ergründen.

So wie es Resortverantwortliche geschafft haben, eine Marke für ihre Anlage
und ihr Produkt zu kreieren, können Destinationsverantwortliche auch – sowohl
im Resorttourismus als auch in anderen Tourismusformen, wie zum Beispiel dem
Städtetourismus – ihr Produkt stärker auf das Erlebnis des Kunden ausrichten und
dieses bewerben.

Auch Resortbetreiber könnten Planung und Ausgestaltung ihrer Angebote
noch stärker an den Bedürfnissen der Kunden ausrichten. Letztlich zahlen Reisende für ein Erlebnis. Wie diese Arbeit zeigt, ist ein Erlebnis jedoch subjektiv
kreiert. Je besser ein touristischer Akteur diese Kreation des Erlebnisses – zuge-

5.3 Mögliche Antworten auf praktische Herausforderungen im Tourismus 221

schnitten auf seine Gäste – versteht und seine Aktivitäten konsequent daran ausrichtet, desto höhere Renditen kann er erzielen. Wenn also die Reisenden schlussendlich für das Erlebnis bereit sind einen monetären Gegenwert zu leisten, muss das Markenversprechen das Schaffen von Reizen sein, die zu einem Erlebnis führen.

5.3.2. Die Orchestrierung mehrerer Reize

Erst durch die Orchestrierung verschiedener Reize wird ein Gesamterlebnis geschaffen. Durch eine Kombination verschiedener Reize können Kreisläufe entstehen, die sich gegenseitig verstärken.

Reize werden zu Beginn durch Resortverantwortliche an *brand-owned touchpoints* gesetzt. Diese können vom Verantwortlichen vollumfänglich kontrolliert werden. Die Literatur hat jedoch herausgestellt, dass *brand-owned touchpoints* in ihrer Wirkmächtigkeit deutlich unter denen der *socially-owned touchpoints* liegen (Lemon & Verhoef, 2016). *Socially-owned touchpoints* können von Resortverantwortlichen jedoch nur mittelbar, über ihre eigenen *touchpoints*, beeinflusst werden. Sie müssen also über den eigentlichen Effekt des *touchpoints* hinaus die weiteren Auswirkungen berücksichtigen. So ist zum Beispiel der Achtertisch im Restaurant nicht nur ein Kommunikationsermöglicher während des Essens an sich, sondern auch darüber hinaus. Hier werden Kontakte für weitere Urlaubsaktivitäten geknüpft. Dieser Kontakt ist für einige Reisende, die besonderen Wert auf die Atmosphäre und das Gemeinschaftsgefühl legen, elementarer Bestandteil ihres Urlaubs.

In der Diskussion in dieser Arbeit ist deutlich geworden, wie groß bei einem Teil der Befragten das Erlebnis von den Mitreisenden bzw. anderen Resortgästen beeinflusst wird. Die Atmosphäre und das Publikum werden maßgeblich von Mitreisenden bestimmt. Daher ist es für Resortbetreiber kritisch zu erkennen, welche ihrer Gäste die Atmosphäre und das Publikum in ihrem Erlebnis besonders beeinflussen und genau für diese Gäste Reize zu setzen, die diese ansprechen.

Resortverantwortliche sollten daher eine Liste mit allen Reizen erstellen, die in jeder ihrer einzelnen Abteilungen gesendet werden. So entsteht eine Übersicht, angefangen bei der Rezeption, über den Kinderclub, dem Atelier, der Bar, beim Tennis bis zum Restaurant und der Massage.

In einem zweiten Schritt sollten typische Gästeprofile erstellt und diese im Raum-Zeit-Gefüge abgebildet werden. Anhand dieser lässt sich erkennen, wann welche Reize auf welchen Typ Gast einwirken. Hierbei lassen sich mithilfe der in

222   5 Zusammenfassung, Reflexion und Ausblick

dieser Arbeit dargestellten Kreisläufe die Wechselwirkungen verschiedener
Reize sowie die Möglichkeit, durch *brand-owned touchpoints* die wirkungsvolle-
ren *socially-owned touchpoints* mittelbar zu kreieren, herausstellen.

So sind die Atmosphäre und das Publikum für viele Reisende Kernmerkmale
für die Bewertung ihres Erlebnisses in einem Resorts. Da sich diese nur mittelbar
vom Resort beeinflussen lassen, müssen Resortverantwortliche herausfinden, mit
welchen Maßnahmen diese gesteuert werden können. Die Tischauswahl im Restaurant scheint eine dieser Maßnahmen zu sein, die Bewerbung der Atmosphäre
im Resort im Vorfeld über Kataloge und Veranstaltungen sowie die Beratung im
Reisebüro eine weitere. Weitere Möglichkeiten können zum Beispiel besondere
Stammgäste- oder Eventwochen zu einem bestimmten Thema sein, die gleichgesinnte Menschen das Resort buchen lassen. Durch eine solche Markierung als
Event- oder Stammgästewoche schon im Katalog können Resortbetreiber den Fokus der jeweiligen Woche kommunizieren.

5.3.3. Erlebnistourismus als eine Antwort auf *Overtourism*

Die konsequente Ausrichtung auf Erlebnisse kann auch eine Antwort auf *Overtourism* sein.

Eine Hypothese aus den Ergebnissen dieser Arbeit ist, dass sich Reisende über
die Erlebnisse steuern lassen. Definiert man als Destinationsverantwortlicher nun
zuallererst das Erlebnis, das ein Reisender erfahren soll, und erst im Nachgang die
dafür nötigen Reize, lassen sich die Reisenden in klare Gruppen unterteilen. Diese
orientieren sich an Bedürfnissen und Erlebnisverarbeitung, nicht jedoch an Alter,
Geschlecht oder Herkunft. Hier ist eine weitergehende Analyse anhand soziologi-
scher Kriterien notwendig.

Das Resort ist hier als eine Art moderierende Variable zu verstehen, die Destinationsverantwortliche gezielt einsetzen können, um urbane Zentren zu entlas-
ten. Dies ist genau dann der Fall, wenn ein Erlebnis nicht unbedingt innerhalb
einer Stadt entstehen muss, sondern auch im Resort möglich ist. Kernannahme
hierbei ist, dass der Gast das Erlebnis im Resort nicht als minderwertig zu dem
vermeintlich authentischen Erlebnis in der Stadt ansieht. So kann ein Abendessen
mit Tapas in einem Resort für einen Gast ein gleiches Erlebnis hervorrufen wie
mitten in Barcelona. Für einen anderen Gast ist dieses Erlebnis nicht vergleichbar.
Die Erlebniskreation vieler einzelner Erlebnisse formt sich zu einem Gesamterlebnis. Ziel eines Destinationsverantwortlichen muss es also sein, die Erlebniskreation seiner Gäste zu verstehen.

5.3 Mögliche Antworten auf praktische Herausforderungen im Tourismus 223

5.3.4. Die Symbiose von Destination und Resort als gemeinschaftliche Anstrengung und Interessenausgleich

Alle in dieser Arbeit vorgestellten Personas des Resorturlaubs vereint, dass sowohl Reize, deren Ursprung in der Destination, als auch Reize, deren Ursprung im Resort zu finden sind, die Grundlage für das Gesamterlebnis des Urlaubs bilden.

Die Reisenden nehmen ein Erlebnis wahr. Für sie ist unerheblich, ob die Reize ihren Ursprung in der Destination oder in dem Resort haben. Zusätzlich verbinden einige der Kreisläufe sowohl Reize aus der Destination als auch Reize aus dem Resort. Hier schafft lediglich die Symbiose aus Reizen der Destination und des Resorts ein einzigartiges Gesamterlebnis.

Zusammenfassend lässt sich festhalten, dass, um ein möglichst optimales Gesamterlebnis zu schaffen, ein Zusammenspiel aller touristischen Akteure notwendig ist, unabhängig davon, ob sie destinations- oder resortseitig arbeiten. Dies gelingt jedoch nur, wenn Resort und Destination gemeinsam ein Erlebnis schaffen und in ständigem Austausch stehen. Es muss sich fortwährend abgestimmt werden, wie Erlebnisse beworben, Reize gesetzt und mögliche negative Effekte wie *Overtourism* oder Ausbeutung von Natur gemeinschaftlich getragen bzw. verhindert werden können. Denn schlussendlich profitieren alle von einem zufriedenen und begeisterten Reisenden.

Literaturverzeichnis

Aaker, D. A. (1991). *Managing Brand Equity: Capitalizing on the Value of a Brand Name.* New York: The Free Press.

Aaker, D. A. (1996). Misconceptions about Brands. *The Journal of Brand Management, 3*(4), 212–214.

Aaker, D. A. (2012). *Building Strong Brands.* New York: The Free Press.

Aaker, D. A. & Joachimsthaler, E. (2000). The Brand Relationship Spectrum: The Key to the Brand Architecture Challenge. *California Management Review, 42*(4), 8–23.

Aaker, D. A. & Joachimsthaler, E. (2012). *Brand Leadership.* New York: The Free Press.

Abbott, L. (1955). *Quality and Competition.* New York: Columbia University Press.

AIDA Cruises. *AIDAnova.* Abgerufen am 04.01.2019 unter https://aida.de/kreuzfahrt/schiffe/aidanova.

AIDA Cruises. *Mitarbeiter Finden und Binden.* Abgerufen am 31.01.2019 unter https://www.aida-cruises.at/aida-cruises/nachhaltigkeit/aida-cares-2016/mitarbeiter/aida-als-arbeitgeber.33008.html.

AIDA Cruises. *Willkommen im AIDA Club.* Abgerufen am 31.01.2019 unter https://www.aida.de/kreuzfahrt/myaida/aida-club.23390.html.

Ailawadi, K. L. & Keller, K. L. (2004). Understanding Retail Branding: Conceptual Insights and Research Priorities. *Journal of Retailing, 80*(4), 331–342.

Alba, J. W. & Chattopadhyay, A. (1986). Salience Effects in Brand Recall. *Journal of Marketing Research, 23*(4), 363–369.

Alby, T., Dragan, A., Blahudka, R., Bottler, D., Buddenberg, D., Daul, C. et al. (2011). *Brand Evolution: Moderne Markenführung im igitalen Zeitalter.* Hamburg: Springer.

Alderson, W. (1957). *Marketing Behavior and Executive Action: A Functionalist Approach to Marketing Theory.* Homewood, IL: Richard D. Irwin.

Alemann, H. v. (1977). *Der Forschungsprozeß: Eine Einführung in die Praxis der empirischen Sozialforschung.* Stuttgart: Teubner.

Alewell, K. (1974). Markenartikel. In B. Tietz (Hrsg.), *Handwörterbuch der Absatzwirtschaft.* Stuttgart: Schäffer-Poeschel.

Anderson, E. W. & Mittal, V. (2000). Strengthening the Satisfaction-Profit Chain. *Journal of Service Research, 3*(2), 107–120.

Anselmsson, J. & Johansson, U. (2014). Manufacturer Brands Versus Private Brands: Hoch's strategic framework and the Swedish food retail sector. *The*

© Der/die Herausgeber bzw. der/die Autor(en), exklusiv lizenziert durch
Springer Fachmedien Wiesbaden GmbH, ein Teil von Springer Nature 2021
C. Schneider, *Kundenerlebnisse in Ferienwelten*, Entrepreneurial Management
und Standortentwicklung, https://doi.org/10.1007/978-3-658-31543-6

International Review of Retail, Distribution and Consumer Research, 24(2), 186–212.

Arber, D. (1999). *Markensysteme: der Einfluss der Branche auf ihre Gestaltung.* Bamberg: Difo-Druck.

Arnreiter, G. & Weichhart, P. (1998). Rivalisierende Paradigmen im Fach Geographie. Koexistenz rivalisierender Paradigmen. In S. Kornmesser & G. Schurz (Hrsg.). *Die multiparadigmatische Struktur der Wissenschaften* (S. 53–86). Wiesbaden: Gabler.

Ayala, H. (1996). Resort Ecotourism: A Master Plan For Experience Management. *The Cornel Hotel And Restaurant Administration Quarterly, 37*(5), 46–53.

Bänsch, A. (2002). *Käuferverhalten,* München: Oldenbourg.

Batra, R., Lehmann, D. & Singh, D. (1993). *Brand equity and advertising.* Hillsdale, NJ: Lawrence Erlbaum Associates.

Baumgarth, C. (2013). *Markenpolitik: Markenwirkungen—Markenführung— Markenforschung.* Wiesbaden: Gabler.

Baxendale, S., Macdonald, E. K. & Wilson, H. N. (2015). The Impact of Different Touchpoints on Brand Consideration. *Journal of Retailing, 91*(2), 235–253.

Beck, U. (1986). *Risikogesellschaft: Auf dem Weg in eine andere Moderne.* Berlin: Suhrkamp.

Becker, J. (2001). Einzel-, Familien- und Dachmarken als grundlegende Handlungsoptionen. In Moderne Markenführung. In. F. Esch (Hrsg.), *Moderne Markenführung* (S. 297–316). Wiesbaden: Gabler.

Berry, L. L., Carbone, L. P. & Haeckel, S. H. (2002). Managing the Total Customer Experience. *MIT Sloan Management Review, 43*(3), 85–89.

Bettman, J. R. (1979). Memory Factors in Consumer Choice: A Review. *Journal of Marketing, 43*(2), 37–53.

Bieger, T. & Hartmann, M. (2001). Hapimag-Feridence: Ein neues Geschäftsmodell im Beherbergungssektor. In T. Bieger, H. Pechlaner, A. Steinecke. (Hrsg.), *Erfolgskonzepte im Tourismus I: Marken - Kultur - Neue Geschäftsmodelle,* (S. 187 – 192). Wien: Linde

Bigne, J. E., Sanchez, M. I. & Sanchez, J. (2001). Tourism Image, Evaluation Variables and After Purchase Behaviour: Inter-Relationship. *Tourism Management, 22*(6), 607–616.

Bitner, M. J. (1992). Servicescapes: The Impact of Physical Surroundings on Customers and Employees. *Journal of Marketing, 56*(2). 57–71.

Blei, D. M., Ng, A. Y. & Jordan, M. I. (2003). Latent Dirichlet Allocation. *Journal of Machine Learning Research*, 3(1), 993–1022.

Blinda, L. (2007). *Markenführungskompetenzen eines identitätsbasierten Markenmanagements.* Wiesbaden: DUV.

Literaturverzeichnis 227

Blomquist, Å. & Arvola, M. (2002). *Personas in Action: Ethnography in an Interaction Design Team*. NordiCHI.

Bolton, R. N. (1998). A Dynamic Model of the Duration of the Customer's Relationship with a Continuous Service Provider: The Role of Satisfaction. *Marketing Science, 17*(1), 45–65.

Brakus, J. J., Schmitt, B. H. & Zarantonello, L. (2009). Brand experience: What is it? How is it measured? Does it affect Loyalty? *Journal of Marketing, 73*(3), 52–68.

Brey, E. T. (2011). A Taxonomy for Resorts. *Cornell Hospitality Quarterly, 52*(3), 283–290.

Brey, E. T., Morrison, A. M. & Mills, J. E. (2007). An Examination of Destination Resort Research. *Current Issues in Tourism, 10*(5), 415–442.

Brockhoff, K. (1999). Forschung und Entwicklung. Planung und Kontrolle. München: Oldenbourg.

Brodie, R. J., Ilic, A., Juric, B. & Hollebeek, L. (2013). Consumer Engagement in a Virtual Brand Community: An Exploratory Analysis. *Journal of Business Research, 66*(1), 105–114.

Brown, S., Kozinets, R. V. & Sherry Jr, J. F. (2003). Teaching Old Brands New Tricks: Retro Branding and the Revival of Brand Meaning. *Journal of Marketing, 67*(3), 19–33.

Brunner-Sperdin, A. & Peters, M. (2009). What Influences Guests' Emotions? The Case of High-Quality Hotels. *International Journal of Tourism Research, 11*(2), 171–183.

Bügel, M. S., Verhoef, P. C. & Buunk, A. P. (2011). Customer Intimacy and Commitment to Relationships with Firms in Five Different Sectors: Preliminary Evidence. *Journal of Retailing and Consumer Services, 18*(4), 247–258.

Burmann, C., Halaszovich, T., Schade, M. & Hemmann, F. (2015*). Identitätsbasierte Markenführung: Grundlagen-Strategie-Umsetzung-Controlling*. Wiesbaden: Gabler.

Burmann, C., Meffert, H. & Kirchgeorg, M. (2008). *Grundlagen marktorientierter Unternehmensführung*. Wiesbaden: Gabler.

Calder, B. J., Isaac, M. S. & Malthouse, E. C. (2015). How to Capture Consumer Experiences: A Context-Specific Approach to Measuring Engagement: Predicting Consumer Behavior Across Qualitatively Different Experiences. *Journal of Advertising Research. 55*(4), 1–22.

Canosa, A., Bassan, H. & Brown, G. (2001). Examining Social Relations Between Adolescent Residents and Tourists in an Italian Coastal Resort. *Journal of Tourism Studies, 12*(1), 50.

228 Literaturverzeichnis

Chandler, J. D. & Lusch, R. F. (2015). Service Systems: a Broadened Framework and Research Agenda on Value Propositions, Engagement, and Service Experience. *Journal of Service Research, 18*(1), 6–22.

Chhetri, P., Arrowsmith, C. & Jackson, M. (2004). Determining Hiking Experiences in Nature-Based Tourist Destinations. *Tourism Management, 25*(1), 31–43.

Church, N. J., Laroche, M. & Blatt, J. A. R. (1985). Consumer Brand Categorization for Durables with Limited Problem Solving: An Empirical Test and Proposed Extension of the Brisoux-Laroche Model. *Journal of Economic Psychology, 6*(3), 231–253.

Clegg, A. & Essex, S. (2000). Restructuring in Tourism: The Accommodation Sector in a Major British Coastal Resort. *International Journal of Tourism Research, 2*(2), 77–95.

Copper, A. (1999). *The Inmates Are Running the Asylum: Why High-Tech Products Drive Us Crazy and How to Restore the Sanity.* Indianapolis, IN: Sams Publishing.

Creswell, J. W. & Creswell, J. D. (2017). *Research Design: Qualitative, Quantitative, and Mixed Methods Approaches.* Thousand Oaks, CA: Sage publications.

Davies, B. (2003). The Role of Quantitative and Qualitative Research in Industrial Studies of Tourism. *International Journal of Tourism Research, 5*(2), 97–111.

Dempsey, E. W. & Morison, R. S. (1943). The Electrical Activity of a Thalamocortical Relay System. *American Journal of Physiology-Legacy Content, 138*(2), 283–296.

D'Hauteserre, A.-M. (2001). Representations of rurality: is Foxwoods Casino Resort Threatening The Quality of Life in Southeastern Connecticut? *Journal of Tourism Geographies, 3*(4), 405–429.

Dierks, A. (2017). Re-Modeling the Brand Purchase Funnel. Wiesbaden: Gabler.

Dioko, L. A.N. & So, S.-I. (2012). Branding Destinations Versus Branding Hotels in a Gaming Destination—Examining the Nature and Significance of Co-Branding Effects in the Case Study of Macao. *International Journal of Hospitality Management, 31*(2), 554–563.

Domizlaff, H. (1939). *Die Gewinnung des öffentlichen Vertrauens: Ein Lehrbuch der Markentechnik.* Hamburg: Verlag Marketing Journal.

Dreyer, A. (1996). *Kulturtourismus.* München: Oldenbourg.

Edelman, D. C. & Singer, M. (2015). Competing on Customer Journeys. *Harvard Business Review, 93*(11), 88–100.

Edwards, W. (1954). The Theory of Decision Making. *Psychological Bulletin, 51*(4), 380.

Literaturverzeichnis 229

Engel, J. F. & Roger, D. (1978). Blackwell, and David T. Kollat, *Consumer Behavior*. Hinsdale, IL: The Dryden Press.

Esch, F.-R. (1999). Aufbau starker Marken durch integrierte Kommunikation. In F. Esch (Hrsg.), *Moderne Markenführung* (S. 535–572). Wiesbaden: Gabler.

Fornari, E., Grandi, S. & Fornari, D. (2011). Effects of Intra-Brand Competition between Private Labels and Manufacturer Brands: Empirical Results from the Italian Market. *The International Review of Retail, Distribution and Consumer Research, 21*(5), 541–554.

Friedman, M. & Savage, L. J. (1948). The Utility Analysis of Choices Involving Risk. *Journal of Political Economy, 56*(4), 279–304.

Froschauer, U. & Lueger, M. (2003). *Das qualitative Interview. Zur Praxis interpretativer Analyse sozialer Systeme*. Wien: WUV-Univ. Verlag.

Gadamer, H.-G. (2010). *Gesammelte Werke: Hermeneutik: Wahrheit und Methode – Grundzüge einer philosophischen Hermeneutik. Bd. 1*. Tübingen: Mohr Siebeck.

Garz, D. & Kraimer, K. (1991). Qualitativ-empirische Sozialforschung im Aufbruch. In D. Garz, K Kraimer (Hrsg.), *Qualitativ-empirische Sozialforschung* (S. 1–33). Wiesbaden: Gabler.

Gensch, D. H. (1987). A Two-Stage Disaggregate Attribute Choice Model. *Journal of Marketing Science, 6*(3), 223–239.

Gilmore, G. W. (1919). *Animism or Thought Currents of Primitive Peoples*. Atlanta, GA: Marshall Jones Company.

Gretzel, U., Fesenmaier, D. R., Formica, S. & O'Leary, J. T. (2006). Searching for the future: Challenges Faced by Destination Marketing Organizations. *Journal of Travel Research, 45*(2), 116–126.

Grudin, J. & Pruitt, J. (2002). Personas, Participatory Design and Product Development: An Infrastructure for Engagement. *Proceedings of Participatory Design Conference,* 144–161.

Gulati, R. & Oldroyd, J. B. (2005). The Quest for Customer Focus. *Harvard Business Review, 83*(4), 92–101.

Guttenberg, E. (1955). Grundlagen der Betriebswirtschafslehre – Der Absatz, Band 3, Berlin: Springer.

Haan, E., Wiesel, T. & Pauwels, K. (2016). The Effectiveness of Different Forms of Online Advertising for Purchase Conversion in a Multiple-Channel Attribution Framework. *International Journal of Research in Marketing, 33*(3), 491–507.

230   Literaturverzeichnis

Haedrich, G. (1998). Destination Marketing—Überlegungen zur Abgrenzung, Positionierung und Profilierung von Destinationen. *The Tourist Review, 53*(4), 6–12.

Haller, S. (2005). *Dienstleistungsmanagement–Grundlagen–Konzepte–Instrumente*. Wiesbaden: Gabler.

Hapag Lloyd Cruises. *Auszeit mit Auszeichnung: Schiffe, die keine Wünsche offen lassen.* Abgerufen an 07.12.2018 unter https://www.hl-cruises.de/reisen-mit-uns/unsere-auszeichnungen

Hartmann, R. (1984). Ein 'Touristentag' in der Stadt; Methodische Betrachtungen zum Städtetourismus dargestellt am Beispiel der Europareisen junger nordamerikanischer Touristen. *Zeitschrift für Wirtschaftsgeographie, 28*(1), 145–156.

Heath, R. & Feldwick, P. (2008). Fifty Years Using the Wrong Model of Advertising. International *Journal of Market Research, 50*(1), 29–59.

Hegner, S. (2012). *Die Relevanz des Vertrauens für das identitätsbasierte Management globaler Marken: ein interkultureller Vergleich zwischen Deutschland, Indien und Südafrika.* Wiesbaden Gabler.

Heifetz, R. & Linsky, M. (2017). *Leadership on the Line, With a New Preface: Staying Alive Through the Dangers of Change.* Boston, MA: Harvard Business Press.

Helmig, B., Huber, J.-A. & Leeflang, P. S. H. (2008). Co-Branding: The State of the Art. *Schmalenbach Business Review, 60*(4), 359–377.

Herbst, U. & Merz, M. A. (2011). The Industrial Brand Personality Scale: Building Strong Business-to-Business Brands. *Industrial Marketing Management, 40*(7), 1072–1081.

Herrmann, A., Huber, F. & Braunstein, C. (2005). Gestaltung der Markenpersönlichkeit mittels der „means-end "-Theorie. In F. Esch (Hrsg.), *Moderne Markenführung* (S. 177–207). Wiesbaden: Gabler.

Herskovitz, S. & Crystal, M. (2010). The Essential Brand Persona: Storytelling and Branding. *Journal of Business Strategy, 31*(3), 21–28.

Hoch, S. J. (1996). How should National Brands think about Private Labels? *Sloan Management Review, 37*(2), 89–102.

Hollebeek, L. D., Glynn, M. S. & Brodie, R. J. (2014). Consumer Brand Engagement in Social Media: Conceptualization, Scale Development and Validation. *Journal of Interactive Marketing, 28*(2), 149–165.

Homburg, C. & Schäfer, H. (2001). Strategische Markenführung in Dynamischer Umwelt. In R. Köhler (Hrsg.), *Erfolgsfaktor Marke* (S. 157–173). München: Vahlen.

Hosany, S. & Gilbert, D. (2010). Measuring Tourists' Emotional Experiences toward Hedonic Holiday Destinations. *Journal of Travel Research, 49*(4), 513–526.

Literaturverzeichnis

Howard, J. A. & Sheth, J. N. (1969). The Theory of Buying Behavior. *Journal of Marketing, 40*, 67–76.

Hoyer, W. D. (1984). An Examination of Consumer Decision Making for a Common Repeat Purchase Product. *Journal of Consumer Research, 11*(3), 822–829.

Idoughi, D., Seffah, A. & Kolski, C. (2012). Adding User Experience Into the Interactive Service Design Loop: a Persona-Based Approach. *Journal of Behaviour & Information Technology, 31*(3), 287–303.

Inbakaran, R. & Jackson, M. (2005). Understanding Resort Visitors through Segmentation. *Journal of Tourism and Hospitality Research, 6*(1), 53–71.

Issa, J. J. & Jayawardena, C. (2003). The "all-inclusive" Concept in the Caribbean. *International Journal of Contemporary Hospitality Management, 15*(3), 167–171.

Jacoby, J., Jaccard, J., Kuss, A., Troutman, T. & Mazursky, D. (1987). New Directions in Behavioral Process Research: Implications for Social Psychology. *Journal of Experimental Social Psychology, 23*(2), 146–175.

Jain, K. & Srinivasan, N. (1990). An Empirical Assessment of Multiple Operationalizations of Involvement. *Advances in Consumer Research, 17*, 594–602.

Jeck-Schlottmann, G. (1988). Anzeigenbetrachtung bei geringem Involvement. *Zeitschrift für Forschung und Praxis, 10*(1), 33–43.

Johnson, E. J. & Payne, J. W. (1985). Effort and Accuracy in Choice. *Journal of Management Science, 31*(4), 395–414.

Kaas, K. P. (1990). Marketing als Bewältigung von Informations- und Unsicherheitsproblemen im Markt. *Die Betriebswirtschaft, 50*(4), 539–548.

Kaas, K. P. & Busch, A. (1996). Inspektions-, Erfahrungs- und Vertrauenseigenschaften von Produkten. Theoretische Konzeption und empirische Validierung. *Marketing ZfP – Journal of Research and Management, 18*(4), 242–251.

Kagelmann, H. J. (2001). Erlebnisse, Erlebniswelten, Erlebnisgesellschaft. Bemerkungen zum Stand der Erlebnistheorien. In A. G. Keul, R. Bachleitner & H. J. Kagelmann (Hrsg.), *Gesund durch Erleben? Beträge zur Erforschung der Tourismusgesellschaft* (S. 90–101). Wien: Profil-Verlag.

Kapferer, J.-N. (2008). The New Strategic Brand Management: Creating and Sustaining Brand Equity Long Term. London: Kogan-Page.

Kardes, F. R., Kalyanaram, G., Chandrashekaran, M. & Dornoff, R. J. (1993). Brand Retrieval, Consideration Set Composition, Consumer Choice, and the Pioneering Advantage. *Journal of Consumer Research, 20*(1), 62–75.

Katona, G. (1975). *Psychological Economics*. New York, NY: Elsevier.

Keller, C. (2015). *Identitätsbasierter Markenschutz: Konzeptualisierung im Kontext der internationalen Marken- und Produktpiraterie.* Wiesbaden: Gabler.

Keller, K. L. (1993). Conceptualizing, Measuring, and Managing Customer-Based Brand Equity. *Journal of Marketing, 57*(1), 1–22.

Keller, K. L. (2014). *2014-2016 Research Priorities.* Abgerufen am 02.01.2019 unter http://www.msi.org/uploads/files/MSI_RP14-16.pdf

Keyser, A. de, Lemon, K. N., Klaus, P. & Keiningham, T. L. (2015). A framework for Understanding and Managing the Customer Experience. *Marketing Science Institute Working Paper Series.* 15–121.

Kim, J.-H., Ritchie, JR & Tung, V. W. S. (2010). The Effect of Memorable Experience on Behavioral Intentions in Tourism: A Structural Equation Modeling Approach. *Journal of Tourism Analysis, 15*(6), 637–648.

King, B. (2002). *Creating Island Resorts.* New York, NY: Routledge.

King, B. & Whitelaw, P. (2003). Resorts in Australian Tourism: a Recipe for Confusion. *Journal of Tourism Studies, 14*(1), 59.

Kirchgeorg, M. (1995). Öko-Marketing. In B. Tietz, R. Köhler & J. Zentes (Hrsg.), *Handwörterbuch des Marketing* (S. 1943–1954). Stuttgart: Schäffer-Poeschel.

Klein, R. *Definition of Marketing.* Abgerufen am 02.01.2019 unter https://www.ama.org/AboutAMA/Pages/Definition-of-Marketing.aspx

Knoblich, H. & Oppermann, R. (1996). Dienstleistung: Ein Prototyp. Eine Erfassung und Abgrenzung des Dienstleistungsbegriffs auf produkttypologischer Basis. *Der Markt, 35*(1), 13–22.

Knowles, T. & Curtis, S. (1999). The Market Viability of European Mass Tourist Destinations. A Post-Stagnation Life-Cycle Analysis. *International Journal of Tourism Research, 1*(2), 87–96.

Konuş, U., Verhoef, P. C. & Neslin, S. A. (2008). Multichannel Shopper Segments and their Covariates. *Journal of Retailing, 84*(4), 398–413.

Kroeber-Riel, W. & Weinberg, P. (1999). *Konsumentenverhalten*, München: Vahlen.

Kroeber-Riel, W. (1988). *Strategie und Technik der Werbung–verhaltenswissenschaftliche Ansätze.* Stuttgart: Kohlhammer.

Kroeber-Riel, W., Weinberg, P. & Gröppel-Klein, A. (2009). *Konsumentenverhalten.* München: Vahlen.

Kromrey, H., Roose, J. & Strübing, J. (2016). *Empirische Sozialforschung: Modelle und Methoden der standardisierten Datenerhebung und Datenauswertung.* Konstanz: UVK.

Küblböck, S. (2005). *Urlaub im Club-Am Ende der Reise?: Theoretische und empirische Zugänge zum Verständnis künstlicher Ferienwelten.* München: Profil-Verlag.

Literaturverzeichnis 233

Kunz, W. H. & Hogreve, J. (2011). Toward a Deeper Understanding of Service Marketing: The Past, the Present, and the Future. *International Journal of Research in Marketing, 28*(3), 231–247.

Kvale, S. (1983). The Qualitative Research Interview: A Phenomenological and a Hermeneutical Mode of Understanding. *Journal of Phenomenological Psychology, 14*(2), 171.

Lamnek, S. (2005). *Qualitative Sozialforschung.* Weihnheim: Beltz.

Landauer, T. K. & Dumais, S. T. (1997). A Solution to Plato's Problem: The Latent Semantic Analysis Theory of Acquisition, Induction, and Representation of Knowledge. *Psychological Review, 104*(2), 211–240.

Landauer, T. K., Foltz, P. W. & Laham, D. (1998). An Introduction to Latent Semantic Analysis. *Journal of Discourse Processes, 25*(2-3), 259–284.

Larsen, S. (2007). Aspects of a Psychology of the Tourist Experience. *Scandinavian Journal of Hospitality and Tourism, 7*(1), 7–18.

Läseke, A. (2004). Suchen, Erfahren und Vertrauen in den „Moments of Truth ". In A. Meyer (Hrsg.), *Dienstleistungsmarketing* (S. 191–215). Wiesbaden: DUV.

Lassar, W., Mittal, B. & Sharma, A. (1995). Measuring Customer-Based Brand Equity. *Journal of Consumer Marketing, 12*(4), 11–19.

Lastovicka, J. L. & Gardner, D. M. (1979). Components of Involvement. In J. C. Maloney & B. Silverman (Eds.), *Attitude Research Plays for High Stakes* (pp. 53–73). Chicago: AMA.

Lavidge, R. J. & Steiner, G. A. (1961). A Model for Predictive Measurements of Advertising Effectiveness. *Journal of Marketing, 25*(6), 59–62.

Lee, S., Song, J. & Kim, J. (2010) An Empirical Comparison of Four Text Mining Methods. *Journal of Computer Information Systems. 51*(1), 1–10.

Leitherer, E (1994). Geschichte der Markierung und des Markenwesens. In E. Leitherer (Hrsg.), *Markenbegriffe, Markentheorien, Markeninformationen, Markenstrategien* (S. 135–152). Stuttgart: Schäffer-Poeschel.

Lemon, K. N. & Verhoef, P. C. (2016). Understanding Customer Experience Throughout the Customer Journey. *Journal of Marketing, 80*(6), 69–96.

Lemon, K. N. & Wangenheim, F. V. (2009). The Reinforcing Effects of Loyalty Program Partnerships and Core Service Usage: a Longitudinal Analysis. *Journal of Service Research, 11*(4), 357–370.

Li, F., Kashyap, R., Zhou, N. & Yang, Z. (2008). Brand Trust as a Second-Order Factor: An Alternative Measurement Model. *International Journal of Market Research, 50*(6), 817–839.

234   Literaturverzeichnis

Libai, B., Bolton, R., Bügel, M. S., Ruyter, K. de, Götz, O., Risselada, H. et al. (2010). Customer-to-Customer Interactions: Broadening the Scope of Word of Mouth Research. *Journal of Service Research, 13*(3), 267–282.

Lin, J.-S. C. & Liang, H.-Y. (2011). The Influence of Service Environments on Customer Emotion and Service Outcomes. *Managing Service Quality: An International Journal, 21*(4), 350–372.

Mayring, P. (2001). *Kombination und Integration qualitativer und quantitativer Analyse.* Abgerufen am 24.01.2019 unter http://www.qualitative-research.net/index.php/fqs/article/view/967/2110.

Mayring, P. (2010). Qualitative Inhaltsanalyse. In G. May & K. Mruck (Hrsg.), *Handbuch Qualitative Forschung in der Psychologie* (S. 601–613). Wiesbaden: Gabler.

Meffert, H., Burmann, C. & Kirchgeorg, M. (2008). *Marketing.* Wiesbaden: Gabler.

Meffert, H. & Bruhn, M. (2006). *Gegenstand und Besonderheiten des Dienstleistungsmarketing.* Wiesbaden: Gabler.

Meyer, C. & Schwager, A. (2007). Customer Experience. *Harvard Business Review, 85*(2), 116–126.

Mill, R. C. (2008). *Resort Management and Operation.* New York, NY. John Willey & Sons.

Morgan, R. M. & Hunt, S. D. (1994). The Commitment-Trust Theory of Relationship Marketing. *Journal of Marketing, 58,* 20–38.

Morrison, A. M. (1996). Comparative Profiles of Travellers on Cruises and Land Based Resort Vacations. *Journal of Tourism Studies, 7*(2), 15.

Müller, A. (2012). *Symbole als Instrumente der Markenführung: Eine kommunikations- und wirtschaftswissenschaftliche Analyse unter besonderer Berücksichtigung von Stadtmarken.* Wiesbaden: Gabler.

Mundet, L. & Ribera, L. (2001). Characteristics of Divers at a Spanish Resort. *Journal of Tourism Management, 22*(5), 501–510.

Naidoo, P. & Pearce, P. L. (2018). Enclave Tourism versus Agritourism: the Economic Debate. *Current Issues in Tourism, 21*(17), 1946–1965.

Neslin, S. A., Grewal, D., Leghorn, R., Shankar, V., Teerling, M. L. & Thomas, J. S. (2006). Challenges and Opportunities in Multichannel Customer Management. *Journal of Service Research, 9*(2), 95–112.

Neuhofer, B., Buhalis, D. & Ladkin, A. (2014). A Typology of Technology-Enhanced Tourism Experiences. *International Journal of Tourism Research, 16*(4), 340–350.

Niegsch, C. (1999). *Raumbegriff, Raumordnung und Zentralität: Eine interdisziplinäre Analyse ökonomischer Raumkonzepte und ihrer Bedeutung für Raumordnung und Raumplanung.* Bern: Lang.

Literaturverzeichnis 235

Nielsen, L. (2002). From User to Character: An Investigation into User-Descriptions in Scenarios. *Proceedings of the 4th Conference on Designing Interactive Systems: Processes, Practices, Methods, and Techniques.* 99–104.

Nielsen, L. (2003). Constructing the User. In *Human - Computer Interaction, Theory and Practice, part 2: Proceedings of the Human Computer Interaction International Conference. HCII 20003, June 22-27, Crete, Greece* (pp. 430-434). London: Lawrence Erlbaum.

Nielsen, L. (2013). *Personas – User Focused Design.* London: Springer.

Noelle-Neumann, E. & Petersen, T. (2013). *Alle, nicht jeder: Einführung in die Methoden der Demoskopie.* Wiesbaden: Gabler.

Nordin, S., Volgger, M., Gill, A., & Pechlaner, H. (2019). Destination Governance Transitions in Skiing Destinations: A Perspective on Resortisation. *Tourism Management Perspectives, 31,* 24–37.

Oliver, R. L. (1980). A cognitive model of the antecedents and consequences of satisfaction decisions. *Journal of Marketing Research, 17,* 460–469.

Oliver, R. L., Rust, R. T. & Varki, S. (1997). Customer Delight: Foundations, Findings, and Managerial Insight. *Journal of Retailing, 73*(3), 311–336.

Opdenakker, R. (2006). Advantages and Disadvantages of Four Interview Techniques in Qualitative Research. *Forum Qualitative Research, 7*(4), 1–13.

Parasuraman, A., Zeithaml, V. A. & Berry, L. L. (1988). Servqual: A Multiple-Item Scale for Measuring Consumer Perception. *Journal of Retailing, 64*(1), 12.

Park, C. W., Jun, S. Y. & Shocker, A. D. (1996). Composite Branding Alliances: An Investigation of Extension and Feedback Effects. *Journal of Marketing Research, 33*(4), 453–466.

Payne, A. & Frow, P. (2005). A Strategic Framework for Customer Relationship Management. *Journal of Marketing, 69*(4), 167–176.

Pearce, P. L. & Zare, S. (2017). The Orchestra Model as the Basis for Teaching Tourism Experience Design. *Journal of Hospitality and Tourism Management, 30,* 55–64.

Pechlaner, H. (2013). *Tourismus-Destinationen im Wettbewerb.* Wiesbaden: DUV.

Pechlaner, H. & Volgger, M. (2012). How to Promote Cooperation in the Hospitality Industry: Generating Practitioner-Relevant Knowledge Using the GABEK Qualitative Research Strategy. *International Journal of Contemporary Hospitality Management, 24*(6), 925–945.

Pepels, W. (2017). *Dienstleistungs-Marketing-Management.* Berlin: Duncker & Humblot.

236 Literaturverzeichnis

Pieters, R., Baumgartner, H. & Allen, D. (1995). A Means-End Chain Approach to Consumer Goal Structures. *International Journal of Research in Marketing, 12*(3), 227–244.

Pine, B. J. & Gilmore, J. H. (2011). *The Experience Economy*. Boston, MA: Harvard Business Press.

Popp, M. (2012). Erlebnisforschung neu betrachtet–ein Ansatz zu ihrer räumlichen Kontextualisierung. *Zeitschrift für Tourismuswissenschaft, 4*(1), 81–100.

Prebensen, N. K., Chen, J. S. & Uysal, M. (2018). *Creating Experience Value in Tourism*. London CABI.

Prebensen, N. K. & Foss, L. (2011). Coping and Co-Creating in Tourist Experiences. *International Journal of Tourism Research, 13*(1), 54–67.

Prebensen, N. K., Woo, E. & Uysal, M. S. (2014). Experience Value: Antecedents and Consequences. *Current Issues in Tourism, 17*(10), 910–928.

Prideaux, B. (2000). The Resort Development Spectrum—a New Approach to Modeling Resort Development. *Tourism Management, 21*(3), 225–240.

Puccinelli, N. M., Goodstein, R. C., Grewal, D., Price, R., Raghubir, P. & Stewart, D. (2009). Customer Experience Management in Retailing: Understanding the Buying Process. *Journal of Retailing, 85*(1), 15–30.

Raffée, H. Marketing-Wissenschaft. In B. Tietz, R. Köhler & J. Zentes (Hrsg.), *Handwörterbuch des Marketing* (S. 1668–1682). Stuttgart: Schäffer-Poeschel.

Rathmell, J. M. (1966). What is Meant by Services? *Journal of Marketing, 30*(4) 32–36.

Rawson, A., Duncan, E. & Jones, C. (2013). The Truth about Customer Experience. *Harvard Business Review, 91*(9), 90–98.

Richardson, A. (2010). Using Customer Journey Maps to improve Customer Experience. *Harvard Business Review, 15*(1), 2–5.

Ritchie, Brent J. R., Wing Sun Tung, V. & Ritchie, R. (2011). Tourism Experience Management Research: Emergence, Evolution and Future Directions. *International Journal of Contemporary Hospitality Management, 23*(4), 419–438.

Ritchie, B., JR & Hudson, S. (2009). Understanding and Meeting the Challenges of Consumer / Tourist Experience Research. *International Journal of Tourism Research, 11*(2), 111–126.

Roberts, J. H., Kayande, U. & Stremersch, S. (2014). From Academic Research to Marketing Practice: Exploring the Marketing Science Value Chain. *International Journal of Research in Marketing, 31*(2), 127–140.

Robinson Club GmbH. *Robinson Club GmbH - Zahlen, Daten, Fakten*. Abgerufen am 18.02.2019 unter https://www.robinson.com/de/de/das-robinson-gefuehl/zeit-fuer-gefuehle/zahlen-daten- fakten.

Literaturverzeichnis

Romeiss-Stracke, F. (2000). Gewachsene oder simulierte Attraktionen. In P. Keller & T. Bieger (Hrsg.), Tourismus und Kultur, 59–75, Bern: AIEST.

Rust, R. T. & Chung, T. S. (2006). Marketing Models of Service and Relationships. *Journal of Marketing Science, 25*(6), 560–580.

Rust, R. T. & Oliver, R. L. (2000). Should we Delight the Customer? *Journal of the Academy of Marketing Science, 28*(1), 86.

Schade, M. (2011). *Identitätsbasierte Markenführung professioneller Sportvereine: Eine empirische Untersuchung zur Ermittlung verhaltensrelevanter Markennutzen und der Relevanz der Markenpersönlichkeit.* Wiesbaden: Gabler.

Schallehn, M. (2012). *Marken-Authentizität: Konstrukt, Determinanten und Wirkungen aus Sicht der identitätsbasierten Markenführung.* Wiesbaden: Gabler.

Schallehn, M., Burmann, C. & Riley, N. (2014). Brand Authenticity: Model Development and Empirical testing. *Journal of Product & Brand Management, 23*(3), 192–199.

Scheuch, E. K. (1974). Auswahlverfahren in der Sozialforschung. In R. König (Hrsg.), *Handbuch der empirischen Sozialforschung, Band 3a,* (S. 1–96). Stuttgart: Ferdinand Enke

Schmitt, B. (1999). Experiential marketing. *Journal of Marketing Management, 15*(1-3), 53–67.

Schmitt, B. (2015). Customer Experience Management. In M. Bruhn (Hrsg.), *Handbuch Controlling der Kommunikation*, (S. 1–13). Wiesbaden: Gabler.

Schulze, G. (1992). *Die Erlebnisgesellschaft: Kultursoziologie der Gegenwart.* Frankfurt: Campus.

Schulze, G. (1999). *Kulissen des Glücks. Streifzüge durch die Eventkultur.* Frankfurt: Campus.

Schulze, G. (2005). *Die Erlebnisgesellschaft: Kultursoziologie der Gegenwart.* Frankfurt: Campus.

Schwanke, D. (1997). *Resort Development Handbook.* Frankfurt: Urban Land Institute

Schweiger, G. & Schrattenecker, G. (2016). *Werbung: Eine Einführung.* Stuttgart: UTB.

Shah, D., Kumar, V. & Kim, K. H. (2014). Managing customer profits: The power of habits. *Journal of marketing research, 51*(6), 726–741.

Sheth, J. N., Sisodia, R. S. & Sharma, A. (2000). The Antecedents and Consequences of Customer-Centric Marketing. *Journal of the Academy of Marketing Science, 28*(1), 55–66.

238   Literaturverzeichnis

Shocker, A. D., Ben-Akiva, M., Boccara, B. & Nedungadi, P. (1991). Considera-
tion Set Influences on Consumer Decision-Making and Choice: Issues,
Models, and Suggestions. Marketing Letters – A Journal of Research in
Marketing, 2(3), 181–197.

Silberer, G. (1979). Warentest, Informationsmarketing, Verbraucherverhalten: die
Verbreitung von Gütertestinformationen *und deren Verwendung im Kon-
sumentenbereich*. Berlin: Nicolai.

Siller, L. (2010). *Strategisches Management alpiner Destinationen: Kultur als
Wettbewerbsvorteil für nachhaltigen Erfolg*. Berlin: Erich Schmidt.

Simon, C. J. & Sullivan, M. W. (1993). The Measurement and Determinants of
Brand Equity: A Financial Approach. *Journal of Marketing Science, 12*(1),
28–52.

Simonson, I., Carmon, Z., Dhar, R., Drolet, A. & Nowlis, S. M. (2001). Consumer
Research: In Search of Identity. *Annual Review of Psychology, 52*(1), 249–
275.

Spiegel Online, *Gemeinsam auf dem egotrip*. Abgerufen am 04.01.2019 unter
https://www.spiegel.de/spiegel/print/d-21731901.html

Spiegel Online, *Urlaub in Club – alles auf einmal*. Abgerufen am 04.01.2019 unter
https://www.spiegel.de/reise/aktuell/urlaub-im-club-alles-auf-einmal-a-
379162.html

Srnka, K. J. (2007). Integration qualitativer und quantitativer Forschungsmethoden. *Marketing ZFP, 29*(4), 247–260.

Srnka, K. J. & Koeszegi, S. T. (2007). From Words to Numbers: How to Trans-
form Qualitative Data into Meaningful Quantitative Results. *Schmalenbach Business Review, 59*(1), 29–57.

Steinbach, J. (2013). *Tourismus: Einführung in das räumlich-zeitliche System*.
Berlin: Walter de Gruyter

Steyvers, M. & Griffiths, T. (2007). Probabilistic Topic Models. In T. Landauer,
D. McNamara, S. Dennis, & W. Kintsch (Eds.). *Handbook of Latent Se-
mantic Analysis, 427*(7), 424–440. Boulder, CO: University of Colorado
Institute of Cognitive Science Series.

Stolle, W. (2013). *Global Brand Management*. Wiesbaden: Gabler.

Stone, R. (2013). *The Role of Measurement in Economics*. New York, NY: Cam-
bridge University Press.

Strebinger, A. (2010a). Definition, Typologisierungen und Messung von Markenarchitektur und Markenarchitekturstrategie. In A. Strebinger (Hrsg.) *Markenarchitektur* (S. 13–45). Wiesbaden: Gabler.

Strebinger, A. (2010b). Die Wirkung der Markenarchitekturstrategie beim Kunden. In A. Strebniger (Hrsg.), *Markenarchitektur* (S. 63–221). Wiesbaden:
Gabler.

Literaturverzeichnis 239

Stuart, F. I. & Tax, S. (2004). Toward an Integrative Approach to Designing Service Experiences: Lessons Learned from the Theatre. *Journal of Operations Management, 22*(6), 609–627.

Susie Harwood. (2014). *Ritz-Carlton Renames and Renovates Abama Resort*. Abgerufen am 07.12.2018 unter https://www.citmagazine.com/article/1298002/ritz-carlton-renames-renovates-abama-resort.

Swait, J., Erdem, T., Louviere, J. & Dubelaar, C. (1993). The Equalization Price: A Measure of Consumer-Perceived Brand Equity. *International Journal of Research in Marketing, 10*(1), 23–45.

Swarbrooke, J. & Page, S. J. (2012). *Development and Management of Visitor Attractions*. London: Routledge.

Thomas, D. F. (2002). The Impact of Customer Service on a Resort Community. *Journal of Vacation Marketing, 8*(4), 380–390.

Trommsdorff, V. (2008). *Konsumentenverhalten*. Stuttgart: Kohlhammer.

Tscheulin, D. K. (1994). „Variety-Seeking-Behavior" bei nicht-habitualisierten Konsumentenentscheidungen. *Zeitschrift für betriebswirtschaftliche Forschung, 46*(1), 54–62.

Tung, V. W. S. & Ritchie, B., JR. (2011). Exploring the Essence of Memorable Tourism Experiences. *Annals of Tourism Research, 38*(4), 1367–1386.

Uriely, N. (2005). The Tourist Experience: Conceptual Developments. *Annals of Tourism Research, 32*(1), 199–216.

Van Doorn, J., Lemon, K. N., Mittal, V., Nass, S., Pick, D., Pirner, P. et al. (2010). Customer Engagement Behavior: Theoretical Foundations and Research Directions. *Journal of Service Research, 13*(3),253–266.

Verhoef, P. C., Lemon, K. N., Parasuraman, A., Roggeveen, A., Tsiros, M. & Schlesinger, L. A. (2009). Customer Experience Creation: Determinants, Dynamics and Management Strategies. *Journal of Retailing, 85*(1), 31–41.

Vinson, D. E., Scott, J. E. & Lamont, L. M. (1977). The Role of Personal Values in Marketing and Consumer Behavior. *Journal of Marketing, 41*(2), 44–50.

Vivek, S. D., Beatty, S. E. & Morgan, R. M. (2012). Customer Engagement: Exploring Customer Relationships beyond Purchase. *Journal of Marketing Theory and Practice, 20*(2), 127–145.

Volgger, M., Herntrei, M., Pechlaner, H. & Pichler, S. (2018). Cooperative Resorts: An Analysis of Creative Integration Strategies in Community Destinations. *Journal of Destination Marketing & Management, 11*, 200–210.

Volo, S. (2013). Conceptualizing Experience: A Tourist Based Approach. In N. Scott, E. Laws, & P. Boksberger (eds.), *Marketing of Tourism Experiences* (pp. 19–34). London: Routledge.

240 Literaturverzeichnis

Wardegna, U. (2002). Räume der Geographie – zu Raumbegriffen im Geographie-unterricht. *Geographie heute, 23*(200), 8–11.

Washburn, J. H., Till, B. D. & Priluck, R. (2000). Co-Branding: Brand Equity and Trial Effects. *Journal of Consumer Marketing, 17*(7), 591–604.

Webster Jr, F. E. & Wind, Y. (1972). A General Model for Understanding Organizational Buying Behavior. Journal of Marketing, 36(2)12–19.

Weiermair, K. & Pechlaner, H. (2001). Management von Kulturtourismus im Spannungsfeld von Markt- und Ressourcenorientierung. In T. Bieger, H. Pechlaner, & A. Steinecke. (Hrsg.), *Erfolgskonzepte im Tourismus I: Marken - Kultur - Neue Geschäftsmodelle*, (S. 91 – 123). Wien: Linde.

Weiermair, K. & Peters, M. (2000). Tourist Attractions and Attracted Tourists: How to Satisfy Today's 'Fickle' Tourist Clientele? *Journal of Tourism Studies, 11*(1), 22.

Wen, X., Lehto, X. Y., Sydnor, S. B. & Tang, C.-H. (2014). Investigating Resort Attribute Preferences of Chinese Consumers: A study of the Post-1980s and their Predecessors. *Journal of China Tourism Research, 10*(4), 448–474.

Werlen, B. (1997). *Sozialgeographie alltäglicher Regionalisierungen*. Stuttgart: Steiner.

Westbrook, R. A. & Oliver, R. L. (1991). The Dimensionality of Consumption Emotion Patterns and Consumer Satisfaction. *Journal of Consumer Research, 18*(1), 84–91.

Wirth, E. (1979). *Theoretische Geographie*. Wiesbaden: Teubner.

Wöhler, K. (1998). Imagekonstruktion fremder Räume. Entstehung und Funktion von Bildern über Reiseziele. *Voyage-Jahrbuch für Reise- und Tourismusforschung, 97–*114.

Wöhler, K. (2001). „Kultur oder Kult-Tour. Zur touristischen Kulturalisierung von Räumen", In T. Bieger, H. Pechlaner, & A. Steinecke (Hrsg.), *Erfolgskonzepte im Tourismus: Marken – Kultur – Neue* Geschäftsmodelle. (S. 67–89). Linde: Wien

Wöhler, K. (2011). Imagekonstruktion fremder Räume. In K. Wöhler (Hrsg.), *Touristifizierung von Räumen* (S. 45–59). Wiesbaden: Gabler

Worthington, B. (2003). Change in an Estonian Resort: Contrasting Development Contexts. *Annals of Tourism Research, 30*(2), 369–385.

Yadav, M. S. & Pavlou, P. A. (2014). Marketing in Computer-Mediated Environments: Research Synthesis and New Directions. *Journal of Marketing, 78*(1), 20–40.

Yadav, M. S., Valck, K. de, Hennig-Thurau, T., Hoffman, D. L. & Spann, M. (2013). Social Commerce: a Contingency Framework for Assessing Marketing Potential. *Journal of Interactive Marketing, 27*(4), 311–323.

Literaturverzeichnis 241

Yim, C. K., Tse, D. K. & Chan, K. W. (2008). Strengthening Customer Loyalty through Intimacy and passion: Roles of Customer–Firm Affection and Customer–Staff Relationships in Services. *Journal of Marketing Research,* *45*(6), 741–756.

Zaichkowsky, J. L. (1986). Conceptualizing Involvement. *Journal of Advertising,* *15*(2), 4–34.

Zeithaml, V. A., Bitner, M. J., Gremler, D. & Pandit, A. (2006). *Services Marketing: Integrating Customer Focus Across the Firm.* New York City, NY: McGraw-Hill.

Zelger, J. (1999). GABEK: A Method for the Integration of Expert Knowledge and Everyday Knowledge. Complex Problem Solving. In D.J. DeTombe & E.A. Stuhler (eds.), *Complex Problem Solving: Methodological Support for Societal Policy Making,* (pp. 20–45). München: Rainer Hamp.

Zelger, J. (2000). Twelve Steps of GABEKWinRelan. In R. Buber & J. Zelger (eds.), *GABEK II. On Qualitative Research,* (pp. 205–220), Innsbruck: Studienverlag.

Zelger, J. (2002). *Handbuch zum Verfahren GABEK®-WinRelan® 5.2. Band I, Von der Problemstellung zum Zwischenbericht.* Unpublished Manuscript, Innsbruck: Institut für Philosophie.

Zelger, J. (2004a). Qualitative Research by the GABEK Method. In J. Fifak, F. Adam, & D. Garz (eds.), *Qualitative Research: Different Perspectives, Emerging trends,* (pp. 231–264). Ljubljana: ZRC.

Zelger, J. (2004b). Theoriebildung auf der Basis verbaler Daten durch das Verfahren GABEK. In U. Frank (Hrsg.), *Wissenschaftstheorie in Ökonomie und Wirtschaftsinformatik* (S. 57–84). Wiesbaden: DUV.

Zelger, J. (2008). The Representation of Verbal Data by GABEK®-Nets. In J. Zelger, M. Raich, & P Schober (Eds.), *GABEK III,* (pp. 95–122), Innsbruck: Studienverlag.

Anhang

Im Text dieser Dissertation verwendete, wörtliche Zitate

Laufende Nummer	Zitat	Ort
A09	„Also, der Felix [Anm: fünfjähriger Sohn der Interviewpartnerin] würde jetzt sagen, ‚Wir sind durch Steine gefahren, damit wir hierher kommen, wo es schön ist'. Das ist ja, ja gut. Ganz ehrlich, also, auf der Insel jetzt ein Ausflug machen würde ich nicht machen. Weil es nicht attraktiv ist."	Robinson Club Esquinzo Playa, Fuerteventura, Spanien
A10	„Naja, das sah sehr dürr aus und nicht so, als wenn ich jetzt das Gefühl hätte, da ist was, wo man ja was geboten bekommt und man hinterher sagt, "Wow, gut, dass wir es gemacht haben, ne?" Dann eher so auf Meer oder so mit dem Schiff oder so was in der Richtung, aber so ins Landesinnere, würde ich jetzt glaube ich nicht- Denn was es ausmacht, sind ja die Küsten."	Robinson Club Esquinzo Playa, Fuerteventura, Spanien
C03	„Der Tag zeichnet sich dadurch aus, dass man ganz viele Angebote wahrnehmen kann, wenn man möchte, wenn man Lust dazu hat. Man kann's auch sein lassen. Man wird dazu [nicht] gedrängt. Es sind vielfältige Sachen, für jeden was dabei. Also gut, wir haben uns ja schon was ausgesucht: für uns ist das Sport, Tennis, weil wir das so gerne machen. Aber, die Angebote sonst, Gruppengymnastik, was von Pilates, über Yoga das ist ja so vielfältig, das Programm. Ich hab' jetzt noch nicht alles gesehen, aber kann auch nicht alles sehen in einer Woche. Nur, ich denke, da ist auf jeden Fall was	Robinson Club Esquinzo Playa, Fuerteventura, Spanien
C03 (fortgeführt)	dabei. Wer da nichts findet, ist selbst schuld. Also primär wollten wir nach Fuerteventura	

© Der/die Herausgeber bzw. der/die Autor(en), exklusiv lizenziert durch Springer Fachmedien Wiesbaden GmbH, ein Teil von Springer Nature 2021
C. Schneider, *Kundenerlebnisse in Ferienwelten*, Entrepreneurial Management und Standortentwicklung, https://doi.org/10.1007/978-3-658-31543-6

	und dann war erstmal gar nicht unbedingt sicher, ob's Robinson wird. Aber dann haben wir halt geguckt und das war auch so der Club, der am meisten zu bieten hat und dann hat's natürlich noch fünf von fünf Sterne bei Tennis und es hat halt so alles gepasst."	Robinson Club Esquinzo Playa, Fuerteventura, Spanien
C07	„Man lernt immer irgendwelche netten Leute kennen. Und man kann reden, also, wie man möchte. Man muss nicht. Es ist halt cool gemacht mit den größeren Tischen im Essbereich, dass man halt sich immer zu irgendjemand setzen muss und dann mit dem redet automatisch."	Robinson Club Esquinzo Playa, Fuerteventura, Spanien
E04	„Professionell. Das alles ist irgendwie so komplett. Ich finde, das wird großgeschrieben. Man kann halt, ja, komplett halt. Atmosphäre halt. Es gibt hier eine spezielle Atmosphäre. Und ich find's professionell. Ich find', es ist von A bis Z professionell. Die Shows sind professionell. Das Essen, alles ist durchdacht, das Sportprogramm, das ganze Programm, nicht nur der Sportkurs, sondern das Programm was geboten wird. Das Angebot für die Kinder, mit Klein, mit Groß. Ich finde, das ganze Full-service Angebot. Ist Robinson. Besser kann ich's nicht sagen."	Robinson Club Esquinzo Playa, Fuerteventura, Spanien
F09	„Weil man den Standard, die Leute, die hier sind, schon einigermaßen kennt. Auch wenn die Leute ganz häufig versnobt und arrogant sind, aber ich glaub man hat hier nicht ganz so viele mit Badeschlappen und Socken rum und mit der Aldítüte und ja."	Robinson Club Esquinzo Playa, Fuerteventura, Spanien
H01	„Okay. Also am Robinson-Club typisch ist für mich, für mich persönlich, gutes Essen, ist ein Sportprogramm, was sich an alle Altersstufen richtet und alle Fitnessgrade. Sind für mich nicht unbedingt gut ausgestattete Zimmer. Also sauber und klein, muss nicht toll sein. Und eine	Robinson Club Esquinzo Playa, Fuerteventura, Spanien Robinson Club

Anhang

H01 (fort-geführt)	gepflegte Gartenanlage und freundliche Animation und Mitarbeiter. Das ist für mich typisch."	Esqunizo Playa, Fuerteventura, Spanien
I05	„Wir haben uns überlegt, wir wollen mal in die Sonne. Wir wollen wenig nachdenken und wir wollen auch nicht jeden Tag so viel Programm haben, halt nur wenig Programm haben. Nur punktuell. Und dann haben wir uns überlegt, "Wo ist im April Sonne?" Dann haben wir uns überlegt, "Wo ist das aktuell sicher?" Haben uns dann für die Kanaren entschieden. Alternative wär' natürlich Ägypten gewesen. Dann war uns aber im Moment aktuell nicht so und dann haben wir uns überlegt, "Wie wollen wir den Urlaub denn überhaupt verbringen?" Wir wollen schon 'ne gewisse Qualität haben und dann hat sie [Anmerkung: die beste Freundin der Befragten] gleich die Robinsonerfahrung gehabt."	Robinson Club Esquinzo Playa, Fuerteventura, Spanien
J07	„Es könnte hier überall sein. Keine Ahnung wo wir genau sind. Wir können hier überall sein. Ich hab' keine Vorstellung davon, wie es da draußen aussieht, wie die Menschen hier leben, wovon die vielleicht sonst noch leben, wenn nicht von Tourismus. Es ist jetzt aber nicht so, dass ich denke, ,Ach, das muss ich jetzt bald herausfinden."	Robinson Club Esquinzo Playa, Fuerteventura, Spanien
J08	„Und das ist jetzt eben der Sporturlaub, und der ist halt auf Fuerteventura und da interessiert mich das [Land] nicht viel."	Robinson Club Esquinzo Playa, Fuerteventura, Spanien
J09	„[Das war mir von vornherein klar und] eben deswegen find' ich das auch ganz gut, weil sonst hätte [ich] womöglich noch ein schlechtes Gewissen und würde denken: "Mist, wir wollten dies und jenes anschauen". Und das hab' ich nicht."	Robinson Club Esquinzo Playa, Fuerteventura, Spanien

M01	„Ich wünsche mir ein Entertainment am Abend und auch zwischendrin wünsch' ich mir guten Kontakt zu den Gästen. Ich habe jetzt nicht so sehr Ambitionen, etwas mehr über das Land und über die Leute zu erfahren, sondern ich bin jetzt meistens im Club geblieben. Die kleine Ausnahme, dass man mal ein Strandspaziergang macht und sich den nächste Ort anschaut. Dort sich dann mal den neuen anderen Club anschaut, ja, wo er jetzt geschlossen ist. Aber das waren vielleicht so eins zwei Mal wo ich das gemacht habe jetzt."	Robinson Club Esquinzo Playa, Fuerteventura, Spanien
M04	„Und ich hatte auch schon, ich würde jetzt sagen, den Eindruck, also dass ich in einem Club war und wusste gar nicht wo [in welcher Destination] ich bin so ungefähr. Wenn es sich um den Sommer dreht, also dann entweder im Aldiana Alcaidessa in Andalusien oder ich bin im Robinson Club Quinta da Ria in Portugal.Die ähnlern sich alle. Okay, der eine hat natürlich einen Golfschwerpunkt oder der andere hat 'nen anderen Schwerpunkt. Aber das mag auch so der einzige Unterschied sein."	Robinson Club Esquinzo Playa, Fuerteventura, Spanien
M09	„Von Fuerteventura erwarte ich's persönlich gar nicht so sehr viel, weil ich den Eindruck habe, die Clubs sind, mit wenigen Ausnahmen, eher austauschbar und das Angebot ähnelt sich. Hab' auch viel Erfahrungen mit Aldiana. Die sind auch alle ähnlich. Vielleicht manchmal so ein paar Türmchen, damit die Anlage ein bisschen orientalisch aussieht oder ähnliches, aber in der Struktur, was ich erlebe, und ich wahrnehme, ist das Angebot vergleichbar. Es geht um Entertainment, um Show und kulinarischen Anspruch und auch um Sport und so."	Robinson Club Esquinzo Playa, Fuerteventura, Spanien
N02	„Für mich wär' erst das wichtigere die Destination [Fuerteventura]. Wo waren wir eigentlich, weil Robinson kann ja überall sein. Deswegen, würde ich erstmal sagen, wo hier ist. Wenn einer nachfragt [dann] Robinson. Wir würden aber [zuerst] Fuerteventura sagen, genau."	Robinson Club Esquinzo Playa, Fuerteventura, Spanien

N08	„Das ist so ein Sicherheitsgefühl. Also, die Eigenschaften, die so nen Robinson Club halt ausmachen. Standard halt. Vielleicht könnte es [Anm.: das Angebot] besser sein. Es kann aber gleich wohl auch schlechter sein und das würde man, da würde man halt ein Risiko eingehen. Also, das würden wir scheuen, glaube ich. Die Erwartung soll halt einfach erfüllt sein."	Robinson Club Esquinzo Playa, Fuerteventura, Spanien
O16	„Ich [käme] im Moment nicht auf die Idee, ins Hotel zu gehen. Weil ich einfach diese Lockerheit hier mag. Ich mag das."	Robinson Club Arosa, Graubünden, Schweiz
O17	„Unkompliziert alles"	Robinson Club Arosa, Graubünden, Schweiz
O28	„Man muss sich jetzt abends nicht irgendwie stylen oder aufbrezeln."	Robinson Club Arosa, Graubünden, Schweiz
O29	„Es ist [auch] ein Schwimmbad und eine Sauna und Masseur und alles im Hause. Man muss nicht außer Haus gehen. Das ist für mich auch wichtig, dass ich Wellness im Haus habe. Ja, und dass ich, ich bin auch neugierig auf andere Leute. Ich sitze ja nicht da und guck' nur auf mein Müsli [beim Frühstück], sondern wir haben jedes Mal also, wir haben jedes Mal witzige Sachen erlebt. Wir haben uns totgelacht und wir haben uns wenig geärgert, nä? Jeden Abend ist es anders. Jeden Mittag ist es anders. Und das ist, das macht's hier auch aus. Stimmt so, oder?"	Robinson Club Arosa, Graubünden, Schweiz
O74	„Die Philosophie [ist] sehr familiär. Logo per du. Nicht so strenge Dresscodes abends wie im Hotel."	Robinson Club Arosa, Graubünden, Schweiz
O76	„Lockere Atmosphäre, ungezwungen, Service passt. Wenn was ist, könnte ich einfach zur Rezeption gehen und fragen. Essen gut, Angebot	Robinson Club Arosa,

O76 (fortgeführt)	gut, Wetter gut. Man kommt ja aus dem Staunen gar nicht heraus."	Graubünden, Schweiz
O81	„Es ist alles aus einer Hand. Wenn du jetzt in ein Hotel gehst, da sind wir jetzt nicht so, ob ein Hotel ein Schwimmbad oder ein Wenness hat. Aber wie gesagt: Jetzt nicht diese blöde Abends-Anzieherei [Anm: gemeint ist der Stress am Abend, um sich für den nächsten Skitag vorzubereiten]. Am nächsten Tag musst du zum Skiverleih gucken, dann musst du deine Liftkarte kaufen, dann musst du weit fahren zur Liftstation. Hier gehst du einfach in den Skikeller [wo auch gleich der Skiverleih ist], holst deine Ski, okay, für zwei Tage. Fertig. Die sind sehr zuvorkommend, du hast alles aus einem Guss."	Robinson Club Arosa, Graubünden, Schweiz
O99	„Also, ich glaube, also, so, wie ich mir das jetzt vorstellen würde, sind Club und Arosa an sich sind zwei unterschiedliche Welten. Weil, Arosa ist bestimmt ein schöner Ort, sicherlich, auch wo Leute hingehen, weil sie Skifahren wollen, weil sie was von dem Ort sehen wollen, aber Leute, die in Robinsonclubs kommen, die gehen in Robinsonclubs und nicht in den Ort."	Robinson Club Arosa, Graubünden, Schweiz
P11	„Eine Woche Skiurlaub mit Vollpension – „Rundherum-Sorglos-Paket" würde ich sagen. Was ich gut fand, war, dass Skischule und Skikurs inklusive waren. Ja. Schönes Skigebiet, großes Skigebiet, nicht so weite Strecken vom Hotel bis zum Lift sozusagen. Und auch neben dem Skifahren noch ein bisschen sowohl sportliches Angebot als auch andere Freizeitaktivitäten, die angeboten werden. Und neben da auch Abends zum Beispiel, dass man da noch ein bisschen verschiedene Angebote hat, die man da machen kann."	Robinson Club Arosa, Graubünden, Schweiz
P30	„[Es war] mega geil. Das war es. Weil ich nie allein war, ich habe ganz viele nette Frauen und Männer kennengelernt. Ja, viele Gäste. Das	Robinson Club Arosa,

P30 (fort-geführt)	sind super nette Frauen, die genauso aktiv sind wie ich. Den ganzen Tag Sport gemacht und abends Party."	Graubünden, Schweiz
P42	„Also, hier ist das Skigebiet halt extrem attraktiv. Seit [sie die Skigebiete von] Arosa und Lenzerheide zusammen gelegt haben, mit der Kupplung, sehr gut. Und dass man mit dem Ski direkt zum Klub abfahren kann. Und von da ja quasi, also eigentlich, auch direkt losfahren kannst. Und wie gesagt, also Skipaket hier und dass man eben in eine Gruppe fahren kann und vor allem in unserem Alter, Skikurse fahren kann. Das ist halt echt attraktiver. Macht man sonst ja nicht."	Robinson Club Arosa, Graubünden, Schweiz
Q28	„Nein, es [der Club] hat überhaupt nichts mit Mallorca zu tun. Das Ding könnte genauso in Portugal oder Fuerteventura stehen."	Robinson Club Cala Serena, Mallorca, Spanien
Q47	„Also [dass ich hier auf] Mallorca bin find' ich schon. Allein schon so bisschen durch den Baustil. Auf jeden Fall wirklich typisch."	Robinson Club Cala Serena, Mallorca, Spanien
Q65	„Zeit für Gefühle [Anmerkung: Dies ist der slogan der Marke "Robinson Club"], also das ist mir zu esoterisch. Aber du kommst [im Club] an und was die gut machen, die geben dir die Illusion weiter: sie haben sich nur auf dich gefreut. Du bist willkommen. Sie sehen ja wo du schon warst, du bist schon ein paar Mal hier gewesen. Die Leute sind ähnlich kommunikativ wie wir. Du hast das Gefühl, dass das Luxus ist. Ohne das man das provoziert, aber. Wenn irgendwas fehlt, irgendwas kaputt ist oder was auch immer. Es wird sich gekümmert. Es wir geregelt. Und auch von der Sicherheit her. Wenn jetzt irgendetwas passiert, ich geh' an die Rezeption oder hol' mal diesen Clubchef und sag 'wir brauchen einen ADAC-Transfer'. Dann	Robinson Club Cala Serena, Mallorca, Spanien
Q65 (fort-geführt)		

	bin ich mir hier relativ sicher, dass man sich um uns kümmert. Und halt die Zielgruppe hier. Leute mit Niveau. Und obwohl Alkohol frei ist, gibts keine Alkoholleichen. Du hast einfach ein bestimmtes Niveau."	
Q66	„Also, es fängt schon [bei der Anreise] an. Wenn du kommst, fährt [ein] Direkttransfer. Ich hab' keine Lust im 50er-Bus zu sitzen [und an jedem Hotel anzuhalten] und, Entschuldigung, irgendwie intellektuell verkürzte Menschen zu sehen, die sich dann darüber unterhalten, wo ist die Salami dicker und so."	Robinson Club Cala Serena, Mallorca, Spanien
Q90	„Ich glaube, es ist Mallorca halt. Hier [ist] das so in der Atmosphäre von Mallorca ganz nett eingebaut und gerade diese Felsengeschichte. Es ist nun mal typisch auf Mallorca so. Und klar, das liegt ja total schön."	Robinson Club Cala Serena, Mallorca, Spanien
Q98	„Ich weiß bei Robinson mittlerweile, was ich hab. Wir waren schon ein paar Mal in 4-Sterne Hotels oder so ähnlich. Ja, ist alles ganz nett [aber nicht so, wie im Katalog beschrieben]. Aber bei Robinson: du guckst einen Katalog an und dann passt das, was du, du musst dir keine Sorgen über negative Überraschungen machen. Das Paket stimmt eigentlich. Und grad wie gesagt, heute morgen, das Sportangebot, Essensqualität, Freundlichkeit, Service."	Robinson Club Cala Serena, Mallorca, Spanien
R10	„Gut, ich sag' mal, Mallorca hat natürlich zeitweise schon so ein Image gehabt wobei jeder, der Mallorca kennt, weiß auch, dass es anders ist, dass man natürlich so mit Mallorca jetzt vielleicht auch viel Sonne, Strand und Meer verbindet. Was sicherlich auch viele tun. Aber ich denke Mallorca bietet einfach auch viel an Ausflugsmöglichkeiten. Das ist einfach klasse. Das ist eigentlich das, was mich auch reizt. Ich	Robinson Club Cala Serena, Mallorca, Spanien

Anhang 251

R10 (fort-gefürht)	meine, klar mal so wie jetzt heute mal ein bisschen liegen ist auch mal schön. Oder halt ja Sport oder was unternehmen. Oder halt hinlegen, aber jetzt nicht gorß baden oder so. Ich bin kein Badefreak. Was ich gestern und vorgestern gemacht hab', ist mir ein Fahrrad gemietet über diese Bikestation."	
R15	„Wir waren auf Mallorca im Robinson Club und es war also es war wunderbar! Genau, also, wir haben viel unternommen. Wir haben einige Ausflüge gemacht. Wir haben viel gesehen. Weil wir die Insel noch gar nicht kannten, verrückterweise waren wir zum ersten Mal auf Mallorca. Also, das heit, ich. Meine Familie war schonmal hier. Mein Mann war schonmal hier. Meine Eltern waren schonmal hier. Aber ich war noch nie hier. Und wir haben viele Ausflüge gemacht. Das war interessant. Wir haben aber auch relaxt, wir haben gut gegessen, dreimal am Tag uns den Bauch vollgeschlagen. Was für mich immer sehr wichtig ist, weil ich esse sehr gerne. Und die Mischung macht's."	Robinson Club Cala Serena, Mallorca, Spanien
R53	„Jedes Jahr auch im Frühjahr verbunden mit sehr gemischtem Wetter, mit viel Sport, mit einer traumhaften Landschaft, mit auch 'nem Wanderurlaub, den ich mal gemacht hab' im Tramuntana-Gebirge. Also, vor allem, eine sehr vielfältige schöne Insel mit für mich einem dann auffallenden Beigeschmack, tun mir auch die Einheimischen leid, ist das ein bisschen blöd gesprochen, weil ich ja auch selber aus Deutschland komme, aber was man so im klassischen Bild mitkriegt, kennt man auch von Ballermann usw. und hab' ich neulich auch im Fernsehen gesehen, dass alleine in Palma, die nachts diese Koffer rollen dann Rollergeräusche. Dass das viele Einheimische nervt und viele natürlich, also, ein schlechtes Bild von der Insel haben ist klar. Aber ich kenn' Mallorca	Robinson Club Cala Serena, Mallorca, Spanien

| R53 (fort-geführt) | ganz ehrlich anders und ich kenne natürlich auch das andere Bild. Aber, für mich persönlich ist Mallorca erstmal das, was mit Natur und eben einer sehr vielfältigen Insel verbunden ist." | |

CPSIA information can be obtained
at www.ICGtesting.com
Printed in the USA
LVHW091055270920
667018LV00006B/84